Lust an der Musik

Serie Piper
Band 350

Zu diesem Buch

»Lust an der Musik« knüpft an das erfolgreiche Lesebuch »Lust am Denken« (Serie Piper 250) an. Diese vorliegende Anthologie enthält ausschließlich Texte, die im Piper Verlag erschienen sind oder erscheinen werden. Im Programm des Verlages hat das Musikbuch eine lange Tradition. Sie begann um 1910 mit Büchern zu Beethoven, Brahms, Mahler, Reger und Schönberg. In jüngster Zeit stand Richard Wagner im Mittelpunkt eines Musikprogramms, in dessen Rahmen neben Büchern zu einzelnen Komponisten zahlreiche Texte von Interpreten und allgemeinverständliche Darstellungen von Musikwissenschaftlern erschienen sind.

»Lust an der Musik« will dem Leser Beispiele für die »unendliche Vielfalt« der Musik geben, es will ihn anregen, auch die Musik abseits der ausgetretenen Pfade der Konzertprogramme kennenzulernen. In den Texten wird deutlich, welchem Wandel die Art, über Musik nachzudenken und zu schreiben, unterworfen ist. Vor allem aber zeigen die Texte, daß es möglich ist, Musik im Wort zum Klingen zu bringen.

In den Kapiteln »Musik und Zeit«, »Über Komponisten und Kompositionen«, »Komponisten in Selbstzeugnissen«, »Interpreten und Interpretation«, »Zum Musiktheater« und »Zur Musik unserer Zeit« kommen 47 Autoren (darunter die Komponisten Beethoven, Kelemen, Mahler, Mendelssohn-Bartholdy, Prokowjew, Schumann, Strauss, Wagner und Zillig) zu Wort.

Klaus Stadler, geboren 1945 in Dresden, Gesangsstudium an der Musikhochschule in München, Studium der Politikwissenschaft und Geschichte in München, wiss. Assistent an der Universität München 1974–1976, Promotion 1977, seit 1977 Verlagslektor in München.

Lust an der Musik

Ein Lesebuch

Herausgegeben von Klaus Stadler

Piper
München Zürich

ISBN 3-492-00650-7
Originalausgabe
2. Auflage, 21.–30. Tausend Dezember 1984

Umschlag: Federico Luci, unter Verwendung einer Figurine von
C. F. Thiele (für Schinkels Berliner Aufführung der Zauberflöte, 1816)
(Archiv für Kunst und Geschichte, Berlin)
Gesamtherstellung: Clausen & Bosse, Leck
Printed in Germany

Inhalt

V. ZUM MUSIKTHEATER

VI. ZUR MUSIK UNSERER ZEIT

Vorwort

Kann »Lust an der Musik« durch ein Lesebuch entstehen? Kann Musik durch das Wort gleichsam zum Klingen gebracht werden? Muß sie nicht doch gehört, besser noch selbst gemacht werden?

Der Titel dieses Lesebuches berechtigt zu solchen Fragen. Er knüpft an den Titel des Bandes 250 der »Serie Piper« an. Das Lesebuch »Lust am Denken« gibt einen Überblick über das geistes- und naturwissenschaftliche Programm des Piper Verlages. Die Texte sollen zur intensiven Beschäftigung mit Motiven und Denkmodellen gegenwärtigen Forschens in seiner ganzen Breite anregen.

»Lust an der Musik« erscheint im achtzigsten Jahr des Verlages. Die beiden Verleger, die in diesen achtzig Jahren den Verlag und sein Programm geprägt haben, Reinhard und Klaus Piper, hatten respektive haben eine starke Beziehung zur Musik. Von daher wird verständlich, warum Musik im Programm eine für einen Publikumsverlag überraschend wichtige Rolle spielt.

Das Musikbuch-Programm des Piper Verlages war der vorgegebene Rahmen für dieses Lesebuch und seine thematischen Schwerpunkte. Solche Schwerpunkte lassen sich im Programm finden: Bücher über Komponisten, Bücher von Interpreten, monographische Darstellungen von Musikwissenschaftlern für ein allgemeines Publikum, Selbstzeugnisse von Komponisten, Bücher zum Musiktheater und zur Musik unserer Zeit. Für die frühe Phase des Verlages ist bemerkenswert, daß vor allem die Musik der Zeit im Buch behandelt wird: Max Reger, Gustav Mahler und Arnold Schönberg ist eine Reihe von Büchern, die um 1910 erschienen, gewidmet. In den letzten Jahren steht Richard Wagner im Mittelpunkt des Musikprogramms. Die mit Spannung erwartete Veröffentlichung der Tagebücher Cosima Wagners (1976/77) hatte nicht nur weitere Bände mit Schriften und Briefen Cosima und Richard Wagners und eine Wagner-Biographie zur Folge, sie hat auch dazu beigetragen, daß der Verlag inzwischen mit der Vorbereitung eines mehrbändigen Handbuches zum Thema »Musiktheater« begonnen hat. Herausgegeben wird dieses Großprojekt vom Forschungsinstitut für Musiktheater der Universität Bayreuth und von Carl Dahlhaus. Norbert Millers Text zu Gaetano Donizettis Oper »Die Regimentstochter« steht hier als Beispiel für den fünfbändigen Werkteil dieses Handbuches.

Das »Europäische Jahr der Musik 1985« ist ein weiterer Anlaß für diese Anthologie. Die Werke von Heinrich Schütz (*1585), Johann Sebastian Bach (*1685), Georg Friedrich Händel (*1685) und Alban Berg (*1885) werden das Musikleben in diesem Jahr der »großen Geburtstage« bestimmen. Das Lesebuch enthält Texte zu diesen Komponisten.

Beinahe achtzig Jahre Musikbuch – da läßt sich auch nachlesen und zeigen, welchem Wandel die Art, über Musik zu schreiben, unterworfen war. Die Texte über Mahler von Paul Stefan (1912) und Hans Heinrich Eggebrecht (1982), über Reger von Max Hehemann (1917), über Beethoven und Brahms von W. A. Thomas-San-Galli (1912) und die über Beethovens Violinkonzert von Yehudi Menuhin (1976), über Liszt von Alfred Brendel (1977) und über Skrjabin von Sigfried Schibli (1983) – um nur einige Beispiele zu nennen – machen dies deutlich. Durch die Auswahl von Texten, die für ihre Zeit typisch sind, soll der Leser Gelegenheit erhalten, einzelne Phasen in der Entwicklung des Nachdenkens und Schreibens über Musik zu identifizieren. Kriterien wie »veraltet« oder »altmodisch« wären da fehl am Platz.

Die Auswahl der Texte ist »meine« Auswahl, sie konnte ja auch nur mit einem Teil der Autoren besprochen werden. Folgerichtig sind zahlreiche Überschriften zu den Texten von mir formuliert worden. In den Kapiteln »Musik und Zeit« und »Interpreten und Interpretation« sind die Autoren nach dem Alphabet geordnet, in den übrigen Kapiteln nach der Chronologie der Musikgeschichte. Fußnoten, Anmerkungen, Literaturhinweise und (mit wenigen unentbehrlichen Ausnahmen) Notenbeispiele mußten gestrichen werden. Für den daran interessierten Leser ist auf das Verzeichnis der Originalveröffentlichungen zu verweisen.

Zurück zu den eingangs gestellten Fragen und zum Titel des Lesebuches. Die Fragen kann ich natürlich nur für mich beantworten. Ich bekam Lust darauf, bestimmte Lieder von Schubert oder Schumann nach der Lektüre von Dietrich Fischer-Dieskaus Hinweisen erneut zu studieren, Mahlers Musik (zum Beispiel den dritten Satz seiner ersten Symphonie) mehr als bisher zu hören, Glenn Goulds zwei Aufnahmen der »Goldberg-Variationen« zu vergleichen, mich verstärkt mit Mozarts Opern und Wagners Musikdramen zu beschäftigen. Wenn es dem Leser zudem so gehen sollte wie mir und er auch Lust darauf bekommt, Hartmanns Symphonien, Regers Orgelwerke, Skrjabins Poèmes, Stücke von Boulez ... richtig kennenzulernen, dann stimmt der Titel dieses Buches.

Gräfelfing, im Juni 1984 Klaus Stadler

I. MUSIK UND ZEIT

Ernest Ansermet
Die harmonische Ära

In der »Barock« genannten Epoche liegt das Schaffenszentrum für all das, worauf die abendländische Musik der harmonischen Ära aufgebaut ist, in Italien. Hinsichtlich des Stils und der Formen der Instrumentalmusik haben wir bereits auf diesen Umstand hingewiesen. Auf vokalem Gebiet differenziert sich der »repräsentative Stil« des einstimmigen Madrigals und der Oper bei Monteverdi bereits in dessen *Arioso*- und *Rezitativ*-Passagen, die von seinen Nachfolgern nachgeahmt werden und schließlich zum Grenzfall des *Recitativo secco* werden, einer bloßen melodischen Nachahmung des gesprochenen Wortes in raschem Tempo. Das *Arioso* ist ein sich gleichsam im eigenen Fluß selbst fortzeugender Gesang, in welchem der Komponist – wie Louis Laloy es ausdrückt – eine »Melodie ohne Melodie«, d. h. ohne abgeschlossene Melodie, vorzeichnet. Aus dem *Arioso* entsteht die *Arie* (s. die Opern von Cavalli) – ein periodischer, in sich geschlossener Gesang. Er entwickelt sich auf der Grundlage der harmonischen Grundkadenzen, die ihrerseits den Weg zur Entdeckung der tonalen Harmonieführung, d. h. der harmonischen Tonalität zeigen. Die *Arie* läßt die Kunst des *Belcanto* entstehen, und dieser enthüllt die verschiedenen Möglichkeiten des Kunstgesanges: die *Esclamazione* – ein plötzliches Innehalten der Stimme auf einem Ton; den *Gruppo,* Stammvater des Trillers; die *Gorgia* – ein vokales Ornament; das *Portamento* – das Verschleifen eines Tones in einen höher oder tiefer gelegenen; die *Passagen* – Skalensegmente, die zum Ausfüllen von Intervallen eingefügt werden. Schon Monteverdi hat in seinen Madrigalen das *Tempo rubato* angewandt, um bestimmte Momente des musikalischen und dichterischen Empfindens besser ausdrücken zu können. Der Instrumentalstil macht sich diese Errungenschaften der Gesangskunst alsbald zu eigen, und der Musiker wird dadurch in die Lage versetzt, mit instrumentalen Mitteln und somit in einem viel weiteren Feld von Möglichkeiten das auszudrücken, was bislang dem Gesang vorbehalten war. Die Vokalmusik des 17. Jahrhunderts ist einmal auf einem *Basso ostinato* – einer sich beharrlich wiederholenden Baßfigur –, einmal auf einem *Basso seguente* – einem nicht bezifferten fortschreitenden Baß – aufgebaut, einer schematischen Baßstimme, deren Akkorde der Ausführende finden mußte, und schließlich auf dem bezifferten *Basso continuo,* der die Unterscheidung zwischen *Grundton* und *Baßton* der Harmonie mit sich brachte: Der Weg zur Bachschen *Baßführung* war frei. Außer der Oper hatte die Gesangskultur die *Kammerkantate* für eine oder zwei Stimmen mit Instrumentalbegleitung sowie das *Oratorium* hervorgebracht. In der ersten Hälfte des 18. Jahrhunderts zeichnen sich die Wege der *harmonischen Tonalität* bereits klar ab: Sie wurden von Alessandro Scarlatti beschritten, der die Früchte einer ganzen Generation neapolitanischer, venezianischer und römischer Komponisten ernten konnte und ebenso viele Kantaten wie Opern schrieb (die Scheidung in *Opera seria* und *Opera buffa* geht auf jene Zeit zurück); und gleichzeitig wurde diese harmonische Tonalität von Bach im *Wohltemperierten Klavier* illustriert sowie von Rameau schriftlich formuliert und selbst benützt.

Hinfort widmet sich Italien der Oper, und Frankreich folgt – unter dem Einfluß von Lully – diesem Beispiel, doch auf eigenen Wegen: Ballettoper, Große Oper, *Opéra comique,* Operette. Während jedoch in Italien vom Beginn des 19. Jahrhunderts an die autonome Musik zu versiegen droht, ist sie in Frankreich Gegenstand einer stetigen Pflege, die sich der Laute, des Cembalo, später des Klaviers, der Streich- und der sonstigen Instrumente des Orchesters bedient. Alsbald tritt mit Gossec die Symphonie in Erscheinung. Er kommt vom Norden und hat sich ihr auf dem Umweg über die *Triosonate* zugewandt – möglicherweise durch das Beispiel von Stamitz ermutigt. Man sagt, Gossec habe auf der Violine komponiert, indem er so zuerst die Melodie fand und sie dann in den einzelnen Instrumenten harmonisierte. Ähnlich war es bei Berlioz, der sich der Gitarre bediente und dessen Harmonien eher aus Akkordfolgen als aus der Bewegung des Basses entstehen. Die französischen

Instrumentalstücke sind Stücke mit einem *Sujet*, doch ist es bei den besten die Musik, die das Sujet erklärt, und nicht umgekehrt. »Ich hatte stets ein Sujet im Sinn, als ich diese Stücke schrieb«, sagt Couperin, »die Titel entsprechen den Vorstellungen, die ich hatte ..., die Stücke, die sie tragen, sind Porträts, die man unter meinen Fingern zuweilen recht ähnlich fand ..., die Mehrzahl der Titel gebühren daher weit mehr den liebenswürdigen Originalen, die ich darstellen wollte, als den Kopien, die ich von ihnen gemacht habe.« So ruft die Musik beim französischen Musiker stets ein »Sujet« hervor, das man sich aber auch wegdenken kann, ohne daß die »Kopie« ihre eigene Existenzberechtigung verlöre.

Aber für d'Alembert hat die Musik ohne Sujet keinerlei Sinn; Symphonien sagen Herz und Sinn nicht das geringste; man müßte ihnen einen Vortrag vorausschicken, der die ihnen zugrundeliegenden Ideen und die Absichten des Komponisten klarlegt; die ideale Symphonie wäre demnach die Programmsymphonie. Musiker und Musikliebhaber stimmen also in ihrer extravertierten Einstellung überein. Zur Zeit, als Bach *Inventionen, Präludien* und *Fugen* schrieb, komponierte Couperin le Grand die *Folies françaises,* die *Dominos* und die *Barricades mystérieuses*; die heutigen französischen Komponisten sollten sich dieser Stücke erinnern, um ihren Geschmack an ihnen zu orientieren. Andererseits hatte sich – während in Italien die Volksmusik in der Entwicklung der Harmonie der Kunstmusik vorangegangen war und ihren weiteren Weg an deren Rande fortgesetzt hatte – in Frankreich das Harmoniegefühl allmählich aus der Kunstmusik entfaltet; im Verlauf des 19. Jahrhunderts jedoch gewann dort die *Salonmusik* Gestalt, ein Nebenprodukt der Kunstmusik von etwas gepflegterem Stil als die leichte Musik. Ihr widmeten sich einige kleinere Meister wie Benjamin Godard und Chaminade. Einige der großen Meister haben in dieser Sphäre begonnen oder doch zumindest auch dieses Genre gepflegt und darin brilliert. Die ersten veröffentlichten Stücke von Debussy sind Salonmusik, doch ist der echte Debussy in ihnen bereits gegenwärtig. In etwas grober Vereinfachung könnte man sagen, daß sich der französische Musiker aus der kleinen zur großen Musik aufschwingt und der deutsche zuweilen aus der großen Musik in die »kleine« ausweicht – wie etwa Schubert, Mozart und Beethoven in ihren Walzern und Ländlern –, ohne dabei etwas von ihrem Stil einzubüßen.

Nach Bach geht, wie man weiß, die Instrumentalmusik in Deutschland unter dem Einfluß der italienischen Instrumentalmusik und der höfischen Atmosphäre unvermittelt zum symphonischen Stil über, den die Komponisten anfänglich zu einem *galanten* und später – mit Philipp Emanuel Bach und Haydn – zu einem *strengen* Stil ausgestalten. Bereits zu Beginn dieser Periode findet man die beiden möglichen Einstellungen des deutschen Musikers – Introversion und Extraversion – in Bach bzw. in Händel verkörpert, und diese beiden möglichen Ausprägungen des immer *in der Introversion* verankerten musikalischen Bewußtseins machen die Verschiedenheit ihrer musikalischen Vorhaben und musikalischen Stile erklärlich: Händel ist Freskenmaler, Bach reiner Musiker. Die gleichen Unterschiede erklären die Gegensätzlichkeit zwischen Beethoven und Weber. Haydn ist extravertiert. Er hätte andernfalls die formalen und stilistischen Regeln der Symphonie nicht so gut festlegen können. Mozart ist es auch und ebenso Schubert; aber Mozart ist ein subjektiver Lyriker. Er ist es sogar noch in seinen Symphonien. Schuberts Lyrik hingegen ist objektiv, und seine letzten Symphonien haben *epischen* Charakter, wodurch sie sich von den Symphonien Beethovens radikal unterscheiden. Man darf aber nicht vergessen, daß alle diese Unterschiede bei den deutschen Musikern doch stets aus einer gemeinsamen introvertierten Grundhaltung hervorgehen. Beethoven ist vorwiegend vom fundamentalen Vorsatz des musikalischen Bewußtseins – dem Akt des Selbstausdrucks – erfüllt. Durch den inneren Reichtum seiner Persönlichkeit gelangt er auf die höchste Stufe der Transzendenz, die überhaupt erreichbar erscheint; er erobert den weitesten Ausdrucksbereich und bewegt sich einmal in der Introversion, einmal in der Extraversion.

Die Symphonie wahrt bei Mendelssohn und Schumann lyrischen Charakter. Ersterer ist eher extravertiert, letzterer – so könnte man sagen – in Gestalt des *Eusebius* introvertiert, in der des *Florestan* extravertiert und eine reichere Natur als Mendelssohn. Bei Brahms kehrt die Symphonie wieder zum fundamentalen Vorsatz des Selbstausdrucks zurück – jedoch mit einer Neigung zum Lyrischen, und Brahms ist durchaus nicht, was man ihm nachgesagt hat – ein »Akademiker« und Nachahmer Beethovens: Vielmehr ist er dessen Fortsetzer; denn er wendet in seiner Thematik andere Grundintervalle an als Beethoven – nämlich Terz und Sexte – sowie andere harmonische Kadenzen. Auch hat er einen gänzlich anderen melodischen Stil von sehr persönlicher Eigenart.

Während Wagner »die Symphonie in das Drama einbettet« und auf dem durch die Oper gebahnten Weg zum *Musikdrama* fortschreitet – ein bezeichnender Übergang von der Extraversion in die fundamentale Introversion –, findet die Symphonie in Bruckner und Mahler ihre Fortsetzer. Bruckner ist Österreicher, glühender Katholik und gänzlich erfüllt vom Wagnerschen »Lyrismus«; seine Symphonien sind österreichisch-bäuerliche Seelenepik, katholisch und mystisch (daher ihr Mangel an formalem Zusammenhalt), so daß sie durch den großen schöpferischen Strom abendländischer Musik ein wenig an den Rand gedrängt würden, wenn nicht die Brucknersche Glaubenskraft und Ursprünglichkeit seinen Werken universellen Wert verliehen hätten. Was Mahler anbelangt, von dem wir bereits gesprochen haben, kann man wohl sagen, daß seine Symphonien im Grunde symphonische Dichtungen sind, die sich Stil und Form der Symphonie zu eigen gemacht haben. Das Schaffen dieser beiden Musiker scheint am Ende der deutschen Symphonik zu stehen; denn die auf einer entschiedenen Tonalität und dem fundamentalen Vorsatz des Selbstausdrucks beruhende Musik hat fast alle Entwicklungsmöglichkeiten ausgeschöpft: Eine wuchernde Chromatik droht die auf der Diatonik aufgebaute harmonische Tonalität aufzulösen.

Inzwischen hatte Liszt – ein Ungar deutschen Ursprungs und französischer Kultur – die *Symphonische Dichtung* geschaffen und zwei Symphonien mit literarischem Vorwurf geschrieben: die *Faust-* und die *Dante*-Symphonie. In seinem objektiven Lyrismus findet er den melodischen Akkord der übermäßigen Quinte, die Ganztonskala, praktiziert die harmonische Terzverwandtschaft und führt in den symphonischen Stil gregorianische Themen ein, d. h. die *modale* Melodie, die er entsprechend harmonisiert. In Liszts Augen bringt die Symphonische Dichtung der Instrumentalmusik »die Lösung ihres Problems«, indem sie jedem Musikwerk als *Grundidee* den dichterischen Gehalt eines musikalisch auszudrückenden Vorwurfs oder einer Persönlichkeit beigibt. Nach der üppigen symphonischen Produktion des ersten Viertels des 19. Jahrhunderts sah man sich also bereits gegen die Jahrhundertmitte vor das Problem des Wertes und der Rechtfertigung der autonomen Instrumentalmusik gestellt. Es schien, daß die Musik, indem sie sich selbständig machte, den Lebensnerv verlor, der früher der dichterische Vorwurf war. Sie konnte sehr wohl fortfahren, sich in ehedem festgelegten Formen zu bewegen, doch war ihr kein schöpferisches und gestalterisches Prinzip eingeboren: »Der sittliche Wille fehlt ihr«, sagte Wagner.

Die Lisztsche Lösung bestand darin, daß er eine vom »Sujet« inspirierte musikalische »Idee« voranstellte; die gesamte formale Entwicklung ging sodann aus der vom Sujet oder Programm inspirierten Aktivität des musikalischen Empfindens hervor, wobei die Sphäre der reinen Musikalität nicht verlassen wurde. Aber der *Musiker* war zum *Tondichter* – zum Dichter in Tönen – geworden; im schöpferischen Akt verschmelzen die Aktivität des Denkens und die des Fühlens zu ein und derselben Sache. Es ist dies nichts wesentlich anderes als das bisherige Zusammenwirken des Gedanklichen und des Psychischen; aber es handelt sich um einen entscheidenden Schritt.

Indem Liszt diesen Schritt tat, eröffnete er der ganzen künftigen Musik neue Wege, und zwar in zweierlei Hinsicht: durch seine »Idee« und durch seine Musik selbst. Durch seine Idee öffnete er der objektiven Lyrik und Epik den Weg zur bildhaften Musik und befreite die symphonische Kunst vom Joch der klassischen deutschen Musik. Durch seine Musik hat er die Möglichkeit gezeigt, wie ein einsätziges Musikwerk einem neuen Prinzip organischer (zyklischer) Einheit folgen konnte. Es mußte sodann auch möglich sein, mehrsätzige Werke von der organischen Einheit einer Symphonie zu schaffen, ohne sie in das formale Schema der Symphonie hineinzuzwängen. Die Grundlage für die Einheit des Gesamtwerkes bildete der dichterische Vorwurf: Liszt hat in einigen durchkomponierten Werken von der Länge und zugleich Dichte einer ganzen Symphonie (*Ce qu'on entend sur la montagne* und *Die Ideale*) Vorbilder für diese Möglichkeiten geliefert; in seinen beiden Klavierkonzerten und der Klaviersonate gibt er das Beispiel zyklischer Werke, die auf einem musikalischen Grundgedanken aufgebaut sind. (Die Symphonien Schumanns waren bereits so konzipiert, und wir haben in einem früheren Kapitel gezeigt, wie bei Beethoven ein musikalischer Grundgedanke die Einheit der Symphonie erzeugen konnte.) In der *Faust-Symphonie* hatte Liszt vom Sujet her die Eingebung dreier Charakterbilder: Faust, Gretchen, Mephistopheles, das Ganze gekrönt vom *Chorus mysticus* aus Goethes Faust. Was die organische Einheit dieser Werke ausmacht, deren Programm lediglich den formalen Ablauf bestimmt, ist die musikalische Grundidee, die allenthalben wieder auftaucht, und zwar nicht als Grund*thema,* sondern als Grund*motiv*: Die Musik ist von der *Thematik* befreit. Kierkegaard hat gesagt, die Musik sei unfähig, »Historizität (Geschichtlichkeit) in der Dauer auszudrücken«: In der Tat werden Faust, Gretchen und Mephisto gemeinsam zu geschichtlichen Gestalten, und die Musik macht sie nacheinander dazu; aber die Einheit des Vorwurfs, der in der Gegensätzlichkeit der drei Charaktere beruht, verbindet die drei Werkteile in der Dauer und stellt so die drei im Leben verbundenen Personen perspektivisch dar. Denn in einem durchkomponierten Werk ist die Musik nicht *Historie,* sondern *Historialisierung.* Die Oper und zuweilen auch die Symphonische Dichtung *(Tasso: Lamento e Trionfo)* überwinden dieses Handicap durch die Aufeinanderfolge ihrer Szenen bzw. Teile.

Berlioz war Liszt mit der sujetgebundenen Symphonie zuvorgekommen; aber bei Berlioz geht das Programm der Musik vor und diktiert deren Ablauf, während bei Liszt das durch ein »Sujet« inspirierte musikalische Bewußtsein die Form erzeugt: Literarisches Programm und melodische Sprache entfalten sich gemeinsam, wobei ersteres durch die musikalische Entwicklung erläutert wird. Auch ist die musikalische Grundidee bei Berlioz stärker *konkretisiert* – sie wird zur *idée fixe*; bei Liszt bleibt sie Motiv, von dem das musikalische Bewußtsein, nicht aber das Denken behext wird, das daher fähig ist, sich völlig zu verwandeln, ein ganz anderes Gesicht zu bekommen, wie das zunächst bei Liszt zu beobachten war, später aber in Debussys *Pelléas* noch deutlicher wird. Als das eine Person oder eine Macht symbolisierende Motiv wird diese musikalische Grundidee zum *Leitmotiv* des Wagnerschen Musikdramas; aber Wagner bedient sich seiner wiederum thematisch, und erst Debussy, der die wahre *musikalische* Natur des Leitmotivs wiedergefunden hat, sollte das Musikdrama vom Thematismus befreien.

Durch die Verwendung *modaler* Melodien und tonal nicht klar zentrierter *Motive* in seinem symphonischen Stil sowie durch seine Pflege der Chromatik hat Liszt schließlich den Weg zur modalen Freiheit (zur Befreiung vom melodischen »Dur« und »Moll«) und damit zu den Russen gebahnt, deren Melodien *modalen* Charakter haben, wie wir am Beispiel *Antar* gesehen haben. Er bahnt auch der tonalen Freiheit den Weg, die den Fesseln der Grundkadenzen bei der Erzeugung der »Form« sowie der systematisierten Chromatik des *Tristan* ausweichen kann. Denn die Chromatik war ja – wie der Name sagt – bislang nichts anderes als eine Farbgebung, eine Nuancierung der Diatonik, und wird erst im Tristan im Zuge der Gesamtentwicklung der beiden Hauptmotive zu einer Art Grundpfeiler der melodischen Struktur; sie erhält auf diese Weise eine Art Beständigkeit, und man wird beobachten können, wie Skrjabin und Szymanowski auf diesem Wege fortfahren.

Mit einem Wort: Liszt ist der Ursprung der modernen Musik.

Kurt Blaukopf
Zum Verhältnis von musikalischem Kunstwerk und Gesellschaft

Die Theorie der Faktoren und der Begriff des Modells legen von vornherein keineswegs fest, unter welchem Aspekt die Auswahl der Faktoren und die Konstruktion des Modells erfolgen. Dem Forscher bleibt überlassen, ob er im Einzelfall sich etwa ausschließlich auf ökonomische oder technologische, auf ideelle oder kunsttechnische Faktoren beschränken will. Solch limitierte Ansätze sind durchaus geeignet, die Wirkungsweise bestimmter Faktoren oder Faktorenbündel zu verdeutlichen. Eine derartige Forschungsstrategie, im Spezialfall nicht nur zulässig, sondern durchaus ergiebig, wird freilich dann versagen, wenn man ein tunlichst getreues Gesamtbild eines gesellschaftlichen Prozesses gewinnen will.

Taine, ergänzt durch Guyau

Zu diesem Gesamtbild gehören freilich auch einige Züge, die sich nicht entdecken lassen, wenn man das Konzept der Faktoren mechanistisch versteht. Wir nennen dieses Konzept dann mechanistisch, wenn es das Kunstwerk nur als *Produkt* der Gesellschaft und nicht auch gleichzeitig als einen *Faktor* im gesellschaftlichen Geschehen auffaßt. Dieses dialektische Verhältnis von Kunstwerk und Gesellschaft ist von *Jean-Marie Guyau* (1854–1888) beleuchtet worden. In Guyaus Schrift »L'art au point de vue sociologique«, die nach Guyaus Tod von dessen Mentor und Stiefvater Alfred Fouillée veröffentlicht worden ist, findet sich ein Kapitel über das »Genie als gesellschaftsbildende Macht«. Darin wird eine sehr wesentliche Ergänzung der Lehren von Hippolyte Taine vorgenommen. Guyau schreibt:

> Der unvollständigen Theorie Taines über die Beziehungen des sozialen Milieus zum künstlerischen Genie müßte man

eine Theorie zugesellen, die auf dem entgegengesetzten Prinzip gegründet ist. Taine nimmt an, daß das Milieu zunächst da sein muß, und daß es dann erst das individuelle Genie hervorbringt; man müßte nun annehmen, daß das individuelle Genie ein neues Milieu oder einen neuen Zustand des Milieus hervorbringt. Diese beiden Lehren sind zwei wesentliche Teile der Wahrheit ...

Mit gutem Grund ist gesagt worden, daß Guyau – ebenso wie Taine – keine Soziologie der Kunst geschaffen habe, daß ihnen jedoch das Verdienst zugesprochen werden darf, den Weg für eine solche Disziplin eröffnet zu haben. Der Mangel von Guyaus These, daß das Kunstwerk (er spricht vom »Genie«, doch meint er dessen Werke) milieubildende Kraft habe, besteht in der allgemeinen Art ihrer Formulierung. Guyau gibt nicht die Bedingungen an, unter denen diese »Theorie« gelten kann. Versucht man, diese Bedingungen aufzuspüren, dann erweist sich diese Theorie keineswegs als allgemeine Theorie, sondern als »Theorie beschränkter Reichweite«: Sie setzt die Entstehung des autonomen Kunstwerks voraus und würde wohl auch eine nähere Begriffsbestimmung des Genies fordern, das ja einerseits allgemein als personifizierte künstlerische Schöpferkraft verstanden werden kann oder historisch konkret als soziologische Kategorie, die, wie Zilsel gezeigt hat, an bestimmte ökonomische und soziale Voraussetzungen gebunden ist.

Milieubildende Kraft des Kunstwerks

Dennoch ist Guyaus Ergänzung der Milieuthese von Taine eine wichtige Bereicherung der kunstsoziologischen Argumentation, denn sie deckt die Wechselwirkung von Genie und Milieu, von Kunstwerk und Gesellschaft auf. Diese Wechselwirkung ist in der Tat in einigen, nicht in allen Epochen der europäischen Musikgeschichte der Neuzeit nachweisbar. Sie zeigt sich insbesondere bei dem Prozeß der Etablierung einer musikalischen Öffentlichkeit im 19. Jahrhundert und der damit verbundenen Institutionalisierung des Konzertwesens. Jürgen Habermas hat in seiner Studie über den »Strukturwandel der Öffentlichkeit« mit Nachdruck darauf aufmerksam gemacht, daß das moderne, bürgerliche Konzertpublikum nicht aus einer Umschichtung hervorgeht, sondern daß der gesellschaftliche Strukturwandel im Bereich der Musik das Publikum »überhaupt erst hervorbringt«. In diesem Entstehungsprozeß des bürgerlichen Musikpublikums spielen die Gründung von Konzertorganisationen und die Institutionalisierung von Orchestern eine bedeutende Rolle. Diese Gründungen aber stützen sich wieder auf die Idee, daß derartige Organisationen und Institutionen gebraucht werden, damit Meisterwerke endlich in der gebührenden Weise aufgeführt werden können. Als Repräsentant dieser Schöpfer von Meisterwerken aber gilt im 19. Jahrhundert Beethoven. So entstand die Pariser Société des Concerts (1828) aus François Antoine Habenecks Ringen um eine adäquate Aufführung von Beethovens »Eroica«, und in der Motivation der Gründung mancher Konzertorganisation in Europa spielte das Argument, man müßte die Voraussetzungen für das Erklingen der Beethovenschen Symphonien schaffen, eine Rolle. Sogar musikpädagogische Maßnahmen wurden durch diesen Gedankengang gerechtfertigt, wie etwa die Errichtung des Konservatoriums der Gesellschaft der Musikfreunde in Wien (1817) zeigt. Die Studierenden sollten, wie es in den Satzungen hieß, nicht im Gebrauch jener Instrumente unterwiesen werden, die dem »Selbstgenuß« dienten, sondern musikalische Fertigkeiten erwerben, die die Aufführung von Werken ermöglichten, welche das Zusammenwirken im Ensemble erforderten. Es ist also nicht überraschend, daß zuerst eine »Singschule« gegründet wurde, daß sich bald Lehrveranstaltungen für Violine (1818), Violoncello (1820), Holzblasinstrumente und Horn (1821/22), Trompete (1827), Posaune und Kontrabaß (1831) anschlossen, während der Klavierunterricht in nennenswertem Ausmaß erst in den dreißiger Jahren einsetzte.

Deutlicher noch als aus den Absichtserklärungen der Gründer und dem Auftreten der Lehrveranstaltungen des Wiener Konservatoriums in der ersten Zeit seines Bestehens läßt sich der mit der musikalischen Aktivität verbundene Sinn aus den Programmen der Konzertveranstaltungen erschließen. Von 1817 bis zum Ende von Beethovens Todesjahr 1827 veranstaltete die Wiener Gesellschaft der Musikfreunde insgesamt 46 Konzerte. In den Programmen dieser Veranstaltungen taucht der Name Beethoven 27mal auf, gefolgt von Mozart mit 17 Werken beziehungsweise Werkteilen. Der Anteil anderer Komponisten ist wesentlich geringer. Dazu kommt, daß Beethoven in der Regel nicht durch Werkausschnitte vertreten ist, sondern durch integrale Aufführungen. Mit Ausnahme des dritten und vierten Satzes der Symphonie Nr. 9 ist das gesamte symphonische Œuvre Beethovens zu Lebzeiten des Komponisten in diesen Veranstaltungen erklungen, einige Symphonien sogar zweimal (Nr. 1, 3, 4, 5, 7, 8), die Symphonie Nr. 2 gar dreimal.

Diese Programmgestaltung belegt die dominierende Stellung Beethovens in der Programmpolitik der Gesellschaft und zeigt, daß nicht nur der Errichtung der Lehrgänge des Konservatoriums, sondern auch den Programmen der Konzerte die Idee zugrunde lag, sich an musikalischen Kunstwerken, vor allem denen Beethovens, zu orientieren. In solchen Erscheinungen gibt sich deutlich die Rückwirkung der einmal geschaffenen Werke auf die musikalische Praxis kund. Mit dem öffentlich zugänglichen Orchesterkonzert wird eine neuartige, besonderem Ritual unterworfene musikalische Öffentlichkeit geschaffen, deren Weihe sich sehr häufig durch die Berufung auf Beethoven ergibt. Wir unterstellen hier keineswegs, daß das europäische Konzertleben etwa ohne die singulären Schöpfungen Beethovens nicht hätte entstehen können; doch das reiche vorliegende Material macht evident, daß die Werke Beethovens zumindest eine Akzeleration dieses Prozesses ausgelöst haben. Mehr noch: Beethoven war nicht nur die Legitimation, sondern auch die zentrale Gestalt dieses aufkommenden Rituals. Dies kommt nicht etwa nur in E.T.A. Hoffmanns

Kundgebungen zum Ausdruck, der 1813 im Zusammenhang mit Beethovens Instrumentalwerken gar von »Heiligkeit« und »Weihe« spricht, sondern auch in der etwa gleichzeitigen Gründungsankündigung der Londoner Royal Philharmonic Society, die dem »Genie der großen Meister« dienen wollte.

Phänomene dieser Art lassen erkennen, daß nicht nur die gesellschaftliche Genese des musikalischen Kunstwerks die Aufmerksamkeit der Soziologie verdient, sondern auch die Einwirkung des Werks auf die Gesellschaft. Was man neuerdings gerne als Rezeptionsgeschichte eines musikalischen Werks bezeichnet, ist deshalb nicht etwa nur als Auseinandersetzung der jeweiligen Gesellschaft mit diesem Werk zu verstehen, sondern auch als *Prägung der Gesellschaft durch das Werk.* Die geschichtliche Analyse von Beethovens Ruhm, wie Dominik Hartmann sie versucht hat, ist deshalb eine echt soziologische Aufgabe. Sie zielt nicht etwa nur auf Entmythologisierung ab, wie sie in den aggressiven Anti-Beethoven-Deklarationen von Maurice Ravel und Leoš Janáček im Beethoven-Jahre 1927 zum Ausdruck gekommen ist, sondern weit mehr auf eine Entschlüsselung der Kräfte, die dem Werk innewohnen können.

Den Akzent auf diesen Aspekt der Kunstsoziologie gesetzt zu haben ist vielleicht der wesentlichste Beitrag, den Guyau geliefert hat. Guyaus Zugang ist mehrfach mißdeutet worden. Manche Autoren verstanden ihn als Vertreter einer auf der Aktion des Genies basierenden Soziologie. So meint zum Beispiel H.-P. Thurn, es gäbe bei Guyau nur »Anklänge an die philosophische Ästhetik Hippolyte Taines und ihre Milieutheorie«, obgleich der schon zitierte Abschnitt aus Guyaus Schrift bezeugt, daß Guyau seine These vom Einfluß des Genies auf die Gesellschaft eben als Ergänzung der These Taines vom Einfluß der Gesellschaft auf das Genie verstanden wissen wollte. Thurn aber spricht vom »Geniemythos, den Guyau bekräftigt«, so, als ob Guyau die kunstbildende Kraft des Milieus durch die milieubildende Kraft der Kunst hätte ersetzen wollen.

Der Versuch, einen solchen Gegensatz zwischen Taine und

Guyau zu konstruieren, erklärt sich wohl zum Teil auch aus dem seit der zweiten Hälfte des 19. Jahrhunderts aufkommenden Bedürfnis, einzelnen Denkern ihren Platz in einem der beiden Lager zuzuweisen: dem der materialistischen Geschichtsinterpretation oder dem der idealistischen Deutung. Die Auffassung, die die Gesellschaft in den Mittelpunkt der Betrachtung rückte, war lange Zeit mit Mißtrauen gegen jede Sicht gekoppelt, die dem einzelnen irgendeinen nennenswerten Einfluß auf die Gesellschaft zuzuschreiben wünschte. Die Konzeption einer Geschichtsschreibung »ohne große Namen« trat bei den krudesten Vertretern des materialistischen Lagers in den Vordergrund. Für die Geschichtswissenschaft konnte ein solcher Zugang immerhin noch als Korrektiv gegen eine Auffassung gelten, die das Geschehen allein als Ergebnis des Wirkens großer Persönlichkeiten verstehen wollte. Für die Betrachtung der Kunst- und Musikgeschichte der Neuzeit mußte sich aus solcher Einseitigkeit die Gefahr ergeben, daß das abgeschlossene Kunstwerk und dessen gesellschaftliche Wirkung außer Betracht blieben. Eine derartige Einschätzung ist das Resultat einer Verdinglichung des Bewußtseins, die das Kunstwerk selbst nur als »Ding« betrachtet und nicht als Kristallisation gesellschaftlichen Handelns im Sinne Durkheims.

Rezeption und Renaissance

Von hier aus führte der Weg zu einer Kunstsoziologie, die sich damit begnügte, sorgsam und nicht ohne Vorurteil ausgewählte Ideen von Marx oder Taine auf die »soziologische Erklärung« des Entstehens bestimmter Kunstwerke oder Kunststile anzuwenden. Die im Kunstwerk kondensierte soziale Kraft der Übertragung auf die zeitgenössische Gesellschaft oder nachfolgende Gesellschaften fand in solchen soziologischen Interpretationen kaum Berücksichtigung. Gesellschaftliche Phänomene wie Rezeption und Renaissance aber sind ohne Bedachtnahme auf die im Kunstwerk gespeicherte soziale Energie nicht wahrnehmbar und schon gar nicht erklärbar. Daß es zu solcher Verkennung der gesellschaftlichen Wirksamkeit des Kunstwerks kommen konnte, ist überraschend, weil Jacob Burckhardt schon früh auf das hingewiesen hatte, was er eine Eigentümlichkeit höherer Kulturen nannte, nämlich ihre »Fähigkeit zu Renaissancen«. Es wäre gewiß eine Verkennung des Sachverhalts, wenn man die Erklärung der Kunstrenaissance, welche eine Gesellschaft vollzieht, nur in der Struktur dieser Gesellschaft suchen wollte und nicht auch in der Beschaffenheit jener Kunst, die die Gesellschaft zur Renaissance erkoren hat. Es wäre ebensowenig sinnvoll, die immer wieder neuartige Interpretation von Kunstwerken durch aufeinanderfolgende Gesellschaften – also die historische Rezeption von Kunstwerken – allein aus dem Geist dieser Gesellschaften abzuleiten, ohne die Frage zu stellen, ob und inwieweit sich diese Kunstwerke zu solcher Umdeutung eignen. (Die Botschaft, die die Flaschenpost enthält, ist für den Schiffbrüchigen, der ihr zufällig begegnet, entscheidend. Sie kann ihm neuen Mut geben oder auch zur Verzweiflung treiben.)

Die musikalische Rezeptionsgeschichte belegt die Fruchtbarkeit nicht nur der Thesen Taines, sondern auch der Theorie von Guyau. Es ist schon erwähnt worden, daß die Entstehung des Konzertpublikums und der ihm angemessenen Institutionen des Musiklebens in hohem Maße »den Werken selbst« zu danken ist. Die Johann-Sebastian-Bach-Rezeption (von Mozart/Swieten über Forkel, Mendelssohn und so weiter bis in unser Jahrhundert unter wechselnden Aspekten vollzogen) kann gewiß nicht ohne Rekurs auf die rezipierenden Gesellschaften, doch ebensowenig ohne Bezugnahme auf die charakteristischen Merkmale eines Œuvres geklärt werden, das sich offenbar zu solch wechselhafter Rezeption eignet. Selbst das, was wir heute gerne als mißverständliche Deutung der Werke Mozarts und Haydns ansehen (nämlich rokokohafte Sicht oder gar die der Appoggiaturen beraubte Aufführungspraxis der Mahler-Zeit), muß entweder in den Werken selbst schon angelegt gewesen sein oder – wenn man dies leugnen will – noch in der Fehl-Deutung der Werke etwas von deren Be-Deutung bestehen lassen haben. Selbst der Begriff »Fehldeutung« oder – das Gegenteil – »historisch treue Aufführungspraxis« verlangt nach soziologischer Kritik. Diese Begriffe drücken aus, was einleuchtend erscheint, und das uns Einleuchtende ist höchst selten identisch mit dem gesellschaftlichen Sachverhalt, dem wir uns zu nähern wünschen. Wilhelm Furtwängler hat dies 1932 in seinen »Bemerkungen zur Darstellung alter Musik« sehr pointiert formuliert: Wollten wir wirklich historisch getreu sein, dann müßten wir »mit der alten Besetzung vor allem auch die alten Räume wieder herzustellen versuchen, mit den alten Räumen aber möglichst auch gleich wieder die ›Mentalität‹ des damaligen Publikums.« Damit ist darauf angespielt, daß selbst die »historisch treue« Darstellung heute andere Wirkung ausübt als zur Entstehungs- oder Erstaufführungszeit des musikalischen Kunstwerks.

Metamorphose des »Weihnachtsoratoriums«

Diese Wandlung eines musikalischen Kunstwerks kann sich aus der Struktur des Werks selbst ergeben. Johann Sebastian Bachs »Weihnachtsoratorium« sei als Beispiel genannt. Jeder der sechs Teile dieses Oratoriums hatte ursprünglich seinen von den anderen Abschnitten unabhängigen Platz im Kirchengeschehen zwischen Weihnachten und Epiphanias – über die Festtage zweier Wochen verstreut. Es handelt sich also um sechs Kantaten. Jede von ihnen hat ihre Stellung im Gottesdienst: nach der Verlesung des Evangeliums und vor dem Gesang des Lutherschen Glaubensliedes. Die Bestimmung der Kantaten, wie sie sich aus der Leipziger Praxis zur Zeit Bachs ergab, bestand darin, im Gottesdienst zu fungieren. Dieser schloß eine Predigt ein, die oft länger als eine Stunde dauern mochte. So blieb für die Kantate selbst »die Zeit einer knappen halben Stunde, die nur selten überschritten werden konnte« (Alfred Dürr). Mit anderen Worten: Die komponierte Musik war mit dem religiösen Ablauf unlöslich verbunden.

Moderne Aufführungspraxis entwindet die Musik ihrem geschichtlichen Kontext. Konzertaufführungen und Schallplatten fügen das, was zu Bachs Zeit im Liturgischen verankert war, zu einer neuen Ganzheit, die so nicht gemeint sein konnte und die doch unser ästhetisches Interesse gewaltig anfacht. Die Verknüpfung der sechs in das kirchliche Geschehen verwobenen Kantaten, die Ausscheidung der sie umgebenden liturgischen Elemente, die Verbindung der Kantaten zum Einheitsablauf des ungebrochen ausgeführten Oratoriums und die Verpflanzung der Musik aus der Kirche in die weltliche Heiligkeit und Weihe des Konzertes – all das ist sicherlich Ergebnis einer Anpassung dieser Musik an die Normen des Handelns, Denkens und Empfindens, die einer Gesellschaft angehören, welche anders geartet ist als diejenige Bachs. Doch drängt sich nun die Frage auf, ob nicht in dem musikalischen Kunstwerk selbst dieser Verpflanzungsprozeß vorgebildet sei, ob nicht das Werk selbst Merkmale aufweist, die es zu solcher gesellschaftlichen Transplantation prädestinieren. Die Beschaffenheit der Musik gibt sich offenbar dazu her, diesen Transport aus der Kirche in den Konzertsaal, diesen Übergang von religiöser Erbauung zu ästhetischem Genuß zu erfahren, und sie ruft diesen geradezu hervor. Dadurch aber gewinnt das musikalische Kunstwerk auch seinen Einfluß auf das musikalische Handeln, Denken und Fühlen einer andersartigen Gesellschaft.

Der vermutete Gleichklang von Gesellschaft und Kunst

Nichts anderes meinte Guyau, als er von der Fähigkeit des Genies sprach, ein »neues Milieu oder einen neuen Zustand des Milieus« hervorzubringen. Diese aktive Rolle macht sich in jenen Gesellschaften geltend, die – wir benutzen wieder Burckhardts Ausdruck – der künstlerischen Renaissance fähig sind. Voraussetzung hierfür ist in der Regel das Vorhandensein in sich geschlossener musikalischer Kunstwerke oder von Werken, die sich als Schöpfungen solcher Art auffassen lassen.

Ein beachtlicher Teil des musiksoziologischen Schrifttums hat auf die sich daraus ergebenden Subtilitäten des Verhältnisses von Musik und Gesellschaft wenig Rücksicht genommen. Das Problem der *Prägung des musikalischen Milieus* durch das *musikalische Kunstwerk* wurde selten gestellt, die *Wirkung eines Kunstwerks über seine Zeit hinaus* wurde nur ausnahmsweise analysiert. Man begnügte sich zumeist mit der summarischen Angabe der oft nur vermuteten gesellschaftlichen Bedingungen der Entstehung bestimmter musikalischer Kunstwerke und ging dabei – ausgesprochen oder unausgesprochen – von einem *angenommenen Gleichklang gesellschaftlicher und künstlerischer Entwicklung* aus. Soziologische Theoriebildung dieser Art berief und beruft sich gerne auf Karl Marx. Es kann gezeigt werden, daß dies zu Unrecht geschah und geschieht.

Ernst Bloch
Verständnis und Verständlichkeit

Was ist zu tun, um Verständnis zu erzielen, vor allem bei denen, auf die es ankommt: bei der Jugend. Vielfach lehnen sie Wagner und Bayreuth ab, ohne es zu kennen, wünschen es auch nicht zu kennen, denn dahinter steht zuerst die Erinnerung an Hitler und Chamberlain. Ein Stück neuer Sachlichkeit wirkt nach, und etwas von der sogenannten Neuen Musik, die 1910 begann und die Wagnersche Romantik ablehnte. Man müßte also erstens die Jugend aufklären. Zweitens, bevor man aufklärt: eine Aufklärung des Aufklärers vornehmen, damit es nicht nur fassungslos oder bloß schimpfend losgeht. Ein anderer Punkt liegt vielleicht alles überbrückend in der Musik selbst. Wie sagte Hans Sachs zu Stolzing: »Nur mit der Melodei seid Ihr ein wenig frei: Nur ist's nicht leicht zu behalten, und das ärgert unsre Alten!« Nun jetzt ärgert's unsere Jungen. Doch in der Neuen Musik, von Schönberg ausgehend, ist die Melodei erst recht frei. Nur Wagner wird's vorgeworfen. Hier also könnte man mit Aufklärung anfangen, da zweifellos ein sinnloser Verlust eintritt, wenn etwas sehr Wichtiges, Epochemachendes gerade durch und für die verloren geht, aus deren Geist das Werk trotz mancher Umkippungen entstand. Aufklären, damit die Jugend endlich Zugang findet und der elende Wagnerismus aufhört und der Jugend dann eine Bereicherung zukommt, die sie im politischen Leben brauchen kann.

Wie kann man die Jugend an das Verständnis Wagners heranführen, also Wagner verständlich machen? Zunächst und vor allem: Man muß verstehen, was hier gesungen wird. Wagner hat die alte Trennung von Rezitativ und Arie in der Oper aufgehoben. Da kam eine unendliche Melodie heraus, die das alte Rezitativ ersetzte und zugleich ein episches Theater vorbildete. Es kam aber auch die alte Arie noch vor mit Ruhepunkten, wie in der alten Oper. Im Rezitativ wird geschildert, was vorgeht. Dann zieht sich die Szene zusammen, es gibt dicke, bedeutende

Luft sozusagen, und die Verdichtung äußert sich in einem Arioso, in einer Arie. Dies gibt es auch bei Wagner; »Winterstürme wichen dem Wonnemond« ist ja das beste Exempel einer Arie bei Wagner. Das Rezitativ jedoch ist im Unterschied zum alten mit seiner bloßen Cembalobegleitung bei Wagner schwer verständlich. Es ist durchkomponierte Melodie. Die Handlung ist sehr schwierig, im »Ring« außerordentlich. Es gibt viele Partien, in denen episch berichtet wird, in denen pianissimo gesungen wird und das Orchester pianissimo noch begleitet und außerdem sehr lange und sehr kompliziert dazu. Schauspieler als Sänger wünschte sich Wagner, weil er das Bedürfnis hatte, daß hier Logik in die Sache hineinkommt, daß nicht Emotion allein überwiegt, daß nicht die Primadonna mit ungeheuren Gebärden und Gesten alles überspielt, daß nicht ein giftiger Drohgesang ausschließlich aus ihren üppigen Brüsten durch die Kehle ertönt, verbunden mit Nichtwissen, sondern daß hier eine Aufklärung selbst geleistet wird, und zwar Aufklärung eines Revolutionärs bis zu der Szene, wo Wagner den »Ring« unterbrechen mußte, weil es aussichtslos war, ihn aufzuführen. Er hat Verständlichkeit durchaus gewünscht und nicht etwa ein besoffenes, reiches Publikum. Das war nicht gemeint bei der Geschichte. Die Verständlichkeit wäre aber vor allen Dingen deshalb zu wünschen, weil es bei all den Schwierigkeiten des Textes wunderbare Sachen bei Wagner gibt, die durch die Schwerverständlichkeit und auch durch die fehlende Einführung überhaupt nicht bemerkt werden. Es gibt das große Paradoxe bei ihm, daß plötzlich ganz anderes herauskommt, zum Teil auch in Unscheinbarem. Also etwa die Akkorde, mit denen Brünnhilde erwacht: e-Moll, C-Dur, dann e-Moll, d-Moll. Daß die gleichen, sonderbaren Akkorde, die nicht im D-Dur ausruhen, daß sie wiederkehren bei zwei ganz verschiedenen, scheinbar verschiedenen Tätigkeiten, einmal dem Erwachen der Brünnhilde und dann bei dem Erwachen von Siegfried. Das Paradoxe besteht ja darin, daß die gleiche, auffallende Modulation bei Brünnhilde auf die Liebe geht, bei Siegfried auf den Tod: eros tanatos, in einer von Tristan und Isolde reichlich verschiedenen Erscheinung.

Eine andere Merkwürdigkeit ist der Text selbst. Dringend

nötig wäre es, daß man Sätze versteht und begreift wie die, wenn Parsifal zu Gurnemanz sagt: »Ich schreite kaum, doch wähn' ich mich schon weit« und Gurnemanz antwortet: »Du siehst, mein Sohn, zum Raum wird hier die Zeit«. Stünde dieser Satz im zweiten Teil von Goethes »Faust«, wäre er ein dankbares Objekt für Tiefsinn und Allegoriewitz ohnegleichen. Da man aber von Wagner nichts Besonderes erwartet, bleibt der Satz ein Paradox, jedenfalls eine Sonderbarkeit, zu der der Schlüssel in Wagners Musik, in der Begleitung des Orchesters selber gefunden werden müßte. Zur Verständlichkeit beitragen müßten die Leitmotive, diese pädagogische Einrichtung, Garderobennummer, wie darüber gespottet wurde, die man immer hat. Die Leitmotive müßten eigentlich die Verständlichkeit sozusagen auf ihre Fahnen geschrieben haben, denn sie erinnern an Vergangenes, manchmal bis zur Ermüdung. Aber mindestens ebenso wichtig ist es, daß sie melden, was noch gar nicht da ist; zum Beispiel an der Stelle, wo Siegfried im 1. Akt immer vom Fürchten sprechen soll, eine Kunst, die der Zwanzigjährige noch nicht versteht. Siegfried sitzt da, wie der Denker in der Plastik von Rodin, und zum erstenmal hat er dem armseligen Wicht Mime aufmerksam zugehört und fand's sonderlich seltsam. Zu dieser Stelle erscheint das Feuerzauber-Motiv, weit weg von Brünnhilde, als Antizipation. Auch das ist ein wichtiges Instrument beim Leitmotiv, das zweifellos dem Leben des Unbewußten weit gerechter wird als die ausschließliche Abschiebung in dessen Vergangenheit, in das Nichtmehrbewußte.

Hörbar ist teilweise auch noch ein raunziges Pathos bei Sängern und Orchester. Warum ist es so außerordentlich schwer, das Hoftheaterpathos des vorigen Jahrhunderts aus den Schiller-Aufführungen herauszubekommen? Wir wissen nicht, wie »Fidelio« oder »Carmen« gespielt wurde. Hier gibt es eine Beweglichkeit in der Reproduktion. Bei Schiller und Wagner dagegen ist ein gemeinsames Kleben an einer Darstellungsweise bemerkbar, das sonst so nicht vorkommt. Was hier also geschehen muß, wäre ein Umbruch an Haupt und Gliedern, um die differenzierteste Einheit herzustellen, die zwischen Dirigent, Regisseur, Bühnenbildner, Sänger – und dem Sinn, der endlich hier aufgeht. In Bayreuth ist diese große Kunst probiert worden, und sie muß weiter versucht werden.

Wie kann also eines der größten musikalischen Genies, ein Musiker, vor dem Bach seine sämtlichen Hüte gezogen hätte, wie es in kleinerer Form ja auch Brahms getan hat, derart schlecht von einer Jugend empfangen werden, die doch sonst dem Offenen und Experiment sehr zugeneigt ist – und hier in Übereinstimmung kommt mit der Ablehnung der ältesten Konservatoriumsdirektoren. Statt Heroen-Kult, den wir leider immer noch haben, und Genie-Kult in einer üblen elitären oder Elitäres aufrufenden Form wäre ein Betroffensein notwendig, daß endlich auch die Jugend und die anderen, die die Jugend nicht vergessen und vor ihren Träumen Achtung haben, auch bei Wagner und seiner adäquaten Darbietung zu dem jubelnden, mindestens zu dem betroffenen Gefühl kommen können, woher weiß der das von mir! Und von uns! An diesen Stellen der Betroffenheit, an diesen Stellen einer objektiv realen Semantik des Werkes, was der höchste Ausdruck dann von Verständlichkeit wäre, daß die Zeichendeutung sie selbst anbietet und es ein leichtes Unterfangen ist, Wagner zu hören, an dem kann allein gemessen werden, ob die Reproduktion gut oder schlecht ist, wobei sich die Personen, die ausführen, nicht in den Vordergrund zu stellen haben. Wir haben zuviel eitle Regisseure, wie mir scheint, die ein Produktionshemmnis dadurch gutmachen, daß sie selber in dem Werk eines großen Vorgängers, der zufällig ein Genius sein kann, herumkorrigieren. Notwendig sind sie und achtungswürdig in dem Sinn, daß sie subjektiv sind, indem sie objektiv den Text inszenieren, wie es unter den Dirigenten meiner Meinung nach am glücklichsten bei Otto Klemperer gelungen ist. So auch für den Regisseur. Die Sprache des Werks ist die Hauptsache und die Nachreife des Werks. Und darin allein kann sich eine Person auch als Person bewähren, wenn sie dem Werk eines großen Autors zur Realität verhilft.

Carl Dahlhaus
Zum musikalischen Realismus im 19. Jahrhundert

»Keineswegs habe ich einen solchen Abscheu vor cabalette, und wenn morgen ein junger Mann geboren würde, der so gute wie, zum Beispiel, ›Meco tu vieni o misera‹ oder ›Ah perchè non posso odiarti‹ schriebe, würde ich ihm mit bewegtem Herzen zuhören und die Ausgeburten der Harmonie und die Raffinements unserer gelehrten Instrumentation beiseite lassen. Ach, Fortschritt, Wissenschaft, Realismus! Sei ein Realist, so viel du willst, aber ... Shakespeare war ein Realist, nur wußte er es nicht. Er war ein Realist durch Inspiration; wir aber sind Realisten aus Kalkül. Und so, System gegen System, sind die cabalette denn doch das bessere.«

Die Gereiztheit, mit der sich Giuseppe Verdi, der gerade an der Revision des »Simon Boccanegra« arbeitete, über den Realismus – und andere Schlagworte des modernen Zeitalters – äußerte, muß keineswegs beim Wort genommen werden. Verdi, der dazu neigte, sich zum Traditionalisten und zum unwissenden, allein der Inspiration vertrauenden Bauern zu stilisieren, nahm Veränderungen der musikalischen Umwelt, in der er lebte, genauer wahr, als er zugeben mochte. Und daß er einen Realismus verwünschte, der um 1880 zur publizistischen Phrase geworden war, schloß nicht aus, daß er sich realistische Tendenzen, mit denen er seit den Parisreisen um 1850 vertraut gewesen sein muß, unauffällig, aber mit bewußter künstlerischer Absicht zu eigen machte.

Dieter Schnebel schlug eine Definition des Verdischen Realismus vor, in der Bestimmungsmerkmale, die aus der Literaturtheorie stammen, mit spezifisch musikalischen Momenten verknüpft sind. »Also ermöglicht Verdis gestische Musikdramatik einen musikalischen Realismus, der den wirklichen Menschen in seiner wirklichen, nämlich sozialen Situation zeigt, der aber auch die innere Wirklichkeit des Menschen, seine falschen und wahren Gefühle – und seien sie rein triebhaft oder sonst unbewußt – sowohl zu durchleuchten vermag, als auch einfühlend ans Licht bringt; in ein Licht, das freilich musikalisch strahlt.«

Schnebel erwähnt die konkrete geschichtliche Lokalisierung der Sujets, durch die sich Verdis Libretti von Wagners mythologischen Musikdramen unterscheiden, ohne jedoch, wie es in manchen Realismusdefinitionen geschieht, die Forderung nach einem zeitgenössischen Stoff, die Verdi einzig in »La Traviata« erfüllt, zu pointieren (also die Historie auszuschließen, woraus die schiefe Konstruktion eines musikalischen Realismus ohne »Boris Godunow« resultieren würde).

Die Akzentuierung des sozialen Moments, scheinbar eine Obsession der gegenwärtigen Ästhetik, stammt aus dem Arsenal der literarischen Realismustheorie des 19. Jahrhunderts. Und Schnebels Charakteristik der Verdischen Affektdarstellung erinnert in ihrer Zwiespältigkeit und Gebrochenheit an Flaubert, der einerseits von der »impassibilité« sprach, die ein Romancier wahren müsse, andererseits aber behauptete, Emma Bovary, das sei er selbst.

Entscheidend ist jedoch das vierte der von Schnebel genannten Momente: die gestische Drastik des musikalischen Ausdrucks. Daß die Affekte, von denen die handelnden Personen einer Verdi-Oper bewegt werden, zu gestischer Äußerung drängen – und daß Textworte, auf die es zum Verständnis ankommt, als »parola scenica« hervorstechen sollen –, erscheint als dramaturgische Kehrseite eines Sachverhalts, dessen technische Begründung in der Tatsache liegt, daß Verdi primär ein Genie des musikalischen Rhythmus gewesen ist. (Was Laien »Melodie« nennen, ist oft vor allem rhythmisch fundiert.)

Schnebels Realismusdefinition ist so weitgespannt, daß sie im Grunde, von wenigen frühen Werken abgesehen, das gesamte Verdische Œuvre umfaßt. Geht man dagegen, um historisch präziser zu verfahren, von einer Realismustheorie aus, die der spezifischen ideengeschichtlichen Situation der Jahrhundertmitte gerecht zu werden versucht, so liegt es nahe, einen Zusammenhang zwischen dem französischen Realismus der 1850er Jahre und den dramaturgischen Prämissen von »La Traviata« zu vermuten oder zu rekonstruieren. Und »La Traviata« erscheint dann, pointiert ausgedrückt, als realistische Enklave in einem Werk, das insgesamt die italienische Romantik repräsentiert. Daß die Handlung in der unmittelbaren Gegenwart spielt – ein Umsturz in der Librettogeschichte der Opera seria – und daß die individuellen Schicksale der handelnden Personen durch einen sozialen Mechanismus bedingt sind, der nicht bloß vorausgesetzt und impliziert, sondern gezeigt und szenisch sinnfällig gemacht wird, rückt »La Traviata« zweifellos in die Nähe eines Realismus, der Verdi in Paris auch als Programm und Theorie begegnet sein muß. Und ein Sujet, in dem eine »demi-mondaine« oder »femme entretenue« als Protagonistin einer Tragödie erscheint, bedeutete in den 1850er Jahren eine Provokation, die als solche, als krasser Verstoß gegen die klassizistische »Stilhöhenregel«, ein Moment von Realismus – und zwar von Realismus als Widerspruch und Opposition – enthielt.

Daß man einerseits die Stoffwahl, die Entscheidung für »La Dame aux Camélias« von Alexandre Dumas fils, »realistisch« nennen kann und daß andererseits eine gestische Affektdarstellung, die gewissermaßen das bewegte Innere nach außen treten läßt, dasselbe Epitheton verdient, besagt allerdings nicht, daß die beiden Realismusbegriffe, die in der Verdi-Literatur vorgeschlagen worden sind, der primär literaturgeschichtliche und der musikdramaturgische, sich komplementär zueinander verhalten und als zwei Seiten derselben Sache interpretierbar sind. Die Gegenthese, daß das realistische Milieu für Verdi nichts anderes als eine Gelegenheit war, das archetypische Rollenschema der Opera seria – die Konfiguration von Sopran, Tenor und Bariton, deren Grundzug »La Traviata« mit »Ernani«, »Rigoletto« oder »Il Trovatore« teilt – wieder einmal zu realisieren, läßt sich keineswegs mit einer Geste, mit der man Irrelevantes abtut, beiseite schaffen.

Wesentlich ist, daß die Sozialstruktur der Handlung in »La Traviata« keineswegs einen bloßen Hintergrund bildet, von dem sich individuelle Konflikte, die in Arien und Duetten ausgetragen werden, wirkungsvoll abheben. Daß die tragische Dialektik, in die sich Violetta und Alfredo verstricken, bis ins

Innerste gesellschaftlich vermittelt ist, wird einem Publikum, das musikalisch-szenische Chiffren zu lesen vermag, sowohl im ersten Akt als auch im Finale des zweiten drastisch sinnfällig gemacht. Das Trinklied Nr. 3 hat gewissermaßen eine soziale Außen- und eine individuelle Innenseite. Und in Nr. 4, »Walzer und Duett«, ist gerade das Ineinandergreifen des Walzers, der aus dem Tanzsaal herübertönt, und des Duetts, das den musikalischen Vordergrund ausfüllt, Zeichen und Ausdruck der Zwiespältigkeit, mit der die Liebe zwischen Violetta und Alfredo belastet ist: Daß aus einer Liaison, wie sie zu den Riten der Demimonde gehört, ein Gefühl entsteht, das tief verwurzelt und dennoch seiner selbst ungewiß ist, läßt die gefährdete Liebe um so passionierter und die passionierte um so gefährdeter werden. Man muß das Andantino und den Walzer – ebenso wie später in Violettas Arie Nr. 6 das Cantabile und die Cabaletta – gewissermaßen aus dem Nacheinander in eine imaginäre Simultaneität versetzen, um die dramatische Wahrheit, die ausgedrückt werden soll, zu erfassen: Insgeheim ist im Walzerton der eruptive Affekt ebenso gegenwärtig wie umgekehrt der Walzerton im Appassionato.

Die Frage, ob die Tatsache eines zeitgenössischen Sujets in der Musik und der musikalischen Dramaturgie von »La Traviata« erkennbare Spuren hinterlassen habe, durch die sich das Werk stilistisch von »Ernani« oder »Rigoletto« unterscheidet, wäre schief gestellt, weil Verdis Musik von der Differenz, ob eine Opernhandlung im 14. oder im 19. Jahrhundert spielt, prinzipiell unabhängig ist, so daß nicht die musikalische Modernität, die sich von selbst versteht, sondern vielmehr die Historizität, die durch manche Libretti suggeriert wird, ohne daß die Musik eine geschichtliche Färbung anzunehmen versucht, im 19. Jahrhundert – dem Jahrhundert eines historischen Bewußtseins, das sogar den Theaterstil nicht unberührt ließ – ein gewisses, wenn auch kein gravierendes Problem darstellte.

Daß »La Traviata« formal eine Opera seria traditionellen Zuschnitts ist, dürfte niemals verkannt worden sein, besagt jedoch nicht, daß es ausgeschlossen oder verfehlt wäre, einzelne Veränderungen, die sich in der musikalischen Struktur abzeichnen, mit den realistischen Tendenzen, die das Libretto nahelegt, in einen Zusammenhang zu bringen. Und sofern zu den Zeichen, von denen im 19. Jahrhundert die Modernität einer Oper – im Sinne einer Entwicklung zum musikalischen Drama – ablesbar war, das Ausmaß gehörte, in welchem der Dialog – die »dialogisierte Melodie«, um mit Wagner zu sprechen – als Medium der dramatischen Auseinandersetzung in den Vordergrund rückt, ist das Duett die entscheidende Form, in der sich realistische Tendenzen, wenn es sie gibt, manifestieren müßten.

Das große Duett zwischen Violetta und Germont im zweiten Akt von »La Traviata«, die Peripetie des Dramas und insofern eine zentrale Nummer der Oper, setzt sich durch eine frappierende Vielteiligkeit, die dramaturgisch motiviert ist, über die simplen Formschemata der Gattungstradition hinweg. Daß dennoch das Gerüst von Cantabile und Cabaletta, wenn auch verdoppelt und differenziert, allenthalben durchscheint, ist bei einem Komponisten, der gerade dann, wenn er sich ins Unbekannte und Unerprobte vortastete, einen festen Rückhalt an der Überlieferung brauchte, nicht erstaunlich.

Im zweiten Teil des Duetts ist das gewohnte Schema, zusammengesetzt aus einem Andantino (»Dite alla giovine«) und einem Allegro moderato (»Morrò!«), unverkennbar, obwohl das Zwischenstück, das den Übergang vom Primo zum Secondo Tempo dramaturgisch motiviert, eine relativ selbständige Existenz und Bedeutung erhält. Dagegen liegt dem ersten Teil das Verfahren zugrunde, die einzelnen Strukturmerkmale des Schemas gewissermaßen anders als üblich zu gruppieren: ein Verfahren, das beim Publikum, um als Differenzierung erkannt zu werden, eine eingewurzelte Gewöhnung an das Stereotyp voraussetzte. Den Anfang bildet ein Allegro moderato, das ausdrücklich als Cantabile charakterisiert wird (»Pura siccome un angelo«); die Fortsetzung besteht aus einem Andante piuttosto mosso, dessen drängende, rhythmisch pointierte Melodik (»Un di, quando le veneri«) wie eine Cabaletta in langsamem Zeitmaß wirkt. Mit anderen Worten: Trotz der Umkehrung der Tempi – Allegro und Andante statt Andante und Allegro – bleiben einzelne sinnfällige Momente des Cantabile- und des Cabaletta-Tons in der ursprünglichen, zur Konvention verfestigten Reihenfolge erhalten.

Ausschlaggebend ist jedoch, daß Verdi innerhalb der Tempi – und zwar mit oder ohne Modifikation der Zeitmaße – extrem verschiedene musikalische Charaktere miteinander konfrontiert. Die eigentliche musikalisch-formale Einheit ist also nicht das Tempo, sondern der melodische Abschnitt, in dem ein Affekt tönende Gestalt annimmt (Allegro moderato: »Pura siccome un angelo«, Animando a poco a poco: »Ah! Comprendo«, Vivacissimo: »Non sapete quale affetto«, Ancora più vivo: »Ah il supplizio è si spietato«). Keineswegs geht Verdi, wie Wagner in den 1850er Jahren, zur »musikalischen Prosa« über: Das syntaktische Gerüst der Teile, die sich durch gegensätzliche Affekte voneinander abheben, bildet immer noch die harmonisch-rhythmisch fundierte, auf dem tonalen Kadenzmodell und dem metrischen Korrespondenzprinzip beruhende Periode (die für den Eindruck formaler Festigkeit und Geschlossenheit wesentlicher ist als die Wiederholungsschemata, die in der Musiktheorie gewöhnlich als Hauptmerkmal »abgerundeter« Formen genannt werden).

Ein realistisches Moment kann darin gesehen werden, daß die Beziehungen zwischen den Perioden »dialogisch« sind. So heftig aber die Kontraste erscheinen, die in den Duetten aufeinanderprallen: Sie lassen niemals den Eindruck einer bloßen Reihung von Affektmomenten – eines Komponierens »am Text entlang« – entstehen, sondern verhalten sich stets wie dialektische, einander ergänzende Antithesen zueinander. Und daß die Gegensätze trotz der Schroffheit, mit der sie ausgeprägt sind, gewissermaßen komplementär, also formbildend wirken, ist einerseits dramaturgisch – in der Konfrontation der handelnden und redenden oder redend handelnden Personen –, andererseits jedoch musikalisch-formal – in der Gerüstfunktion des immer noch durchscheinenden, wenn auch differenzierten und halb latenten Schemas von Cantabile und Cabaletta – begründet. Die bloße Reminiszenz an das Stereotyp, so schwach sie sein mag, genügt im Grunde, um dem musikalischen Dialog die formale Stütze zu geben, die er braucht, um nicht auseinanderzufallen und lediglich »von außen«, durch den Text und dessen dramatische Struktur, zusammengehalten zu werden. (In Wagners Musikdramen, die mit Verdis späteren Opern immerhin ein kompositorisches Problem – eben das der »dialogisierten Melodie« – gemeinsam haben, bildet die Leitmotivtechnik den strukturellen Widerpart zur »musikalischen Prosa«, die Wagner als zwingende Konsequenz aus dem Dialogprinzip – als dem tragenden Prinzip einer am Drama orientierten Oper – erschien.)

Der Schluß des Duetts, eine Coda, in der sich die Cabaletta-Melodik, statt sich zur Stretta zu steigern, in ein schluchzendes Adagio auflöst, darf ohne Übertreibung realistisch genannt werden: Die Formtradition wird der dramatischen Wahrheit geopfert. Insgesamt aber ist das kompositorische Problem, als dessen Lösung das Duett erscheint – die Intention, die Melodik radikal zu »dialogisieren« und die kontrastierenden Affekte auf engstem Raum aufeinanderprallen zu lassen, ohne andererseits das Strukturprinzip der Periode und das aus Cantabile und Cabaletta zusammengesetzte Formgerüst restlos preiszugeben –, kein spezifisch realistisches, mit dem Realismus des Sujets von »La Traviata« unmittelbar zusammenhängendes Problem. Zwar ist – um das Resultat der Analyse zu präzisieren – die Rückhaltlosigkeit der musikalischen Affektdarstellung ebenso wie die Dialogisierung der Melodie, die Annäherung an den dramatischen Dialog als Rededuell, ein durchaus realistischer Zug, der mit dem Realismus des Librettos konvergiert. Der »musikalischen Prosa« aber und einer Satzstruktur, die um der musikalischen Kontinuität willen die formale Geschlossenheit preisgibt oder jedenfalls gefährdet, ging Verdi – mit dem Instinkt eines Komponisten, der mit dem Publikum fühlt – aus dem Wege. Und man kann geradezu sagen, daß das Formproblem, das er in Stücken wie dem Duett zwischen Violetta und Germont zu lösen versuchte, dadurch entstand, daß er sich zwar einzelne Merkmale des musikalischen Realismus – vor allem die Dialogisierung der Melodie – zu eigen machte, andere dagegen – die musikalische Prosa und deren Konsequenzen – als opernfremd zu vermeiden trachtete. Verdi war also ein musikalischer Realist, ohne sämliche Forderungen, die in der ästhetischen Doktrin enthalten waren, auf sich zu nehmen. Er war – wie fast jeder musikalische Dramatiker von Rang, der sich der inneren Widersprüche der Oper, des »unmöglichen Kunstwerks« (Oscar Bie), bewußt ist – nicht »konsequent«.

Die Musikkritik, zumindest die außeritalienische, ließ sich durch die Affinität von »La Traviata« zum französischen Realismus der 1850er Jahre nicht in der Meinung beirren, daß das melodramatische Moment in den Verdi-Opern wirksamer ausgeprägt sei als das realistische. Und der Verismo Pietro Mascagnis, die italienische Variante des französischen Naturalismus, wurde als »Brutalisierung« der Gattungstradition, nicht als deren Aufhebung, begriffen: als Exzeß, der sowohl die melodramatischen als auch die realistischen Tendenzen ins Extrem trieb. Walter Niemann sprach von der »gefühlsheißen brutalen Wirklichkeitsschilderung des musikalischen Verismo«. »Die brutale und blechgepanzerte musikalische Mache der meisten dieser veristischen Opern hat damals eine uns heute kaum mehr verständlich dünkende Überschätzung nicht verhindert. Denn alle musikalischen Bedenken und Einwände schlug die brutale Schlagkraft der auf die kürzeste Formel gebrachten hochdramatischen Handlung und ihrer Musik einfach zu Boden.«

Daß die Forcierung der Affektdarstellung ein Merkmal musikalischer »Wirklichkeitsschilderung« sei – daß also Verismo und Melodram konvergieren, statt in Widerspruch zueinander zu geraten –, ist ein Gedanke, dessen Plausibilität offenbar von dem Vorurteil abhängt, daß die »eigentliche Realität« dort gesucht werden müsse, wo wir – das Opernpublikum – gerade nicht sind: dort also, wo es noch wild und elementar zugeht. Der Realismus erweist sich unversehens als Exotismus. Und Mascagnis Sizilien teilt mit Puccinis Japan oder Kalifornien die Eigentümlichkeit, in der Imagination des Opernpublikums eine Phantasielandschaft zu sein, die sich mit »edlen Wilden« – den utopischen Gestalten eines von Rousseau inspirierten europäischen Wachtraums – bevölkern ließ.

Nimmt man also die stilgeschichtliche Nomenklatur ideengeschichtlich beim Wort – statt sie lediglich als Etikett, das wenig besagt, zu benutzen –, so gelangt man rasch zu dem Resultat, daß es einen Verismo in der Oper, der den Namen verdient, eigentlich kaum gab. Obwohl »Cavalleria rusticana«, das paradigmatische Werk der Gattung, auf einem Libretto beruht, dem ein zweifellos veristisches Schauspiel von Giovanni Verga – die Dramatisierung einer Erzählung – zugrunde lag, ist die Anzahl naturalistischer Stilkriterien, die in die Oper hinübergerettet wurden, erstaunlich gering. (Der »realistische Schock« – das Moment der Opposition durch den Griff zu »niederen«, bisher vernachlässigten Stoffschichten – ist allerdings in der veristischen Oper unvermindert wirksam.)

Erstens entfernte sich das Sujet bei der Umformung einer Erzählung zu einem Schauspiel und eines Schauspiels zu einem Libretto immer weiter von dem »fatto nudo e schietto«, das Verga zu schildern behauptete. – Zweitens wurde die Prosa des Vergaschen Schauspiels im Libretto der Oper durch Verse ersetzt, weil die italienischen Opernkomponisten, trotz Wagner und Mussorgskij, die Möglichkeit einer musikalischen Prosa – als stilistischer Ausdrucksform für die realistischen Intentionen bei der Sujetwahl – nicht sahen oder nicht zu nutzen verstanden. – Drittens wurde die soziale, gesellschaftskritische Motivierung der Handlung – bei Verga entscheidet sich Lola für Alfio, weil er reich, Turiddu dagegen arm ist, und Santuzzas Verrat ist keine spontane Reaktion, sondern die genau kalkulierte Rache einer Frau, die sich als Objekt einer vorgespiegelten Liebe, mit der Turiddu Lolas Eifersucht herausfordert, mißbraucht fühlt – durch einen dramaturgischen Mechanismus verdrängt, der von abstrakten, »allgemein-menschlichen«, aus dem gesellschaftlichen Begründungszusammenhang herausgelösten Affekten ausgeht. – Viertens erscheint die Behauptung, der traditionelle Belcanto werde in der veristischen Oper weitgehend durch eine »aria d'urlo« (Geheul) zurückgedrängt, als krasse Übertreibung: Obwohl in den Augenblicken tragischer Katastrophen der Gesang nicht selten in Sprechen oder Schreien übergeht, wahrt die veristische Oper, die primär Oper und erst sekundär veristisch ist, insgesamt oder über weite Strecken einen durchaus melodramatischen Ton. – Fünftens wurde von der Tatsache, daß ein nicht geringer Teil der musikalischen Nummern als »Bühnenmusik« szenisch motiviert ist, in

»Cavalleria rusticana« kein realistischer, sondern ein konventioneller Gebrauch gemacht: Statt »musikalische Realität« – sizilianische Folklore oder deren ästhetischen Schein – in die Oper aufzunehmen, benutzte Mascagni die »Bühnenmusik«, um zur »aria d'urlo« – den naturalistischen Eruptionen, die in Augenblicken der Katastrophe hervorbrechen – durch formal geschlossene Stücke ein Gegengewicht herzustellen, ohne das »Cavalleria rusticana« schwerlich die Popularität erreicht hätte, die sich nach einem Jahrhundert noch fast unangefochten behauptet.

So zwingend aber eine Argumentation, die den Verismo in der Oper als leere Vokabel erscheinen läßt, zunächst und in erster Instanz wirken mag, so zweifelhaft ist es andererseits, ob sie ohne Einschränkungen, die von der Spezifik der Oper als theatralischer Gattung ausgehen, bestehen kann.

Erstens sollte, wenn vom Realismus als einem ästhetischen, kunsthistorischen Phänomen die Rede ist, nicht eine Alltagsvorstellung vom »unmittelbar Wirklichen«, sondern das Maß an Realitätssubstanz, das für eine Kunstgattung charakteristisch ist, den Ausgangspunkt der Erörterung bilden: Daß eine Oper dem, was gewöhnlich Wirklichkeit heißt, prinzipiell ferner steht als eine Erzählung mit demselben Sujet, ist eine schiere Selbstverständlichkeit, die darüber, was in der Oper als Realismus gelten kann, wenig oder nichts besagt. – Zweitens war die Ambiguität des Naturalismus – die Tatsache, daß er jederzeit in Ästhetizismus umschlagen konnte, so daß ein Stück »niedere« Wirklichkeit nicht aus sozialkritischem Engagement, sondern wegen der stofflich-stilistischen Reize des ungewohnten Sujets geschildert wurde – im späten 19. Jahrhundert nicht nur für die musikalische, sondern auch für die literarische Ausprägung des Stils charakteristisch. Die Gleichzeitigkeit von Émile Zola und Pierre Loti, von Naturalismus und Exotismus im Roman, war ideengeschichtlich schwerlich ein bloßer Zufall. – Drittens ist die Verlagerung der dramatischen Motivierung vom sozial bestimmten Milieu zum »allgemein menschlichen« Affekt – also vom Konkreten und Rationalen zum Abstrakten und Emotionalen – auch bei Zola zu beobachten, sobald er nicht Romane, sondern – für Alfred

Bruneau – Opernlibretti schrieb. Und man kann die Tatsache, daß sich Zola als Librettist den Bedingungen der Gattung anpaßte und sich zur Anpassung sogar ausdrücklich bekannte, entweder als Triumph der Operntradition über die naturalistischen Tendenzen oder aber als Zeichen dafür auffassen, daß Naturalismus in der Oper mit anderem Maß gemessen werden muß als im Roman oder im Schauspiel. – Viertens kann man statt der Beobachtung, daß Mascagni über weite Strecken in den Bahnen traditioneller Melodramatik blieb, auch die Kehrseite betonen, daß es – im Unterschied zu Verdis Verfahren, auch das szenisch Gräßliche noch durch Kantabilität in ästhetische Distanz zu rücken – die entscheidenden Momente der Handlung, die Augenblicke tragischer Katastrophen sind, in denen der Gesang in Sprechen oder Schreien übergeht. – Fünftens ist die Tatsache, daß in »Cavalleria rusticana« die »Bühnenmusik« stilistisch integriert ist, statt durch Stilbrüche, wie sie aus dem Montage- oder Collageprinzip resultieren, als realistische Momente kenntlich gemacht zu werden, eher ein zufälliger als ein generell in der Ästhetik der veristischen Oper begründeter Umstand: Sowohl im ersten Akt von »Carmen« als auch im zweiten von »La Bohème« ist die Zitathaftigkeit der »Bühnenmusik«, also deren realistischer Charakter, deutlich ausgeprägt.

Läßt sich demnach der Begriff des Verismo in der Oper zumindest partiell rechtfertigen, so bleibt es andererseits dennoch unbezweifelbar, daß die Zurückdrängung der Sozialkritik, die Hegemonie der melodramatischen Kantabilität über weite Strecken, das Ausweichen vor literarischer und musikalischer Prosa und der Verzicht auf Zitat- und Montagetechniken in der »Bühnenmusik« unrealistische oder antirealistische Züge sind, die es nahelegen, von einer zwiespältigen Stiltendenz bei Mascagni und Puccini zu sprechen (wie denn überhaupt die eindeutige Klassifizierbarkeit selten zu den Bedingungen ästhetischen Gelingens gehört). Der musikalische Realismus des 19. Jahrhunderts ist eher ein Idealtypus, an dem verschiedene konkrete Stile in wechselndem Ausmaß und mit immer wieder anderer Gruppierung der Merkmale teilhaben, als daß er in einzelnen Werken eine Gestalt annähme, in der sämtliche Begriffsmomente versammelt sind. Aber auch als Idealtypus, der Zusammenhänge zwischen Werken sichtbar macht, die man sonst schwerlich aufeinander beziehen würde, ist er durchaus kein Phantom, sondern eine geschichtliche Realität.

Reinhard Piper
Musik in meiner Zeit

Schon im »Vormittag« habe ich von den musikalischen Eindrücken, die ich seit meiner Penzliner Kindheit in Konstanz, München, Berlin, Paris und Dresden empfing, erzählt. Eigentlich müßte ich über meine Musikerlebnisse hier ebensoviel sagen wie über den Geist der Graphik oder über das italienische Erlebnis. Ich habe ein halbes Jahrhundert moderner Musikgeschichte erlebt. Ich habe Reger, Pfitzner, Strauss, Mahler, Wolf-Ferrari, Hindemith, Strawinsky, Bartók, ja sogar noch den alten Grieg eigne Werke dirigieren gehört und gesehn, die meisten von ihnen auch als Kammermusiker und Begleiter ihrer Lieder am Klavier. Über Reger, Pfitzner, Strauss, Mahler, Schönberg habe ich Bücher verlegt. Dazu hörte ich alle großen Dirigenten und Solisten.

Zu den öffentlichen Musikerlebnissen kamen die privaten. Viele Jahre hindurch veranstaltete ich im Verlag »Hauskonzerte«. Sie machten viel Arbeit, aber auch viel Freude. Drei große ineinandergehende Zimmer mußten jedesmal fast ganz ausgeräumt werden. Wie ein solcher Abend dann ungefähr aussah, hat der Baumeister Theodor Fischer, der mit seiner Frau häufiger Gast war, mir ins Album gezeichnet. Neben befreundeten Dilettanten beteiligten sich hervorragende Berufsmusiker: Otto Vrieslander, Herma Studeny, Li Stadelmann, Julia Menz. Auch Mitglieder der Philharmoniker, der Bratschist Max Schöpper, der Cellist Paul Frantz, der Gambenspieler Dr. Willi Schmid, wirkten mit. Der letzte wurde von den Nazis auf Grund einer Namensverwechslung umgebracht. Sein Andenken bewahrt die Sammlung seiner Arbeiten über Musik »Unvollendete Symphonie«.

Otto Vrieslander hatte für meinen Verlag ein Buch über Philipp Emanuel Bach, den genialen Sohn des großen Johann Sebastian, geschrieben. Mozart hatte von diesem Bach gesagt: »Er ist der Vater, wir sind die Bub'n.« Aber was nützte das

Buch über ihn, wenn man nichts von ihm hörte? Im Verlag gab es also einen Philipp-Emanuel-Bach-Abend. Vrieslander selbst spielte, begleitet von einem kleinen Streichorchester, die Klavierkonzerte in C und in D. Margerita Delius sang geistliche Lieder, Frau Mauermeyer, die berühmte Gesangspädagogin, die Diskantkantate »Phyllis und Thyrsis«. Ganze Abende wurden meinen Lieblingen Händel und Schubert gewidmet. Von Händel erklang z. B. unter Führung von Herma Studeny ein Concerto grosso von vierzehn Streichern. Für die Stücke aus dem Weihnachtsoratorium von Bach wurden auch Flöten und Oboen aufgeboten. Von Schubert wurde das Quintett in C-Dur und das Oktett gespielt. Auch suchte ich von ihm viele fast unbekannte Lieder aus, die Luise Wimmelbacher mit schöner Stimme und nie ermüdender Bereitwilligkeit sang.

Ein Höhepunkt dieser Veranstaltungen war der Pfitzner-Abend. Frau Hüni-Mihacsek und Paul Bender von der Staatsoper sangen Lieder, vom Meister am Flügel begleitet. Das Studeny-Quartett spielte das Opus 13 D-Dur mit der humorvollen Bratschenstelle. Das Werk wurde in der Wohnung der Primgeigerin in Pfitzners Anwesenheit geprobt. Mittendrin ließ sich ein höchst störendes lautes Schnarren und Kratzen in der Wand hören. Kein Zweifel: da war ein Kaminkehrer am Werk. Schuldbewußt blickten wir uns an. Pfitzner mußte das doch, seiner Art nach, als eigens auf ihn gemünzte Kränkung empfinden. Aber glücklicherweise konnten wir nach einiger Zeit wie befreit ausrufen: »Es hat aufgehört!« Pfitzner mürrisch: »Ja, jetzt, wo ich mich gerade dran gewöhnt habe!«

Im Frühjahr 1947 besuchte ich auf seinen Wunsch den Achtundsiebzigjährigen im Städtischen Altersheim in Ramersdorf, wo er, nachdem sein Haus zerstört worden war, mit seiner Frau eine sehr enge Zuflucht gefunden hatte. Den größten Raum nahm das Pianino ein: »Ich habe es mir von einem Insassen des Heims geliehn. Er ist zwischen neunzig und hundert Jahre alt. Da wird er ja im Klavierspiel keine großen Fortschritte mehr machen, und es steht also besser bei mir.«

Zur Münchner Uraufführung des »Palestrina« 1916 hatte ich eine Schrift von Walter Riezler herausgebracht. Jetzt war Pfitzner über den Autor empört: »Er hat kürzlich in der Universität einen Vortrag über die Musik der Gegenwart gehalten. Da hat er Strawinsky für den größten lebenden Komponisten erklärt, und ich saß fünf Schritte vor ihm!« (Mit erhöhter Stimme wiederholend): »*Und ich saß fünf Schritte vor ihm!!*«

Pfitzner hatte 1927 in den M.N.N. seine Gedanken »Über das Rätsel der individuellen Unsterblichkeit« veröffentlicht. Diese beschäftigten ihn offenbar jetzt wieder sehr intensiv. Er bat mich, ihm das Buch von Otto Weininger »Über die letzten Dinge« zu verschaffen und Kants »Kritik der praktischen Vernunft«. –

Arthur Schopenhauer
Musik als allgemeine Sprache

Die *Musik* ist die wahre allgemeine Sprache, die man überall versteht: daher wird sie in allen Ländern und durch alle Jahrhunderte, mit großem Ernst und Eifer, unaufhörlich geredet, und macht eine bedeutsame, vielsagende Melodie gar bald ihren Weg um das ganze Erdenrund; während eine sinnarme und nichtssagende gleich verhallt und erstirbt; welches beweiset, daß der Inhalt der Melodie ein sehr wohl verständlicher ist. Jedoch redet sie nicht von Dingen, sondern von lauter Wohl und Wehe, als welche die alleinigen Realitäten für den *Willen* sind: darum spricht sie so sehr zum Herzen, während sie dem Kopfe *unmittelbar* nichts zu sagen hat und es ein Mißbrauch ist, wenn man ihr dies zumutet, wie in aller *malenden* Musik geschieht, welche daher, ein für allemal, verwerflich ist; wenngleich Haydn und Beethoven sich zu ihr verirrt haben: Mozart und Rossini haben es, meines Wissens, nie getan. Denn ein anderes ist Ausdruck der Leidenschaften, ein anderes Malerei der Dinge.

Auch die Grammatik jener allgemeinen Sprache ist aufs Genaueste reguliert worden; wiewohl erst seitdem Rameau den Grund dazu gelegt hatte. Hingegen das Lexikon, ich meine die, laut Obigem, nicht zu bezweifelnde, wichtige Bedeutung des Inhalts derselben, zu enträtseln, d. h. der Vernunft, wenn auch nur im allgemeinen, faßlich zu machen, was es sei, das die Musik, in Melodie und Harmonie, besagt, und wovon sie rede, dies hat man, bis ich es unternahm, nicht einmal ernstlich versucht; – welches, wie so vieles andere, beweist, wie wenig überhaupt zur Reflexion und zum Nachdenken geneigt die Menschen sind, mit welcher Besinnungslosigkeit vielmehr sie dahinleben. Überall ist ihre Absicht, nur zu genießen und zwar mit möglichst geringem Aufwande von Gedanken. Ihre Natur bringt es so mit sich. Daher kommt es so possenhaft heraus, wenn sie vermeinen, die Philosophen spielen zu müssen; wie an unsern

Philosophieprofessoren, ihren vortrefflichen Werken und der Aufrichtigkeit ihres Eifers für Philosophie und Wahrheit zu ersehn ist.

Allgemein und zugleich populär redend kann man den Ausspruch wagen: die Musik überhaupt ist die Melodie, zu der die Welt der Text ist. Den eigentlichen Sinn desselben aber erhält man allein durch meine Auslegung der Musik.

Nun aber das Verhältnis der Tonkunst zu dem ihr jedesmal aufgelegten bestimmten Äußerlichen, wie Text, Aktion, Marsch, Tanz, geistliche, oder weltliche Feierlichkeit usw. ist analog dem Verhältnis der Architektur als bloß schöner, d. h. auf rein ästhetische Zwecke gerichteter Kunst zu den wirklichen Bauwerken, die sie zu errichten hat, mit deren nützlichen, ihr selbst fremden Zwecken sie daher die ihr eigenen zu vereinigen suchen muß, indem sie diese unter den Bedingungen, die jene stellen, doch durchsetzt, und demnach einen Tempel, Palast, Zeughaus, Schauspielhaus usw. so hervorbringt, daß es sowohl an sich schön, als auch seinem Zwecke angemessen sei und sogar diesen, durch seinen ästhetischen Charakter, selbst ankündige. In analoger also, wiewohl nicht ebenso unvermeidlicher Dienstbarkeit steht die Musik zum Text, oder den sonstigen, ihr aufgelegten Realitäten. Sie muß zunächst dem Texte sich fügen, obwohl sie seiner keineswegs bedarf, ja, ohne ihn, sich viel freier bewegt: sie muß aber nicht nur jede Note seiner Wortlänge und seinem Wortsinn anpassen; sondern auch durchweg eine gewisse Homogeneität mit ihm annehmen und ebenso auch den Charakter der übrigen, ihr etwan gesetzten, willkürlichen Zwecke tragen und demnach Kirchen-, Opern-, Militär-, Tanz-Musik u. dgl. m. sein. Das alles aber ist ihrem Wesen so fremd, wie der rein ästhetischen Baukunst die menschlichen Nützlichkeitszwecke, denen also beide sich zu bequemen und ihre selbsteigenen den ihnen fremden Zwecken unterzuordnen haben. Der Baukunst ist dies fast immer unvermeidlich; der Musik nicht also: sie bewegt sich frei im Konzerte, in der Sonate und vor allem in der Symphonie, ihrem schönsten Tummelplatz, auf welchem sie ihre Saturnalien feiert.

Ebenso nun ferner ist der Abweg, auf welchem sich unsere Musik befindet, dem analog, auf welchen die römische Architektur unter den spätern Kaisern geraten war, wo nämlich die Überladung mit Verzierungen die wesentlichen, einfachen Verhältnisse teils versteckte, teils sogar verrückte: sie bietet nämlich vielen Lärm, viele Instrumente, viel Kunst, aber gar wenig deutliche, eindringende und ergreifende Grundgedanken. Zudem findet man in den schalen, nichtssagenden, melodielosen Kompositionen des heutigen Tages denselben Zeitgeschmack wieder, welcher die undeutliche, schwankende, nebelhafte, rätselhafte, ja, sinnleere Schreibart sich gefallen läßt, deren Ursprung hauptsächlich in der miserablen Hegelei und ihrem Scharlatanismus zu suchen ist.

Gebt mir Rossinische Musik, die da spricht ohne Worte! – In den Kompositionen jetziger Zeit ist es mehr auf die Harmonie, als die Melodie abgesehn: ich bin jedoch entgegengesetzter Ansicht und halte die Melodie für den Kern der Musik, zu welchem die Harmonie sich verhält, wie zum Braten die Sauce.

II. ÜBER KOMPONISTEN UND KOMPOSITIONEN

Reinhard Raffalt
Palestrina – der Bewahrer der Kirchenmusik

Am Rande des Sabiner-Gebirges, etwa fünfzig Kilometer südlich von Rom, gibt es einen steil ansteigenden Berghang, der von der Burg Castel S. Pietro gekrönt wird. Fast der ganze Hang ist bedeckt mit einer Stadt, deren Zentrum, in viele Terrassen gegliedert, die Ruinen des größten aus der Antike erhaltenen Heiligtums auf italienischem Boden umfaßt, den Tempel der Fortuna Primigenia, der erstgeborenen Tochter des Jupiter, der Göttin des Glücks. Die Anfänge der Stadt verlieren sich in der mythischen Frühzeit der römischen Geschichte. Im ersten Jahrhundert vor Christus widersetzten sich die Bürger von Praeneste – so hieß der Ort damals – der Herrschaft des römischen Diktators Sulla, der daraufhin die Stadt erstürmte, wobei das Urheiligtum der Fortuna in Flammen aufging. Um die Glücksgöttin zu versöhnen, befahl Sulla die Errichtung des erwähnten Terrassen-Tempels, dessen Basismauer eine Ausdehnung von etwa 1200 Metern hat. Auf der obersten Plattform brannte Tag und Nacht ein vom Meer aus sichtbares Opferfeuer, das den aus Afrika ankommenden Schiffen die Nähe des Heimathafens und eine glückliche Heimkehr verkündete. Durch dieses von Sulla errichtete ungeheure Sanktuarium wurde Praeneste zum zentralen Wallfahrtsort Mittelitaliens und galt fortan als ein besonders geheiligter Bezirk, innerhalb dessen der Mensch nicht nur Vorfahren, Göttern und den Kräften des Kosmos Ehrfurcht und Frömmigkeit erweisen, sondern auch für seinen persönlichen Lebensweg die Launen des Schicksals günstig stimmen konnte.

Von Rom aus pilgerte man nach Praeneste in zwei Tagen – natürlich zu Fuß, und auf einer Straße, die als »via prenestina« heute noch existiert. Im Abstand von zweihundert Metern waren Steinbänke zur Rast errichtet, auf halbem Wege fand man Herbergen und Wirtshäuser, worin wahrscheinlich mancher Denar, der ursprünglich der Göttin dargebracht werden sollte, einen weniger frommen Weg genommen hat. Immerhin kam Fortuna nicht zu kurz – wie die zahlreichen Weihegaben beweisen, welche bei Ausgrabungen gefunden wurden und von erlesener Kostbarkeit sind. Beim Zusammenbruch der römischen Macht am Ende der Antike verfiel auch der Fortuna-Tempel, nicht aus Baufälligkeit, sondern weil die damaligen Bewohner von Praeneste, inzwischen zum Christentum bekehrt, nichts dabei fanden, das sinnlos gewordene alte Heiligtum als Steinbruch für die winzigen Häuschen zu benutzen, die sie auf den Fortuna-Terrassen allmählich errichteten. Im Mittelalter war von dem antiken Tempel kaum mehr etwas zu sehen.

Um das Jahr 1300 wurde der Ort neuerdings zerstört durch den gewalttätigen Bonifaz VIII., wobei der über die erneute Widersetzlichkeit der Praenestiner erzürnte Papst zum Zeichen für das endgültige Auslöschen des Ortes Salz auf die Ruinen streuen ließ. Kaum aber war das Pontifikat des herrschsüchtigen Papstes zu Ende gegangen, erstand die Stadt aufs neue – wiederum unter Verwendung des noch vorhandenen Tempel-Materials.

In einem der damals gebauten Häuser wurde gute zwei Jahrhunderte später, um das Jahr 1525, ein Genie der europäischen Musik geboren: Giovanni Pierluigi, den man nach dem damaligen und bis heute gültigen Namen seiner Vaterstadt Palestrina nennt. Kurz vor dem Ende des Zweiten Weltkrieges vermuteten die vom südlichen Mittelitalien nach Norden drängenden Amerikaner in dem strategisch sehr günstig gelegenen Palestrina ein deutsches Hauptquartier und belegten die Stadt mit einem Bombenteppich von verheerender Wirkung. Diesem Luftangriff verdankt die Nachwelt drei Tatsachen: zunächst ein weiteres Beispiel für die Sinnlosigkeit einer Kriegführung, die jede Ritterlichkeit ausschließt, weil sie an einer harmlosen Zivilbevölkerung rächt, was diese nicht verschuldet hat; sodann die Erkenntnis, daß mittelalterliche Häuser unter der Einwirkung konventionellen Sprengstoffes in Trümmer sinken, während antike Gewölbe ohne erkennbaren Schaden bestehen bleiben; schließlich – im Falle Palestrinas – den Verlust des Geburtshauses eines großen Meisters der europäischen Tonkunst, dessen Wiederherstellung glücklicherweise nicht einmal mehr versucht worden ist.

Eigentlich wissen wir gar nicht schlüssig, ob Palestrina in der Stadt geboren ist, deren Namen er weltberühmt gemacht hat. Mit ebensolcher Wahrscheinlichkeit könnte er in dem Viertel Roms geboren sein, das den Namen Rione Monti trägt und seit dem Kaiser Augustus das Privileg genießt, unter den Quartieren Roms die Nummer eins zu tragen. Wir wissen zuverlässig, daß Palestrinas Vater dort Grundbesitz und Häuser hatte, die geistlicherseits der päpstlichen Bischofskirche des heiligen Johannes von Lateran unterstanden. Zwischen dem Monti genannten Stadtviertel und der Lateranbasilika liegt eine andere im Leben Palestrinas wichtige Kirche, Santa Maria Maggiore. Der Kirchenmusik im Lateran und in Santa Maria Maggiore hat Palestrina einen bedeutenden Teil seiner Schaffenskraft gewidmet. Begraben allerdings wurde er in St. Peter, wobei der lothringische Kanonikus Melchior major in seinem Privatnotenbuch bemerkte: »O Tod, der du unvermeidlich bist, nun hast du uns auch diesen genommen, den Palestrina, sein Geburtsort, einst nicht erkannt und uns überlassen hat, damit er durch die Harmonie seiner Kunst die Kirche mit innerem Licht erfülle. Deshalb bete du, o Musiker, wenn du seiner gedenkst, er möge in Frieden ruhen.« Das war 1594, als Palestrina, 68jährig und vermögend, als der weltberühmte Fürst der Musik verstorben war, dessen Standbild heute noch den Mittelpunkt des Domplatzes von Palestrina bildet. Sein Leben verlief ohne äußere Dramatik – um so wesentlicher aber waren die inneren Spannungen, denen er sich ausgesetzt fühlte.

Palestrina war keineswegs der seraphische Komponist, den noch das vorige Jahrhundert in ihm erblickte. Die Zeit, in die er hineingeboren wurde, bot kaum eine Möglichkeit zur beschaulichen Entfaltung eines auf Harmonie gerichteten Talents. Die Reformation und ihre Auseinandersetzung mit der traditionellen Kirche waren in vollem Gange. Beide Seiten hielten die Musik für ein Element ersten Ranges im menschlichen Ausdruck des Glaubens und in der Gestaltung des Gottesdienstes. So gibt es aus dem Jahr 1538 – Palestrina war damals dreizehn

Jahre alt – die berühmte Äußerung von Martin Luther, der selber hochmusikalisch war: »Wenn aber Studium und Kunst hinzukommen, die die natürliche Musik verbessern und bilden, dann erkennt man erst mit großer Verwunderung die vollkommene Weisheit Gottes, in seinem Werk der ›musica‹, in welcher vor allem herrlich ist, daß einer eine schlichte Weise singt, während mehrere Stimmen wunderbar darum herum spielen, so daß denen, die nur ein wenig davon bewegt werden, nichts Wunderbareres in dieser Welt vorhanden zu sein scheint.« Diese Meinung wurde von katholischer Seite durchaus geteilt – es kam nur darauf an, was man unter der schlichten Weise verstand, welche Luther als den Kern eines kirchenmusikalischen Werkes bezeichnete.

Während der große Reformator die einfachen Melodien der Volksfrömmigkeit, zum Teil auch den Gregorianischen Choral in den Mittelpunkt des musikalischen Geschehens gerückt sehen wollte, hatte die alte Kirche mit den seltsamsten Wucherungen zu kämpfen, die sich jahrhundertelang in ihrer geistlichen Musik breitgemacht hatten. Einige Jahrzehnte vor Palestrina komponierte zum Beispiel der flämische Musiker Josquin Desprez eine Messe, der er als Kompliment für den Herzog Ercole d'Este, in dessen Diensten er stand, den Titel gab: »Hercules Dux Ferrariae«. Die Bezeichnungen der einzelnen Töne der Tonleiter waren damals noch nicht, wie heute, durch Buchstaben ausgedrückt – C, D, E, F, G, A, H, C –, sondern durch die Anfangssilben eines Hymnus auf den heiligen Johannes aus dem elften Jahrhundert – »Ut queant laxis, Resonare fibris« und so weiter –, hießen also ut, re, mi, fa, sol, la, si, ut. Die Vokale dieser Silben setzte Josquin gleich mit den Vokalen der Worte »Hercules dux Ferrariae« und gewann dadurch ein Grundmotiv für seine dem Herzog von Ferrara gewidmete Messe. Natürlich hatte ein solches Kompliment für einen weltlichen Potentaten im liturgischen Gewand kaum Chancen, von jenen geschätzt zu werden, die die Kirchenmusik von den Eitelkeiten des irdischen Lebens fernzuhalten suchten. Vielfach gaben profane Chansons, die man als Hauptthemen für Messen verwendete, diesen sogar ihre Namen. So konnte eine Meß-Komposition den Titel tragen »So lebt wohl, ihr geliebten

Freunde« oder »In der schattigen Kühle des Haines«, aber auch »Seitdem ich meine Geliebte verlor«. Um solche Profanierungen kunstvoll zu verkleiden, griff man allerorten zu einer höchst komplizierten Kompositionsform, worin die einzelnen Stimmen auf eine Weise nacheinander einsetzten, durch die der liturgische Text bestenfalls noch andeutungsweise verständlich war. Über diesen Zustand hat sich Erasmus von Rotterdam sehr unmutig geäußert: »Bitte, was denken die von Christus, welche glauben, daß dieser sich an einem solchen Stimmengewirr erfreue? Damit noch nicht zufrieden, führen wir eine mühevolle und theatralische Art von Musik in die heiligen Räume ein, ein wildes Gezwitscher von Stimmen, wie es, so meine ich, nicht einmal in griechischen und römischen Theatern je zu hören war.« Man war innerhalb der katholischen Kirche in eine Situation geraten, welche einzelne Bischöfe veranlaßte, den Gebrauch von Liebesliedern als Leitmotive für Messen in ihren Diözesen ausdrücklich zu verbieten. So beschaffen war die Welt der Kirchenmusik, als Palestrina – elfjährig – in die Sängerkapelle von Santa Maria Maggiore aufgenommen wurde.

In jenen Jahren erhielt die liberianische Basilika – die einzige Roms, welche ihre antike Gestalt noch fast zur Gänze behalten hatte – jene berühmte Kassettendecke, die mit dem ersten von den Spaniern in Mexiko erbeuteten Gold verkleidet worden war. Palestrina hat damals eine Reihe berühmter Kapellmeister erlebt, die allesamt dem sogenannten polyphonen Stil verbunden waren. Möglicherweise ist seine musikalische Grundhaltung im Sinne eines lebensvollen Traditionalismus damals geprägt worden.

Die Verbindung zu seiner Vaterstadt riß aber nicht ab. Beide Eltern waren in Palestrina auf bescheidene Weise begütert – und als die Mutter Palma im Jahre 1536 starb, vermählte sich der Vater mit Maria Gismondi, die ebenfalls aus Palestrina stammte. So erklärt sich, daß der junge Kapellsänger nach Beendigung seiner Ausbildung in seinem 21. Lebensjahr in seinen Heimatort zurückkehrte, um dort Chorregent am Dom zu werden. Wenig später vermählte er sich mit einem Mädchen namens Lukrezia di Goris; durch diese lebensvolle ländliche

Schönheit erhielt er nicht nur eine reizvolle Gefährtin, sondern auch eine willkommene Mitgift.

Nach dem Tod des Farnese-Papstes Pauls III. wählte das Konklave den Bischof von Palestrina auf den Heiligen Stuhl, den dieser unter dem Namen Julius III. einnahm. Für Palestrina erwuchs daraus der Vorteil, nach Rom zurückberufen zu werden. Dort übernahm er die Leitung der Capella Giulia, worin die Sänger für den besten Chor der Welt, die Sixtinische Kapelle, ihre Ausbildung erhielten. In diese Zeit fällt die Veröffentlichung der ersten Kompositionen Palestrinas, die mehrere Messen umfaßten und dem neuen Papst gewidmet waren. Eine dieser Messen weist als Hauptstimme eine Melodie aus dem Gregorianischen Choral auf, welche von drei Gegenstimmen umspielt wird. Erst heute erkennen wir, daß Palestrina damit sein musikalisches Programm – vielleicht unbewußt – manifestiert hat. Das Werk fand das Wohlgefallen des Papstes in so hohem Maße, daß Palestrina zum Mitglied der Sixtinischen Sängerkapelle erhoben wurde, obwohl er – entgegen der dort üblichen Gepflogenheit – verehelicht war und dem geistlichen Stand nicht angehörte. Selbstverständlich gab es gegen dieses ungewöhnliche Privileg alsbald Widerstände, die sich noch steigerten, als Julius III. unerwartet im Jahre 1555 verstarb. Zu Palestrinas Glück aber wählte man als Nachfolger einen Kardinal, der den jungen Musiker schon längere Zeit gefördert hatte. Marcellus II. war ein der Kirchenmusik ungewöhnlich zugewandter Papst, von dem Palestrina erhoffen konnte, in seinen kompositorischen Absichten voll unterstützt zu werden. Schon damals waren diese Absichten klar erkennbar. Er wollte auf die klassische Form der bisherigen Kirchenmusik nicht verzichten, sie aber von allen profanen Elementen reinigen. Leider verstarb der neue Papst, Marcellus II., schon nach drei Wochen. Die Verbundenheit des Komponisten mit seinem alten Gönner war jedoch groß genug, um Palestrina zu veranlassen, die berühmte Messe, welche später als Modell für die Reform der Kirchenmusik ausgewählt wurde, »Missa Papae Marcelli« zu nennen.

Der nachfolgende Papst aus der Familie Caraffa, Paul IV., kann als der eigentliche Vater der Gegenreformation gelten. Er war von derart unbeugsamer und kompromißloser Haltung, daß das Stadtvolk von Rom, an mancherlei Päpste gewöhnt, seine Statue schon bei Lebzeiten in den Tiber stürzte. Das majestätische Haupt des Standbildes hat sich später gefunden und ist heute eines der vielen Kuriosa, welche den Besucher der Engelsburg überraschen. Paul IV., mit dem auch der heilige Ignatius von Loyola alsbald in Schwierigkeiten geriet, entfernte aus der Sixtinischen Kapelle die wenigen verheirateten Sänger – ohne Rücksicht auf deren musikalische Qualität. Palestrina war von der Maßnahme betroffen, konnte allerdings als Dirigent des Chores in der Lateranbasilika unterkommen. Die Stelle sicherte ihm ein bescheidenes Auskommen, war aber zu gering dotiert, um die Publikation von Kompositionen zu ermöglichen, die damals noch von den Komponisten selbst finanziert werden mußte.

Immerhin überlebte Palestrina die Regierungszeit Pauls IV. glimpflich, wenngleich man sicher annehmen kann, daß er aufatmete, als der nächste Papst, Pius IV., den Thron bestieg. Die mit einem halben Exil vergleichbare Zeit am Lateran nützte Palestrina zur Abfassung einiger Kompositionen, unter denen die Improperien für die Karwoche ihm später weltweiten Ruhm einbringen sollten. Pius IV. ließ sich die Noten kommen und ordnete an, die erhabenen Gesänge sollten fortan jeden Karfreitag in der Sixtinischen Kapelle zu Gehör gebracht werden. Erst unter dem heute regierenden Papst Paul VI. endete mit der Abschaffung der päpstlichen Liturgie in der Sixtina diese Tradition. Natürlich hat Palestrina unter Pius IV. danach getrachtet, wieder Mitglied des Sixtinischen Chores zu werden. Doch war die Tatsache seiner Ehe ein Hindernis für ihn, das der strenge Caraffa-Papst Paul IV. geschaffen hatte. So wich Palestrina neuerdings auf eine Stelle aus, die auch von Verheirateten eingenommen werden konnte – den Posten eines Kapellmeisters an Santa Maria Maggiore. Er war damals sechsunddreißig Jahre alt.

Im Jahr darauf begann das damals tagende Reformkonzil von Trient, die Frage der Kirchenmusik zu erörtern und Stilgesetze zu formulieren. Verlangt wurde hauptsächlich die Verständlichkeit des Textes, welche durch die bisherigen Kompositionsmethoden samt ihrer komplizierten Kontrapunktik in Frage gestellt worden waren. Die Auseinandersetzung um die künftig verbindliche Form der Kirchenmusik wurde mit einem Ernst und einer Leidenschaft geführt, vor der die Empfehlungen des letzten vatikanischen Konzils zu purer Erbaulichkeit verblassen. In Trient gab es zwei Parteien. Der extreme Flügel der Konservativen ging so weit, die gesamte mehrstimmige Musik aus den Kirchen zu verbannen und ausschließlich den Gregorianischen Choral zuzulassen. Dem Papst schien eine solche Entscheidung ein wenig zu rigoros, weshalb er eine Kommission von acht Kardinälen einberief, unter deren Mitgliedern sich zum Glück für die Kirchenmusik der höchst kunstsinnige und einflußreiche Kardinal Carlo Borromeo befand, welchen die Kirche später mit vollem Recht heilig gesprochen hat. Es wird berichtet, der Kardinal Borromeo habe sich an Palestrina gewandt und von ihm die Komposition einer Messe erbeten, welche allen vom Konzil erhobenen Forderungen nach Verständlichkeit des Textes entsprechen, die Mehrstimmigkeit aber beibehalten sollte. Palestrina verfaßte daraufhin drei Messen, die der Kommission vorgesungen wurden. Unter ihnen war die berühmte »Missa Papae Marcelli«. Somit kann man zu Recht behaupten, Palestrina habe – abgesehen von seinem kompositorischen Genie – die gesamte Kirchenmusik der nachfolgenden Jahrhunderte ermöglicht, einschließlich der großen Orchestermessen des achtzehnten und neunzehnten Jahrhunderts, welche erst in unseren Tagen – von einigen Ausnahmen nicht zu reden – zu einem Exildasein in profanen Konzertsälen verdammt worden sind.

Die »Missa Papae Marcelli« hat nicht unbedingt den alleinigen Ausschlag für die Entscheidung der Kardinalskommission gebildet, mehrstimmige Kirchenmusik auch in Zukunft zu billigen. Denn als das Problem auf dem Konzil von Trient verhandelt wurde, bestand die Komposition schon seit zehn Jahren. Vielmehr dürfte es das Gesamtwerk Palestrinas gewesen sein, vor allem sein weitgespanntes melodisches Können, gepaart mit bedingungsloser Treue zum Text und dem rigorosen Abstand von profanen Elementen, was den Ausschuß veranlaßte, die Kirchenmusik nicht allein auf den Gregorianischen Choral zu beschränken. Da man im damaligen Italien und zumal in kirchlichen Kreisen es noch für selbstverständlich hielt, eine derartige künstlerische Leistung auch materiell zu honorieren, erhöhte sich von jenem Zeitpunkt an das Gehalt Palestrinas um eine beträchtliche Summe. Außerdem wurde Palestrina neuerdings zum Leiter der Capella Giulia berufen – ein Amt, das er bis zu seinem Tode behielt. Sein Gesamtwerk umfaßt 93 Messen, 486 Antiphone, Offertorien, Motetten und Psalmen. Außerdem komponierte er eine große Zahl von Madrigalen, zum Teil geistlichen, zum anderen weltlichen Inhalts.

Eine Zeitlang amtierte Palestrina als persönlicher Kapellmeister des Kardinals Ippolito d'Este, der damals gerade seine unvergleichliche Sommerresidenz mit den heute noch nicht übertroffenen Wasserspielen in Tivoli erbaute. Dort wurde natürlich nicht nur fromme Musik gemacht, denn der Kardinal d'Este, ein Sohn der Lucrezia Borgia, hatte seine große Villa in Tivoli als einen Garten der Hesperiden angelegt, welcher im Gegensatz zu seinem mythologischen Vorbild der Menschheit nicht verschlossen, sondern zugänglich sein sollte. Daß Palestrina eine solche Position annahm, beweist einmal mehr, wie irrig die Legende ist, diesen Menschen zu einem tiefsinnigen Musik-Theologen zu stempeln. Sicher war er ein ernster Mann, doch dem Leben durchaus zugewandt und vom Gedanken an die Weltabkehr weit entfernt. Als seine zweite Frau vor ihm starb, hat er zwar mit dem Gedanken gespielt, dem geistlichen Stand beizutreten, die Idee nachher aber selbst wieder verworfen. Man kann darin ein Symptom für die Tatsache erblicken, wie fragwürdig es ist, einem im Dienst der Kirche tätigen Künstler höhere oder mindere Qualität zuzuschreiben, je nachdem, ob er dem geistlichen Stand angehört oder nicht.

Im Alter erfuhr Palestrina manches persönliche Leid. Sein Sohn Angelo verstarb vor ihm. Er ließ zwei Kinder zurück, für die der Großvater rührend sorgte, um bald darauf den Kummer zu erleben, daß auch diese starben. Im Jahr darauf mußte er den Tod seines zweiten Sohnes erleben, ein Jahr danach den seiner Frau. Wenig später hat Palestrina sich noch einmal vermählt. Er war im Alter ein vermögender Mann. Dies ist insofern erstaunlich, als seine Position gegenüber den kirchlichen Behörden keineswegs devot und schon gar nicht unproblematisch war. Mehrmals hatte er den Plan, Rom zu verlassen. So trug er sich mit dem Gedanken, als Hofkapellmeister nach Wien zu gehen, was dort auch freudig begrüßt worden wäre, hätten seine Honorarforderungen sich in landesüblichen Grenzen gehalten. Zehn Jahre vor seinem Tod versuchte er, den skurrilen Herzog Guglielmo Gonzaga von Mantua zu überreden, ihm die Leitung der dortigen Hofmusik-Kapelle anzuvertrauen. Auch dieses Vorhaben zerschlug sich, weil Palestrina ein Gehalt verlangte, das im mantuanischen Budget nicht vorgesehen war. Seine kritische Einstellung zu den römischen Verhältnissen hatte schließlich den Gedanken zur Folge, seinen Lebensabend in Palestrina zu verbringen – als Kapellmeister am Dom, von dem seine Karriere ausgegangen war. Der Vertrag mit dem Kapitel von Palestrina war beinahe reif zur Unterzeichnung, als der Komponist plötzlich verstarb.

Am 2. Februar 1594 setzte man ihn in der Peterskirche bei. Die Beteiligung an dem Leichenbegängnis war ungewöhnlich groß, zumal die Blüte der italienischen Musikerschaft erschien, um sich direkt oder indirekt als seine Schuldner zu bekennen. Wer die verständliche künstlerische Eifersucht unter Fachmusikern kennt, wird leicht ermessen können, wie hoch ein solches Ereignis einzuschätzen ist. Im ganzen genommen hat Palestrina als einer der ersten Komponisten überhaupt wirklichen Weltruhm erreicht. Er war sich dessen durchaus bewußt, blieb aber ein bescheidener, eher zurückgezogener Mensch, der nur – wie jeder Italiener – die materiellen Grundlagen seiner Existenz mit Nachdruck zu sichern wünschte, ohne zur Durchsetzung dieses Vorhabens Anmaßung und Hochmut zur Schau zu tragen. Sein Einfluß auf Mitwelt und Nachwelt ist kaum abzuschätzen. Die wichtigste Komponente seines Schaffens liegt in der jahrzehntelang durchgehaltenen Tendenz zur Klarheit und zur Harmonie. Im Grunde war er das Gegenteil eines Reformators. Die Stilelemente, die er aufgriff und verwandelte, zeigen im sogenannten Palestrina-Stil eine fühlbare Abkehr von allem Experimentieren. Wir haben in Palestrina einen Musiker vor uns, der weder in seiner Kunst noch in seiner Persönlichkeit verheimlichte, konservativ zu sein. Es stimmt nachdenklich, daß ausgerechnet ein solcher Konservativer es war, der die Geschichte und die Entwicklung der musikalischen Kunst für die nachfolgenden vier Jahrhunderte entscheidend beeinflußt hat.

Martin Gregor-Dellin
Der »Schwanengesang« des Heinrich Schütz

Bis Anfang 1671 arbeitete der mittlerweile fünfundachtzigjährige Heinrich Schütz an einem umfangreichen Werk, das in mehreren Stufen über fast ein Jahrzehnt hinweg langsam herangereift war und sein Weltabschiedsgesang werden sollte. Sein legendäres Schicksal nach der Vollendung – mit zweimaligem Verbringen aus Dresden, Verstreuen der Stimmen nach Guben und Grimma, der Orgelstimme bis in Stefan Zweigs Londoner Autographensammlung – wäre eigens eine Erzählung wert, galt dieses Werk doch vor 1975 als großenteils verschollen und verloren und mit Ausnahme des Schlußteils nie mehr zu Gehör zu bringen, bis dann nahezu alles Fehlende nach sage und schreibe dreihundert Jahren in Dresden wiedergefunden wurde und das Opus ultimum 1981 zur Gänze seine Uraufführung erlebte. Das vollständig gedruckte Titelblatt von 1671 sei nicht nur zur Feier dieses Ereignisses, sondern auch aus zwei, drei anderen Gründen einer Erörterung des Ganzen vorangestellt:

»Königs und Propheten Davids Hundert und Neunzehender Psalm in Eilf Stükken Nebenst dem Anhange des 100. Psalms: Jauchzet dem Herrn! und Eines deutschen Magnificats: Meine Seele erhöbt den Herrn. Mit acht Stimmen auf zweien Köhren über die gewöhnlichen Kirchen-Intonationen componieret und zur Churfl. Sächs. Hoff-Capella zum Loobe Gottes verehret von Heinrich Schüzen Churfl. Sächs. ältesten Capell-Meistern. Dresden Gedruckt mit Seyfferts Schriften. 1671.« Das liest sich merkwürdig, denn so hat Schütz nie geschrieben: weder »Stükken« noch »Köhren«, weder »zum Loobe« noch »Schüzen«. Deshalb hat Schütz auch mit der Hand noch darübergeschrieben: »NB Wann dieses Werck in Druck ausgelassen werden solte, mag dieser oder der hierbey befindlich geschrieben Tittel dazu gebrauchet werden.« Der Titel liegt aber nicht mehr bei, und so wissen wir nicht alles. Dem Grimmaer Magnificat war noch hinzugefügt: »... von Heinrich Schützen Churfl. Sächs. ältesten Capellmeister in seinem 86. Jahr / ist sonst der Beschluß an seinen Schwanengesange.« Da dies authentisch ist, muß das Magnificat nach dem 8. Oktober 1670 komponiert worden sein, und wenn es der Beschluß seines Schwanengesangs war, so hat »Schwanengesang« im handgeschriebenen Titel über dem dreizehnteiligen Gesamtwerk gestanden.

Die eigentümliche Schreibweise des Titeltextes, der obendrein emblematisch in Form einer Palme angeordnet ist, verrät – worauf der Dresdner Wolfram Steude als erster hingewiesen hat – die Handschrift eines Schütz nahestehenden Mannes, der den schreibreformerischen Bestrebungen Philipp von Zesens anhing: Es war der Dichter-Musiker Constantin Christian Dedekind. Das läßt sich übrigens bereits an einem Gedicht nachweisen, das Dedekind 1670 für Schütz verfaßte: Auch darin steht »Schüzzen«, »Toodes«, »Taag«, »sammt« und »Wällt«, was die neueste Mode war, Schärfen, Längen und Kürzen anzuzeigen. Dedekind, Konzertmeister der »Kleinen deutschen Musik« und einer der Statthalter Schützens am Hof, vertrat neuerdings nicht nur die Kapellmeister, wenn sie mit dem Kurfürsten auf Reisen waren, er galt auch als einer der wenigen Sachverständigen für Schrift und Druck und kümmerte sich mit den anderen Freunden des greisen Oberkapellmeisters, dem Kreuzkantor Alexander Hering und dem Thomaskantor Sebastian Knüpfer, um die Verbreitung seiner Werke. Dedekind hat noch 1674 in der Vorrede zu einer eigenen Psalmvertonung erwähnt, daß Schütz ihn sogar mehrmals gebeten habe, seine Motetten über den 119. Psalm, die er *»unter dem Titel des Schwanengesangs* – zweifelsohne, weil er solchen für seinen letzten gehalten –«, komponiert habe, mit einer Instrumentierung zu versehen, wovon er aus Respekt Abstand genommen habe. Nur mit der Dedekindschen Titelformulierung scheint Schütz nicht sehr glücklich gewesen zu sein. Sprechen wir daher der Kürze halber immer vom dreizehnteiligen Schwanengesang.

Er hat mehrere Textgrundlagen, und seine Zusammenfügung ist höchst bewußt und bekenntnishaft, auch wenn das Ganze vermutlich erst allmählich aus Teilkompositionen zusammengewachsen ist.

Mit dem 12. Teil, der Motette auf den 100. Psalm: »Jauchzet dem Herrn alle Welt«, hat Schütz bereits 1662 begonnen. Die Motette wurde beim Einweihungsgottesdienst der erneuerten Dresdner Schloßkapelle, mit dem auch die reformierte Kirchenordnung des Kurfürsten Johann Georg II. in Kraft trat, unter Mitwirkung von Trompeten gespielt, wobei Vincenzo Albrici Chöre und Kapelle leitete. Zwei Jahre darauf gab Schütz der Motette offenbar noch einmal eine neue Fassung, die am 15. Oktober 1664 in Dresden aufgeführt wurde. (Das alles geht, nach Steude, aus den erstmals ausgewerteten Hoftagebüchern hervor.) Wie Schütz dann zeitlich und in der Reihenfolge weiter verfuhr, ist schwer zu sagen. Zwischen 1668 und 1671 überarbeitete er die Weihnachtshistorie, und in den gleichen Jahren werden auch die elf Motetten des 119. Psalms (Teile 1–11) und das abschließende deutsche Magnificat (Teil 13) entstanden sein.

Der 119. Psalm, dem Schütz auch das Motto seiner Leichenpredigt und Parentationsmotette entnahm, war ihm seit langem vertrautes Wortgelände und Binnengebiet seines Fühlens und Denkens, da darin von den Gesetzen, Geboten und Rechten Gottes die Rede war. Wenn man den biblischen Psalter, jene einhundertfünfzig Gesänge, von denen in dieser Biographie so oft die Rede gewesen ist, im lutherischen Sinn als eine Essenz des theologischen Inhalts der ganzen Bibel ansehen muß, als eine Bibel im kleinen oder, wenn man will, als eine Theologie in der Nußschale, so ist der 119. Psalm seinerseits in seiner gewaltigen Länge von 176 Versen ein Herz- und Kernstück des Psalters. Wer also den 119. Psalm ganz in Musik setzt, bemächtigt sich auf eine fast magische Weise des theologischen Inhalts der Heiligen Schrift, und es bedarf nur noch des Brückenschlags zum Neuen Testament, um über das Kompilatorische hinaus das Bekenntnishafte in ein biblisches Schlußwerk von Dichte und Größe zu zwingen. Um diese inhaltliche Vollständigkeit zu erreichen, läßt Schütz den elf Motetten des 119. Psalms und dem an zwölfter Stelle eingefügten 100. Psalm, der die Gebote und Gesetze Gottes lobt, nun noch das Magnificat folgen, das neutestamentliche Lob der Maria aus dem Lukas-Evangelium, Preis der Dreieinigkeit Gottes von Anfang bis in alle Ewigkeit, Amen.

Geheimnis der Zahl! Die elf Motetten des 119. Psalms ergeben sich aus den zweiundzwanzig Buchstaben des hebräischen Alphabets, das bei 176 Versen achtmal durchlaufen werden muß; die so entstehenden zweiundzwanzig Gruppen faßt Schütz zu elf Doppelgruppen zusammen. Durch die Hinzufügung von Teil 12 und 13, dem 100. Psalm und dem Magnificat, rückt nun aber die siebente Motette des 119. Psalms in die Mitte des *Ganzen*, was nicht ohne Bedeutung ist. Es ergibt sich also folgendes Bild:

1. *Der 119. Psalm.* Wohl denen, die ohne Wandel leben
2. Tue wohl deinem Knechte
3. Zeige mir, Herr, den Weg deiner Rechte
4. Gedenke deinem Knecht an dein Wort
5. Du tust Guts deinem Knechte
6. Meine Seele verlanget nach deinem Heil
7. *Wie habe ich dein Gesetze so lieb*
8. Ich hasse die Flattergeister
9. Deine Zeugnisse sind wunderbarlich
10. Ich rufe von ganzem Herzen
11. Die Fürsten verfolgen mich ohne Ursach
12. *Der 100. Psalm.* Jauchzet dem Herrn alle Welt
13. *Deutsches Magnificat.* Meine Seele erhebt den Herren

Die siebente Motette, sie lautet: »Wie habe ich dein Gesetze so lieb«, und sie gipfelt an der Stelle: »Ich neige mein Herz, zu tun nach deinen Rechten immer und ewiglich ...« Falls man, dem Theologen Heinrich Schütz folgend, sagen dürfte: Wie der Psalter das Herz der Bibel, wie der 119. Psalm das Herz des Psalters, wie die siebente Motette das Herz des 119. Psalms und wie »Ich neige mein Herz« der Kern dieser Motette – wäre dann etwa diese Stelle das Herz der Bibel?

Eine so weitgehende Interpretation mag gewagt erscheinen, aber wir werden achtgeben müssen, wenn die Stelle naht.

Das abschließende Magnificat weist eine Besonderheit auf, die wir nicht verschweigen wollen. Zum zweitenmal in seinem Leben hat Schütz am Magnificat einen Vers gestrichen. War es in den »Symphoniae sacrae II« von 1647 der Vers: »Denn er hat groß Ding an mir getan, der da mächtig ist und des Namen heilig ist«, so hat er diesmal den fünften Vers unvertont gelassen, der da lautet: »Und seine Barmherzigkeit währet immer für und für bei denen, die ihn fürchten.« Kann man Schütz unterstellen, er habe dieses Lob seinem Gotte vorenthalten wollen, da er doch zuviel unerbarmtes Elend hatte ansehen müssen, als daß er an die uneingeschränkte Barmherzigkeit Gottes noch hätte glauben können? Ein voreiliger Schluß, einleuchtend und falsch, weil er zeitfremd ist. Nur übergehen darf man den Umstand nicht, eingedenk der Worte Georg Weißes, die er seinem Landsmann und Glaubensbruder über das Grab nachrief: »Es floß aus lauter Kunst,/aus Zahlen und Gewichten,/Was von dir kam/und was dein weiser Geist gemacht,/ Die Texte wußtest du beweglich einzurichten,/Daß jedes Wörtchen war genommen wohl in acht ...« Hans Joachim Moser nahm für den ersten Fall von 1647 »bauliche Notwendigkeiten« an, den zweiten kommentierte er nicht, und die übrige Literatur schweigt sich darüber aus. Groß und gewaltig in seinem Lob bleibt das Magnificat auch in dieser Gestalt, es rafft genug lebenslange Erfahrung zusammen, wenn man einmal den Bekenntnischarakter des Werkes unterstellt. »Denn er hat groß Ding an mir getan«, das war jetzt offenkundig, auch daß Gott die Gewaltigen vom Thron stieß und die Niedrigen erhöhte.

Was »bauliche Notwendigkeit« ist und was nicht, läßt sich bei den großen Werken der Weltliteratur, seien es nun musikalische oder belletristische, im nachhinein schwer entscheiden, und der Nachweis, es hätte so und nicht anders sein müssen, gerät oft nur zur heuristischen Tautologie: Es ist, wie es ist, folglich muß es so sein – was einerseits wahr, andrerseits der ausgemachteste Unsinn sein kann, wenn man die Unwägbarkeiten des schöpferischen Vorgangs recht bedenkt. Zudem ist uns nach der Musikpraxis der Schütz-Zeit auch selten ein unwiderrufliches Werk überliefert. In einer Vielzahl von Fällen handelt es sich um »Fassungen« und »Versionen«, die entsprechend den Möglichkeiten der Realisation vorläufigen Charakter besitzen, und wer wollte sich darauf verwetten, daß dies nicht auch auf den produktiven Prozeß zurückwirkt? Die Großwerke nun gar, und zwar die Großwerke aller Epochen, sie behalten im Gegensatz zu den epigonalen Produkten, die immer besonders perfekt sein wollen, gewöhnlich etwas Diffuses, eine »offene Form« mit Ungleichgewichten, Asymmetrien und stilistischen Freiheiten, vor allem wenn sie Spätprodukte sind und sich über den Zwang, Vollkommenheit erst erweisen zu müssen, erhaben hinwegsetzen. Altwerden heißt zwar Einlösen, was man versprochen hat, doch tritt eine neue Unbekümmertheit hinzu. Es ist daher schwer, von einem Schützschen Altersstil zu sprechen, der ja dann doch so Widerspruchsvolles wie die Passionen und den dreizehnteiligen Schwanengesang, Rezitativkunst und strengen achtstimmigen Satz, umgreifen müßte. Das Schlußwerk wendet sich einerseits zur Polyphonie der großen Chormotette mit gravitätischen Konsonanzfolgen zurück, andrerseits bleibt es offen für Überraschungen in der harmonischen Struktur wie in der motivischen Anordnung. Schütz gehört nicht zu denen, die ihre Sprache erst lernen, um sie dann zu zerschlagen. Durch alle stilistischen Umbrüche jener Epochen, die, sich wandelnd, an ihm vorbeizogen, ist er als ein und derselbe zu erkennen, auch wenn die Moden ihn einmal ins Morgen, einmal ins Gestern rückten. Von einem Bruch ist da nichts zu bemerken, zumal er die italienischen Elemente von Anfang an mit sich führte, und eine stilistische Einteilung in ein »frühes«, ein »mittleres« und ein »spätes« Schaffen ist bei Schütz noch unmöglicher als bei Bach oder Brahms, Bruckner oder Mahler. Sie alle hatten das Maß der Musik in sich selbst, weshalb sie auch – um mit Shakespeare zu sprechen – untauglich waren »für Verrat, für Räuberei und Tücken«. So konnte sich Schütz gleich bleiben, auch wenn er sein Herz der Unruhe des Zeitalters lieh.

Man hat beim Schwanengesang den Eindruck, daß das innere Ohr Schütz jede Note ohne »normative« Rücksichten in die Feder diktierte. Die Proportion großer Bögen kommt, so scheint es, von selbst zustande, und unterhalb der zwei Chöre zu je vier Stimmen konnte er, nach festgelegtem Organum, die Instrumentierung dem Zufall überlassen (wovon dieser noch keinen Gebrauch gemacht hat). Das Werk hat Kirchenklang, ohne liturgisch bedingt oder bestimmt zu sein; es entwickelt sich im modalen Einbezug der Kirchentöne, die man bei Schütz noch in der freiesten Gestaltung im Ohr hat, aus einem a-Moll über Terzverwandte und verschiedene Dominant-Umwege, die jeweils Dur-Nebensätze eröffnen, in ständigem Neuansatz und innerer Steigerung aus den Versen des 119. Psalms, dessen siebente Motette, der in 189 Takten ausgeführte Mittelteil des Schwanengesangs, nun seinerseits an jener Stelle zum »Herzstück« zu gerinnen scheint, die da lautet: »Ich neige mein Herz, zu tun nach deinen Rechten immer und ewiglich.« Wäre der theologische Beweis nicht schlüssig, mir reichte der musikalische aus – oder das graphische Sinnbild! Was eine Achtstimmigkeit bei Heinrich Schütz heißt, wie sie aussieht, möge die tonwertgleiche Umschrift der vier entscheidenden Takte optisch veranschaulichen:

Ich nei-ge___	mein Herz,	mein Herz,	zu tun	nach	dei-
Ich nei- ge mein	Herz, mein Herz	___		zu	tun
Ich nei-___ge	mein Herz,	mein Herz,		zu	tun
Ich nei-ge___	mein Herz,	mein Herz,	zu tun	nach	dei-
Ich nei-ge___	mein Herz,	mein Herz			
Ich___ nei-______	ge______	mein Herz			
Ich	nei- ge___	mein Herz			
Ich	nei- ge___	mein Herz			

Ein fünffach versetzter Einsatz, der in die vielfältig sich neigende Bewegung übergeht und sie nachahmt, bis nicht nur die acht Stimmen im »Herz« zusammenschlagen, sondern in der Gesamtgestalt, den Ein- und Ausgängen und der unteren Spitze der Bässe sich auch noch das Bild des Herzens emblematisch ergibt!

Zum Einsatz des 100. Psalms, »Jauchzet dem Herrn alle Welt«, bemerkt Hans Joachim Moser mit Recht, hier zeige sich, »welche barocke Kraft und Wucht noch in dem Sechsundachtzigjährigen« stecke – obwohl, wie wir jetzt schließen können, der Einfall dazu wahrscheinlich neun Jahre zurücklag. Aber der flache Atem eines Greises ist in der Tat nirgendwo zu beobachten, und man fragt sich wahrhaftig, wie die Psyche, wie der Geist beschaffen gewesen sein müssen, die sich den Körper so lange und andauernd zum Diener zwangen.

Endlich das Magnificat: Achtelschläge bei »Er übet Gewalt«, kräftige, drängende Tonschritte bei »Er stößet – er stößet – die Gewaltigen vom Stuhl«, eine Abwärtsbewegung bis zu einer Oktave, wenn der Sopran sich über »die Niedrigen« beugt, und der Septimenakkord, der sich der »Hungrigen« erbarmt. Von den fein abgestuften Tonart-Terrassen führen Reizakkorde und wegblendende Winkelschritte so oft in scheinbar unbegangenes Gelände, daß der Grad von Redundanz – vereinfachend gesagt: der Vorausḧörbarkeit –, könnte man ihn exakt ermitteln, beinah gleich Null wäre. Da gibt es keine Verlegenheits-Auflösungen, und nirgendwo wird mit der großen Terz abgekanzelt. Schließlich wendet sich nach einer kurzen, hörbaren Zäsur, die alle Ausführenden von selbst zu einer deutlichen Steigerung der Dynamik mahnen müßte, alles ins schlicht-großartige »Ehre sei dem Vater«, mit dessen »venezianischer« Großflächigkeit und Farbenpracht der alte Schütz frischen Atems noch einmal in seine Jugend zurückkehrt. Es ist, als reichten sich in diesen letzten Klängen Palestrina, Gabrieli und Monteverdi über seinem Haupt die Hände, eine andre Dreieinigkeit der Geister, während im Lob der Dreieinigkeit Gottes und dem großbogigen »von Ewigkeit zu Ewigkeit« sich schon auf Seitenwegen das Amen vorbereitet: ein Amen, zu dem, fast unbemerkt, zuerst die Soprane hell und leicht vorauseilen und das sich dann zweimal, jeweils bei einem großen Atemschluß, wie ein Blick durch Wolken mit Durwinken ankündigt – bis dann mit allen Stimmen weit oben, die ganze Kraft noch einmal in zwei Silben zusammengenommen, das letzte und endgültige Amen angesetzt wird.

Wen dieses Amen nicht rührt, den rührt nichts mehr.

Unter die letzte Zeile der zweiten Baßstimme setzte der Uralte mit zitternder Hand das Wort: FINIS.

Hans Heinrich Eggebrecht
Ein Choral als Beschluß von Bachs »Kunst der Fugen«?

Die Veröffentlichung eines Werkfragments war zu jener Zeit nicht möglich. Höchstwahrscheinlich ist es Carl Philipp Emanuel Bach gewesen, der das Fragmentproblem der Kunst der Fuge in der Weise löste, daß er die letzten sieben Takte der unvollendeten Fuge wegließ und das Werk mit Bachs Orgelchoral »Wenn wir in höchsten Nöten sein« beschloß. Äußerlich, und das heißt hier im Blick auf die Entstehung und Bestimmung, die Gattung und Kompositionsart, hat dieser G-Dur-Orgelchoral mit Bachs Fugenzyklus nichts zu tun. Und das ist immer wieder kritisch vermerkt worden. Wie aber und warum geriet er hierher? Und daß er innerlich gleichwohl mit Bachs Kunst der Fuge verbunden ist, ihr ideell zutiefst zugehört, das ist hier die These und der Grund, weshalb wir ihm einen Abschnitt widmen. Dieser Orgelchoral wird zu einem Argument für unsere Interpretation der Kunst der Fuge, aber gerade deswegen ist er von ihr zu entfernen – er ist überflüssig.

Wie es in der vermutlich von Carl Philipp Emanuel Bach 1751 geschriebenen »Nachricht« auf der Titelrückseite der ersten Druckexemplare der Kunst der Fuge heißt und wie es dann Friedrich Wilhelm Marpurg in seinem »Vorbericht« wörtlich übernahm, der 1752 die »Nachricht« ersetzte, hat Bach jenen Orgelchoral »in seiner Blindheit einem seiner Freunde aus dem Stegereif in die Feder dictiret«. (Johann Nikolaus Forkel schreibt in seinem 1802 erschienenen Buch über Bach, daß dies »wenige Tage vor seinem Ende« geschehen sei.) Carl Philipp Emanuel war bei dem Tod des Vaters und in der Zeit unmittelbar davor nicht in Leipzig anwesend, und in der Tat verbirgt sich in jener »Nachricht«, wie man heute weiß, manches Fragliche.

Bei der als Stegreifdiktat bezeichneten Niederschrift kann ein Klavier zu Hilfe genommen worden sein, so daß der Vorgang weniger mysteriös erscheint. Im übrigen jedoch gab es von diesem Orgelchoral schon eine Fassung aus früherer Zeit, und zu fragen ist auch, ob es sich bei dem Diktat wirklich um jene Fassung handelt, die Carl Philipp Emanuel (und nehmen wir hinfort an, daß er es war) der Kunst der Fuge beifügte. Übersetzen wir den Stegreifbericht in das als wahrscheinlich Gesicherte, so kann zunächst gesagt werden, daß in der Zeit der völligen Blindheit und des körperlichen Verfalls jener Orgelchoral es war, auf den sich Bachs letzte musikalische Aktivität bezog.

Von diesem Orgelchoral sind drei Fassungen überliefert. Deren früheste findet sich mit dem Titel »Wenn wir in höchsten Nöten sein« im Orgelbüchlein und stammt aus Bachs Weimarer Zeit. Bei dieser Fassung, die den Typus des kolorierten Orgelchorals vertritt, wird die stark ausgezierte Choralmelodie in der Oberstimme ohne Zwischenspiele von einem dreistimmigen Satz begleitet, der seinerseits das Kopfmotiv des Chorals polyphon durchführt. Die zweite Fassung ist jene, die mit dem gleichen Titel am Schluß der Erstausgabe der Kunst der Fuge überliefert ist (die handschriftliche Aufzeichnung dieser Fassung ist verschollen). Hier übernimmt Bach ohne wesentliche Änderungen die Vertonung der vier Choralzeilen der Orgelbüchlein-Fassung; die Choralmelodie erscheint jetzt aber in reiner, entkolorierter Gestalt, und jede Choralzeile wird nun – dem Typus des Pachelbelschen Orgelchorals entsprechend – durch eine Fughetta über das folgende Zeilenmotiv eingeleitet. Die dritte Fassung findet sich am Schluß jener autographen Sammlung von Orgelkompositionen, mit deren Überarbeitung und Reinschrift Bach in seiner letzten Lebenszeit ebenfalls beschäftigt war. Diese Sammlung, die heute als »Leipziger Originalhandschrift« bezeichnet wird, enthält die sechs Triosonaten und in einem zweiten Teil siebzehn Choralbearbeitungen verschiedener Art, anschließend die kanonischen Veränderungen über das Weihnachtslied »Vom Himmel hoch, da komm ich her« und danach als Reinschrifteintragung von fremder Hand jene dritte Fassung, deren Schluß zusammen mit dem letzten Blatt der Handschrift verlorengegangen ist. Diese Eintragung zeigt gegenüber der Kunst-der-Fuge-Fassung einige Verbesserungen und wurde mit der Überschrift versehen: »Vor deinen Thron tret ich«.

Wahrscheinlich nun ist die Kunst-der-Fuge-Fassung nicht die Diktatversion, sondern älteren Datums, von Bach vielleicht im Rahmen seiner Leipziger Überarbeitung von Orgelchorälen auf ein Blatt geschrieben, das Carl Philipp Emanuel zu Händen geriet, während jene Sammelhandschrift bestimmt nicht in seinen, sondern zunächst wahrscheinlich in Wilhelm Friedemann Bachs Besitz gelangte. Das heißt: mit dem Diktat könnte jene Reinschrift-Eintragung am Schluß der Sammelhandschrift gemeint sein. Philipp Emanuel Bach war berichtet worden, daß sein Vater sich auf seinem Krankenbett mit diesem Choral diktierend beschäftigt hatte, und da er die Diktatversion nicht kannte, bezog er den Diktiervorgang auf die in seinem Besitz befindliche Fassung und löste mit ihr das Fragmentproblem. Hätte er die letzte, verbesserte Fassung gekannt, so hätte er zweifellos sie gewählt, und dies bedeutet, daß – wenn schon überhaupt – dann der Orgelchoral mit der Überschrift »Vor deinen Thron tret ich« als Schlußstück der Kunst der Fuge zu fungieren hätte.

Zu fragen ist schließlich noch, warum Bach jenen Orgelchoral in die Leipziger Originalhandschrift eintragen ließ. In Abwehr des »Mythos von Bachs ›Sterbechoral‹« ist diese Eintragung in jüngster Zeit so verstanden worden, als habe Bach hiermit seine Choralsammlung fortführen und bereichern wollen. Abgesehen davon, daß man sich fragen muß, ob Bach während seiner völligen Blindheit und seiner Krankheit wirklich noch werkbezogen hat weiterarbeiten wollen, sprechen gegen jene Auffassung folgende Fakten:

1. Die Plazierung am Ende der Sammlung – also nach dem Kanonwerk »Vom Himmel hoch« – gibt keinen fortführenden, keinen durch die Sammlung selbst motivierten Sinn, zumal der Pachelbelsche Choraltypus in der Sammlung bereits vertreten war (»Nun danket alle Gott«).

2. Der nachgetragene Orgelchoral leidet unter dem Widerspruch zwischen den wechselnden Soggetti bei den Zeilenvorspielen und dem beibehaltenen Soggetto in den Begleitsätzen der Choralzeilen; auch dies spricht gegen eine werkbezogene Eintragung.

3. Die Titeländerung in »Vor deinen Thron tret ich« kann

nur situationsbezogen begründet werden. Die Wahl dieses Orgelchorals hatte ihren Grund darin, daß sie die Situationsbezogenheit ermöglichte.

4. Obwohl der Choral »Vor deinen Thron tret ich hiermit« nicht als Sterbe-, sondern hauptsächlich als Abendlied fungierte (»Drum dank ich dir mit Herz und Mund / O Gott! in dieser Abendstund ...«), kann er von Bach als Sterbelied verstanden worden sein, und dies vor allem aufgrund seiner ersten und letzten Strophe:

»Vor deinen Thron tret ich hiermit,
O Gott und dich demütig bitt:
Wend dein genädig Angesicht
Von mir betrübtem Sünder nicht.

Ein selig Ende mir bescher,
Am jüngsten Tag erwecke mich,
Herr, daß ich dich schau ewiglich:
Amen, Amen, erhöre mich!«

Genauer jedoch in Bachs Sinne gesprochen, ist dieser Choral mit seinen fünfzehn Strophen ein Text, der – am Abend des Tages oder des Lebens und darüber hinaus zu jeder Tages- und Lebenszeit – die Quintessenz des Verhältnisses zwischen »Sein« und »Dasein« im christlichen Sinne zusammenfaßt.

Indem Bach diesen Orgelchoral ans Ende seiner Choralsammlung eintragen läßt (der er der Gattung nach zugehört), gibt er ihm selbst den Rang eines Epilogs dieser Sammlung. Gleichzeitig beschließt er mit ihm in voller Bewußtheit sein kompositorisches Werk, das somit auch als Ganzes unter die Glaubensaussage dieses Chorals gestellt ist. Denn wirklich ist jener Eintragungsvorgang schwerlich anders zu verstehen denn als ein persönlichstes Handeln: als ein – wenn ich es so nennen darf – kompositorisches Gebet, gesprochen in jenem Medium des Orgelchorals, bei dem die Orgelkunst, von der Bach einst beruflich und kompositorisch ausgegangen war, verbunden ist mit dem Choral, der gesungenen Sprache der christlichen Gemeinde. Somit hat dieses Choral-»Diktat«, jenseits aller Werk-,

Wirkungs- und Öffentlichkeitsbestimmung stehend, seinen Sinn allein in der Zweierbeziehung Bach–Gott und bekundet dabei weit über den akuten Anlaß hinaus das Prinzip und die Identität der Lebens- und Schaffensbefindlichkeit Bachs, in diesem Augenblick deutlicher und gültiger als irgend sonst: Der Bezugspunkt meines Daseins ist Gott, mit dem ich elender Mensch durch Christus aus Gnade verbunden bin:

> »Gott Sohn! du hast mich durch dein Blut
> Erlöset von der Höllenglut.«

Als Beschluß der Kunst der Fuge bringt der Choral »Vor deinen Thron tret ich hiermit« – wenn wir ihn, Philipp Emanuel Bach gewissermaßen korrigierend, einen Augenblick lang als Lösung des Fragmentproblems gelten lassen – seine mehrfache Bedeutung mit sich und macht sie für dieses Werk aktuell: die Bedeutung als kompositorisches Gebet, das über Bachs Lebens- und Schaffensauffassung Aufschluß gibt wie kein anderes Dokument, ferner die Geltung als Epilog eines Werkes, der zufolge seiner Genesis zugleich das Gesamtwerk beschließt und es rückblickend unter seine Aussage stellt.

Und nun können wir den Choral – als äußerlich nicht dazugehörig – von der Kunst der Fuge wieder entfernen. Der innere Bezug bleibt: Es bleibt Bachs Aussage über seine Daseinsauffassung sowie die Dokumentierung der totalen Identität dieser Auffassung mit dem Sinn seines kompositorischen Handelns, gültig für das Gesamtwerk.

Unsere Interpretation geht jedoch wesentlich weiter. Ausgehend von der Deutung des B-A-C-H-Themas und ohne den Choral zu bemühen, besagt sie, daß es konkret jene Choralaussage ist, die Bach in der Kunst der Fuge, dieser Summa seines kompositorischen Vermögens, zum Thema eines rein instrumentalmusikalischen Werkes erhoben hat – wobei wir diese Aussage formelhaft durch die Begriffe »Dasein« und »Sein« zu umschreiben versuchten.

Der Choral ist hierfür kein Beweis, wohl aber ein Argument. Gleichwohl bleibt seine Plazierung ans Ende der Kunst der Fuge problematisch. Zu vermuten ist, daß der heutige Hörer jene mehrfache Bedeutung, die ihn zum Argument werden läßt, kaum noch verstehen kann, sondern sich nur mehr oder weniger vage durchschauern läßt (mit Worten Johann Nikolaus Forkels in seiner Bach-Monographie: sich vom Ausdruck »frommer Ergebung und Andacht ... ergriffen« fühlt). Unabhängig davon aber wird der Choral für den Betrachter, der sich auf unsere Interpretation einläßt, zu einer bloßen Wiederholung, einem verkleinerten, kompositorisch hier fremdartigen Nochmalsagen dessen, was die Kunst der Fuge schon durch sich selbst hat zu verstehen geben wollen. Nicht braucht selbst dasjenige, was der als Spiegelfuge geplante (und im Gedanken an die Kunst der Fuge mitzudenkende) letzte Teil der Schlußfuge in seiner nicht zu überbietenden Kunst bedeutet hätte, durch den Choraltext eigens bestätigt zu werden, wenn es dort heißt:

»Du hast mich, o Gott! Vater mild
Gemacht zu deinem Ebenbild.«

Die Kunst der Fuge selbst ist es, die den Choral, wiewohl er zu ihrem Verständnis beiträgt, überflüssig macht und abweist.

Abschließend – und nur nebenbei – sei hier noch auf die Zahlenalphabet-Symbolik der Fassungen dieses Chorals hingewiesen.

Wiederum braucht es nicht unbedingt ein Zufall zu sein, daß die kolorierte Oberstimme des im Orgelbüchlein überlieferten Orgelchorals »Wenn wir in höchsten Nöten sein« 158 notierte Töne aufweist. Somit könnte sich in ihr der ausgeschriebene Name JOHANN SEBASTIAN BACH verbergen. Und dies würde darauf schließen lassen, daß Bach gerade zu diesem Choral ein sehr persönliches Verhältnis hatte.

Bei der erweiternden Umarbeitung dieser Fassung zu der Choralbearbeitung, die als Vorlage für das Schlußstück der Kunst der Fuge diente und die Bach dann nach einigen Verbesserungen und mit verändertem Titel in die Leipziger Choralhandschrift eintragen ließ, gewinnt das zahlensymbolische Meinen einen hohen Grad an Wahrscheinlichkeit. Überall in den Gesangbuchvorlagen weist die erste Melodiezeile des Chorals »Wenn wir in höchsten Nöten sein« (bzw. »Vor deinen Thron tret ich hiermit«) elf Töne auf, während bei Bach die Tonzahl um drei Achtelnoten, die kaum anders denn als ornamentale Zusätze anzusehen sind, auf vierzehn Töne vermehrt ist, was zahlensymbolisch dem Namen BACH entspricht. Und die in den zeitgenössischen Gesangbüchern insgesamt aus sechsunddreißig Tönen bestehende Melodie dieses Chorals erscheint bei Bach durch weitere Einschübe von je einer ebenfalls ornamentalen Achtelnote in der dritten und vierten Choralzeile auf insgesamt einundvierzig Töne erweitert, worin sich zahlensymbolisch J. S. BACH verbirgt.

Sehr wichtig ist dabei der Hinweis darauf, daß, wenn man die kolorierte Oberstimme der Choralfassung des Orgelbüchleins, die Bach seiner Bearbeitung zugrunde legte, entkoloriert, ganz eindeutig jene fünf Töne fehlen, die Bach demnach bei der späteren Fassung bewußt eingefügt hat. Dies legt die Vermutung nahe, daß auch die Tonzahl 158 in der kolorierten Fassung kein Zufall ist: Bach hat bei der Bearbeitung dieses Orgelchorals auch das zahlensymbolische Meinen gleichsam umgearbeitet.

Somit würden – zufällig? – sowohl das letzte (»neue«) Thema der Kunst der Fuge als auch der Epilog der Leipziger Choralsammlung Bachs Namen enthalten, je in einer anderen Symbolart, jedoch in der gleichen Bedeutung, die bei dem Thema der Kunst der Fuge durch das Erreichen des Grundtons und bei dem Epilog durch den Choraltext zu verstehen gegeben ist.

Romain Rolland
Händel in England

Als Händel gegen Ende 1710 in England ankam, war die nationale Kunst tot. Es ist also absurd, wenn behauptet wird, wie es so oft geschieht, Händel habe die englische Musik getötet. Es gab für ihn nichts mehr zu töten, hatte doch London nicht einen einzigen Komponisten aufzuweisen. Dafür besaß es eine ganze Reihe ausgezeichneter Virtuosen, ganz besonders aber eine der besten Truppen italienischer Sänger, die man in Europa finden konnte. Einmal der Königin Anna vorgestellt, die musikliebend war und ganz gut Klavier spielte, wurde Händel mit offenen Armen von Aaron Hill, dem Direktor der Oper, empfangen. Dieser war sicherlich eine außergewöhnliche Erscheinung. Er hatte den Orient bereist, schrieb eine Geschichte des Ottomanischen Reiches, verfaßte Tragödien, übersetzte Voltaire, gründete die Oil Beech Company, um das Öl der Buchnüsse zu gewinnen, gab sich mit Chemie ab und beschäftigte sich überdies mit dem Schiffbau. Dieser in allen Sätteln Gerechte entwarf sofort den Plan zu einer Oper nach dem Vorbild des *Befreiten Jerusalem*. Daraus wurde der *Rinaldo*, der innerhalb von vierzehn Tagen, sowohl Text als Musik, geschrieben war und zum erstenmal am 24. Februar 1711 am Haymarket Theatre aufgeführt wurde.

Der Erfolg war ein ungeheurer. Er machte den zukünftigen Sieg der italienischen Oper in London fraglich, und als der Sänger Nicolini, der die Rolle des Rinaldo innehatte, England verließ, nahm er die Partitur nach Neapel mit, wo er die Oper mit Hilfe des jungen Leonardo Leo 1718 zur Aufführung brachte. Der *Rinaldo* bedeutet einen Wendepunkt in der Musikgeschichte. Die italienische Oper, die Europa erobert hatte, beginnt jetzt ihrerseits von fremden Musikern, die sich an ihr gebildet haben, von den italianisierenden Deutschen, erobert zu werden. Nach Händel Hasse, auf ihn Gluck, nach Gluck Mozart. Händel aber ist der erste der Eroberer.

Nach der Aufführung des *Rinaldo* und bis zu dem Zeitpunkt, wo Händel sich endgültig in London niederläßt – zwischen 1711 und Ende 1716 –, schwankt er etwas unschlüssig zwischen Deutschland und England, zwischen religiöser Musik und der Oper.

Da er nun einmal Titel und Stelle eines Kapellmeisters von Hannover innehatte, mußte er seinen Posten im Juni 1711 wieder übernehmen. In Hannover traf er dann wieder mit Steffani zusammen. Er versuchte sich in dessen Stil und komponierte nach seinem Beispiel ungefähr zwanzig Kammerduette, die aber dem Vorbild nicht gleichkommen. Auf Texte von Brockes entstanden schöne Lieder. Einige seiner schönsten Instrumentalsätze, seine ersten Oboenkonzerte und Sonaten für Flöte und Baß scheinen auch aus jener Zeit zu stammen. Die Kavaliere des hannoveranischen Hofes waren leidenschaftliche Flötenspieler, das Orchester, unter Farinel, war ausgezeichnet, ganz besonders die Oboen hatten einen Grad der Vollkommenheit erreicht, den wir heute kaum mehr besitzen. Dafür war aber die Oper in Hannover geschlossen, so daß Händel nicht einmal seinen *Rinaldo* aufführen lassen konnte.

Nachdem er aber einmal das Theater gekostet hatte, konnte und wollte er nicht mehr darauf verzichten. So sehnte er sich nach London, nach England, wo er den Boden abgehorcht, ihn günstig gefunden hatte; er war entschlossen, sich dort niederzulassen. Aus regelmäßigen Nachrichten erfuhr er, daß seit seiner Abreise sich außer *Rinaldo* keine andere Oper hatte halten können. Die englischen Musikfreunde beschworen ihn, wiederzukommen, und Händel, der darauf brannte, abzureisen, verlangte vom hannoveranischen Hofe einen neuen Urlaub. Er wurde ihm in der liebenswürdigsten Weise gewährt unter der Bedingung, daß er in vernünftig absehbarer Zeit zurückkomme.

Gegen Ende November 1712 traf er in London ein, gerade zur Zeit, um die Aufführung eines Schäferspiels, *Il Pastor fido*, zu überwachen, eines überstürzt vollendeten Werks. Später hat er die schönsten Gesänge daraus wieder verwendet. Zwanzig Tage darauf war der *Teseo, tragische Oper* fertig, fünf kurze Akte, den Stempel der Eile und des Genies tragend.

Im Januar 1713 ging die Oper in Szene. Händel suchte in England Wurzel zu fassen. Er verbündete sich mit der Loyalität und dem Stolz der Engländer, indem er zu ihren politischen Festen Musik schrieb. Der Tag, wo der Friede von Utrecht, für England ruhmvoll, unterzeichnet werden sollte, nahte heran. Händel hatte dafür ein *Te Deum* vorbereitet, das schon im Januar 1713 fertig vorlag. Die Gesetze des Königreichs ließen es indessen nicht zu, daß ein Fremder beauftragt wurde, die Musik zu einer höchst offiziellen Feier zu schreiben. Das Parlament allein war berechtigt, ein Abweichen vom gebräuchlichen Gesetz zu gestatten. Nun schrieb Händel sehr geschickt eine schmeichelhafte Ode auf den Geburtstag der Königin Anna (*Birthday Ode for Queen Anne*). Als sie am 6. Februar 1713 in St. James aufgeführt wurde, war die Königin entzückt und beauftragte Händel mit der Ausführung des *Te Deum* und des *Jubilate* für die Feier des Utrechter Friedens. Beides wurde am 7. Juli 1713 bei der feierlichen Handlung in St. Paul, im Beisein des Parlaments, aufgeführt. Diese Werke, zu denen ihm Purcell als Beispiel gedient hatte, waren die ersten großen Versuche Händels im Monumentalstil.

So war es Händel gelungen, der Sitte zum Trotz sich als offizieller Komponist des englischen Hofes durchzusetzen. Das war aber nicht ohne schwere Verstöße gegen seine anderen Herren, die Fürsten von Hannover, abgegangen, in deren Dienst er noch immer stand. Die Beziehungen zwischen der englischen Erbbase und den armen Verwandten in Hannover waren äußerst gespannt. Königin Anna konnte jene nicht ausstehen und hatte namentlich ihren Haß auf die intelligente Herzogin Sophie geworfen, die sie in Spottliedern veralbern ließ. Heimlich verständigte sie sich mit dem Prätendenten der Stuarts, den sie als Erben eingesetzt sehen wollte. Indem nun Händel im Dienste der Königin blieb, ergriff er Partei gegen seinen Herrn in Hannover. Einige Historiker sind so weit gegangen, von Verrat zu sprechen. Das ist der einzige Fehler an dem Musiker, den Chrysander, der Hagiograph Händels, nicht zu entschuldigen vermag. Sein deutsches Nationalgefühl fühlt sich verletzt. Nun muß allerdings zugegeben werden, daß Händel deutschen Patriotismus kaum besessen hat. Er hatte die

Mentalität der großen deutschen Künstler seiner Zeit, deren Vaterland Kunst und Glaube hieß; um den Staat kümmerten sie sich wenig.

Erst wohnte Händel bei dem einen, dann bei dem andern englischen Mäzen, während eines Jahres bei einem reichen Musikliebhaber in Surrey, dann in Piccadilly bei dem Grafen Burlington. In dem Hause, in dem Pope und Swift aus und ein gingen und das von Gay beschrieben worden ist, blieb er drei Jahre. Händel ließ sich vor der Elite der Londoner Gesellschaft auf Orgel und Klavier hören. Mit Ausnahme Popes, der nicht musikliebend war, brachte man ihm Bewunderung entgegen. Er schrieb wenig, überließ sich dem Leben und dem Eindruck wie zur Zeit seines Aufenthaltes in Neapel. Wie damals wartete er ruhig, bis die Atmosphäre des Landes ihn ganz durchdrungen hatte. Er gehörte zu denen, die drei Opern in zwei Monaten schreiben können und dann für ein Jahr schweigen. Das ist die Art des ungestümen Flusses, der bald überschäumt, bald eintrocknet.

Luigi Magnani
Die Neunte Symphonie in Beethovens Konversationsheften

Die getreue Berichterstattung der Konversationshefte, die nicht nur über die Begebenheiten unterrichtet, sondern an ihnen auch teilhaben läßt, ermöglicht es uns außerdem, auf die Ursprünge von Ereignissen und Ideen zurückzugehen, ihrem schicksalhaften Werden beizuwohnen und nicht nur den bloßen äußeren Ablauf seines Lebens, sondern auch die verschiedenen Phasen im Schöpfungsprozeß seines Werkes nachzuvollziehen.

So finden wir im März 1820, als Randbemerkung zu dem Bericht über das prunkvolle Leichenbegängnis König George des III. von England den Vorschlag, Singstimmen in den symphonischen Fluß des Orchesters einzufügen: »Großbrittanien ... Todten Marsch aus Händels Saul ward aufgeführt ... Variationen über Händels Trauer Marsch für ganzes orchester für die Akademie vieleicht später dazu Singstimmen. – Diese Variationen müßten ebenfalls verschiedene Klagen erhalten.« Die gleichen Hefte lassen uns dann, Schritt für Schritt, an den verschiedenen Entwicklungen dieses Gedankens und schließlich an der denkwürdigen Uraufführung der Neunten Symphonie teilnehmen, worin diese Idee, in weit höherem Maße als in den geplanten Variationen, ruhmreiche Verwirklichung finden sollte. Hören wir zuerst Schindler, der im März 1824 Beethoven seine Freude darüber ausdrückt, daß er das Recht der Uraufführung seines letzten großen Werkes nicht, wie man befürchtet hatte, Berlin, sondern, auf das Bitten seiner Verehrer und Freunde hin, Wien eingeräumt hatte. »Ich freue mich ganz außerordentlich Ihres Entschlusses. So mußte es kommen ... Es wird ganz herrlich gehen, denn es freut sich ja schon alles darauf.« Dann führt er ihm – allzu optimistisch – die finanziellen Vorteile des Unternehmens vor Augen: »... daher können Sie bei 2000 fl. bey der ersten [Akademie] gewinnen, aber bei der 2ten wo die Kopiatur-Kosten wegfallen, können Sie bei 3000 fl. rein gewinnen.«

Danach sehen wir, wie sich die Freunde zusammentun, um

sich in die Organisation des Konzertes zu teilen: »Piringer hat gesagt, er übernehme die Instrumentalbesetzung; Sonnleithner die Chöre; Schuppanzigh das Orchester; Blahetka die Annoncen, Billets etc. So ist alles besorgt.« Wir nehmen teil an den eiligen Vorbereitungen für ein Essen, zu dem Beethoven die zwei jungen Sängerinnen, Henriette Sonntag und Caroline Unger, eingeladen hat, die als Solisten bei seinem Konzert mitwirken sollen. Die beiden bringen etwas Aufregung ins Haus, da sie ihr Kommen nicht rechtzeitig zugesagt haben. Vor allem muß Beethoven sich zuerst unten beim Barbier etwas in Ordnung bringen lassen (»Als wir ankamen«, sagte die Sonntag zu ihm, »waren Sie gerade beim Barbier; als ich das gesehen habe, sind wir links abgebogen und haben gewartet, um Sie nicht zu stören«) und dann in der Küche Anweisungen geben. Die Köchin protestiert, daß sie zu spät verständigt worden sei. Man wird sich also mit dem begnügen müssen, was da ist. »Alles ist schon zu. Huhn mit einigen Portionen Fleisch vom Restaurant – Wieviel Personen? Wir haben Salat und Kugelhof als Nachspeis.« Beethoven entschuldigt sich wegen des Essens bei der Unger, die ihn beruhigt: »Ich bin nicht gekommen, um gut zu essen, sondern um Ihre kostbare Bekanntschaft zu machen, worauf ich mich schon seit so langer Zeit freute. Schindler hat uns gesagt, Sie hätten sich endlich entschlossen zur allgemeinen Befriedigung ein Concert zu geben; wir sind Ihnen dankbar, wenn Sie uns für würdig erachten wollen, dort etwas zu singen.«

Beethoven zeigte sich zuerst sehr unentschlossen, in der Annahme, das Publikum sei ihm bereits untreu geworden. Aber die junge Künstlerin versucht, ihn von seinem Pessimismus abzubringen: »Wenn Sie das Concert geben, so stehe ich für die Völle. – Sie haben zu wenig Selbstvertrauen. Haben denn die Huldigungen der ganzen Welt Sie nicht ein wenig stolzer gemacht? – Wer spricht von Anfechtungen? Wollen Sie denn nicht glauben lernen, daß man sich sehnt Sie wieder in neuen Werken anzubeten. O Halsstarrigkeit!« Die Sonntag dagegen redet ihm zu, auch das »Benedictus« der Missa auf das Programm zu setzen, ein Stück, das Beethoven wohl sehr am Herzen lag; er glaubt jedoch darauf verzichten zu müssen, aus

Angst, daß das Konzert zu lange dauern könnte. »Machen Sie doch das ›Benedictus‹; wie könnte dem Publikum eins Ihrer Werke lang werden?«

Auch Schindler nimmt an dem Essen teil und berichtet später boshaft über die verheerenden Nachwirkungen, welche die Einladung auf die beiden Besucherinnen hatte, Folgen von einem Ausmaß, daß sogar die Opernaufführung, bei der die Sonntag an jenem Abend hätte singen sollen, ausfallen mußte. »Das sind Heldinnen! Sie sind keinen Wein gewohnt: übrigens handelte es sich um einen schlechten Wein und das ist der Beweis dafür ... Die beiden schönen Hexen senden Ihnen ihre Komplimente und bitten ein ander Mal besseren und reinen Wein zu haben: und das ist auch recht, denn sonst kämen ihnen Ihre Diners zu teuer.«

Lange diskutierte man über das Datum des Konzerts und über die Wahl des Aufführungssaals. Beethoven denkt an den kleinen Landständischen Saal, und schon sagt man in Wien, daß er sein Konzert in einer »Nußschale« geben werde. Schindler gibt zu bedenken, daß die Kräfte jenes Vereins den Anforderungen so kolossaler Werke nicht gewachsen sein würden: »Wo bleibt die Kraft, der Effekt, der darin liegt, ist es möglich, ihn mit diesem Orchester zu bezwecken? Bei Gott nicht.« Auch Graf Lichnowsky versucht Beethoven abzuraten (»Sie riskieren, daß Ihre neuen Werke allen Effekt verlieren«) und vertritt die Meinung, daß ein Theater vorzuziehen wäre. Derselben Ansicht ist auch der Neffe Karl: »Darin, daß im Theater die Akademie Deiner würdiger wäre, kann ich nicht dem Grafen widersprechen. Die Erfahrung hat bestätigt, daß der Landständische Saal nur 500 Menschen faßt. – Vom hohen Adel kommt niemand. Vom Hof noch weniger. – Der Hof kommt gewiß ins Theater.«

Wenn Beethoven auf diesem Saal besteht, dann vielleicht deshalb, weil ihm ein Theater als zu profan und als ungeeignet für ein Werk von so hohem religiösen Gehalt wie die Missa Solemnis erschienen sein mag. Das bestätigt auch ein Satz von Lichnowsky. Als ob er auf ein derartiges Bedenken Beethovens erwidere, sagt er, nachdem er Beethoven zuerst gefragt hatte, aus welchen Gründen er wohl dafür sein könne, ein Konzert in einem so kleinen Saal zu geben, wo jegliche Wirkung verloren ginge: »Es hat schon Kapellmeister Seyfried Kirchensachen im Theater gegeben.«

Schließlich aber folgt Beethoven dem Rat seiner Freunde. Die Proben beginnen mit den Chören und dem Orchester des Theaters am Kärntnerthor unter Leitung von Baron Lannoy, der, wie Schindler sagt, die Tempi viel schneller als von Beethoven angegeben nimmt.

Aus mangelndem Verständnis für den Geist des Werkes werden die Tempi falsch genommen, so daß das erste Finale »buchstäblich zum Teufel geht«.

Unter Umlaufs Leitung gehen die Proben besser voran, und alle scheinen zufrieden zu sein. Dafür tauchen nun neue Schwierigkeiten auf, die bewältigt werden müssen.

Die Sonntag versichert, in ihrem ganzen Leben noch nie so etwas Schweres gesungen zu haben. Nach Schindlers Meinung fehlt ihr jedoch vor allem die Schule für einen getragenen Gesang dieser Art. Er bietet sich daher an, mit ihr die Methoden von Durante, Leo und Porpora durchzugehen.

»Die italienischen Kerle haben alle beide vom rechten Weg abgebracht«, jammert Schindler. Aus dieser Bemerkung ist zu schließen, daß hier der Begriff bel canto, dessen anerkannte Meister die Italiener waren, nicht als Synonym für den im 19. Jahrhundert durch das Melodrama verdorbenen italienischen Gesang verstanden werden darf, sondern vielmehr als Bezeichnung des alten Virtuosentums, das von der Stimme die technische Präzision eines Instrumentes forderte.

Ein anderer Solist, der Bassist Preisinger, verlangt, daß Beethoven für ihn das Rezitativ im Finale der Neunten abändere. »Er kann es nicht singen; kein Baß kann das *fis* nehmen«, sagt Schindler und bemüht sich, Beethoven dazu zu überreden, seine Halsstarrigkeit aufzugeben und, sei es auch nur in minimalem Umfang, den Ausdruck seines Gedankens zu modifizieren, um ihn den Möglichkeiten eines Sängers anzupassen; die Form des Bildes, in dem er lebt, zu verändern, um den Ausführenden ihre Aufgabe zu erleichtern. »Ja ärgerlich – aber ein derartiger Vortrag kann dem ganzen nur schaden«, bemerkt Schindler. Und noch eine Schwierigkeit gibt es. »Die

Rezitative der Contrabässe sind ungeheuer schwierig ... Sie führen sie nicht im Tempo aus. Sie können mit 20 spielen, aber nicht wie Sie es wünschen.«

Wieder ist es Schindler, der die Klagen der Orchesterleute vorbringt über die neue, unerhörte Ausdrucksfunktion, die Beethoven einem bisher nur zur Klangverstärkung dienenden Instrument überträgt. Immer wieder greift er das Thema auf: »Man muß an Preisinger denken wegen des Rezitativs, vor allem wegen der Cadenz«, bis Beethoven die Geduld verliert. »Oh Bester, seien Sie ruhig, sonst schweige ich und ...«, fleht sein Famulus, der sich dennoch keineswegs entmutigen läßt und von neuem davon anfängt: »Es fehlt nicht an guten Lungen, aber das heißt zu viel [verlangen]. Forti könnte das *fis* singen, aber ihm fehlte die Tiefe. – Ich werde das in der Baß-Partie ändern. Also, lassen Sie das und haben Sie keine Zweifel mehr, er wird das gut bringen. So sind Sie einverstanden? Bon!« Beethoven hatte nachgegeben und in die vom Sänger geforderte provisorische Abänderung eingewilligt. Er besteht jedoch darauf, daß die Kontrabässe das Rezitativ unisono ausführen.

»Wieviel Contra-Bässe sollen das Recitativ vortragen?« fragt Schindler besorgt. »Wird es möglich sein? Alle! – In strengem Takt macht es keine Schwierigkeit, aber sie singend vortragen wird große Mühe beim Einstudiren kosten. – Wenn der alte Kraus noch lebte, könnte man unbesorgt sein, denn der dirigierte zwölf Bässe die thun mußten was er wollte.«

Beethoven schlägt daraufhin vor, den Kontrabässen den Text des von ihnen eingeleiteten und vorweggenommenen Baßrezitativs als Leitfaden zu geben, damit sie leichter und im Ausdruck bewußt die Phrasierung durchführen könnten. »Also ganz so, als ständen Worte darunter?« fragt Schindler und nach Beethovens wiederholter Bejahung erklärt er: »Im Nothfall, werde ich ihnen Worte darunter setzen, damit sie singen lernen.«

Tatsächlich ist die musikalische Phrase von Beethoven nach dem Bild des Textes gegliedert: die musikalische Idee will ihre Verkörperung in dem gesprochenen Wort finden, das den unaussprechlichen Ausdruck der Musik offenkundig macht und seine verborgene geistige Botschaft ins Licht bringt, um so die alte Sehnsucht zu erfüllen, die in dem in der Freudenmelodie wurzelnden Gesang der Fantasie für Chor, Klavier und Orchester Op. 80 ausgesprochen wird:

> Wenn der Töne Zauber walten
> und des Wortes Weihe spricht,
> muß sich Herrliches gestalten.
> Nacht und Stürme werden Licht.

Als der Tag der Aufführung näher rückt, wird Beethoven gefragt, welche Titel auf dem Anschlagzettel erscheinen sollen. Schindler schlägt vor, sich auf den Titel »Mitglied der Königl. Akademien zu Stockholm und Amsterdam« zu beschränken. »Nichts mehr. So klingts am besten.« Beethoven möchte es weniger allgemein formulieren, sondern »Akademie der Künste und Wissenschaften« schreiben und keinen seiner Ehrentitel auslassen. Schuppanzigh aber ist anderer Meinung. »Beethoven ist Präsident aller Akademien der Welt und gescheite Menschen werden diese Titel für eine Eitelkeit ansehen.« Wie an anderen Stellen der Konversationshefte und bei anderen Gelegenheiten seines Lebens stoßen wir hier auf eine Naivität, die mit Beethovens Größe Hand in Hand geht, auf das kindliche Element, das den Gegensatz zu der heroischen und erhabenen Seite seiner Natur bildet, auf das Menschliche im Genie, auf das Kind im Künstler und Manne.

Auch Schindler erlaubt sich, Beethoven Bescheidenheit zu lehren: »Der Nahme Beethoven prangt ohne allen Zusatz am allerhellsten und am aller anspruchlosesten; es ist ja aller Welt kund was und wer Sie sind. Ihren Nachkommen frommt dies nichts.« Und hier muß Beethoven skeptisch die Achseln gezuckt haben, denn Schindler fügt hinzu: »Wer weiß wie die Zeiten später sind.« Aber es braucht nicht viel, um das große kindliche Herz zum Verzicht auf diese Äußerlichkeiten zu bewegen, die Beethoven, zusammen mit seiner sterblichen Hülle, in dem Augenblick zurücklassen wird, in dem er in die Unsterblichkeit eingeht.

Von diesem Konzert, das Jahre seines Schaffens und Lebens

auf drei Stunden zusammendrängen würde, erwartete sich Beethoven keinen Ruhm, den ihm die Wiener sowieso weder geben noch nehmen konnten; er erhoffte sich vielmehr eine kräftige finanzielle Hilfe, die ihn aus der ihn damals bedrückenden materiellen Not befreien sollte.

Tatsächlich war seine Bedürftigkeit so groß, daß er nicht einmal einen passenden Anzug hatte, um sich dem Publikum an jenem denkwürdigen Abend zu präsentieren. Die Hefte, die Stunde für Stunde wieder lebendig werden lassen, haben uns folgende Worte Schindlers erhalten, die man nicht ohne eine gewisse Rührung lesen kann: »Wir nehmen jetzt alles mit uns. – Wir nehmen auch Ihr grünes Gewand mit, das Sie im Theater zum Dirigiren anziehen können. Das Theater ist dunkel, niemand wird sehen daß es grün ist. – Oh großer Meister, Du hast keinen schwarzen Frack in Besitz. So wird der grüne den nämlichen Dienst thun; in einigen Tagen ist der schwarze Frack fertig.«

Wenige Stunden später verzeichnet die gleiche Heftseite die Begeisterung, die seine Musik hervorgerufen hatte. »Ich habe nie im Leben einen so wüthenden und doch herzlichen Applaus gehört als heute«, sagt Schindler. »Der 2te Satz der Symphonie wurde einmal ganz vom Beyfall unterbrochen und hätte wiederholt werden sollen. Der Empfang war mehr als kaiserlich... Das ganze Volk ist gedrückt, zertrümmert über die Größe Ihrer Werke.«

Am nächsten Tag berichtet Karl: »Gestern Vormittag haben sich die Leute an der Casse beynahe gerauft, um heranzukommen. So groß war das Gedränge wohl niemals ... Die Sonntag und die Unger, die immer den größten Applaus ernten wenn sie auftreten, wurden gestern fast gar nicht applaudirt bey ihrem Auftritt, was übrigens ganz natürlich ist; denn bey einem Concert das du gibst, fühlt das Publikum sehr gut, daß es nicht den Sängern Beifall zu spenden hat.«

Die Einnahmen, die sich nach Schindlers optimistischer Vorhersage auf 1500 Gulden hätten belaufen müssen (»Die Academie würde Ihnen in Paris und London gewiß 12 bis 15 Tausend Gulden eingebracht haben. Hier mögen es so viele hunderte sein«), wurden vollständig von den Kosten aufgewogen. Beethovens Enttäuschung war groß und entlud sich in dem schrecklichen Zornesausbruch gegen Schindler während eines von ihm gegebenen Essens im Prater. Wir lesen, wie Schindler sich rechtfertigt und schließlich gedemütigt den Tisch verläßt, gefolgt von Umlauf und Schuppanzigh, wobei ihn letzterer verteidigt: »Der arme Schindler kann nichts dafür, er ist wirklich unschuldig.«

Beethoven hatte das Ende seiner titanischen Mühe (die Missa Solemnis und die Neunte Symphonie) völlig entkräftet erreicht, als hätte sein inneres Feuer sich auf seinen Körper als zehrendes Fieber übertragen, das ihn nun für Monate auf das Krankenlager warf.

W.A. Thomas-San-Galli
Beethovens Streichquartette op. 127, 130 und 132

Das Jahr 1824 bringt »ein ganz neues meisterhaftes Quartett«. »Dieses Werk dürfte den Freunden echter Tonkunst einen desto schöneren Hochgenuß bereiten, als es das einzige Quartett ist, welches der allgefeierte Komponist seit 15 Jahren geschrieben hat.« Mit diesen Worten wies der Geiger Schuppanzigh auf Beethovens neues Quartett hin, das er in seinem Konzerte zur Uraufführung zu bringen gedachte.

Beethoven hatte schon lange vor, wieder Quartette zu komponieren. Schon im Juni 1822 schrieb er an Peters von einem neuen Quartett. Am 9. November 1822 forderte Fürst Nikolaus Galitzin den Meister auf, ihm zwei oder drei Quartette zu schreiben; Beethoven nahm den Antrag unter dem 25. Januar 1823 an. Im Jahre 1824 wird das erste Werk verschiedenen Verlegern angeboten. Dies erste der Galitzin-Quartette, op. 127 in Es-dur, wurde am 6. März 1824 zum erstenmal aufgeführt. Im Mai sollte es in Händen des Verlegers Schott sein. Es erschien im März 1826.

Das Quartett war während des Sommeraufenthaltes in Baden 1824 skizziert worden. Es liegt also ein ländlicher Charakter auch in diesem Werke verborgen. In den Skizzen findet sich beim Adagio das Wort »la gaieté«. Man darf es hier nicht in dem oberflächlichen Sinne der »Ausgelassenheit« nehmen, es bedeutet eher die »klare Heiterkeit« eines reinen Herbsttages; in diesem Sinne kann es als Motto für das ganze Werk gelten.

Das Quartett besteht aus vier Sätzen, deren erster von der üblichen Anfangswiederholung absieht. Ein Maestoso leitet ein; es hat thematische Bedeutung und führt nach sechs Takten zu der geschmeidigen Figur, welche den ersten Satz wesentlich beherrscht.

Dieses Motiv gibt dem Satz den rein musikalischen Charakter, so daß äußere Auslegungen gänzlich versagen; ja, das ganze Werk ist spröde gegen poetische Auslegung, so tief musikalisch ist es erdacht; die malerischen oder dichterischen Empfindungen, wie sie so manches andere Stück Beethovens enthält, scheinen hier zu fehlen. Der erste Satz bleibt außerordentlich einheitlich; die vier Stimmen durchschlingen einander innig und bewahren dabei eigenste Empfindung. Schärfere Einschnitte und heftigere Steigerungen verursacht das noch zweimal, in G-dur und am mächtigsten in C-dur, wiederkehrende Maestoso, welches die leidenschaftliche Durchführung beeinflußt. Das wieder einsetzende »Allegro teneramente« schließt mit einem rührenden Diminuendo al pianissimo den Satz ab.

Das Adagio ma non troppo e molto cantabile bringt einen zweiteiligen, breit im Zwölfachteltakt dahinschreitenden Liedsatz, den die wunderbarsten Variationen immer mehr vertiefen. Daß die Skizzen gerade in diesem Satz die Bemerkung »la gaieté« aufweisen, verstehen wir erst ganz im Andante con moto, welches als zweite Variation eintritt. Doch was will die gaieté? In dem Satz enthält jeder Ton Herzblut; die tiefste Empfindung waltet in dem dunkel-vollen Liedsatz. Eine Episode: Adagio molto espressivo führt mit ihrem abwartenden, fast betenden Charakter die dritte Variation wirkungsvoll ein. In der vierten Variation, der eine zweite Episode in cis-moll vorausgeht, öffnet der Meister vollends alle Schleusen der Empfindung. Die immer gesättigtere Melodie wird nun in ausdrucksvollen Figurationen zu Ende geführt.

Das Scherzando vivace, welches als weitere Variation des Adagio zu betrachten ist, zeigt die fröhliche Grundstimmung erst recht. Es entwickelt sich breit mit Durchführung im Hauptsatz, wie im Alternativsatz. Ganz entzückend schiebt sich im Hauptsatz zweimal eine kurze Allegro-Episode im Zweivierteltakt ein, welche die Wirkung ungemein steigert. Der ganze Satz ist von der größten Lustigkeit und dabei ungemein großzügig – das Presto-Trio eilt in flüchtigem Legato unbestimmt dahin mit seiner weitgeschweiften Primgeigenmelodie über dem Sforzato-Hörnerklang der drei andern Instrumente. Rezitativisch setzt der Reigen des Scherzo von neuem ein – nach kurzem Echo des Presto erinnern wir uns des Scherzos, das dann zu einem Fortissimoabschluß sozusagen aufspringt.

Das Finale ist ein kunstvolles Rondo, welches Verwandtschaft mit jenem der Klaviersonate op. 31, 1 in G-dur hat, das sich aber musikalisch unvergleichlich höher entwickelt. Auch hier fröhliche Stimmung, die aber nur nicht mehr so ausgelassen herrscht wie im Scherzo; bezeichnend für Beethoven sind schon die Unisonoeinsätze und die Orgelpunkte im Anfang. Die vier Stimmen werden weiterhin selbständig geführt, wodurch ein außerordentlich belebtes Spiel erzielt wird. Das Gegenmotiv gemahnt an den Gavottenton, so prickelnd tritt es auf. Das Allegro commodo mit seinen verklärenden Modulationen bringt die ganze Klangpracht des Streichquartetts zu wunderbarster Geltung. Freud und Leid sind hier vereint – alle Saiten klingen.

Schuppanzigh, der Beethovens Werke immer wieder vorführte, der am 23. Januar 1825 wieder das Septett und das f-moll-Quartett an seinem ersten Quartettabend gebracht hatte, ließ auch dies neue Werk nicht lange ungehört. Eine neue Serie der Abende begann, und im ersten Konzert wurde gleich dies Es-dur-Quartett aufgeführt. Es gefiel nicht, weil es nicht verstanden wurde, trotzdem Beethoven selbst die Einstudierung geleitet hatte. Zur »réparation d'honneur« wurde es dann von Joseph Boehm (dem späteren Lehrer Joachims) in den Morgenkonzerten und von Mayseder bei dem Mäzen und Hofagenten Dembscher gespielt. Bei Boehms Proben war Beethoven auch zugegen. »Beethoven kauerte in einer Ecke, hörte nichts davon, sah aber mit gespannter Aufmerksamkeit zu. – Nach dem letzten Bogenstrich sagte er lakonisch: ›Kann so bleiben‹, ging zu den Pulten und strich das Meno vivace in den vier Stimmen aus ... Er wußte die kleinsten Schwankungen im Tempo oder Rhythmus zu beurteilen und selber auch gleich abzustellen.« Der Neffe meinte: »Mayseder spielt brillanter, Boehm ausdrucksvoller.«

Kaum war das Es-dur-Quartett ausgedacht – noch nicht niedergeschrieben –, so begann auch schon das zweite zu reifen: das a-moll-Quartett, welches als op. 132 erschien. In diesem Werke sind wieder die Leiden und ihre glückliche Überwindung besungen. Beethovens Entzündungskatarrh, an dem er im Frühjahr so lange litt, war überwunden, als er das Adagio schrieb. Auf dem Skizzenheft dazu steht: »Jahr 1825 in Baden«, wozu Schindler den Zusatz gibt: »Eigentlich in Guttenbrunn bei Baden.«

Ein seltsam spannendes Adagio sostenuto leitet, über die Septimenakkorde von a-moll und e-moll mühsam hinweggleitend, das Quartett ein, dann folgt ein Allegro, über dessen poetischen Gehalt man wieder kaum reden kann, der eben lautere Musik ist. Die Stimmung ist nicht hell, sondern eher klagend und bedrückt, aber doch selbstbewußt und führt zu einem nachdenklichen, schließlich kräftig bejahenden Schluß. Eine Wiederholung gibt es nicht. Aber der Satz ist doch in Sonatenform gebaut. Auch hier nimmt die Einleitung Anteil an der Entwicklung der musikalischen Idee. Die große Einheitlichkeit der rhythmischen Bildung bei höchst lebendiger Stimmführung ist zu beachten. Die dynamischen Schattierungen treten leuchtend und dunkel nebeneinander wie auf einem Calameschen Gemälde; das wiederholte Teneramente empfindet man innigst. Packend und kraftvoll rafft sich die Stimmung in der Coda zusammen: der gestaute Bach findet, nur auf Momente noch einmal gehemmt, den Durchbruch: herrisch strömt er wieder zu Tal, zu den Bergen aufjauchzend.

Von größter Anmut ist das Allegro ma non tanto, in dem mehr ein ausgedehntes Menuetto als eines jener charakteristischen Scherzi zu sehen wäre. Liebliche Empfindungen wogen in den anmutigen Achtelgängen, ja, das Alternativ erhält sogar manchmal tanzartigen Schwung, dem die kleine Episode l'istesso tempo alla breve Einhalt gebietet.

Das Adagio trägt das Motto: »Heiliger Dankgesang eines Genesenen an die Gottheit.« Er ist in F-dur ohne b, oder: »in lydischer Tonart« durchgeführt und entquoll Beethovens eigenstem Herzen nach der schweren Krankheit im Frühling. Wie ein Choral hebt der Satz molto adagio an – es ist die Bitte. – Daran schließt sich, »neue Kraft fühlend«, das Andante, in dessen Filigran wir die Gefühle der Kräftigung gleichsam wachsen hören. Über nochmaliges Molto adagio und Andante, das nun lebendiger und womöglich noch inniger geworden, dringen wir zu dem letzten »mit innigster Empfindung« erfüllten molto adagio vor, welches in bewegter Figuration die wahrhaftesten

Gefühle des Dankes ausspricht. Hier gibt es so etwas wie Phrasen nicht; vielsagend reiht sich Note an Note und tritt bindend ein in die einigende Form des Ganzen, wie die Glieder einer Kette. Der Schluß läßt uns Beethovens erdenentrückter Stimmung teilhaftig werden. – Wir empfinden mystisch mit dem Meister die Worte: »Ich bin, was da ist. Ich bin alles, was ist, was war und was sein wird, kein sterblicher Mensch hat meinen Schleier aufgehoben.« Auch diese Musik ist unaussprechlich.

Dem Finale geht eine Marcia assai vivace voraus, welche die beiden Sätze, das Adagio und das Finale, eng verknüpft. In diesem Marsche im Dreiviertel-, nicht Viervierteltakt steckt die erbetene frische Kraft. Sie wird in dem più allegro im Viervierteltakt und dem alla breve-Presto versucht. Aber noch ist sie nicht ganz wiedergekehrt. Das Allegro appassionato beginnt noch etwas verschleiert in Moll, bringt aber, immer lebendiger werdend, die volle Heiterkeit: mit dem hellen A-dur straffen sich die Sehnen, und wir eilen in sieghaftem Lauf ans Ziel.

Das a-moll-Quartett wurde den 7. September bei dem damals in Wien anwesenden Musikverleger Schlesinger probiert. Holz schreibt: »Wir waren entzückt.« Weiter heißt es: »Wolfmayer (ein Freund Beethovens, dem das letzte Quartett gewidmet wurde) hat beim Adagio geweint wie ein Kind.«

Am Freitag den 9. September 1825 wurde das Werk von Schuppanzigh und Genossen im Gasthaus zum wilden Mann unter Anwesenheit von Schlesinger, der mit Beethoven von Baden kam, vor Smart, Czerny und anderen zum erstenmal gespielt. Wir haben schon von Smart darüber gehört. Holz aber bemerkt über Schuppanzigh: »Mylord hat heut besser gespielt als je – Stellen wie das Rezitativ kann keiner so spielen. – Er hat das, was kein andrer lernen kann; dafür hat er auch weiter nichts gelernt.«

Am 6. November wurde das Werk, öffentlich zum erstenmal, von Linke im Saale des Musikvereins zum roten Igel mit großem Erfolge aufgeführt. »Es war kein Billett mehr zu bekommen.« Während der Aufführung wurden »viele Stellen mit Ausrufungen begleitet«. »Schuppanzigh bittet, es über vierzehn Tage in seinen Quartetten spielen zu dürfen.« Er wiederholt das Werk denn auch in seinem Konzert am 20. November. Schlesinger erhielt es zum Verlag.

Das dritte der Galitzinschen Quartette erschien eher als das früher vollendete in a-moll und erhielt darum die falsche Opuszahl 130. Beethoven schrieb: »Das dritte Quartett erhält auch sechs Stücke.« Die Quartette wurden immer umfassender. Der Schlußsatz des B-dur-Quartetts war ursprünglich die große, später als op. 133 gesondert erschienene Fuge. Die Hörer und der Verleger Artaria wünschten den Satz von dem Quartette getrennt und ermunterten Beethoven, ein neues Finale herauszugeben, die Fuge aber gesondert und für Klavier zu vier Händen arrangiert zu veröffentlichen. Schindler nennt das Werk sogar: »das Monstrum aller Quartettmusik«. Halm fertigte einen Klavierauszug der Fuge, mit dem Beethoven aber nicht zufrieden war. Der Meister bearbeitete deshalb selbst einen solchen, der von Artaria am 10. März 1827 als erschienen angezeigt wurde; die Anzeige bezeichnete die Fuge als Quartettsatz mit op. 133, den Klavierauszug als op. 134. Das Quartett erschien erst nach Beethovens Tode am 7. Mai 1827 bei Artaria.

Das Werk hat folgende Sätze: es beginnt mit einem Adagio ma non troppo, welches fragend in chromatischen Windungen zu einem straffen Allegro führt. Es entwickelt sich, noch mehrfach von Adagioeinschiebseln unterbrochen, sehr kräftig und tritt mit seinen energischen Akzenten sehr bestimmt auf. Der erste Teil wird wiederholt. Die Adagioeinleitung nimmt an der Durchführung motivischen Anteil, und der Satz entwickelt sich in der bekannten, allerdings frei gestalteten Sonatenform.

Das nun folgende, bald im Pianissimo vorüberhuschende, bald zum Forte ausbrechende Presto mit dem ansprechenden Alternativ im Sechsachteltakt erhielt nicht den Namen Scherzo, aber es ist das Urbild eines solchen, denn es trägt ganz den fortreißenden Scherzocharakter.

Ein innigstes Andante con moto, ma non troppo, darüber geschrieben steht: »Poco scherzoso«, bringt Licht und Luft, Wolken und Sonnenschein. Beethoven weiß gehaltene Noten wieder unvergleichlich durch selbständige, bewegte Filigranbegleitung zu beleben. Die Coda faßt den tiefen Gehalt des Satzes zusammen; auf dissonante Fortschreitungen folgen die weichsten Lösungen. Der Schluß wendet sich entschlossen und befreiend dem Humor zu.

Das alla danza tedesca nimmt diese Stimmung im Allegro assai-Tempo und Dreiachteltakt gemächlich auf. Welche Laune Beethoven in solch volkstümliche Sätze zu legen versteht, wissen wir schon aus dem ersten Satze der Klaviersonate op. 79. Das letzte (dritte) abspringende Achtel deutet fast bildlich das in die Luft geworfene Bein an. Die Tonrepetitionen auf drei Achteln wirken mit jener gemütlichen Schwere deutschen Tanzes. Das Trio steigert vollends die Fröhlichkeit zu immer größerer Beweglichkeit.

Als fünfter Satz folgt die berühmte, von tiefster Musik durchströmte Cavatina, ein Adagio molto espressivo, welches blutige Tränen weint und in jener nach Ces-dur und as-moll modulierenden Stelle ganz »beklemmt« vor Schluchzen kaum vorwärts kann. »Nie hat meine eigene Musik einen solchen Eindruck auf mich hervorgebracht; selbst das Zurückempfinden dieses Stückes kostet mich immer eine Träne.« Den Beschluß machte darauf jene über die Maßen gewaltige und äußerst kunstvolle, große Fuge, die wieder einen vollgültigen Beweis von Beethovens sittlicher Energie und ungeheurer musikalischer Gestaltungskraft ablegt. Sie wurde später durch das Finale: Allegro im Zweivierteltakt ersetzt, das seinen Haydnschen Charakter trotz seiner Größe nicht verleugnen kann. Der anfangs so gemütlich, altfränkisch beginnende Satz steigert sich, in klare Perioden gegliedert, aber durch geistreichste Arbeit gehoben, zu einer Hymne auf alle Lebenslust.

Mayseder wollte auch dies Werk spielen, dessen Fuge ihn zu sehr beschäftigte, als daß er sie nicht selbst hätte spielen wollen. Zum erstenmal wurde es am 2. März 1826 von Beethovens »Leibquartett« Schuppanzigh, Holz, Weiß und Linke gespielt. »Alles, was Wien an Quartettmusikfreunden besessen, hatte sich versammelt, um Zeuge der ersten Aufführung dieser neuesten Schöpfung zu sein, über die bereits Wunderliches ausgesagt worden.« Während der Probe zu dem Quartette ereignete sich ein heiteres Intermezzo: Halm, dessen Frau Haare von Beethoven zu haben wünschte, wurde mit einem Büschel Haaren von einer Geiß betrogen. Beethoven war nachher so gutmütig, der Dame eine Locke seiner eigenen Haare zu schenken.

Die drei Quartette op. 127, 130 und 132 wurden dem Fürsten Galitzin gewidmet, der sie bestellt hatte. Über die Zusendung erfahren wir aus einem Briefe Beethovens folgendes: »Das neue Quartett in a-moll ist schon vollendet, ich suche es nur so geschwind als möglich Ihrer Durchlaucht zu übermachen.« Das erste Quartett war schon »einem Verleger überlassen«. Am Schlusse des Briefes heißt es: »Das dritte Quartett ist auch beinahe vollendet.« Auf die Quartette sind falsche Opuszahlen geraten, wenn man die Zeit der Entstehung in Betracht zieht. Der Irrtum ist in gewisser Weise ausgeglichen durch anderweitige Zusätze auf den Originaltiteln; auf dem B-dur-Quartett steht: »Troisième Quattuor«, und auf dem a-moll-Quartett »Oeuvre posthume«.

Martin Gregor-Dellin

Wagner und die »Rheingold«-Musik

Vier Tage nach seiner Rückkehr aus Paris, am 1. November 1853, begann Richard Wagner am Ring zu komponieren, und in neun Wochen, lediglich von einer fiebrigen Erkältung unterbrochen, schrieb er bis zum 14. Januar 1854 die gesamte Kompositionsskizze des Rheingold nieder. Aus dem Es-dur-Gewoge und dem mittelhochdeutschen heilawâc (»heilige Woge«) entwickelte sich die musikalische und dramatische Bewegung des Werkes, wobei das Vorspiel nach der Ausführung der Erda-Szene noch eine bedeutsame melodische Veränderung erfahren sollte.

Er bediente sich einer Art Noten-Kurzschrift, die ihn zu baldiger Reinschrift zwang, damit er nichts vergaß, und verwendete erstmals von Anfang an ganze Partiturblätter, so genau stand alles vor seinem Auge und Ohr. Wenn er jemals annähernd der musik-dramatischen Strukturtheorie seiner Kunstschriften folgte, dann in diesem Werk. Die neue Musiksprache floß ihm aus der Feder, als habe er nie anders komponiert. Oder doch nicht ganz: Im Rheingold schlug auch noch die alte Rezitativ-Kunst durch, und seine ungeliebteste Figur, Fricka, bekam die konventionellste Musik. Begann er jetzt wieder mit »affirmativen« und »progressiven« Elementen in Melodie und Harmonik zu arbeiten? Dann war er auf dem Tannhäuser-Pfad: der Umstürzler gegen die Langweiligen. Aber das ging nicht lange auf, seine musikalische Kunst wurde während der Komposition des Rings immer differenzierter oder, um es mit einem Modewort zu sagen: dialektischer.

Die große Zahl der Motive – das Windsperger'sche Buch der Motive zählt für Rheingold 28 Grundmotive, was viel ist für ein relativ kurzes Werk – trug er im Kopf. Nur gelegentlich prüfte er Klänge und Intervalle am Flügel, ob sie zur Abwandlung und Biegung taugten, ob ihr Götterpomp sich durchschauen ließ. »Zu meinen«, schreibt Joachim Herz anläßlich seiner Leipziger

Ring-Inszenierung 1973/76, »zu meinen, Wagner identifiziere sich mit einer Musik wie etwa dem Einzug der Götter in Walhall und wolle, daß auch der Hörer sich lustvoll mit ihr identifiziere, hieße ihm Unrecht tun. Der Bombast solcher Inthronisation gestohlener Macht, die schamlose Exhibition eines Triumphmarsches in den Untergang (wie Loge zu recht kommentiert) könnte gar nicht klarer jene ›Götter‹ dem Urteil des Zuschauers preisgeben.«

Noch einmal warf er also mit vierzig das Steuer herum, wollte mit dem mythischen Riesenteppich und einer Geburt des Dramas aus dem Contra-Es das noch nie Dagewesene: etwas, das zwar Musik, Drama, Kunst, Philosophie voraussetzte und enthielt, aber nichts von allem allein war. Er nahm die Revolution in die Kunst hinein: indem er die Kunstsprache revolutionierte – was blieb da an Umstürzlertum noch übrig? Liszt versicherte er: »Glaub' mir, so ist noch nicht komponiert worden: ich denke mir, meine Musik ist ein Pfuhl von Schrecknissen und Hoheiten.« Beinahe ein Nietzsche-Wort! Und vielen, die es vorzogen, sich darauf gar nicht erst einzulassen, ist das Neue daran bis heute un-erhört geblieben.

Unter dem Stimmungs-Eindruck der soeben komponierten Endes-Verheißung Loges, die Walküre mit Wotans Abschied von Brünnhilde im Blick, schrieb er am 25. Januar 1854 an August Röckel ins Zuchthaus Waldheim: »Wir müssen sterben lernen, und zwar sterben im vollständigsten Sinn des Wortes; die Furcht vor dem Ende ist die Quelle aller Lieblosigkeit«, was an einen Eingekerkerten gerichtet nicht sehr rücksichtsvoll war. »Wodan schwingt sich bis zu der tragischen Höhe, seinen Untergang – zu wollen. Dies ist alles, was wir aus der Geschichte der Menschheit zu lernen haben: das Notwendige zu wollen und selbst zu vollbringen.« Darin war er immer noch Junghegelianer. Und über seine gegenwärtige Arbeit: »Mit der Zeit denke ich Dir auch die Komposition mitteilen zu können. Für jetzt nur so viel, daß sie zu einer fest verschlungenen Einheit geworden ist. Das Orchester bringt fast keinen Takt, der nicht aus vorangehenden Motiven entwickelt ist.« Er wußte schon, was er tat. Nur: wie hielt dieses Gewebe zusammen? Und wie teilte es sich als Zusammengehöriges im zeitlichen Nacheinander der Musik mit? Das Geheimnis der Übersichtlichkeit von Motiven und musikalischer Sprache besteht im Ring darin, daß Wagner die Vielfalt aus einfachsten Urmotiven heraus entwikkelt. Hier liegt auch der Grund für die lange Inkubationszeit des Rings: Wagner mußte auf musikalische Einfälle kommen, die ihn über vier Partituren hinwegtrugen bis in das Verzweigteste und Verzwickteste. Wäre er jener Rausch-Erzeuger, Narkose-Künstler und Gehirn-Vernebler gewesen, als den man ihn dann mißverstand und für den man ihn hier und da noch hält, *hätte er das jedenfalls sein wollen,* dann hätte er es sich leichter machen können. Aber alles sollte in seinen Beziehungen durchschaubar, übersichtlich und erklärbar bleiben. »Wagner wollte – entgegen einem nahezu unausrottbaren Vorurteil, das ihn als musikalischen Demagogen denunziert – weniger überreden oder gar betäuben als verstanden werden; darum war er ein unersättlicher Räsoneur, ein Redesüchtiger, der von der Hoffnung, sich begreiflich zu machen, nicht lassen konnte. Und ein Phänomen zu verstehen, bedeutete für ihn: die Ursachen und Motive zu erkennen, in denen es begründet und durch die es gerechtfertigt ist.« (Carl Dahlhaus) Daher benötigte seine Musik das logisch motivierte Gerüst einer Formsprache, deren Bestandteile dann mit dem Begriff Leitmotive versehen wurden.

Von Februar bis Mai 1854 brauchte er für die Urschrift der Rheingold-Partitur, und noch bevor wir ihn die Feder zur Skizze des ersten Walküren-Akts ansetzen sehen, ist es Zeit, von der Seelenfreundin zu sprechen, deren Stunde nun gekommen war. Denn sie war es, der er das kurze Vorspiel zur Walküre mit den Buchstaben G[esegnet] S[ei] M[athilde] und zahlreichen, nur ihr verständlichen Randchiffren widmete; sie brauchte er, wenn er an die großen Liebesszenen der Wälsungen ging, er hatte ihr Ohr, sie war sein Echo. »Was er am Vormittag komponierte«, so erinnerte sich Mathilde Wesendonck, »das pflegte er am Nachmittag auf meinem Flügel vorzutragen und zu prüfen. Es war die Stunde zwischen 5 und 6 Uhr; er selbst nannte sich der Dämmermann!«

Es begann eine Art schöpferische Raserei. Schon am 11. Mai spielte und sang er Wesendoncks, Herweghs und Willes aus dem Rheingold vor. Sobald er an die Walküre ging, deren erster Akt bis 1. September, deren zweiter Akt bis 18. November fertig skizziert war, verbrachte er ganze Abende nur mit Mathilde. Sie schenkte ihm eine unverwüstliche goldene Feder, und er komponierte für sie. Was hier begann, war ein Roman von Flaubert, der zweite, eigentliche: Mathilde verkörperte alle seine Sehnsüchte. Was ihm fremd war, begegnete ihm in ihr.

Martin Gregor-Dellin
Die Uraufführung von »Tristan und Isolde«

»Ich hatte eine kurze Zeit, in welcher ich wirklich zu träumen glaubte: es war dies die Zeit der Proben des ›Tristan‹«, schrieb er an Mathilde Maier. »Zum erstenmal in meinem Leben war ich hier mit meiner ganzen vollen Kunst wie auf einem Pfühl der Liebe gebettet. So mußte es einmal sein! Edel, groß, frei und reich die Anlage der ganzen Kunstwerkstatt: ein wunderbar vom Himmel mir beschiedenes Künstlerpaar, innig vertraut und liebevollst ergeben, begabt zum Erstaunen. Wie ein Zaubertraum wuchs das Werk zur ungeahnten Wirklichkeit.«

Ludwig Schnorr von Carolsfeld hatte bereits im März als Tannhäuser in München Außerordentliches geleistet. Durch die Erfahrungen dieser Arbeit ermuntert, hatte Wagner am 31. März einen Bericht an den König »über eine in München zu errichtende deutsche Musikschule« gesandt. Mit Schnorr durfte er hoffen, jene Schule eines neuen Vortragsstils zu verwirklichen, die er schon in Paris konzipiert hatte. Die Erfahrungen bei der Arbeit am Tristan übertrafen alles, was Wagner in dieser Beziehung bisher erlebt hatte. Während der Proben erfaßte Schnorr die ihm flüsternd und durch Zeichen gegebenen Hinweise zur Gestaltung seiner Rolle mit solcher Schnelligkeit und Bestimmtheit, daß Wagner bald keines Wortes mehr fähig war und schließlich beim dritten Akt nur noch in Ergriffenheit abgewandt verharrte. Das Orchester schien, trotz aller »wachsenden, abnehmenden, endlich sich bekämpfenden, sich umschlingenden« Motive, die ein »zwischen äußerstem Wonneverlangen und allerentschiedenster Todessehnsucht wechselndes Gefühlsleben ausdrücken«, gegen den Sänger rein verschwunden oder vielmehr »in seinem Vortrage selbst mit enthalten zu sein«. Einmal ging Wagner zu dem auf seinem Schmerzenslager ruhenden Tristan auf die Bühne, beugte sich zu ihm hinab und sagte leise: Er könne nicht mehr loben, da er sich der Idealgestalt seines Werks gegenübersehe.

Sie wurden Duzfreunde und hatten sich über Auffassungsfragen nicht mehr zu beraten.

Am Tag der ersten Orchesterprobe – Baron von Perfall hatte Hans von Bülow dem Orchester als neuen Kapellmeister vorgestellt – wurde Isolde, Cosimas und Richard Wagners erstes Kind, geboren. Bülow wußte nicht oder gab vor, nicht zu wissen, daß das Kind ihm unterschoben wurde, und hielt daran zeitlebens fest. An dem betrogenen Freund erlebte Wagner in diesen Wochen sein zweites musikalisches Wunder: Bülow war mit der Partitur »bis zum Auswendigwissen jedes kleinsten Bruchteiles derselben« vertraut, er hatte Wagners Intentionen »bis in die zartesten Nuancen in sich aufgenommen«. Sie waren eins. Ein Kunstfest stand bevor. Doch war das Wunder teuer zu bezahlen, denn Bülow kannte sich in der Mentalität der Münchner noch weniger aus als Wagner. Sie nahmen vieles gutmütig hin, was Künstler und Zugereiste sich erlaubten, nur eines vertrugen sie nicht: von oben herab als minderwertig oder dumm behandelt zu werden. Als der Orchestergraben am 3. Mai verbreitert werden sollte, wodurch eine Reihe Sperrsitz verlorenging, erhob der Theaterbeamte Penkmayer Widerspruch. Bülow antwortete: »Was macht's, ob ein paar Dutzend Schweinehunde mehr oder weniger im Parkett sitzen.« Ein Sturm der Entrüstung brach aus, und die Presse schrieb, die Stellung Bülows in München sei unhaltbar geworden. Ministerpräsident von der Pfordten legte dem König nahe, er möge Bülow und Wagner nach der Aufführung des Tristan für einige Zeit von München entfernen. Am 9. Mai erschien eine Entschuldigung Bülows, er habe nur diejenigen im Sinn gehabt, »welche verdächtig sind, an den in Wort und Schrift gegen den hochverehrten Meister gesponnenen Verleumdungen und Intrigen Teil genommen zu haben«, was der »Neue bayerische Courier« als ungenügend ablehnte. Die Zeitung wiederholte an vier Tagen hintereinander die stereotype Meldung: »Hans v. Bülow ist noch hier.« Endlich mußte sogar Wagner bei einer der letzten Proben öffentlich bitten, man möge das in den letzten Tagen Vorgefallene der Vergessenheit übergeben und nicht die Personen sehen, sondern die Sache.

Die Generalprobe, die am 11. Mai 1865 vor 600 geladenen

Personen stattfand, verlief ohne Störungen, sie glich »der Erfüllung des Unmöglichen«. Am 15. Mai jedoch, dem Tag der beabsichtigten Uraufführung, ließen Gegner Wagners durch den Gerichtsvollzieher den Wechsel jener Frau Julie Salis-Schwabe präsentieren, die auf Vermittlung Malwida von Meysenbugs 1860 zur Deckung der Unkosten seiner Pariser Konzerte unaufgefordert beigetragen hatte. Der Notar Dr. von Schauß hatte ihn bereits am 20. März gewarnt, daß die Säumnis ihn bei der Aufführung seiner »grandiosen Oper« hemmen könne: eine unverhohlene Drohung, die Wagner gleichwohl in den Wind geschlagen hatte. Jetzt konnte eine Zwangsvollstrekkung nur durch das Einspringen der Kabinettskasse verhindert werden, die sofort 2400 Gulden auszahlte. Am Nachmittag wurde Malvine Schnorr, die Isolde, plötzlich heiser und konnte nicht singen. Die Premiere wurde abgesagt. Vor den Anschlägen am Theater drängten sich die Menschen. Der Stadtklatsch blühte. War das Werk vielleicht doch unaufführbar? Der Punsch brachte laufend Karikaturen. Das Münchner Volkstheater studierte »Tristanderl und Süßholde« ein, Parodie einer Zukunftsoper.

Einige der in München versammelten Freunde – Klindworth aus London, Gaspérini aus Paris, Porges, Uhl, Draeseke, Damrosch, Pohl, Kalliwoda – mußten wieder abreisen, andre kamen ein zweitesmal wieder, nachdem sich Schnorrs in Bad Reichenhall erholt hatten und Malvine wieder zu Stimme gekommen war. Am 22. Mai meldete der Landbote: »Röckel, der letzte Maigefangene des Herrn von Beust, ist seit einigen Tagen auf Veranlassung Richard Wagners in München.« Noch ein Barrikadenmann mehr! Georg Herwegh, den Wagner eigens eingeladen hatte, blieb fern, ebenso Semper, Liszt, Willes und die Wesendoncks. Als sich am 10. Juni endlich der Vorhang über dem Tristan hob, waren unter den Gästen auch der entthronte König Otto von Griechenland, Anton Rubinstein und Wagners Bruder Albert. Viele Münchner, die zu den billigen Plätzen drängten, wurden vor der Tür abgewiesen, weil man Kundgebungen gegen Hans von Bülow befürchtete.

Man sah viel Brüsseler Spitzen und Atlasmuff; die adligen Damen trugen Krinolinen und Seidenjäckchen mit Fransen.

Cosima kam mit einem Kranz aus rosafarbenen Röschen als Kopfbedeckung. Der zwanzigjährige König, der am 22. Mai seinem Dampfschiff, das den Starnberger See befuhr, den Namen »Tristan« gegeben hatte, erschien um sechs Uhr in Zivil in der Königsloge. Er sah noch immer eindrucksvoll aus, die Damen empfanden seine Schönheit als dämonisch, er war schlank und groß, sein ernstes Gesicht von dunklen Locken umwellt. Mit tiefblauen Augen blickte er während der Fanfarenstöße und Hochrufe ins Unbestimmte hinein, über sein Volk hinweg, das er nicht liebte wie es ihn.

Es war eine denkwürdige, musikgeschichtlich buchenswerte Stunde, und von Glück begünstigt: es kam zu keinem Skandal, das Werk fiel nicht durch, man hörte zu. In den Pausen herrschte bedeutungsvolles Schweigen. Was für Musiker und Sänger, die dem Tristan gerecht zu werden vermochten! Was für Ohren, die diese Musik traf! Selbst Wagner sagte (am 26. März 1879 zu Cosima), man würde später glauben, diese Zeit wäre eine merkwürdige gewesen, da man solche Werke dem Publikum habe bieten können. Um elf Uhr war alles zu Ende. Großer Jubel, in dem viel Verwunderung mitschwang. Das geringe Zischen der kritisch Gesinnten und Übelwollenden ging im Beifall unter. Hand in Hand mit Wagner, der bleich und ergriffen aussah, standen die Sänger auf der Bühne – und weinten.

Edouard Schuré, einer der Vorkämpfer Wagners in Frankreich, der damals in München studierte, war wie viele Kenner und Zunftgenossen von dem Werk sprachlos überwältigt und zudem beeindruckt von Wagners unerschütterlichem Glauben an sich selbst; mal habe er ausgesehen wie Faust, dann wieder wie Mephisto. Die bayerischen Zeitungen – um der Wahrheit die Ehre zu geben – schrieben mit großem Respekt und mit staunend hochgereckten Worten von »tiefem Ernst«, von »edlem Streben« und von einer »gewaltigen Gestaltungskraft«, die Wagners Werk verrate, kurz: sie ahnten mehr, was epochemachend war, als daß sie es sagen konnten. Ein großer Teil der auswärtigen Kritik sprach von »Disharmonie« und »Schamlosigkeit«. Eduard Schelle urteilte: »Das Gedicht ist in jeder Beziehung eine Absurdität, die Musik mit Ausnahme einiger Partien das raffinierte Gebräu einer abgelebten, krankhaften Phantasie.« Die »Allgemeine Musikalische Zeitung« in Leipzig schrieb am 5. Juli 1865, Wagner huldige »der französisch-schlüpfrigen Lebensanschauung« Gottfried von Straßburgs. Hier trete »die Verherrlichung der sinnlichen Lust mit allem aufregenden Apparat« zutage, es sei »der trostloseste Materialismus« und die Musik »zur Farbenreiberin für unsittliche Malerei« geworden.

Der Erfolg steigerte sich mit der zweiten Aufführung. »Denn auch Parzival gehört zu uns«, ließ Wagner die Schnorrs wissen. Mit Parzival meinte er den König, der zu jeder Vorstellung mit dem Extrazug nach München fuhr. Während der Zwischenakte sprachen ihn die Minister, froh, seiner habhaft zu werden. Bei der dritten Aufführung am 19. Juni, die Anton Bruckner besuchte, war der Sieg künstlerischen Wollens so vollständig, daß Wagner sich hinreißen ließ, »nie wieder« zu sagen: dergleichen solle eigentlich nicht wiederholt werden! Der König verlangte eine vierte Vorstellung am 1. Juli und eine Privataudition mit Stücken aus fast allen Musikdramen, auch aus Rheingold und Meistersinger. Dann reisten die Sänger, unter ihnen auch der Kurwenal Anton Mitterwurzer, ab. Von Schnorr, den er bald wiederzusehen hoffte, verabschiedete sich Wagner fast beiläufig auf der Straße. Glück des Vollbringens erfüllte sie beide.

»Dies war der Höhepunkt«, schrieb Wagner an Mathilde Maier. »Von da an nur noch reines Leiden.«

Franz Graeflinger
Anton Bruckners frühe Jahre

Der kleine Anton zeigte schon früh große Vorliebe für Musik. So spielte er beispielsweise, noch bevor er schulpflichtig wurde, ungemein eifrig auf einer Kindergeige. Schul- und Pfarrhaus, sowie die Kirche waren für den kleinen Knirps die ersten Versuchsstätten; zur Erholung wurde fleißig »Hotto« oder Soldaten gespielt, im Zimmer auf die Möbelstücke hinauf »gekraxelt« und »gepredigt«. Sonderliche Vorliebe für den Schulbesuch zeigte er gerade nicht. Lediglich auf die Gesangstunde freute er sich immer. Da war ihm das Spinett seines Vaters hochwillkommen, auf dem er »furchtbar« zu Spielen versuchte. Zum Jungen herangewachsen, hatte er seinen »Festtag«, wenn er auf dem Chore mitsingen durfte. [...]

In jenen Tagen war das Schulhaus gewöhnlich auch eine öffentliche Musikschule, ein Dorfkonservatorium. Der Schulmeister erteilte nicht nur den eigenen Kindern, sondern allen Leuten, ob jung oder alt, Musikunterricht. Er lernte ihnen singen, geigen und Blasinstrumente gebrauchen. Selbstredend tat er dies alles unentgeltlich. Vor größeren Feiertagen wurden dann gemeinsame Proben abgehalten. Die Kirchenmusik lag ja in den meisten Orten in den Händen des Schulmeisters. Er spielte die Orgel und sang dazu den Baß, eine Tochter sang den Sopran, die Mutter den Alt, und diese hielt vielleicht das Jüngste auf dem Arm, damit das drei- oder vierjährige Kind sich auch recht frühzeitig an Musik und Gesang gewöhne und sich auf das Mitsingen freue. So waren drei Singstimmen oft recht gut besetzt. Kam ein Tenorsolo vor, so sang es die Sopranistin. An einem kleinen Orchester, ein paar Geigen, ein paar Hörnern oder Trompeten, auch wohl an Flöte und Klarinette, fehlte es auf dem bescheidensten Dorfe nicht. War ein Schulgehilfe da, so mußte er musikalisch sein; denn unmusikalische Lehrer waren damals auf die sogenannten Mittelschulen, einsam gelegene Bauernschulen (ohne Kirche) beschränkt und konnten nie an der Schule eines Pfarrdorfes angestellt werden.

Waren diese Dorfkirchenmusikvereine auch nicht immer von Lächerlichkeiten bei ihrer Tätigkeit frei – ein Schulmeister soll ja nebst dem Orgelspiel und Baßsingen auch die Trompete geblasen haben, die er sich über dem Spieltisch angebunden hatte; ein anderer soll das Baßsolo beim Et incarnatus est mit den Worten geschlossen haben: »Qui pro nobis crucipultus, spissus et pilatus est« –, immerhin fanden musikalische Begabungen schon in frühester Jugend und auf jedem, auch dem einsamsten Dorfe ihre Anregung.

Diese nur in flüchtigen Strichen angedeuteten Szenen aus dem Dorfschulmeisterleben hat auch Bruckner noch gesehen und miterlebt.

Erteilte dem Knaben auch bereits sein Vater Musikunterricht, so steht heute doch fest, daß Bruckner die grundlegende Vorbildung für das Orgel- und Generalbaßspiel von seinem Vetter Johann Weiß (verheiratet mit einer Schwester von Bruckners Vater), Schulmeister in Hörsching – in der Nähe von Linz –, einem tüchtigen Musiker, erhielt. Schon als Zehnjähriger durfte Bruckner auf der Hörschinger Orgel das Fastenlied öffentlich spielen. Ein Jahr blieb Bruckner bei seinem Vetter in der Lehre. Dann kam er wieder zurück nach Ansfelden. Hier mußte er, da der Vater öfters infolge seiner Krankheit dienstunfähig war, in der Schule und am Chor auf der Orgel »aushelfen«. In diese Zeit fallen seine ersten Kompositionsversuche. Ein Stück für Violine und Klavier ist dem »P. T. Herrn Vater« gewidmet. Dreizehn Jahre alt, verlor Bruckner seinen Vater. Vetter Weiß brachte den Jungen nach St. Florian als Sängerknaben. Da damals die Privatklosterschule noch nicht bestand, trat Bruckner am 27. August 1837 in die dritte Klasse der Volksschule St. Florian – laut Schulmatrik – ein. Von 1839 an war Karl Seiberl [...] mit Bruckner gleichzeitig Sängerknabe. Dieser teilte mir mit, daß sich Bruckner vom Herbste 1839 bis 1840 für den Präparandenkurs vorbereitete. Den Unterricht erteilte ihm der Florianer Schulgehilfe *Steinmayr*, der ihn auch im Sommer 1840 zur Ablegung der Prüfung aus den Gegenständen der Hauptschule nach Steyr führte. In der Musik – Violine und Fortepiano – hatte Bruckner Unterricht, oder besser Gelegenheit zur Übung, bei dem Stiftsbeamten Gruber, einem im Konservatorium in Wien ausgebildeten vorzüglichen Violinspieler. Theoretischen Musikunterricht hat Bruckner in St. Florian eigentlich nicht gehabt. Das wenige, was in dieser Beziehung vielleicht nennenswert ist, hat er von *Kattinger* gelernt, dem tüchtigen Stiftsorganisten, der Bruckner auch im Orgel- und Klavierspiel unterwies.

Im Herbste 1840 kam Bruckner nach Linz (er wohnte Bethlehemstraße 9, bei einer Greislerin), um den damals für den Lehrer (Schulgehilfen) an den Volksschulen (Trivialschulen genannt) vorgeschriebenen, ein Schuljahr dauernden Präparandenkurs zu machen.

[...]

Als erste Anstellung erhielt Bruckner 1841 einen Schulgehilfenposten in Windhag a. d. Maltsch, im Freistädter Bezirk. Ein trostlos trauriges Dasein mußte der Jüngling fristen. Zum Glück war der junge Lehrer in keiner Weise verwöhnt. Ein Jugendbildner des Vormärzes durfte es nicht sein. Das Unterrichten geschah ja nur nebenbei. Für eine Stunde pädagogischer Arbeit erhielt er kaum 1½ Kreuzer. Er durfte dafür aber »unentgeltlich« auf einem »Korridor« wohnen und einige Naturalien bekam er auch dafür. Die obligaten Mesnerdienste mußten nebenbei verrichtet werden, nicht allein die höheren, sondern auch die niederen. Selbstverständlich hatte er auch den Chordienst und Organistenposten inne. Wir wissen zur Genüge, wie wenig Achtung infolgedessen seitens der Gemeindebewohner dem »Schulmoasta« entgegengebracht wurde; wie geringschätzend das Landvolk damals auf jene Männer herabblickte, denen ihr Höchstes, ihre Kinder, anvertraut waren. Etwas Alltägliches war es, daß der Lehrer »zum Tanz« mitaufspielte. Trug ihm so eine »vergeigte« Nacht doch wenigstens mehr ein, als er sich sonst in einer ganzen sauren Woche verdiente und fiel doch wenigstens für den Magen eine bessere Kost und ein besserer Trunk ab. Und wie mit Recht schon oft betont wurde, dieses »Tanzlgeig'n« zur Kirchweihe oder bei Hochzeiten war gerade für Bruckner eine Fundgrube ländlicher Volksmusik. Dabei mag sich der Siebzehnjährige höchstwahrscheinlich viel wohler gefühlt haben, als in der staubigen Schulstube oder bei den niederen Kirchendienerdiensten. Dann vergesse man eines nicht. Die Kirchen- und Tanzmusik war ja für ihn in diesen Tagen der einzige Nährboden, aus dem er seine Anregung schöpfen konnte. So entwarf er in stiller Weltabgeschiedenheit so manches musikalische Skizzenblatt. Man traf den »halbverrückten G'hilf« oft bei Spaziergängen, auf Feldrainen mit einem Buch oder sah ihn Aufschreibungen machen auf einem Notenpapierstreifen. Was in dem »Mückenfänger«, wie sein Vorgesetzter, Schulmeister Fuchs, ihn titulierte, steckte, davon hatte niemand eine blasse Ahnung.

Das Haus, in welchem Bruckner unterrichtete, steht nicht mehr in der ursprünglichen Anlage. Im Jahre 1843 brannte der Markt ab und dabei wurde auch die Schule eingeäschert. Der alte Schulhausgrund wurde gegen eine andere Baustätte und gegen Aufgabe von 200 fl. C. M. vertauscht und darauf die neue Schule erbaut. Von Bruckner findet sich (wie mir in liebenswürdiger Weise der jetzige Schulleiter von Windhag, Herr Pannholzer, mitteilte) in der Schule gar nichts vor. Die Kataloge hat der alte Schullehrer Fuchs (unter diesem war Bruckner Schulgehilfe) selbst geschrieben, auch die Unterschriften der Schulgehilfen. Bruckner bezog als Schulgehilfe 36 fl.-Schein Jahreslohn und die sogenannte kleine Stola. Daß er da fleißig tanzgeigen mußte, ist begreiflich. Der alte Fuchs war freilich nicht erbaut von ihm. Bemerkte er doch: »Der Mensch haut mir noch die ganze Orgel zusammen«.

Die paar Kreuzer, die Bruckner erübrigte, bekamen die Schulbuben fürs Orgelaufziehen. Um sein Einkommen zu verbessern, soll er ein Kochbuch abgeschrieben haben.

Zur Erinnerung an Bruckners Aufenthalt und Lehrtätigkeit in Windhag wurde an dem Schulhaus eine Gedenktafel angebracht.

Als eine Erlösung muß die Versetzung Bruckners 1843 nach Kronstorf bezeichnet werden. Erstens befand er sich in der Nähe von St. Florian und Steyr, wo ihm vorzügliche Orgeln zur Verfügung standen, zweitens hatte er nur eine Gehstunde nach Enns, wo er in dem dortigen Regens chori und als tüchtigen Organisten bekannten Leopold Edlen *von Zenetti*, geb. 1805, gestorben am 12. Dezember 1892 zu Enns, einen trefflichen Lehrer fand. Von Kronstorf wanderte Bruckner allwöchentlich einigemal nach der ehrwürdigen Stadt Enns, um bei dem Obgenannten Musikunterricht zu nehmen, hauptsächlich um seine Kenntnisse in der Harmonielehre zu bereichern. Als erste Frucht brachte Bruckner eines Abends seinem Lehrer, der über sein so spätes Erscheinen erstaunt war, eine kurze Arbeit, die er ihm mit den Worten überreichte: »Möchtens mir dös net durchschau'n?«

Es ist ein vierstimmiges Exaudi in G-Dur mit Trombonenbegleitung.

W. A. Thomas-San-Galli
Die erste Symphonie von Johannes Brahms

Die erste Symphonie war die Arbeit auch dieses Sommers [1876]. Vor vielen Jahren schon hatte Brahms einen ersten Symphoniesatz entworfen. Der war aber in die Studienmappe zurückgelegt worden. Jetzt meldete sich der Satz wieder mit jenem c-moll-Quartett zusammen, das auch so lange geschwiegen hatte. Die liebe und schreckliche Stimmung der Jugendzeit, wo Brahms an der Seite Frau Claras ein Schicksal durchlebt, »kam wieder in die Höh'«. Die Symphonie gährte wieder.

Sie wäre jedenfalls nicht wiederzuerkennen, wenn wir den ersten Entwurf mit ihrer Endgestalt verglichen. Ein großer Unterschied bestand schon darin, daß eine langsame Einleitung dazukam. Die Tonart täuscht uns diesmal nicht: es ist eine Schicksalssymphonie, wie die fünfte Beethovens. Nirgends können wir die Verschiedenheit beider Tonsetzer klarer erkennen: bei Beethoven dieses Elementare und Durchleuchtende trotz aller Dunkelheit und Tragik, bei Brahms dieses titanische Ringen, dies romantische Empfinden bei aller Straffheit der Form. Aus knappen Motiven türmt sich der erste Satz auf.

Eine Andeutung des zweiten Themas leitet den Satz ein und begleitet das Hauptthema im Baß. Dieses sekundiert dann wiederum dem zweiten Thema. Zwei Momente beeinflussen den Charakter des organisch entwickelten Satzes vornehmlich: die Chromatik und die übergehaltenen rhythmischen Werte. Die gesamte Einleitung schiebt sich vorwärts, sie schreitet nicht – und die letzte Einmündung in das Allegro treibt gleichsam einen Keil in das Folgende.

Die Bindungen der schlechten Taktteile mit den nächstfolgenden guten, mit denen sie oft ganz in eins verschmelzen, verleihen dem Satz jenen ungemein stürmischen, ungestümen Charakter. Die vielen kurzen, hastigen Pausen unterstützen dies unruhig Treibende noch mehr. Ausgehaltene Bläserakkorde täuschen nur Ruhe vor; es gibt kein Halten. Die abgerissenen Dreiachtelfiguren reizen das Gefühl noch heftiger. Die Durchführung nimmt die gewaltige, stumpf stoßende Bewegung erst recht auf. Die anderen Motive wollen beruhigend dazwischen treten; alles wird ins Heftige umgedeutet. Die Coda aber zeigt vollends das furiose Gesicht des treibenden Geistes. Erst dem poco sostenuto gelingt es, den tobenden Gott zu beschwichtigen. Der Satz steckt voll finsterer Tragik.

Eine tiefe Empfindung durchzieht das Andante sostenuto, welches seinen Hauptgedanken mehr und mehr ausgestaltet. Dies eigentümlich Milde im Brahmsschen Tonsatz tritt hier immer wieder hervor. Die Holzbläser färben die Stimmung so wehmütig, wenn sie die Achtelgänge hinabsteigen. Und eigentümlich wirkt auch hier wieder der durchbrochene Satz, der den Hörer auffordert, die Verbindungsfäden zwischen den einzelnen Teilen selbsttätig zu spinnen. Der Satz, der in einem vollen Ton der Resignation begonnen wird, erhebt sich im Verlauf, namentlich im cis-moll-Mittelsatze in rührende Höhen. Die Solovioline geht espressivo voran und führt den Satz zu einem beruhigenden Abschluß. Pianissimo verhallt des Liedes Zauberton.

Es folgt ein Un poco Allegretto e grazioso, eins der geradtaktigen Scherzi; es steht im Zweivierteltakt. Das achttaktige Thema setzt sich aus Behauptung und Umkehrung zusammen. Ein zweiter Gedanke in hüpfenden Werten übernimmt alsdann die Führung. Darauf verkürzt sich das erste Thema und gewinnt lebhafteres Feuer, schließlich setzt es sich in den Sechsachteltakt um und erreicht in dieser Form den Höhepunkt des Satzes, der kein eigentliches Trio hat. Was der Sechsachteltakt bringt, kann man auch keine Lustigkeit nennen; dafür wird zuviel Energie aufgebracht, und die widerharigen Sforzati lassen immer an Widerstände denken. Auch der Schluß entwickelt sich unnormal; der Sechsachteltakt hat mit seinen nur halb vergnügten Achteln das Schlußwort – hier treten die Achtel freilich verkappt als Triolen auf.

Was das, das Finale einleitende, Adagio will, wird ihm nicht gewährt. Es beginnt, wie man das in der Lehre von der Fuge nennt, mit der Antwort auf das Thema; dies tritt erst mit dem Allegro ein. Die gedehnten Noten werden alsbald von kurz abgerissenen Achteln abgelöst, ein Treiben über Zweiunddreißigstelgänge und Synkopen beginnt, das an Gespenster gemahnt, bis schließlich über wellenden Sextolen im Andante die Hörner sehnsüchtig locken; die große Terz tut die bedeutendste Wirkung. Die Geigen sind mit Sordinen gedämpft und diminuendo geht es zur Fermate, die von Hörnern und Posaunen ausgehalten wird. Poco forte setzt das Allegro non troppo ma con brio mit seinem fröhlichen Thema ein. Immer lauter und lustiger stürmen wir voran, eine Verkleinerung des ursprünglichen Motivs, unruhige Sechszehntel erhöhen die drängende Bewegung – da läßt das Horn wieder seine Weise lautwerden; nur kurz, dann erhält das zweite, weichere Thema das Wort: immer neue Wendungen vermehren den Schatz der Empfindung, sodaß eine Durchführung überflüssig wird. Statt dessen gestaltet der Komponist die Seitensätze, auch kontrapunktisch, weiter aus, sodaß wir manchmal fürchten, uns auf diesen drohenden Abwegen zu verlieren, aber wieder winkt uns die Weise des Horns und bringt das zweite Thema zurück. Von da gewinnen wir über kurze erinnernde Rückblicke den Ausweg ins Hauptthema: in breiten Notenwerten, più allegro steigert sich der Satz zu dröhnendem Triumphe.

Die tragische Größe dieser ersten Symphonie vermochte Brahms nicht mehr zu erreichen. Ihre Gewalt stellt alles in den Schatten, was seit Beethoven an Symphonien geschrieben worden ist. Manches Werk gibt es, das andere Schönheiten vor diesem auszeichnet: die wunderbare Klangschönheit von Schuberts h-moll-Fragment findet sich nirgends bei Brahms, aber die monumentale Größe der c-moll-Symphonie ließ Bülows Bezeichnung der Brahmsschen Symphonie als zehnte der Beethovenschen nicht ganz unberechtigt erscheinen. Die Symphonie zeigt Brahms' Eigenart deutlicher noch als viele kleinere Werke. Man sieht, daß dieser stürmische Charakter der Tonsprache von Schumann kam. Schumann fand in Brahms eine musikalische Verwandtschaft, und umgekehrt dieser in jenem. Brahms eigentümlich ist jene Mischung von elegischer Weichheit und eckiger Härte, eigentümlich ihm die sprechende Pause, die schon Beethoven so trefflich zu benutzen wußte, aber allerdings großzügiger verwertete – bei Brahms tritt da und dort eine Zerklüftung ein. Das aber ist wiederum das Zeichen des modernen Musikers. In der Form erlaubte er sich keine Ausnahmen, erlaubte sich nicht, neue Wege zu brechen. Er wandte die Form nach verschiedenen Seiten, paßte sie seinen Bedürfnissen jeweils an, hielt sich aber an das wohl erwogene und das wohl erworbene Gesetz. Man kann die c-moll-Symphonie, wie die anderen Brahmsschen Symphonien heute klassische Werke nennen. Viel dazu beigetragen, sie voll zu erfassen, hat das Heranreifen der Technik, die sich an den ungelenken Rhythmen und großen Intervallen der Brahmsschen Tonsprache zuerst stieß. Jetzt hat sie das Studium beendet, Brahmssche Musik wird virtuos gespielt und wirkt viel befriedigender fürs Ohr, das sich allerdings an manche Härten gewöhnen mußte. Was Brahms unter die Klassiker versetzt, ist das Urmusikalische seiner Tonsprache. Das oben Geschilderte sind Stil- und Charaktereigentümlichkeiten: dahinter, darüber schwebt das Urmusikalische: Brahms hat wahre Musik gemacht; gerade die Anklage, die früher gegen ihn erhoben wurde, die Gelehrsamkeit habe seine Musik getötet, trifft nicht zu: es quoll ein Born tiefer und ernster Musik aus dem Herzen dieses Mannes.

Die äußeren Erfolge des Werkes in seinen ersten Daseinstagen interessieren uns nun. Brahms hatte Dessoff eine Aufführung in Karlsruhe nahegelegt, die am 4. November 1876 erfolgte. Auch in Mannheim kam das Werk unter Brahms' eigener Leitung zu Gehör. In München hatte die Symphonie keinen Erfolg.

In Wien, wo Hellmesberger mit Altem – H-dur-Trio – und Neuem – B-dur-Quartett – von Brahms aufwartete, wurde die Symphonie natürlich auch recht bald gebracht. Herbeck, der jetzige Leiter der Gesellschaftskonzerte, setzte sie auf sein Programm. Brahms dirigierte sie am 17. Dezember. Billroth schreibt unter anderem an Brahms, nachdem er die Symphonie zu Hause durchgesehen: »Den letzten Satz habe ich am vollkommensten bewältigt; er erscheint mir von herrlichster, großartigster Vollendung und hat mich oft an die architektonische Behandlung des Triumphliedes erinnert; das Hauptmotiv erscheint wie ein weihevoller Hymnus, erhaben über allem wie verklärt liegend; wie die einzelnen Teile im großen und kleinen gruppiert sind, sich immer höher hinaufwölben, und doch alles so klar und sicher dasteht und sich so natürlich aus sich selbst gestaltet, als wenn es von selbst so gewachsen wäre – das ist unvergleichlich schön. Doch wenn der letzte Satz auch für sich schon eine Perle in der Kunst ist, so wirkt er noch ganz besonders als Abschluß des ganzen Kunstwerkes großartig. Von dem ersten Satz habe ich einen nur mehr allgemeinen, elementaren Eindruck gewinnen können, wenngleich mir der äußerliche Zusammenhang weit klarer geworden ist als beim ersten Hören. Über die Schönheit der beiden Mittelsätze kann kein Zweifel sein. Daß der ganzen Symphonie ein ähnlicher Stimmungsgang zugrunde liegt wie der neunten von Beethoven, ist mir beim Studium immer mehr aufgefallen, und doch tritt gerade deine künstlerische Individualität in diesem Werke besonders rein hervor. Es ist sonderbar, die abgebrauchten Ausdrücke ›real‹ und ›ideal‹ von Musik zu brauchen, und doch weiß ich ihr kein anderes Epitheton beizulegen als die Idealität deiner Inventionen und ihrer künstlerischen Entwicklungen ...«

Brahms' erste Symphonie ist in der gesamten Musikwelt von solcher Bedeutung gewesen und geworden, daß wir die erste Kritik dieses Werkes nicht übergehen können. Hanslick schrieb: »Es ist kaum noch vorgekommen, daß die gesamte Musikwelt mit so hochgespannter Erwartung der *ersten* Symphonie eines Komponisten entgegensah. Ein Beweis, daß man Brahms gerade in dieser höchsten und schwierigsten Form Ungewöhnliches zutraute, aber je größer die Erwartung des Publikums, je dringender das Verlangen nach einer Symphonie, desto schwieriger und skrupulöser zeigte sich Brahms. Eine unerbittliche Gewissenhaftigkeit und strenge Selbstkritik gehört zu den hervorstechendsten Charakterzügen Brahms' – jedesmal möchte er sein Bestes leisten mit Aufgebot aller Kräfte; er kann und mag nichts ›leicht nehmen‹. Lange zögerte er mit der Komposition von Streichquartetten, und mehr als eine Symphonie blieb als Studie in seinem Pult verschlossen. Auf das Drängen der Freunde antwortete er gewöhnlich, er habe zuviel Respekt vor seinen großen Vorgängern, und mit einer Symphonie könne man heute ›nicht spaßen‹. Diese Strenge gegen sich selbst, diese Sorgfalt in Kleinstem und Größtem, zeigt sich auch in der bewunderungswürdigen Arbeit der neuen Symphonie. Wenn sie sich vielleicht zu sehr zeigt und der Hörer über der erstaunlichen kontrapunktischen Kunst, die unmittelbar zündende Wirkung vermißt, so kann man ihm nicht ganz Unrecht geben. Die neue Symphonie ist ein so ernstes, kompliziertes, von gewöhnlichen Effekten so weit abstehendes Werk, daß es sich schnellem Verständnis nicht gleich entfaltet. Das ist immerhin, wenn auch kein Fehler, doch ein Mißgeschick, für den ersten Augenblick wenigstens. Die nächsten Wiederholungen werden es tilgen. Grillparzers Bekenntnis: ›Ich wollte allerdings Effekt machen, aber nicht auf das Publikum, sondern auf mich selbst‹, könnte als Wahlspruch auf der Symphonie von Brahms stehen. Sie gehört, das leuchtet sofort auch dem Laien ein, zu den eigentümlichsten und großartigsten Werken der Symphonienliteratur.« Hanslick bespricht nun in Kürze die einzelnen Sätze und stellt Vergleiche dieser Symphonie mit denen der Klassiker an. Er faßt seine Meinung in den folgenden Sätzen zusammen: »Mit den Worten, daß kein Komponist dem Stil des späteren Beethoven so nahe gekommen sei, wie Brahms in diesem Finale, glaube ich keine paradoxe Behauptung, sondern eine einfache, kaum anfechtbare Tatsache zu bezeichnen. Ein hohes Lob, das aber keineswegs einem Komponisten *alle* Vorzüge oder gar alle in höchstem Maße zuspricht. Jede große Einseitigkeit wird ja mit dem Zurücktreten von Vorzügen auf der anderen Seite erkauft ... Die neue Symphonie von Brahms ist ein Besitz, auf den die Nation stolz sein kann, auf lange hinaus ein unausgeschöpfter Born ernsten Genusses und fruchtbaren Studiums.«

Max Hehemann
Max Regers Orgelwerke

In der Orgelmusik liegt der Anfang alles dessen beschlossen, was Regers Kunst zu geben hat. Für die Orgel schrieb Reger die ersten seiner großen Werke, für die Orgel ward er der Befreier von seichter Epigonenmusik, die Orgel zog so sehr sein musikalisches Denken in Bann, daß sich die Spuren davon bis in seine Orchesterwerke verfolgen lassen.

Mit Bachscher Kunst aufgewachsen, mit der Welt des Orchesters nicht vertraut, mußte sich Reger einem Instrumente zuwenden, das ihm die Möglichkeit mannigfaltigeren und differenzierteren Ausdrucks bot als das Klavier. Gleich hier zu Beginn seines Schaffens, dort, wo er noch ganz auf Bach fußt, zeigt sich schon der moderne Einschlag. Bach konnte den Jünger jegliche Kunst des Kontrapunkts lehren und verwegene Träume der Harmonik erfüllen – das prächtige *Farbengewand* seiner Orgelmusik fand Reger nicht bei ihm. Wohl war *Bach* ein Kolorist, der mit bescheideneren Mitteln als den unsrigen Farben von unerhörter Leuchtkraft und eindrucksvollster symbolischer Bedeutung schuf, doch er kannte weder die reiche Palette des modernen Orchesters, noch die der modernen Orgel. Regers Orgelmusik aber ist ohne die Farbenpracht unsrer heutigen Werke nicht zu denken, ja, sie ist z. T. direkt auf koloristische Wirkung berechnet. Und da sehen wir den Einfluß jenes Mannes, den Reger neben Bach als großen Meister der Orgelmusik verehrt: den Franz *Liszts*. Der lehrte ihn die innere, poetische Bedeutung des koloristischen Elements und knüpfte zugleich an die Eindrücke an, die ihm die Musik des farbenfreudigen katholischen Gottesdienstes erweckt hatte. Liszt wurde für Regers religiöses Empfinden die logische Ergänzung zu Bach, und diese beiden Mystiker mußten sein Inneres aufs lebhafteste erregen. Läßt sich Reger ohne Bach überhaupt nicht denken, so wäre er ohne Liszt nicht so, wie er ist. Ist es daher zu verwundern, daß für ihn der Parsifal zum stetig nachwirkenden Erlebnis wurde? Des müssen wir gedenken, um namentlich die Eigenart seiner Orgelmusik, die für sie maßgebenden Stimmungsfaktoren richtig einschätzen zu können.

Wer beim Namen Regers zuerst aufhorchte, waren ein paar Organisten. Die hatten auf ihren Notenpulten, wenn sie zeitgenössische Musik spielten, die schon tausendfach variierte »glatte Mendelssohn-Weis« liegen oder ein Werk des Franzosen Alexander *Guilmant*, der wenigstens interessantere und koloristisch anregendere Stücke schrieb als die Nachfahren des von keinem innern Sturm erschütterten glücklichen Felix. Sie waren des trockenen Tons schon lange überdrüssig geworden, doch nirgends zeigte sich einer, der etwas anderes zu sagen hatte. Guilmant blieb die einzige Rettung. Da wehten seltsame Blätter heran von einem jungen Manne, der Reger hieß, seinen Bach gut kennen mußte und sichtbarlich auf dessen Pfaden wandelte. Doch trug er einen Klang in der Sprache, der fremdartig berührte. Und gar bald folgte der Freude der einen ob der neuen Erscheinung ein bedenkliches Schütteln des Kopfes bei den andern, die solche Musik nicht wohlgetan fanden und Böses von ihr ahnten. Und so fing denn der Streit um Reger schon gleich bei den Organisten an. Aber was galt dies für das öffentliche Leben? Wenn man in unsern Zeitläuften ein bekannter Komponist werden will, darf man keine Musik für die Kirche schreiben. Und darum ist es gut für den großen Johann Sebastian, daß er nicht unter uns Lebenden weilt. Mit seinen Kantaten und Passionen säße er sonst wohl an irgendeiner großen Kirche, aber wer wüßte, wer spräche von ihm?

Wie das nun bei Reger auch damals schon war, blieben der Orgelwerke nicht gerade wenige. Den ersten drei Orgelstücken (op. 7) und der Suite (op. 16) folgte bald eine Reihe von Choralfantasien nach Bachschem Vorbild, als da sind: Ein' feste Burg ist unser Gott (op. 27), Freu dich sehr, o meine Seele (op. 30), Wie schön leucht' uns der Morgenstern, Straf mich nicht in deinem Zorn (op. 40, Nr. 1 und 2), Alle Menschen müssen sterben, Wachet auf, ruft uns die Stimme, Hallelujah, Gott zu loben, bleibe meine Seelenfreud! (op. 50, Nr. 1, 2 und 3). Diese Choralfantasien stellen den Organisten vor Aufgaben von ganz besonderer Schwierigkeit, verlangen glänzende Technik und hervorragenden Klangsinn im Registrieren. Das geht schon daraus hervor, daß sie, wie auch andere große Werke, im Hinblick auf die Kunst *Karl Straubes* geschrieben wurden, der Regers treuer Vorkämpfer und bester Interpret seiner Orgelschöpfungen ist. Den ganzen Klang- und Farbenreichtum der modernen Orgel samt ihren Hilfsmitteln, der Schweller und des Fernwerks, bietet Reger auf. Alle Kraft und allen Glanz, wie alle herbe Süße und überirdische Zartheit der Königin der Instrumente stellt er in den Dienst der poetischen Idee. Diese aber ist ihm durch den Text des Chorales gegeben, der sich als cantus firmus durch das ganze Werk zieht und gewissermaßen dessen Rückgrat darstellt. Mannigfaltigste Ausmalungen der Textworte umspielen ihn und entwerfen eine Reihe musikalischer Stimmungsbilder.

An Hand der Fantasie über den Choral *Wachet auf, ruft uns die Stimme* wollen wir versuchen, einen Einblick in die Art dieser Schöpfungen zu gewinnen. Die ihr zugrunde liegende Nicolaische Choraldichtung schlägt jenen übersinnlich-sinnlichen Ton an, den wir bei Reger wiederholt in Musik umgesetzt sehen, jene mystische Inbrunst und jenes schwärmerische Verzücken, die später ein Gegenstück in dem Chorwerk »Die Nonnen« fanden. Sie bewegt sich auf jenem Grenzgebiet, das dem Mystizismus beider Kirchen sehr geläufig war und die Scheidelinie zwischen Sinnlichem und Übersinnlichem oft nicht mehr erkennen läßt. Für den Musiker, der mit solchen Vorwürfen etwas anzufangen weiß, haben sie gewiß einen eigenen Reiz. Es sei hier nur an das Beispiel von Enrico Bossi erinnert, der das Hohe Lied Salomonis getreu der kirchlichen Interpretation als eine Szene zwischen Christus und der Kirche – also übersinnlich – auffaßte und eine glühend-sinnliche Musik dazu schrieb. Wie keiner ist ja auch gerade der Tondichter imstande, diesen ineinander übergleitenden Stimmungen Ausdruck zu verleihen. Er vermag ohne Scheu Dinge auszusprechen, die im Gefühlsleben aller Zeiten eine große Rolle gespielt haben, die uns aber in der naiven Deutlichkeit mancher alten Kirchenlieder und sonstiger religiösen Literatur nicht immer erträglich sind.

Die uns hier beschäftigende Choralfantasie gliedert sich in eine Einleitung, die eigentliche Fantasie über zwei Verse und in eine Fuge, die dem dritten Verse gilt und zum Schlusse das Choralthema als Krönung des Ganzen einführt. Gleich mit den Akkorden des ersten Taktes stehen wir unter den Schauern der Mitternacht. Gespenstisch-geheimnisvoll umfängt uns die Verlassenheit, das tönende Schweigen der tiefen nächtlichen Stunde.

Immer näher kriecht es heran und scheint uns wie mit Händen fassen zu wollen, dies Grauen. Ein Aufschrei – und noch einer voll furchtbarsten Entsetzens, da teilt sich das Dunkel, und aus Himmelshöhen klingt nun sanft die Weise des Chorals an unser Ohr. Jede seiner Verszeilen gibt ein Tonbild, deren Fülle im großen Zuge der Konzeption jedoch fest zusammengehalten wird. [...]

Den musikalischen Untergrund des letzten Verses »Gloria sei dir gesungen, mit Menschen- und mit Engelszungen, mit Harfen und mit Zymbeln schön«, faßt nun eine vierstimmige Fuge [...] in sich zusammen.

Sie steigert sich in einem wirbelnden Tongeflecht zu immer brausenderem Jubel, bis dann die Choralmelodie mit machtvollen Bässen wie eine erhabene Erzengelsgestalt durch den drängenden, jauchzenden Engelsreigen schreitet, und schließlich eine Pracht von Tonfluten, ein Glanz von Harmonien auf uns einstürmt, daß wir schier erdrückt werden von der Fülle der Gesichte, die sich da vor uns auftun. Dieser alles Irdische wie einen Traum hinter sich lassenden Ekstase hat die moderne Musik, und auch Reger selbst, kaum etwas an die Seite zu stellen.

Ganz andere Gefühle als dieser Widerhall christlicher Mystik weckt in uns die *Sinfonische Fantasie und Fuge*, op. 57. Dort der Jubel seligsten Entrücktseins, hier die dumpfe Verzweiflung der Hölle. Man weiß aus Regers eigenen Worten, daß dieses Stück durch Dantes Inferno angeregt wurde, tut aber gut, die Verwandtschaft nicht zu weit zu verfolgen, da man sonst auf falsche Wege geraten könnte. Es ist mehr die Hölle, die Reger im eigenen Herzen trug, als jene von Dante geschaute, vor deren Abgründen wir hier stehen. Für beide aber gilt das Wort: Lasciate ogni speranza! – *Laßt alle Hoffnung fahren!* Zerrisseneres wie diese Musik ist selten geschrieben, trostloser ist selten geklagt worden als hier. Erst in der Elektra fand Strauss ein Grauen, wenngleich von andrer Art, das diesem furchtbaren Stücke zu vergleichen wäre. Reger, der uns so manches Landschaftsbild voll beglückenden Friedens geschenkt, entfesselt hier alle Dämonen der Natur. Das Herz krampft sich zusammen beim Anblick dieser trauernden Öde, dieser ungeheuren Wildnis. Wolkenfetzen reißen sich los vor unserm Auge, doch öffnen sie nicht den Blick in die Weite. Und wo endlich der Sturm der Elemente schweigt, der Donner verhallt und Totenstille auf dem Orte der Verdammnis ruht, da umfängt uns die Leere. Nicht Tag ist es, und doch nicht Nacht, graue Nebel lasten auf allem und bedrücken uns Herz und Sinn. Fern vom Leben stehen wir angstvoll an der Stätte der Vernichtung. Nicht hält es den Tondichter in dieser Öde; weiter treibt es ihn, dorthin, wo Leben, wenn auch schmerzvoll, zu Höherem sich emporringt. Doch auch hier kein Licht, kaum ein Strahl der Hoffnung, nur ein krampfhaftes, aus tausend Stimmen zu verzweifelten Rufen sich verdichtendes Sehnen nach dem Heil. Davon singt uns die Fuge.

[...]

Ihre Architektonik lehnt sich in freier Weise der vierteiligen Sinfonieform an, und ihre Gliederung in einen Hauptsatz, einen langsameren Satz, ein gespenstisches Scherzo und ein Finale, das die Themen der beiden ersten Sätze kombiniert, ist leicht zu erkennen.

Für diejenigen, welche dies ungemein schwierige Werk zu spielen unternehmen, sei hier gleich die Mahnung eingeschaltet, die ihm beigegebenen Zeitmaße nicht wörtlich zu beachten. Die in der Eigenart des Instruments begründete Neigung der Organisten zum Schleppen bewog Reger dazu, es mit der Vorschrift möglichst schneller Tempi zu versuchen, weil er sich sagte, bei dem üblichen Schleppen komme dann wohl das richtige Zeitmaß zustande. Diese Bezeichnungen müssen aber verwirrend wirken und einen falschen Begriff von der Musik erwecken. Man spiele das Stück so, daß die Harmonien und Themen klar zu vernehmen sind; dann wird aus dem Zeitmaß der Indroduktion ein Vivace, aus dem der Fantasie ein Allegro und aus dem der Fuge ein nicht zu langsames Andante übrig bleiben, und das ganze Stück etwa 25 Minuten in Anspruch nehmen.

In freundlichere Gefilde als dies Inferno bringt uns die *Fanta-*

sie und Fuge über B-A-C-H, op. 46. Ein musikalisches Opfer für Bach, das war so recht ein Thema für Reger! Und so ist denn dies Werk auch das Größte geworden, was seit Bachs Zeiten über dessen Namen musiziert wurde. Es waltet darin eine Stärke der Phantasie, eine Glut der Empfindung und ein fortreißender Zug, die würdig des großen Vorwurfes sind. Die Pracht der Harmonien ist außerordentlich und steigert sich stetig; wir haben hier eine Farbensinfonie vor uns, die weder der klaren Architektonik noch des festen melodischen Rückgrates entbehrt. Kaum irgendwo fehlt das aus den vier Noten des Namens Bach gebildete Thema; in Sequenzen aufgebaut, in Umkehrungen taucht es überall auf, und darum herum schlingen sich in üppiger Fülle tausendfältige Ornamente. So mannigfach auch die einzelnen Bilder sein mögen, die der Komponist entwirft, nirgends vermissen wir den vorwärts drängenden, fortreißenden Zug. Er erreicht seinen ersten Höhepunkt mit dem Schluß der wie ein einziger Jubel anmutenden Fantasie. Die Fuge setzt versonnen, gleich einem innigen Dankgebet ein:

aber die dem Werke eigene Unruhe des Überschwangs gesellt diesem Thema bald bewegtere Figuren, bis das zweite Thema:

die Führung übernimmt. Damit ist der festlichfrohe Ton wiedergewonnen, und nachdem sich die beiden Themen vereinigt, entfaltet sich ein Gemälde von immer reicherer Pracht; Innigkeit und Dankeshymnus mengen sich mit rauschendem Jubel. Die Themen wirbeln, die Harmonien stürzen übereinander – Bach, aller Musik Anfang und Ende! ruft es aus hunderten von Stimmen, aus hohem Diskant wie aus tiefen Bässen: – Heil dir, Dank dir, aller Meister Meister, Johann Sebastian Bach!

Hans Heinrich Eggebrecht
Das Problem der Usurpation in der Musik Gustav Mahlers

Das Anknüpfen an schon Dagewesenes, das für das musikalisch vokabulare Sprechen konstitutiv ist, bringt es mit sich, daß motivische Wendungen und thematische Gebilde in Mahlers Musik besonders häufig an andere, zuvor komponierte Musik anklingen. Von den Rezipienten, insonderheit von der Kritik und von der Forschung, wurden solche Anklänge seit jeher eifrig registriert und in ihrer konkreten Herkunft zu identifizieren versucht, teils mit dem Ziel der bloßen Feststellung und dabei nicht selten unter dem Aspekt von Zitat und Collage, teils aber auch mit dem erhobenen Zeigefinger der Originalitätsbeleidigung. Zu fragen ist, wie es bei Mahler mit solchen Anklängen bestellt ist und was er selber darüber dachte.

Als Beispiel sei das Hauptthema des 1. Satzes der IV. Symphonie gewählt, von dem Paul Bekker meinte, daß es »in liebenswürdiger Harmlosigkeit auf das G-dur Seitenthema des Schlußrondos von Schuberts D-dur-Sonate« weist (Beispiel b), während Adorno feststellte, daß es »dem Ununterrichteten wie ein Zitat aus Mozart oder Haydn klingt und in Wahrheit aus dem Nachsatz des Gesangsthemas im Allegro moderato von Schuberts Es-Dur-Sonate für Klavier op. 120 [muß heißen op. 122] stammt« (Beispiel c) – was beides wesentlich auf die ersten vier Takte von Mahlers Thema zu beziehen ist (Beispiel a).

Diese ersten vier Takte sind in ihrer Formung entscheidend für den ganzen vierzehntaktigen Hauptsatz, dessen Motive alle aus jenen abgeleitet sind (bis auf das zuerst im Takt 10 erscheinende Motiv, das zurückweist auf die Narrenschelle der Einleitung, deren staccatierte Intervallwiederholungen durch die Klarinetten und Fagotte Takt 7–9 vermittelt werden). Und jene ersten vier Takte sind als Eröffnung des »Philisterthemas« entscheidend auch für den gedankenmusikalischen Gehalt des ganzen 1. Satzes und der ganzen Symphonie.

a

IV/1, T. 3

b

Schubert, Klaviersonate op. 53, Rondo, T. 104

c

Schubert, Klaviersonate op. posth. 122, 1. Satz, T. 45

Adorno hat recht, wenn er von diesem »naiv sich gerierenden« Hauptthema sagt, daß es »von allen Mahlerschen das uneigentlichste« sei. Es klingt, vor allem bei seinem Anhub, als ob es nicht komponiert wäre, sondern aufgewärmt. Um die Welt des ewigen Blabla zu beschwören, ist hier die Nachahmung des kompositorisch schon Dagewesenen und in der Konzertpraxis beständig Reproduzierten die Hauptintention. Dem entspricht Adornos Feststellung, daß das Thema nach dem »Wiener Klassizismus ... auslugt« und »wie ein Zitat aus Mozart oder Haydn klingt«.

Klassizistisch, Typus von schon Dagewesenem und im Konzertsaal beständig Daseiendem, sind die ersten vier Takte des insgesamt *recht gemächlich* und zu Beginn der Reprise (bei Z. 18) *sehr gemächlich, behaglich* vorzutragenden Themas in folgender Hinsicht: periodisch gegliederte Viertaktigkeit (in der Norm von 2 [= 1 + 1] + 2 Takten); Kongruenz von Motivik und Taktdauer sowie von Takt und Harmoniewechsel; Durchschreiten der Kadenz Tonika–Subdominante–Dominante–Tonika; Streicherprimat des Orchesters, hier zur Ausschließlichkeit gesteigert; Satzart von Melodie (in der 1. Violine) und Begleitung (in der Manier von Alberti-Bässen). Und doch ist das Thema mahlerisch durch und durch, und zwar vor allem einerseits in dem *grazioso*, im Auftakt *etwas zurückhaltend* und zur ersten Zählzeit hin glissandierend vorzutragenden Anfangsmotiv, das als Vokabel für sich, nämlich als Benennung süßlicher Phrasenhaftigkeit, hier wie eine Devise fungiert, und andererseits durch die Mannigfaltigkeit und physiognomische Prägnanz der Motive, die diesen Themenbeginn fürs variative Verfahren prädestinieren.

Genau in diese Richtung äußerte sich Mahler selbst, wenn er während der Arbeit an dieser Symphonie sagte: »Der Erste Satz beginnt, als ob er nicht bis drei zählen könnte ...«, und später: das Eingangsthema werde »den Hörern zu altväterisch und simpel erscheinen«, während er andererseits betonte: dieses Werk sei »artistisch sein vollendetstes«.

Sofern nun Mahler hier intentional das kompositorisch Bekannte komponiert hat, kann es ihm nur recht sein, wenn sein Thema »wie ein Zitat aus Haydn oder Mozart klingt«, und braucht es sein Originalitätsgewissen nicht zu beunruhigen, wenn Paul Bekker bei diesem Thema an eine Stelle aus Schuberts Klaviersonate op. 53 erinnert wird. Nicht richtig ist es jedoch, wenn Adorno geradewegs behauptet, daß Mahlers Thema aus Schuberts Klaviersonate op. 122 »stammt«. Zwar gibt es hier auffällige Anklänge in der Motivik und in der Art der Begleitung, doch könnte dies – vor dem Hintergrund idiomatischer Nachahmung – auch zufällig sein. Jedenfalls ist eine bewußte Entnahme aus Schubert hier nicht zu beweisen. Möglich ist auch das Einfließen einer Stelle, die Mahler sozusagen ›unbewußt im Ohr lag‹.

Mahlers Anknüpfen ans kompositorisch schon Dagewesene

ist [...] im Prinzip kein konkretes, sondern ein idiomatisches. Dies hat zur Folge, daß in zahlreichen seiner Gebilde nicht nur eines, sondern sogar mehrere Motive oder Themen anderer Komponisten wiedererkannt werden können, ohne daß Mahler auch nur an eines von ihnen gedacht zu haben braucht.

Auf Grund seiner Art des Komponierens war die Frage des Plagiats für Mahler akuter als für andere Komponisten. Daher war er besonders ängstlich darum bemüht, Anklänge zu vermeiden. »Es war rührend«, berichtet Richard Specht, »mit welcher naiven Besorgtheit er fragen konnte, ob in einer bestimmten Wendung wirklich ein Anklang an ein anderes Werk zu finden sein könne« – woraus hervorgeht, daß Mahler sich für solche Anklänge besonders anfällig wußte und daß sie sich unbewußt bei ihm einstellten.

Es war aber, wie sich zeigen wird, weniger die Tatsache der Anklänge, die ihn störte, als vielmehr die Angst davor, beim Publikum als unoriginell zu gelten. Über das Trio des 2. Satzes seiner I. Symphonie sagte er zu Natalie Bauer-Lechner: »Da werden mich alle wegen der zwei Anfangstakte, bei denen mich das Gedächtnis verließ und die an eine in Wien sehr bekannte Symphonie Bruckners erinnern, als Dieb und unoriginellen Menschen verschreien!« Und während der Arbeit am 1. Satz seiner IV. Symphonie äußerte er gegenüber Natalie Bauer-Lechner, »daß ihn zwei Anklänge darin ärgern, die ihm hineingeraten sind und die er zu spät bemerkte, um sie zu entfernen: der eine aus einer Symphonie von Brahms (der es aber selbst von Weber hat, ›den wir also beide bestohlen haben‹), der andere aus einem Klavierkonzert von Beethoven«.

Angst vor dem Plagiat war für Mahler Angst vor den Kritikern, dem öffentlichen Urteil, zu dessen Maximen die Originalität der Erfindung gehörte. Und tatsächlich zieht sich, unter dem Stichwort des Eklektizismus, der Vorwurf der Aneignung fremden musikalischen Eigentums wie ein roter Faden durch die zeitgenössische Mahler-Kritik.

Für Mahler selbst, der sich seines von uns so genannten vokabularen Denkens bewußt war, mußte die Frage der Anklänge in einem ganz anderen Licht erscheinen, da doch die Anklänge zum Prinzip dieses Denkens, dem idiomatischen Anknüpfen an schon Daseiendes, gehören, das für die Gestalt und den Gehalt seines Komponierens den Rohstoff bildete. Bei der Arbeit an seiner V. Symphonie bemerkte er (nach dem Bericht Natalie Bauer-Lechners), »daß ihm das Thema von Koschat ›An dem blauen See‹ (worunter der Wörther See gemeint ist) in den zweiten Satz geriet. ›Es ist mir aber lieber, daß es von Koschat ist [Thomas Koschat, 1845–1914, ein Komponist des Kärntner Volkstons], als wenn es von Beethoven wäre, denn der hat seine Themen selbst ausgearbeitet! – Von Schubert könnte man ruhig die meisten Themen aufgreifen und erst ausführen. Ja, das würde ihnen gar nicht schaden, so ganz und gar unausgearbeitet sind sie.‹« (Auch über Brahms meinte Mahler: »Mit seinen oft schönen Themen weiß er in den seltensten Fällen etwas anzufangen. Das haben überhaupt nur Beethoven und Wagner gekonnt.«)

Jene Äußerung über Schubert ist für Mahlers künstlerisches Denken höchst charakteristisch. Zum Prinzip Mahler gehört der Ruch des Plagiats, des Diebstahls geistigen Eigentums. Er ist ein Plagiator, ein Abschreiber, aber nur dann, wenn man – unterm Banner des Originalitätsgebots – dem Komponisten das semantisch geladene Idiom verbietet und zudem nicht bemerkt, was Mahler artifiziell und zugleich gehaltlich daraus macht. Besser noch kann gesagt werden: Zum Prinzip Mahler gehört die Usurpation, die widerrechtliche Inbesitznahme. Aber Mahler ist ein Usurpator nur in der Weise, daß ihm – auf der Suche nach sprechenden musikalischen Charakteren – der Raub nicht bewußt wird oder daß er das Original, das er benutzt, als Rohstoff ansieht, der musiksprachlich allgemein verfügbar ist und aus dem er das Seine formt – was Mahler in der oben zitierten Äußerung so ansieht, daß der Stoff, obzwar er als Kunst existiert, noch »unausgearbeitet« ist und der eigentlichen künstlerischen Ausführung offensteht, die somit gewissermaßen eine Selbstverwirklichung jenes Stoffes herbeiführt.

Niemand hat je sich daran gestoßen, daß Mahler viele und wesentliche musikalische Gedanken aus der Natur schöpfte, die ihm – angefangen von den ›Naturlauten‹ der Vogelrufe und Tierstimmen – ein mächtiges Reservoir an vokabularen Anknüpfungspunkten zur Verfügung stellte. Mahler sah aber auch die vor ihm von anderen Komponisten geschaffene Musik an, als wäre sie Natur, die – ohne ein Schild: Betreten verboten! – allen gehört, die mit ihren Motiven und Themen etwas ausdrücken wollen und dabei das Präexistente erst zur vollen Entfaltung bringen. Oder anders gesagt: Er sah die daseiende Musik an, als wäre sie ein Speicher, dessen Vorräte und Schätze nicht sagen: ›Halt, ich bin ein Original!‹, sondern allen zur Verfügung stehen, die aus ihnen etwas Neues formen wollen und dabei das Gespeicherte zu neuem Leben erwecken.

Paul Stefan
Mahlers letzte Zeit

Mit dem September des Jahres 1910 begannen in München die Gesamtproben zur Achten Symphonie. Mahler kam nach einem kalten Regensommer aus Toblach, von der Arbeit ermüdet und fast krank. Doch gewann er sofort seine wunderbare Kraft, und die an diesen täglich zweimal erneuten Anstrengungen teilnahmen, fühlten beglückt, wie das Werk mit ihnen wuchs. Die Chöre von Wien und Leipzig kamen herbei; die Solisten stellten sich ein. Aber was wollten sie alle gegen die Freude und Begeisterung der Kinder aus der Münchner Zentral-Singschule, die längst mit Mahler herzliche Freundschaft geschlossen hatten! Auf der Gasse begrüßten sie ihn mit fröhlichen Rufen, er aber hatte bei jeder Gelegenheit Lob und rührendes Verständnis für sie. Für die beiden Aufführungen waren zweimal dreitausend Plätze – so viel faßte die große Halle der Ausstellung – verkauft; Freunde, Anhänger, Beurteiler, Gegner waren aus aller Welt gekommen. Hier zeigte sich zum ersten Male, daß die Lebenden eine Ahnung von der Erscheinung Gustav Mahlers hatten. Und als er am Abend des 12. September vor seine tausend Mitwirkenden trat und den Stab hob, hemmte ihn durch Minuten der rauschende Jubel einer festlichen Menge. Dann war es still. Und dann ... Der letzte Ton verklang. Die Stille hielt an. Plötzlich brachen die Viertausend, Hörer wie Ausführende, los, und dieser Sturm währte fast eine halbe Stunde. Man wich nicht, und Mahler mußte kommen, immer wieder kommen. Da war es auch mit der Haltung der dreihundert Kinder vorbei. Sie rannten von allen Seiten auf den ganz hilflosen Sieger zu, reichten ihm Blumen, klammerten sich an seine Hände. Draußen warteten die Wagen; aber als Mahler kam, ein kaum je verkostetes Glück auf dem Antlitz, fand sich nur langsam ein Weg für ihn durch die noch immer erregten Scharen. Die Freude des zweiten Abends war nicht geringer. Mahler hatte, so schien es, die Höhe seines Lebens und seines Ruhmes erreicht.

Es schien. Müde schied er von München, das ihm so viel gegeben hatte (und unbillig wäre es, hier der Verdienste Emil Gutmanns zu vergessen, der die Aufführungen angeregt, veranstaltet, durchgesetzt hat; Mahler verlor gar manchmal Mut und Geduld); der »kritische« Wiederhall dieser Tage aber war trüb. Zwar, die alten Freunde waren geblieben, aber die alten Gegner auch, wenn sie gleich mit viel mehr Respekt sprachen. Was in diesem Buch über das Verhältnis des Genius zu seiner Zeit und zu seinen Aburteilern gesagt worden ist, wiederholte sich genau. Zum Zeugen rufe ich den Straßburger Universitätsprofessor Robert Holtzmann auf, dessen Studie »Mahlers Achte Symphonie und die Kritik« dem großen Durcheinander gerecht wird. Holtzmann erörtert darin auch die von einzelnen Gegnern neuerlich aufgeworfene Rassenfrage. Und diesmal war Mahlern nicht bloß jüdisch-, sondern auch romanisch-oberflächliches Musizieren vorgehalten worden. Dem Mann, der mitten im deutschen Kulturkreis webte und schuf, sollte also deutsches Wesen unerreichbar sein; romanisches aber mochte er sich, man verriet nicht wie, immerhin angeeignet haben. Gegen den Materialismus und die Schrullenhaftigkeit dieser Theorien findet Holtzmann sehr kluge Worte und er findet sie schließlich nicht minder gegen eine allzuhohe Schätzung der Kritik überhaupt: es wird nötig sein, über das Wesen der gegenwärtigen Musikschriftstellerei bald einmal mehr zu sagen.

Mahler blieb kurze Zeit in Wien und erwarb ein Grundstück im Gebirge des Semmerings, wo er sich, in der Nähe der Stadt und doch in ruhiger Natur, ein Haus, eine Stätte für neue Arbeit, erbauen wollte. Mit den Plänen war er, waren die Seinen den ganzen Winter beschäftigt. Schon im Oktober fuhr er diesmal nach Amerika. Dort begann die zweite Spielzeit des Philharmonischen Orchesters unter seiner Leitung. Im ersten Jahre hatte die von ihm in schwerer künstlerischer und materieller Bedrängnis übernommene, übrigens völlig umgestaltete Körperschaft 46 Konzerte gegeben; diesmal sollten es 65 sein, da man sich von der größeren Zahl besseren Gewinn versprach. Mahler hatte gegen wenig höheres Entgelt eingewilligt, und so drückte bald die Last vielfältiger Tätigkeit. Wäre es nur diese Last gewesen! Aber während sich Anfälle des Leidens vom

Sommer und Herbst (Angina) wiederholten, kamen Zwistigkeiten mit der Vorstehung der Philharmonischen Gesellschaft hinzu. Gewiß ist Mahler auch in Amerika kein bequemer Herr gewesen. Er forderte im Dienste der Werke alles Erreichbare und er tat das nicht mit weltlicher Geschicklichkeit, die er sein Leben lang nie gekannt hatte. Ja er ließ auch manches schroffe Wort aufschnellen, das bei ihm nicht vorbedacht und rasch vergessen war, während es die Getroffenen bewahrten und in sich steigerten. Unter den Damen des Vorstandes – Damen hatten die Mittel des Unternehmens zusammengebracht – gab es ehrgeizige, die zwar in künstlerischen Dingen wenig Bescheid wußten, aber um so lieber dreinsprechen wollten. War dieses Pochen auf materiellen Einfluß vielleicht amerikanisch, so fühlt man sich dagegen durchaus an Wien oder andere Stätten der alten Welt erinnert, wenn später eine amerikanische Zeitung schreiben konnte: »Perhaps ... if ... he had gone to afternoon teas, he would have been more popular and would be alive to-day.« Amerikanisch war wieder die Übermacht der Musiker-Vereinigung, die rein künstlerische Angelegenheiten nur zu häufig vom Standpunkt einer einheimischen Gewerkschaft behandelt sehen wollte. Doch gebietet die Gerechtigkeit, anzuerkennen, daß man auch in Amerika Mahlers Größe erkannt hat, daß er dort seine Getreuen hatte wie überall, und neue, aber nicht minder sichere Freunde (mit besonderem Eifer verteidigte und unterstützte ihn Mrs. Untermyer von der Vorstandschaft der Philharmonic Society); und daß er, wie oft er sich auch über so manches Überseeische unmutig geäußert hat, doch die Arbeit in New-York einem »Gastdirigieren« von Stadt zu Stadt in Europa oder gar einem untätigen Zusehen in Wien mit gutem Grund vorzog.

Aber um die Mitte des Februar gab es wieder Verwirrung. Ohne Mahlers Wissen und gegen seinen Willen hatte man den von ihm sehr geschätzten Führer der zweiten Geigen entlassen. Er erreichte zwar, daß dieser Musiker sofort wieder aufgenommen wurde. Aber in der Aufregung mahnte das alte Herzleiden, das, durch die übergroße Arbeit eines Lebens, die flammende Ungenügsamkeit eines Helden und nicht zuletzt durch den Kampf mit der menschlichen Dummheit und Bosheit hervorgerufen, schon in Wien bemerkt worden war. Dazu kam eine neue Angina. Fieberkrank dirigierte er noch am einundzwanzigsten, dann brach er zusammen. Noch blieben 17 Konzerte übrig, die Mahlers erster Konzertmeister und Freund Theodore Spiering übernahm. Eben wegen des Herzleidens galt der Zustand des Kranken sogleich als hoffnungslos. Doch wagte man die Überfahrt nach Europa, um in Paris eine Behandlung mit Serum zu beginnen. Sie hatte aber keine Wirkung, so viel Chantemesse auch versuchte. Die Reise war zu Beginn des April geschehen, und in diesem Monat verschlimmerte sich sein Leiden von Tag zu Tag. Schließlich ließ seine Frau den Wiener Arzt Chwostek nach Paris kommen. Es tat Mahlern wohl, wieder mit einem Arzt deutsch sprechen zu können; im Fieber fiel ihm der Gebrauch des Französischen schwer. Auch dieser Arzt sah keine Möglichkeit der Rettung mehr, aber er hoffte Linderung, wenn der Kranke in eine ihm bekannte Umgebung käme. Und schon die Ankündigung Chwosteks, daß er überhaupt noch reisen könne, der Zuspruch eines neuen, lebenskräftigen und zarten Menschen, gab ihm noch einmal, wenn auch vielleicht nur scheinbar, Mut. Zudem hatten ihn viele in Wien durch mancherlei Kundgebungen ihrer Teilnahme versichert; Lehrer der Universität, das Orchester der Hofoper, Künstler von Namen hatten besorgte Grüße gesendet und ihn damit herzlich erfreut. So traf sich Mahlers Gewißheit, zu Freunden heimzukehren, mit der Meinung des Arztes. Daß er in Gefahr sei, wußte er; ja er gab sich vielleicht innerlich selbst auf. Doch ist es gerade in solcher Verfassung menschlich, dem Verhängnis durch Flucht zu begegnen. So wurde er unter vielen Schwierigkeiten in ein Wiener Sanatorium gebracht. Die rührsamen Betrachtungen über diese letzte Fahrt wären besser unterblieben. Er wollte gar nicht »nur in Wien sterben«. Und hätte ers gewollt: welcher Stolz, daß in einer Stadt, die den Lebenden nicht leben ließ, der Sterbende, verehrt und berühmt, doch sterben durfte!

Am Morgen des 18. Mai gab man plötzlich Hoffnung. Nachmittag begann der Verfall, und eine Lungenentzündung führte rasch zum Tod. In der Nacht um elf Uhr ist Gustav Mahler gestorben, noch nicht einundfünfzig Jahre alt.

Nun war freilich überall das Gewissen wach und in der Flut von Worten, die man über die Leiche ergoß, zeigte man Achtung, Reue, Liebe. Es ist in den plötzlichen und gar erst in den vorbereiteten Nachrufen sehr Schönes über Mahler gesagt worden. Aber noch mehr Vertracktes; und manche blieben auch angesichts des Todes unverbesserlich. Andere wieder, besonders in dem wandelbaren Wien, taten frisch und froh, als ob sie von Anfang an dabei gewesen wären, und nicht, als es noch Zeit war, aus »Hetz« oder sonst aus »Gründen« Ärgernis gegeben hätten. Genug, Mahler war tot; nun konnte er keinen mehr stören, nun durfte er füglich ein Großer sein.

Paul Stefan
Mahler als Symphoniker und die Erste Symphonie

So viel sein lyrisches Schaffen bedeutet, Mahler ist doch Symphoniker. Aber seiner Herrschaft über die menschliche Stimme bedient er sich auch in den Symphonien. In fünf von den neun großen Werken, die wir jetzt übersehen dürfen, wird gesungen. Was anderen in der Symphonie Ausnahme war, die Verwendung von Lied und Chor, wird ihm neue Form. Nach Liszt hat Bruckner wieder die Instrumente allein sprechen lassen. Bruckner war der letzte, über den er hinauszugehen hatte.

Wie große Lieder reihen sich bei Mahler im Anfang die Teile aneinander, ein Abwechseln, ein Variieren der ersten und zweiten Themen ist es zuerst. Die alte Form wird, ein enggewordenes Kleid, um den Leib eines jungen Riesen getan, der sie bei jeder Bewegung als Fessel fühlt. So webt er sich seine eigene Gewandung nach dem Vorbild der alten, die ihm von den Vorfahren her vertraut war; und seine Kraft ist fortan ungehemmt, wenn er die ungeheuren Themen durcheinander schleudert, miteinander verknüpft und verbindet, wenn er das beendete Spiel der Durchführung von neuem beginnt, mit mutigen Griffen die Künste der alten Lehrer meisternd ... Die Symphonie Beethovens ist durch Bruckner in die Aura Wagners getreten. Mahler, dessen Wesen es ist, überall Grenzen hinauszurücken, treibt sie weiter. Wo Bruckner verehrt, wird Mahler versucht, ringt und zwingt den Versucher, und den Visionen der Wüste erst folgt die Verklärung auf Tabor.

Aber haben nicht *Deutungen* dieses Ringens die neue Form beeinflußt? Ist nicht diese Form aus einem beabsichtigten Gleichnis in die Musik hineingetragen worden? Geht Mahlers Schaffen nicht *Programmen* nach, offenen oder verborgenen? Sollten nicht sie die neue Form bestimmt haben?

Ein Zufall hat solche Fragen möglich gemacht. Im Grunde hat sich Mahler immer zu der Ansicht bekannt, die Hoffmann-Kreisler ausspricht: »Die Musik schließt dem Menschen ein unbekanntes Reich auf, eine Welt, die nichts gemein hat mit der äußeren Sinnenwelt, die ihn umgibt, und in der er alle *bestimmten* Gefühle zurückläßt, um sich einer unaussprechlichen Sehnsucht hinzugeben«. Aber wie Bruckner noch in späteren Jahren, so hat Mahler in seinen Anfängen dem Programm eine gewisse Kraft zugetraut, den Hörer seiner Musik näher zu bringen. So kam er »zum Programm als letzter ideeller Verdeutlichung«. Er hat diese Worte selbst 1897 an Arthur Seidl geschrieben und den Gegensatz zwischen seinen »Programmen« und denen von Richard Strauß aufgedeckt, die er »gegebenes Pensum« nennt. (Ohne damit ein Werturteil zu verbinden, ja ausdrücklich auf die Bedeutung Straußens hinweisend.) Und so erklärt es sich, daß das Programm der Ersten Symphonie in Pest 1889 nicht mitgeteilt wird (wahrscheinlich war es überhaupt noch gar nicht da), während Mahler in Hamburg und Weimar, offenbar um die schon im voraus verschrieene »Ungeheuerlichkeit« des Werkes zu überwinden, angibt: – »I. Teil. Aus den Tagen der Jugend, Jugend-, Frucht- und Dornenstücke. 1. Frühling und kein Ende. Die Einleitung schildert das Erwachen der Natur am frühesten Morgen. (In Hamburg war es Winterschlaf gewesen.) 2. Bluminenkapitel (Andante). 3. Mit vollen Segeln (Scherzo). II. Teil: Commedia umana. 4. Gestrandet. Ein Totenmarsch in Callots Manier (Weimar: Des Jägers Leichenbegängnis). Zur Erklärung diene, *wenn notwendig*, folgendes: die äußere Anregung zu diesem Musikstück erhielt der Autor durch das in Süddeutschland allen Kindern wohlbekannte parodistische Bild ›Des Jägers Leichenbegängnis‹ aus einem alten Kindermärchenbuch: die Tiere des Waldes geleiten den Sarg des verstorbenen Försters zu Grabe; Hasen tragen das Fähnlein, voran eine Kapelle von böhmischen Musikanten, begleitet von musizierenden Katzen, Unken, Krähen usw., und Hirsche, Rehe, Füchse und andere vierbeinige und gefiederte Tiere des Waldes geleiten in possierlichen Stellungen den Zug. An dieser Stelle ist dieses Stück als *Ausdruck* einer bald ironisch lustigen, bald unheimlich brütenden Stimmung gedacht, auf welche dann sogleich 5. Dall'inferno al Paradiso (Allegro furioso) folgt, als der plötzliche Ausdruck eines im Tiefsten verwundeten Herzens.«

Das Ganze heißt »Titan«.

Und nun denke man an den »Titan« und seine endlosen Irrungen und Läuterungen! Die einzige Beziehung gibt ein Wort Jean Pauls *über* den Roman: er müsse eigentlich Anti-Titan heißen, denn jeder Himmelsstürmer finde darin seine Hölle. Man denke an die übrigen Anspielungen auf Werke und Worte Jean Pauls (berücksichtige, daß das Andante jetzt entfernt ist) und frage sich, was das alles mit der Ersten Symphonie zu tun hat. Es war eben ein Sichanbequemen an die Forderung des Tages, ein Nachgeben und es endete in Verwirrung: das Ganze wurde umso weniger verstanden. Ich habe an dieses »Programm« nur erinnert, um endlich das Gerede einzudämmen, die früheren Werke Mahlers seien »Programmusik«; für die späteren konnten das selbst »Informierte«, die von jenen ersten Versuchen erfuhren, nachdem Mahler alle Programme ein für allemal zurückgezogen hatte, beim besten Willen nicht mehr behaupten; es sei denn, sie hätten bei jedem Trauermarsch wissen und angeben wollen, »wer da begraben werde«. Überhaupt will der Hörer, der so häufig lieber deutet als hört, nichts so gern ergründen, als »was sich der Komponist dabei gedacht hat«. Nun, *gedacht* hat er nichts. Aber durch ein Symbol, ein Gleichnis kann man seinem Schaffen näher kommen. In diesem Sinn sind Beethovens Überschriften und Anleitungen, Schumanns Titel zu verstehen, und in diesem Sinn kann man Mahlers Symphonien hie und da mit Worten umschreiben, oft mit den Worten, zu denen die Gesangssätze selbst auffordern. In diesem Sinne bedauere ich es auch, daß die Titel der Sätze in der Dritten Symphonie aufgegeben sind. Sie lauteten früher: Pan erwacht; der Sommer zieht ein – Was mir die Blumen auf der Wiese erzählen – Was mir die Tiere des Waldes erzählen – Was mir der Mensch erzählt – Was mir die Engel erzählen – Was mir die Liebe erzählt. – Daran schloß sich ursprünglich, aus der motivischen Verwandtschaft noch erkennbar, der letzte Satz der Vierten Symphonie. Zum »Verständnis« sind diese Titel gewiß nicht notwendig, aber es ist vielleicht doch bezeichnend, daß sie bei der Berliner Aufführung im Jahre 1907, also nach der heftigen Erklärung Mahlers gegen die »Programme« im Münchener Hugo-Wolf-Verein (1900), wieder zu lesen waren. Natürlich dürfen auch sie nur als Gleichnisse für den Aufnehmenden, nicht als »Programme« des Schaffenden angesehen werden, der immer schroffer Musik und nur Musik zu geben verlangte. »Fassen wir«, so drückt es Bruno Walter sehr schön aus, »in diesem einzig möglichen mystischen Sinn die von Mahler gegebenen Überschriften auf, so müssen wir zwar darauf verzichten, durch sie über seine Musik nur im geringsten aufgeklärt zu werden, dürfen aber hoffen, aus seiner Musik die tiefste Aufklärung über den durch die Überschriften gekennzeichneten Empfindungskreis zu erhalten. Gebrauchen wir nur die Vorsicht, den Titeln ihre Eindeutigkeit und Bestimmtheit zu nehmen; halten wir uns daran, daß wir auch im Reich der Mütter nichts Bestimmtes sehen, sondern nur ›Gestaltung, Umgestaltung, des ewigen Sinnes ewige Unterhaltung‹. Nennen wir diese Schemen mit bestimmten Namen, so dürfte uns die ›Umgestaltung‹ schon im nächsten Moment unrecht geben. Denken wir also nicht nur an das, was uns die Blumen auf der Wiese erzählen, sondern an alles, was mit sanfter Holdheit, mit bescheidener Anmut uns freundlich die Seele rührt.« Den Versuch einer solchen Deutung im Nachhinein hat Mahler gelegentlich einer privaten Aufführung der Zweiten Symphonie sogar selbst unternommen, als man ihn darum bat.

Wenn nun der Wahn von der Programmusik Mahlers und der noch schlimmere Irrtum der »verschwiegenen Programme« zerstreut ist, so bleibt die rein musikalische Form zurück, die einzig aus dem Werden der Musik, aus der Einheit des Werkes und aus dem Charakter der großen Konfession herzuleiten ist. Bruckner, nicht Liszt, ist Mahlers Vorgänger; aber nur Vorgänger. Und wie Bruckner hat Mahler, unbekümmert um Zeit und Erfolg, seine Symphonien aneinander gereiht und lange verschlossen halten müssen. Er ist nie an sich irre geworden, auch durch die weit größere Wirksamkeit und »Ergiebigkeit« des Theaters nicht, zu dem er es nahe genug gehabt hätte. Nur allmählich erwachen diese Schöpfungen, erstehen sie vom Papier. Mahlers Zeit war noch nicht gekommen; die Zeit mancher anderer war immer da.

Wenn ich mich nun anschicke, ein Bild dieser Werke zu entwerfen, so kann ich nur wiedergeben, was mir der Augenblick erlaubt; jede abschließende Betrachtung, jedes Eingehen auf Einzelheiten ist durch Zeit und Umstände wohl noch auf lange hinaus versagt. An einigen Stellen wird die Musik selbst sprechen dürfen. Daß aber darum, weil sich »Notenbeispiele« finden, nicht Analysen beabsichtigt sind, wird man wohl sofort merken. Wo Empfindungen wiedergegeben sind, mögen sie immer nur als Deutungen gelten; geheimen Programmen folgen sie nie.

Erste Symphonie (D-Dur): Das Werk eines Lyrikers in den Zwanzigern, zu einer Zeit (1888) vollendet, in der die Jüngeren Epigonen waren, wenn sie nicht überhaupt Epigonen blieben. Richard Strauß hatte »Tod und Verklärung« noch nicht geschrieben ... In diesen achtziger Jahren entsteht ein Werk von so starker Eigenart wie diese Symphonie, von allen Auslegungen und Unterlegungen abgesehen, rein musikalisch eine Tat, an die man hätte glauben können, wäre sie nur irgend jemand bekannt geworden. Vielleicht kein symphonisches Meisterstück, aber eines der Empfindung und Erfindung, des Klanges, der Persönlichkeit. Und doch, ein Anfang erst ... Wie schön ist die Einleitung mit ihrer Melancholie der mährischen Ebene über einem langgehaltenen A, zu dem das Moll-Thema der Oboe und der Fagotte in Quarten träumerisch herniedersinkt! Gleich darauf die aufsteigende Fanfare der Klarinetten; die Quart wird zum Kuckucksruf der Holzbläser, ein schöner Gesang der Hörner, und, noch immer über dem Orgelpunkt A, eine zuerst durch die geteilten Celli und Bässe rollende Bewegung, wie das Erwachen der Erdenschwere nach einer hellen Sommernacht. Das Tempo steigert sich, der Kuckucksruf in Vierteln wird zum Anfang des ersten Liedes des fahrenden Gesellen: »Ging heut morgen übers Feld«. Das ganze Lied, hier in symphonischer Breite, wird von den Streichern leise gesungen, wendet sich in die Dominante, steigert sich in Stärke und Zeitmaß, sinkt ins Pianissimo und wird wiederholt. Ein richtiges Wiederholungszeichen; es kommt, von der Scherzoform abgesehen, bei Mahler nur noch einmal vor, in der Sechsten Symphonie. Eine Art Durchführung versucht sich, bestätigt aber eher das Thema. Aus dem Quartenschritt wird eine Quint, die sich nach Dur und Moll melodisch entwickelt, das »Erwachen« kommt in die melodieführende Harfe, immer wieder D-dur mit Orgelpunkt A. Ein neuer Sang in den Hörnern, Modulation, lebhafteres Spiel der Motive, mancherlei unverknüpftes Nacheinander. Plötzlich in den Holzbläsern ein Thema für den letzten Satz; gleich darauf eine noch ganz Brucknerische Steigerung: auf dem Gipfel die Fanfare der Einleitung, unvermittelt daran der Sang der Hörner, die Quarten des Anfangs. Danach eine Art Reprise, verändert, wie auch später fast immer bei Mahler (gerne verkürzt, nicht mit dem Beginn wieder beginnend)! Immer heiterer, immer lebhafter bis zum Schluß; immer Haupttonart. Das Lied des fahrenden Gesellen bestimmt den ganzen Charakter, kein Seitensatz, kaum eine Durchführung. Aber die taufrische Musik schlägt dem Prüfenden die Brille von der Nase. Es folgt ein lustiges, tanzfreudiges Scherzo, ein österreichischer Ländler von der Art Schuberts und Bruckners, wunderhübsch harmonisiert und instrumentiert. Ein Horn leitet zum Biedermeier-Trio. Der fahrende Gesell hat ein recht verborgenes Dorf entdeckt, in dem man noch fröhlich ist wie einst. Aber gerade diese Fröhlichkeit gemahnt ihn an sein eigenes ödes Wandern von der Liebe weg. Nach langer Pause beginnt der dritte Satz mit dem störrischen Kanon »Bruder Jacob«. Gedämpfte Pauken schlagen die Quart, es klingt wie der Rhythmus zu einem fratzenhaften Trauermarsch in Callots Manier. Ein Kontrabaß setzt ein, ein Fagott, die Celli folgen, danach Baßtuba und eine tiefe Klarinette. Ein Oboe meckert und plärrt in hohen Tönen hinein. Vier Flöten mit dem Kanon schleppen das Orchester nach sich, die grelle Es-Klarinette quäkt, zu einem ruhigen Kontrapunkt der Trompeten dudeln die Oboen eine gemeine Musikantenweise, zwei Es-Klarinetten, Fagotte und Flöten blasen »mit Parodie« klägliches Zeug, begleitet von einem M-ta M-ta des Schlagwerks (Becken an die große Trommel gehängt, damit es ja recht gemein klinge) und der Streicher, die mit dem Holz des Bogens kratzen. Der mißtönige Alltag, der nicht locker läßt ... Da greifen Harfen und Bläser ein leises D auf, deuten es als Dominante, fügen die Dur-Terz von G hinzu und die Geigen spielen das Lied vom bergenden Lindenbaum. ›Erlösung‹: »Da wußt ich nicht, wie das Leben tut, war alles, alles wieder gut«. Doch sofort kehrt der leiernde Kanon wieder, erschöpft sich endlich und leitet gleich zum letzten Satz. Wütend führt eine chromatische Triole abwärts, ein Thema aus der »Durchführung« des ersten Satzes kündigt sich an, alles gärt und tobt und klammert sich an die Haupttonart f-Moll. Über einem Orgelpunkt Des die Bewegung der Celli und die Quartenmelodie aus dem ersten Satz. Die Durchführung geht in kühnem Übergang von C nach D; der Aufschwung wird verstärkt durch das siegreich nach D gewendete Quartenthema des ersten Satzes. (Diese Gemeinschaft und Verwandtschaft der Themen verschiedener Sätze hat Mahler noch stärker ausgebildet als die Vorgänger.) Noch lauterer Aufschwung, die sieben Hörner müssen alles, auch die Trompeten, übertönen. Wie ein Choral des Paradieses klingt nach den Höllenwogen ihr starker Klang. Gerettet!

Man sieht, eine in Gleichnissen deutbare, aber an sich, zum mindesten in ihren Absichten, streng symphonische Kunst. Ein Programm ist nicht nötig. Und von den Abschweifungen des letzten Satzes abgesehen, ist es ein leichtes, auch für die Ausführung nicht all zu schweres, für Mahler ordentlich werbendes Stück. Es reizt, die weiteren Werke kennen zu lernen.

Herta Blaukopf

Gustav Mahler und Richard Strauss in ihrer frühen Entwicklung

Gustav Mahler und Richard Strauss – sie wurden von den Zeitgenossen, die sie persönlich kannten, oft in einem Atemzug genannt und doch als äußerste Gegensätze empfunden: konträr in ihren musikalischen Mitteln und Zielen, konträr auch in Temperament und Persönlichkeit. Ludwig Schiedermair, der die beiden Komponisten noch vor der Jahrhundertwende in München kennenlernte, stellte ihr unterschiedliches Wesen durch folgende Charakterisierung dar:

> Richard Strauss, der sicher und besonnen sein Ziel verfolgende produktive Künstler, der trotz aller Höhenflüge nicht den Boden unter den Füßen verlor, – Gustav Mahler, der in künstlerischer Hochglut sich selbst verzehrte und ruhelos nach den höchsten Zielen rang [...]

Auch Mahler war sich der Wesenszüge, die ihn von Strauss schieden, bewußt, nur allzu bewußt, und hat sie bei vielen Gelegenheiten betont.

> Schopenhauer gebraucht irgendwo das Bild zweier Bergleute, die von entgegengesetzten Seiten in einen Schacht hineingraben und sich dann auf ihrem unterirdischen Weg begegnen. So kommt mir mein Verhältnis zu Strauss treffend gezeichnet vor.

Mit diesen Worten umriß er im Februar 1897 in einem Brief an den Musikkritiker Arthur Seidl seine Einstellung zu Strauss. Den Erinnerungen von Alma Mahler zufolge hat Mahler sich dieses Gleichnisses in späteren Jahren auch mündlich bedient. »Mahler pflegte zu sagen«, schreibt Alma Mahler, »Strauss und ich graben von verschiedenen Seiten her in unsern Schachten desselben Berges. Wir werden uns schon treffen.«

Von Strauss ist kein vergleichbarer Ausspruch überliefert. Ihm war Mahler ein lieber Kollege, vielleicht sogar Freund, dessen Leistung als Komponist und Kapellmeister er anerkannte, aber sein Verhältnis zu Mahler war nicht von psychologischen Problemen belastet.

Die seltsame Metapher vom Berg, die Mahler gewählt hat und die seine zwiespältige Einstellung zu Strauss ausdrückt, war ihm gewiß nicht zufällig in den Sinn gekommen. Er fühlte zwischen sich und dem Kollegen einen Berg, der sie schied, der jedem die volle Sicht auf den andern verstellte, eine Klimagrenze, die ein grundsätzliches Anderssein bedingte. »Mahler und Strauss sprachen gerne miteinander, vielleicht, weil sie nie derselben Meinung waren«, berichtet Alma Mahler. Ihre Gegensätzlichkeit wurde allerdings von viel Gemeinsamem überlagert. Als sie einander im Jahre 1887 kennenlernten, standen beide im Banne Richard Wagners, der damals noch ein Umstrittener war. Beide komponierten und verstanden genug vom Handwerk, um bald zu erkennen, daß sie es waren – Strauss und Mahler –, die der Musik nach Wagner die Wege weisen sollten. Beide verdienten ihr Brot als Opernkapellmeister, beide litten unter den Unzulänglichkeiten des Theaterbetriebes. Wenn Mahler und Strauss trotz des ihnen gemeinsamen Wagner-Erlebnisses komponierend so unterschiedliche Richtungen einschlugen, so empfanden sie einander doch als Partner.

Ihrer Herkunft nach waren sie ungleich wie Tag und Nacht, der Sohn des angesehenen Münchener Musikers und der Sohn des jüdischen Branntweiners aus dem böhmischen Dorf Kalischt. Im Hause Strauss gab es nur zwei Kinder, Richard und eine jüngere Schwester, auf die sich elterliche Liebe und Aufmerksamkeit sammelten, Mahler hatte dreizehn Geschwister, von denen acht im Kindesalter starben. Hier eine von Armut und Tod verdüsterte Kindheit, dort eine glückliche. Strauss war ein guter Schüler. Sein heiteres Temperament und sein lebhafter Geist machten ihn zu einem Liebling der Gymnasiallehrer, die ihm sogar nachsahen, wenn er während des Unterrichts komponierte. Neben dem üblichen Instrumentalunterricht empfing er von Kollegen des Vaters Unterweisung in Harmonielehre und Kontrapunkt und stellte sich, ohne jemals ein Konservatorium besucht zu haben, noch während der Gymnasialzeit der Münchener Öffentlichkeit als Komponist vor. Als er zwanzig Jahre alt war, nahm Hans von Bülow, der führende Dirigent seiner Zeit, die Bläserserenade op. 7 des jungen Strauss zur Aufführung an. Auch Mahler erhielt schon in früher Kindheit Instrumentalunterricht, jedoch um Musiker zu werden, mußte er im Alter von fünfzehn Jahren das elterliche Haus verlassen und mit unzureichenden Mitteln versehen ans Konservatorium nach Wien gehen. Er schlug sich durch, indem er, selbst noch Schüler, Klavierunterricht gab. Mit zwanzig komponierte er »Das klagende Lied«, das als Manuskript in der Schublade blieb und erst 1901 uraufgeführt wurde, als Mahler längst Hofoperndirektor war. Wenn es richtig ist, daß Kindheit und frühe Jugend die Persönlichkeit des Menschen, des Künstlers vor allem, auf Lebenszeit prägen, dann wird verständlich, warum sich Mahler zu dem großen Leidverkünder entwickelte, als der er uns erscheint, und Strauss zu dem großen Freudenspender.

Diese bewußt vereinfachende Etikettierung darf freilich nicht den Eindruck erwecken, als wäre Mahlers Lebensbahn in Entsagung und Erfolglosigkeit verlaufen, während Strauss von einem leicht errungenen Sieg zum andern eilte. So war es nicht. Wenn Strauss seine Werke rascher durchsetzte, so hatte Mahler als Opernkapellmeister einen gewaltigen Vorsprung, denn ihn finden wir bereits auf dem Direktorssessel des königlich ungarischen Opernhauses, als Strauss froh sein mußte, in Weimar als zweiter Kapellmeister unterzukommen.

Die mit dem Dirigentenberuf verbundenen häufigen Reisen führten Strauss und Mahler, obzwar sie sich nie längere Zeit an demselben Ort aufhielten, verhältnismäßig oft zusammen. Wenn sie für etliche Tage in derselben Stadt weilten, dann verbrachten sie einen großen Teil der freien Zeit miteinander. Zwischen ihren persönlichen Begegnungen wurden Briefe gewechselt. Die Verbindung ist in den vierundzwanzig Jahren ihrer Bekanntschaft niemals abgerissen, wenngleich Perioden häufiger Begegnungen und dichter Korrespondenz mit solchen eher schütterer Kontakte wechselten. Das Vorliegen des Briefwechsels, soweit erhalten und zugänglich, ermöglicht nun erstmals, die persönlichen Beziehungen zwischen Strauss und Mahler in ihrer Gesamtheit zu rekonstruieren. Bei diesem Versuch werden neben den Briefen auch alle anderen Quellen herangezogen, die geeignet sind, Licht auf diese Künstlerfreundschaft zu werfen.

Im Oktober 1887 kam Richard Strauss, damals dritter Kapellmeister an der Münchener Oper, nach Leipzig, wo seit etwa einem Jahr Gustav Mahler als zweiter Kapellmeister am Stadttheater tätig war. Anlaß der Reise war das Konzert des Gewandhausorchesters vom 17. Oktober, in dem Strauss seine f-Moll-Symphonie dirigierte. Wie und durch wen er Mahler kennenlernte, ist nicht bekannt. Vermutlich hat Max Steinitzer dabei eine Rolle gespielt, mit dem Mahler in seiner Leipziger Zeit viel verkehrte, denn Strauss schrieb viele Jahrzehnte danach folgenden Satz in das sogenannte Graue Tagebuch:

> Von Mahler, der in Leipzig Kapellmeister war und da nachgelassene Skizzen von Webers 3 Pintos bearbeitete, hatte mir schon Max Steinitzer, mein späterer Biograph u. Jugendfreund, vorgeschwärmt.

Wenn diese Erinnerung stimmt, dann hat wahrscheinlich auch Steinitzer die beiden jungen Kapellmeister, den siebenundzwanzigjährigen Mahler und den dreiundzwanzigjährigen Strauss, miteinander bekannt gemacht. Man darf annehmen, daß für Mahler der Name Strauss schon ein Begriff war, und zwar nicht bloß aus Erzählungen Steinitzers, sondern auch durch die recht häufigen Aufführungen seiner Werke, vor allem der f-Moll-Symphonie. Dieses Werk, das laut Steinitzer »sehr viel echten Strauss« enthält, aber »noch im Rahmen der strengen Form«, war schon im Dezember 1884 von der New York Philharmonic Society uraufgeführt worden; Franz Wüllner hatte in Köln die deutsche Erstaufführung dirigiert, auf die Darbietungen unter Strauss in Meiningen, unter Hermann Levi in München, unter Robert Radecke in Berlin, unter Jean Louis Nicodé in Dresden und unter Hans von Bülow in Hamburg gefolgt waren. Auch müßte Mahler bekanntgeworden sein, daß Strauss in der Saison 1885/86 unter Bülow Musikdirektor am Hof von Meiningen gewesen war, eine Stellung, die Mahler selbst leidenschaftlich begehrt hatte. Als er unterbeschäftigt und kreuzunglücklich als Musikdirektor in Kassel engagiert war, hatte er Bülow an der Spitze des Meininger Orchesters erlebt und ein überschwenglich formuliertes Ansuchen an ihn gerichtet, das in die Worte mündete:

> Als ich im gestrigen Konzert das Schönste erfüllt sah, was ich geahnt und erhofft, da war es mir klar: hier ist deine Heimat, – dies ist dein Meister – nun soll deine Irrfahrt enden oder nie! Und nun bin ich da und bitte Sie: Nehmen Sie mich mit – in welcher Form es immer sei – lassen Sie mich Ihren Schüler werden, und wenn ich das Lehrgeld mit Blut bezahlen sollte [...]

Das war Ende des Jahres 1884 geschrieben, und Mahler hatte es seither als Kapellmeister weit gebracht, auch ohne Bülows Hilfe, doch als Komponist war er, wenn man von drei Liedern absieht, die in einem Prager Konzert gesungen worden waren, noch nicht hervorgetreten, ja er hatte für seine Jahre, besonders wenn man ihn mit dem jüngeren Strauss verglich, noch erstaunlich wenig geschaffen.

Walter Panofsky
Richard Strauss und die Verleger – der »Krämerspiegel«

Auf die *Frau ohne Schatten* folgt im Werkkatalog unmittelbar ein wunderliches Gelegenheitswerk: der *Krämerspiegel*. Dieser Liederzyklus stellt in Straussens Lebenspartitur das bissigste Scherzo dar, das er sich je einfallen ließ.

Seit er sich um die ideellen Rechte der Künstler bemüht hatte, mußten ihm die Verleger als böse Gegenspieler erscheinen. Er stritt sich wacker, und keineswegs nur auf seinen eigenen Vorteil bedacht, um der Sache willen mit allen namhaften Verlagsleitern herum, die jedem anderen als ihm mit Sicherheit die Tür gewiesen hätten. Er aber konnte sich's leisten, die Allmächtigen herauszufordern.

Über den Verlag Bote & Bock hatte sich Strauss besonders geärgert. Er hatte ihm 1904 seine *Domestica* überlassen und sich gleichzeitig bereit erklärt, zwölf noch zu komponierende Lieder dreinzugeben. Die Hälfte lieferte Strauss, den Rest blieb er schuldig. Es war nicht nur eine gewisse Unlust, nach über hundert Liedern nun noch weitere zu schreiben, ihn empörte es vielmehr in der Folgezeit, daß er Geschäftsbeziehungen zu einem Verlag unterhalten sollte, der im Gegensatz zur Tonsetzer-Genossenschaft stünde. Der Komponist bat daher in aller Form, aus seinem Vertrag entlassen zu werden. Bote & Bock aber lehnten dies aus einem solchen »nicht stichhaltigen« Grunde schlankweg ab, und nach fünfzehn Jahren meinte der Verlag, nun sei es doch wohl endlich an der Zeit, die restlichen sechs Lieder zu liefern.

Strauss erspähte eine Vertragslücke: über die zu wählenden Texte war nichts vereinbart. Und Till Eulenspiegel bat Alfred Kerr zu sich. Gemeinsam wollten sie dem Verlag und dazu allen Verlegern einen Streich spielen.

Die persönliche Verbindung mit dem Kritiker war gegen Ende des Ersten Weltkrieges in Berlin hergestellt worden: Kerr gehörte zu jenen, mit denen Strauss eventuelle Opernpläne besprach. Es kam auch zu einem Briefwechsel, in dem Kerr von seinem (später von ihm selbst voll ausgeführten) Plan eines *Chronoplan* erzählt. Mit ihm muß Strauss auch über eine Oper nach Lukian gesprochen haben; der Komponist hatte auch Hofmannsthal des öfteren auf diesen antiken Dichter hingewiesen, als es ihn – nach der *Frau ohne Schatten* – nach einer kräftig-deftigen Operette gelüstete.

Alfred Kerr besucht in Berlin den *Bürger als Edelmann* und stellt fest: »... der von Ihnen verteidigte Hofmannsthal hilft allerdings einer schwächeren Molière-Arbeit auf die Bühne – aber Grillparzer sagte einmal: Hat's ihm wer g'schafft?« Und dann spricht Kerr von den Opernplänen:

> In Betracht kommt 1. die Linie Peregrinus-Proteus-Lukian gleich Revolutionssatire; 2. ein mitteldeutscher Spaß um den kommunistischen Räuber Hölz = Fra Diavolo mit allem politischen Drum und Dran ...

(Ein von Strauss komponierter Max Hölz – nicht zu fassen!) Doch das einzige, was von ihren gemeinsamen Plänen Gestalt annahm, war nur der *Krämerspiegel*. Alfred Kerr schrieb – unter Verzicht auf jegliche Tantièmen –, denn die Vertonung seiner Reimereien durch Strauss seien »sein schönstes Honorar« – mit wahrer Wollust einige literarisch keineswegs bedeutsame, in ihrer Perfidie der Anspielung jedoch ergötzliche Verse, mit denen er alle namhaften Musikverlage persiflierte, so etwa:

Einst kam der Bock als Bote
zum Rosenkavalier ans Haus;
er klopft mit seiner Pfote.
Den Eingang wehrt ein Rosenstrauss.
Der Strauss sticht seine Dornen schnell
dem Boten Bock durchs dicke Fell.
O Botenbock, zieh mit gesenktem Sterz
hinterwärts – hinterwärts!

Aber das war noch gar nichts. Der Geheimrat Hase, Inhaber des Verlages Breitkopf & Härtel, bekam's noch unverblümter:

Es liebte einst ein Hase
die salbungsvolle Phrase,
obschon – wie ist das sonderbar –
sein Breitkopf hart und härter war.

Hu, wißt Ihr, was mein Hase tut?
Oft saugt er Komponistenblut
und platzt hernach vor Edelmut!

Und so geht es weiter:

Unser Feind ist, großer Gott,
wie der Brite, so der Schott.

Der Verleger des Berliner Drei-Masken-Verlages bekam es auch:

Drei Masken sah ich am Himmel stehn;
wie Larven sind sie anzusehn,
o Schreck!
Dahinter aber sieht man
Herrn Friedmann ...

Das Ganze ist von Richard Strauss mit liebenswürdiger Musik versehen. Die von ihm allzeit so sehr geliebte Technik des musikalischen Anagramms feiert Triumphe, vor allem bei und nach jenen Kernversen:

Die Händler und die Macher
sind mit Profit und Schacher
des »Helden Widersacher«.
Der läßt ein Wort erklingen
wie Götz von Berlichingen.

Das berühmte Wort ertönt unverkennbar und rhythmisch unmißverständlich: als das Anfangsmotiv der *Fünften Sinfonie* Ludwig van Beethovens ...

Das letzte der zwölf Lieder ist das merkwürdigste und das bezeichnendste von allen. Die direkte Anspielung wird vermieden:

O Schröpferschwarm, o Händlerkreis,
wer schiebt dir einen Riegel?
Das tat mit neuer Schelmenweis'
Till Eulenspiegel.

Bei dem Wort vom »Eulenspiegel« beginnt plötzlich eine der schönsten Melodien aufzuklingen, die Strauss je eingefallen sind. Es ist eine lange, über vierundzwanzig Takte sich hinziehende Phrase, deren Blühen kein Ende zu nehmen scheint. Ein Lied ohne Worte von unnennbarer Beredsamkeit. Eine Weise, so kostbar, so einzigartig, daß sie auch vom generösesten Verleger nie und nimmer zu bezahlen ist. Sie wurde am Pfingstmontag 1920 im Garmischer Heim ausgesponnen. Rund zwei Jahrzehnte blieb sie so gut wie unbekannt, denn der *Krämerspiegel* wurde nur in einer einmaligen Luxusausgabe von 130 signierten Exemplaren bei Bruno Cassirer gedruckt. Zwei Jahrzehnte später holt Strauss den *Krämerspiegel* mit seiner wundersamen As-Dur-Melodie wieder hervor. Franz Strauss, dem Sohn, war es gelungen, den Komponisten zu überzeugen, daß dieser Einfall an ein Gelegenheitswerk glatt verschwendet gewesen wäre: die *Mondscheinmusik* des *Capriccio* war gefunden ...

Um die Sache mit den Verlegern zu Ende zu bringen: Bote & Bock weigerten sich begreiflicherweise, diese zwölf Lieder als Vertragserfüllung anzusehen. Man traf sich vor Gericht: Strauss wurde verurteilt, die einst zugesagten sechs Lieder noch nachzukomponieren. Er tat's ein zweites Mal mit diabolischem Lächeln. Die ersten drei Texte entlehnte er Shakespeare: Es sind Lieder der wahnsinnigen Ophelia – also nicht eben das, was man im Konzertsaal zu hören wünscht. Die letzten drei aber komponierte er auf Texte von Goethe. Er fand sie im *Buch des Unmuts* – und was der alte Rendsch Nameh gedichtet hatte, wurde um einer versteckten Pointe willen umgestellt. Am Ende des *Liedzyklus op. 67* steht »Wanderers Gemütsruhe«. Jede Zeile müssen die Herren von Bote & Bock als persönliche Attacke empfunden haben nach allem, was, einschließlich dem gewonnenen Prozeß, vorausgegangen war:

Übers Niederträchtige
Niemand sich beklage;
Denn es ist das Mächtige,
Was man Dir auch sage.

Der Verlag konnte sich zwar gegen Kerrs vordergründige Verunglimpfungen, nicht aber gegen Goethes weise Worte zur Wehr setzen, auch wenn sie eine unmißverständliche Anspielung waren. Der Vertrag war erfüllt, die Lieder gingen in Druck. Till Eulenspiegel hatte doch noch das Spiel gewonnen ...

Sigfried Schibli

Skrjabin verläßt die Grenzen des Musikalischen – »Prométhée, Poème du feu«

Prométhée, das *Poème du feu op. 60*, entstand in verhältnismäßig kurzer Zeit hauptsächlich im Jahre 1909; vollendet wurde die Partitur Anfang 1910. Skrjabin war im September 1908 mit seiner Frau Tatjana in deren belgische Heimat umgezogen und ließ sich, nachdem ein kurzer Konzertaufenthalt in Rußland zu Beginn des Jahres 1909 für ihn äußerst erfolgreich verlaufen war, im Januar des folgenden Jahres endgültig wieder in Moskau nieder. Glaubt man den Memoiren der Olga Monighetti, so hatte Skrjabin schon vor der Übersiedelung nach Brüssel mit der Komposition des Werks begonnen, dachte aber damals noch daran, es als Klavierkomposition herauszubringen. *Prometheus* ist somit eine Frucht aus Skrjabins Brüsseler Jahr, und dies nicht allein entstehungsgeschichtlich. In Belgien pflegte der Komponist Beziehungen zu theosophischen Zirkeln, vor allem zu dem Maler Jean Delville und dem Rhetorikprofessor Émile Sigogne. Mit letzterem versuchte er eine neue, universelle, auf dem Sanskrit beruhende Sprache für sein künftiges *Mysterium* zu erarbeiten; und Delville entwarf ihm das Titelbild der *Prometheus*-Partitur, die 1913 in Sergej Kussewitzkis Russischem Musikverlag erschien. Der Titel zeigt unter einer Sonne eine siebensaitige Lyra, aus welcher der Kelch einer Lotosblüte herauswächst, darunter den Stern Davids, von dem das Emblem der Theosophischen Gesellschaft sich ableitet, und im Zentrum das flammenumkränzte Antlitz des mythischen Titanen Prometheus. Skrjabin scheint in Belgien auch Kontakte zu einer geheimen Kultgemeinschaft der »Söhne des Feuers der Weisheit« unterhalten zu haben, die die Prometheus-Gestalt hoch verehrte; doch war er nach dem gegenwärtigen Wissensstand weder Mitglied dieser Kultgemeinschaft noch der belgischen Sektion der Theosophischen Gesellschaft, wenngleich er mit den Repräsentanten beider vertraut war. Die Begegnungen mit den Prometheus-Verehrern Delville und Sigogne mögen sein Interesse an dieser Gestalt vertieft haben, aber es ist nachweisbar, daß Skrjabin schon früher geradezu identifikatorische Nähe zu diesem mythischen Heroen verspürte. In seinen Tagebuchaufzeichnungen von 1904/05, der Zeit seiner ersten Lektüre von Helena Blavatskys »Schlüssel zur Theosophie«, findet sich die Prometheus-Gestalt als Schöpferfigur mit dem Lehrer Christus vereint:

> Mit einem Blicke, einem Gedanken, umfasse ich dich ganz, meine Welt:
> (Wie) die Predigt Christi,
> (Wie) die Tat Prometheus'.

Die Nähe solcher Gedanken zu früheren Äußerungen Skrjabins – etwa zu seinen Sonaten, zur *3. Sinfonie* oder zum *Poème de l'extase* – ist unverkennbar: Ekstase ist »momentanes Erfassen des Weltsinnes«, und ihr theoretischer Aspekt wird durch Christus, ihr praktischer Tataspekt aber durch Prometheus repräsentiert; Ekstase aber ist auch das unausgesprochene Ziel jener imaginären Handlungen in den Programmen zu Skrjabins Werken, die mit Kampf und Leiden beginnen und sich durch Lust auf die Höhen des Triumphs aufschwingen. Es ist also anzunehmen, daß Skrjabin mit der Prometheus-Gestalt in theosophischer Deutung nur den Namen für eine ihm schon länger vertraute Idee fand. Seine Treue zu Prometheus währte übrigens über die Komposition des gleichnamigen Orchesterpoèmes hinaus: In der Zeit der Konzeption seines *Mysteriums* beschäftigte er sich, auf der Suche nach einer nichttheatralischen dramatischen Form, mit der antiken Tragödie und fand besonderes Interesse an der Tragödie »Der entfesselte Prometheus« von Aischylos.

Ein eigentliches Programm zu dieser Tondichtung hat der Komponist nicht formuliert. Er begnügte sich mit beiläufigen Kommentaren zu den einzelnen Themen, die er wie üblich im Freundeskreis mit bildhaften Namen (»Thema der Vernunft« etc.) versah. Im übrigen war ihm bewußt, daß Prometheus ein archetypischer Charakter ist, ein Name für eine in der Geschichte des Denkens immer wiederkehrende Idee; »Prometheus ist ein Symbol«, so zitiert Wladimir Delson den Komponisten, »das in allen alten Lehren begegnet. Da ist die aktive Energie des Universums, das schöpferische Prinzip, es ist Feuer, Licht, Leben, Kampf, Kräftigung, Gedanke.« Immerhin billigte Skrjabin eine von der englischen Theosophin Rosa Newmarch im Hinblick auf die Londoner Aufführung des *Prométhée* am 1. Februar 1913 verfaßte und 1914 in »Musical Times« publizierte Werkeinführung von unverbrämt theosophischem Charakter. Newmarch hatte den Text, wie sie später bekannte, gestützt auf Angaben Sabanejews (dessen Obertontheorie sie kritiklos übernahm), auf die Analyse der Partitur und auf eigene Anschauungen geschrieben; Skrjabin hatte auf den Text keinen Einfluß, empfahl ihn aber als Einführung. »Nach der theosophischen Lehre«, heißt es hier, »waren die Menschenrassen zu Beginn noch nicht vom Feuer des Prometheus erleuchtet, waren physisch unvollendet, denn sie besaßen nur Schatten von Körpern; sie waren sündlos, weil ohne bewußte Persönlichkeit, in theosophischen Worten: ohne ›Karma‹. Die Gabe des Prometheus befreite sie aus diesen Umständen – das Feuer weckte die bewußte Schaffenskraft des Menschen auf. [...] Die Fortgeschritteneren verstanden den Wert dieser Gabe und nutzten sie im Sinne des höheren spirituellen Plans; sie wurden die ›Arhats‹ oder die Weisen der folgenden Generationen. Die weniger hochstehenden aber verkehrten sie in rohem materiellen Gebrauch, was Leiden und Böses mit einschloß.«

Wenngleich der Ideengehalt des *Poème du feu* keinen Bruch in Skrjabins Schaffen darstellt, markiert das Werk dennoch eine Wende, und einer gläubigen Skrjabin-Gemeinde mag es tatsächlich als Durchbruch zu einer höheren Stufe der musikgeschichtlichen Evolution erschienen sein, vergleichbar der Tat des Prometheus selbst. (Im allgemeinen aber waren die Theosophen zu jener Zeit, wie Skrjabin einmal bitter bemerkte, wenig an seiner Musik interessiert und hielten es eher mit leichterer Kost.) Während Skrjabin in den kurzen Klavierstücken *op. 58* und *59*, die während Arbeitspausen am *Prometheus* entstanden, zum ersten Mal anstelle einer schon vielfach ambivalenten, aber noch funktional-tonal zu begreifenden Harmonik die neue, auf einen sechstönigen Grundakkord gestützte »Klangzentrenharmonik« erprobte (*»Caresse dansée« op. 57/2* ist sein letztes Klavierstück, das mit einem Dreiklang schließt), wird die Technik der Komposition aufgrund solcher vertikal-horizontalen Klangzentren nun zum ersten Mal auf ein Orchesterwerk angewandt. Und zum ersten Mal überschreitet Skrjabin nicht allein ideell, sondern auch künstlerisch-praktisch die dimensionalen Grenzen des Musikalischen: Hatte er noch 1907 während der Arbeit am *Poème de l'extase* seiner Gönnerin Margarita Morosowa aus Beatenberg mitgeteilt, er wolle sein *op. 54* »mit allem Luxus, mit Lichteffekten ausstaffieren«, ohne diese Idee dann schon verwirklichen zu können, so gelang ihm jetzt erstmals die synästhetisch-geplante Verbindung von Tönen und Farben – die riesige *Prometheus*-Partitur weist zuoberst ein mit »Tastiera per luce« (Lichtklavier) bezeichnetes System von fünf Notenlinien auf, Indiz für den gelungenen Ausbruch aus den Grenzen des rein Musikalischen.

Auch ohne Farbenklavier freilich wäre die Besetzung des *Prometheus* unkonventionell und selbst in Anbetracht der modernen Orchestermusik um 1900 gigantisch zu nennen. Die Grundlage bildet die schon im *Poème de l'extase* verwendete Orchesterbesetzung mit starkem Blechbläseranteil (acht Hörner, fünf Trompeten, drei Posaunen und Tuba), reichem, von Glocken geprägtem Schlagzeug und Orgel. Die Partitur des *Poème du feu* verlangt zusätzlich einen vierstimmigen, nur Vokalisen oder mit geschlossenem Mund singenden Chor und ein Klavier, dem, ohne daß es Soloinstrument im Sinne eines Instrumentalkonzerts wäre, die Rolle des »primus inter pares« unter allen Instrumenten dieses Apparats zukommt; der Chor wird – Extremfall instrumentaler Verwendung menschlicher Stimmen – im Schlußteil zur Klangsteigerung eingesetzt. Diese Verwendung eines Chors stellt gewiß auch einen Teil des Prozesses der Aneignung symbolistischer künstlerischer Techniken durch Skrjabin dar, denn in der Poetik dieser literarischen Bewegung Rußlands um die Jahrhundertwende spielte, wie zuvor im französischen Symbolismus, die Autonomisierung der Sprache, ihre Loslösung von der Mitteilungsfunktion bis hin zur »Wortkomposition« und zum reinen »Lautgedicht«, eine bedeutende Rolle.

Die »Prometheus«-Klangzentrenharmonik mit ihren starken Quarten- und Tritonusverbindungen, die schon Liszt in seiner harmonisch überaus »modernen« sinfonischen Dichtung Nr. 5 »Prometheus« bewußt als Symbole der Kühnheit, aber auch des Leidens und Schmerzes eingesetzt hatte, wird im *Poème du feu* von Anfang an strikt praktiziert; es gibt im Prinzip keine Stelle, die nicht aus dem Klangzentrum in einer seiner Transpositionen abgeleitet wäre. Nur der Schluß des Werks in strahlendem (»blaugrellem«) Fis-Dur stellt eine »Regression« auf ein früheres harmonisches Stadium dar: Noch einmal glaubte Skrjabin, Finalwirkung durch einen herkömmlich konsonanten Akkord erzielen zu können, der dem harmonischen Geschehen eher aufgesetzt ist, als daß er sich daraus musikalisch überzeugend ergäbe; die immanente Logik der Prometheus-Harmonik wird verletzt, denn der von Anfang an gültige Prometheus-Akkord (nach dem Modell: c-fis-b-e-a-d) ist zwar seiner Herkunft nach ein – auflösungsbedürftiger – Dominantnonenakkord, hat aber seinen Dissonanzcharakter und damit auch seine Auflösungsstrebung in eine »Tonika« abgestreift. So kehrt im Durschluß des fünften sinfonischen Orchesterwerks von Skrjabin das Finaleproblem wieder, das sein Komponieren seit der *1. Sinfonie op. 26* an belastete.

Frederick Goldbeck
Manuel de Falla

Albéniz war Katalane von Geburt, doch als Musiker durchaus Andalusier von Geschmack. Der Andalusier Manuel de Falla fühlte sich und schrieb wie ein Kastilianer. Und Südamerika, das für Albéniz das Land früher Träume und späterer Erlebnisse bedeutete, wurde für de Falla das Zufluchtsland eines Verbannten.

Trotz alledem und so verschieden sie auch waren: als Albéniz die Szene verließ, konnte nur de Falla sein Nachfolger sein. Dieser hatte gerade sein einziges an Albéniz gemahnendes Werk geschrieben, die *Quatre pièces espagnoles* für Klavier, und überdies seine erste »spanische« Musik; denn die vorausgegangene *La vida breve* (1905) stand noch ganz im Banne Wagners und des Verismus.

Im Gegensatz zu Albéniz zeigte de Falla keine besondere Vorliebe für das Klavier, auf dem er ohnehin nie so recht zu Hause war. Sein beliebtestes Klavierstück, *Danza ritual del Fuego*, ist eine Transkription aus *El amor brujo*. Die *Fantasia bética* (1919) erweist sich als eine etwas formlose Folge interessanter Details, nicht ohne einige Unsicherheiten erdacht in einer Zeit, als de Falla gerade im Begriff war, seinen Stil und die Farben seiner Palette zu ändern. Und das überaus schöne Erinnerungsblatt *Homenaje* für Dukas verdankt in seinem Ausdruck nichts dem Instrument, für das es geschrieben wurde, bevor er es instrumentierte.

Der sprühende Pianist Albéniz hatte bei aller Virtuosität etwas Behagliches und sympathisch Sinnliches an sich, wie eine Gruppenphotographie ihn zeigt, ein bärtiges Lächeln um die Lippen – vielleicht in Erwartung eines schmackhaften Mahls. De Fallas Erscheinung war alles andere als sprühend und vital: lauter Haut und Knochen, Wangen und Lippen mönchisch geschlossen, in tiefem Einsiedler-Ernst, sah er aus wie die mit so wenig Fleisch wie möglich fleischgewordene Askese. Zweifeln und Zaudern war nie die Sache eines Albéniz, und seine besten und persönlichsten Stücke entstanden ebenso rasch und instinktiv wie die übrigen. De Falla hingegen schien stets ruhelos auf der Suche nach seinem wahren Selbst zu sein und ließ sich am Ende in sein letztes Unternehmen so ein, wie man einen dunklen, ausweglosen Irrgarten betritt. Wie erstaunlich und auch wie bewundernswert, daß de Fallas nimmer endendes Zögern und seine überbescheidene Bereitwilligkeit, anderen Musikern – einem Debussy, Ravel oder Dukas – nachzueifern, ihm jedesmal ein Werk von einzigartiger Originalität abgewann. In der Tat ist jedes seiner wenigen Werke die schönste, reifste und technisch vollendetste Lösung der jeweiligen speziellen Aufgabe, die zu lösen er monatelang mit schier verzweifelter Bemühung und Anspannung gesucht hatte.

1876 zu Cadiz geboren, studierte er um 1900 Komposition bei Pedrell. Von der Königlichen Akademie für die Oper *La vida breve* preisgekrönt, machte er sich 1907 nach Paris auf, wo er zuallererst Debussy aufsuchte: »Maître, ich bin so glücklich, Sie zu finden! Ich liebe die französische Musik.«

Debussy hatte gerade seinen bösen Tag und vergaß nicht nur seine Höflichkeit, sondern sogar seinen gewohnten Chauvinismus: »Sie lieben die französische Musik? Ich nicht! Adieu, Monsieur.«

Doch de Falla sollte bald wiederkommen, diesmal von Dukas eingeführt, der, sobald er ein paar Seiten der *Amor-brujo*-Partitur gelesen hatte, den Besucher unter seine Fittiche nahm. Und die Beziehung zu Debussy entwickelte sich so freundschaftlich, wie de Fallas Schüchternheit und Debussys Zurückhaltung es zuließen. Wie im Märchen blieb de Falla genau sieben Jahre in jener Stadt, in die ihn die Absicht eines nur kurzen Besuchs geführt hatte. Durand, der Verleger von Dukas, Debussy und Ravel, druckte seine *Pièces espagnoles* und dann die in Paris geschriebene *Siete canciones* – echte Volksweisen mit de Fallas unübertrefflicher Klavierbegleitung. Sie sollten dann für immer seine einzige Musik bleiben, in der traditioneller Gesang erscheint. Denn er mißtraute der populären Überlieferung und meinte, der reine *canto jondo* erschiene allzuoft nur im verfälschenden Gewand des zigeunerischen Flamenco. Bartóks ethnologische Wißbegier lag ihm ebenso fern wie dessen Freude am Sammeln und Notieren der Volksmelodien. Wie Bartók jedoch wußte auch de Falla Musik zu erfinden, die aus dem gleichen Holz geschnitzt ist wie die authentische Volksmusik.

Folkloristen haben versucht, etwaige »Quellen« de Fallas ausfindig zu machen. Doch vergebens: die einzige Quelle war und blieb sein angeborenes Spaniertum, das heißt sein spanischer, ganz ausschließlich spanischer Musikerinstinkt, der dem Zauber, der scheinbaren Erdhaftigkeit und natürlich auch dem Erfolg dreier vor 1920 geschriebener Werke zugrunde liegt: *El amor brujo* (1915), *Noches en los jardines de España* (für Klavier und Orchester, 1909/15) und *El sombrero de tres picos* (1919). Weit mehr als später ist de Falla hier naiv und ganz unmittelbar spanisch, trotz des unverkennbaren Einflusses von Debussys Stimmung in den *Noches* und der an Dukas gemahnenden Orchesterfarben in den beiden Balletten.

Die »España Gitana« in *Amor brujo* unterscheidet sich außerordentlich von dem im *Dreispitz* anzutreffenden Spanien des 18. Jahrhunderts: Goya in Musik gesetzt, unvergleichlich besser und präziser als je bei einem Granados. Andererseits durchzieht Scarlattis Kunst der musikalischen Ornamentik diese Partitur, in der selbst das sonst so schillernde Orchester mit stilsicherem Verzichten sich der nervigen Trockenheit der Motive und Rhythmen anpaßt.

Diese Art »schlanken« Instrumentierens sollte fortan für de Fallas Spätstil charakteristisch werden. Der asketische Komponist verschmäht allzu verführerische Klänge. Das folkloristische Erbe wird zwar nicht verleugnet, aber nur noch sparsam zugelassen, nur noch wenige folkloristische Geistererscheinungen dürfen eine spanische Musik heimsuchen, die mit den »spanischen Weisen«, wie Touristen sie sich vorstellen, kaum noch etwas zu schaffen hat. Und was das französische Erbe betrifft, so geht de Falla jetzt wenigstens über eine einzige der Forderungen Debussys hinaus. Monsieur Croche wollte der Musik alles nehmen, was ihre »nackte Haut« verbirgt. Sein spanischer Jünger will ihr jetzt offenbar auch noch die Haut abziehen und es allein mit den Rippen, Muskeln und Nerven der Musik zu tun haben.

Gleichsam um alles fernzuhalten, was auch nur im geringsten nach Realismus aussieht, und zugleich aus Vorliebe für das Marionettentheater, diese unrealistischste aller Bühnen, wählte er die Episode *El retablo de Maese Pedro* aus dem »Don Quijote« als Text für sein nächstes Werk, und bei de Falla scheint Don Quijotes Eingreifen in die Handlung Cervantes' satirische Absicht auf die Satire des Opern-Verismus zu übertragen. Alle Personen des *Retablo* singen fast ausschließlich im beschleunigten Rezitativ, so *secco* wie nur möglich, und die musikalische Zeichnung des Kammerorchesters ist sowohl in der Begleitung als auch beim Zwischenspiel im scharf kontrastierenden Schwarzweiß eines Stahlstichs gehalten.

Das Cembalo, damals (1923) ein seltener Orchestergast, spielt eine nicht unwichtige Rolle in der besonderen Instrumentierung des *Retablo*. Und 1926 schrieb de Falla für Wanda Landowska, die es einmal und dann nie wieder spielen sollte, sein *Konzert für Cembalo, Violine, Viola, Flöte, Oboe und Klarinette*: kompromißlos, dissonant und widerborstig – vielleicht seine schönste Partitur überhaupt. Der Zauberer von *El amor brujo* scheint sich in einer Einsiedlerhöhle zu verbergen, ringsum von sommerlicher Hitze verbrannte Erde und allen unzugänglich, außer den wenigen, die fähig sind, sich anziehen und berücken zu lassen von einer derart feurigen und herben Quintessenz spanischer Musik, vom Fiedeln und Flöten der in Flicken und Fransen einherstolzierenden Fiedler und Pfeifer, von metallisch klirrenden Gitarren und von einer Litanei ekstatischer Prozessionssänger.

De Falla, ein vorzeitig alternder Hypochonder, litt an einem sonderbaren Nervenleiden. In seinem Hause in Granada wollte er absolut sicher sein vor jeder Störung durch Geräusche. Die wenigen zugelassenen Besucher jedoch fühlten sich erheblich gestört durch das Ticken geradezu unwahrscheinlich zahlreicher Wand- und Standuhren, die der das Geräusch scheuende Don Manuel zu hören sich offenbar abgewöhnt hatte.

Nach dem Tode seines Freundes García Lorca verließ de Falla 1940 Spanien für immer und blieb in Argentinien. Und während seiner letzten sieben Jahre war er unermüdlich beschäftigt, sein letztes Werk zu planen und wieder umzuplanen und Seite für Seite zu schreiben und wieder umzuschreiben. *L'Atlántida* war ein hyperbarockes Mysterienspiel, in dem der katalanische Dichter Verdaguer Spaniens Geschichte, griechische Mythen und prophetische Symbolik in einem sich durch noble Diktion auszeichnenden Epos zusammengefügt hatte, dem mystischen Patriotismus de Fallas durchaus angemessen. Zugleich war es aber leider als äußerst ungefüges Oratorienlibretto dem ordnungsliebenden und beinahe überpräzisen Musiker de Falla sehr wenig angemessen und geradezu absurd für einen Komponisten, der wie Ravel für seine Partituren jede Unvollkommenheit ablehnte und so unbarmherzig selbstkritisch war wie Dukas.

Nach de Fallas Tod (1947) ordnete die spanische Regierung die Vervollständigung und Herausgabe des *Atlántida*-Manuskripts an. Nur sehr wenige Musiker zeigten sich vom rund fünfzehn Jahre später veröffentlichten Ergebnis dieser staatlichen Verfügung erbaut. Es erübrigt sich der Hinweis, daß Ernesto Halffters *Atlántida*-Partitur hie und da ausgezeichnete Musik de Fallas enthält, doch als Ganzes kaum besser ist, als es etwa ein Fragment aus dem Nachlaß Rilkes sein könnte, zu Ende redigiert und revidiert von Carl Sternheim.

Wagen wir einen zusammenfassenden Rückblick auf den wirklichen de Falla: Seine Musik, neu in ihren Akzenten, wenn auch nicht in ihrer Musiksprache, war die erste moderne spanische Musik, die nie auch nur im geringsten weder nach Salonmusik klingt noch nach Wirtshausmusik. Eindringlich, leuchtend und streng, verdankt sie ihre Lichtdurchdrungenheit dem orientalisch-heidnischen Erbe Iberiens und ihre asketische Strenge dem auf den Escorial blickenden Spanien.

Doch in einem einzigen wesentlichen Punkt unterscheidet sie sich von aller anderen spanischen Kunst: Nichts, was auch nur im Entferntesten an Grausamkeit, Stierkampf oder Autodafé erinnern könnte, ist jemals eingegangen in Manuel de Fallas nie überspannte, immer wunderbar kultivierte und unentwegt humane Musik.

III. KOMPONISTEN IN SELBSTZEUGNISSEN

Ludwig van Beethoven
Zwei Briefe an Breitkopf & Härtel

Wien, 9. Okt. 1811.

Von hier aus tausend Entschuldigungen und tausend Dank für Ihre angenehme Einladung nach Leipzig. Sehr wehe tat es mir, meinem inneren Triebe dahin und in die umliegenden Gegenden nicht folgen zu können. Aber diesmal war zu tun an allen Ecken. Der ungarische Landtag ist. Man spricht schon vorher davon, daß der Erzherzog Primas von Ungarn werden soll und das Bischoftum Olmütz zurücklassen. Ich selbst trage mich Seiner Kaiserl. Hoheit an, die als Primas von Ungarn nicht weniger als drei Millionen Einkünfte haben würden, eine Million für mich jährlich rein durchzubringen (versteht sich alle musikalischen guten Geister, die ich dadurch für mich in Bewegung setzen wollte). In Teplitz erhalte ich keine weiteren Nachrichten, indem man von meinem Plane, weiter zu gehn, nichts wußte. Ich glaube also bei meiner Reise, die ich vorhabe, bei meiner Anhänglichkeit, die ich für ihn hege, zuletzt, obschon nicht ohne manchen Unwillen, doch der letzteren nachgeben zu müssen, um so mehr, da man bei Festlichkeiten meiner brauchte. Also nachdem das pro erwählt, flugs nach Wien, und das erste Donnerwort, was ich höre, daß dem gnädigsten Herrn auf einmal alles Pfafftum und Pfafftun verschwunden ist, und also die ganze Sache nicht sein wird.

General soll er werden, was man gar bald (Sie wissen) versteht und ich Generalquartiermeister bei der Bataille, die ich aber nicht verlieren will. Was sagen Sie dazu? Ein anderes Ereignis waren noch die Ungarn für mich. Indem ich in meinen Wagen steige, nach Teplitz zu reisen, erhalte ich ein Paket von Ofen mit dem Ersuchen, zu der Pester Eröffnung des neuen Theaters etwas zu schreiben. Nachdem ich drei Wochen in Teplitz zugebracht, mich leidlich befand, setze ich trotz dem Verbot meines Arztes mich hin, um den Schnurrbärten, die mir von Herzen gut sind, zu helfen, schicke am 13. September mein

Paket dorthin ab, in der Meinung, daß den 1. Oktober die Sache vor sich gehen sollte. Derweil verzieht sich die ganze Sache nun noch über einen ganzen Monat. Den Brief, worin mir dieses angedeutet werden sollte, erhalte ich durch Mißverständnisse erst hier; und doch bestimmte mich doch auch dieses Theaterereignis, wieder nach Wien zu gehen. Unterdessen aufgeschoben ist nicht aufgehoben. Ich habe das Reisen gekostet und es hat mir sehr wohl getan; jetzt möchte ich schon wieder fort von hier.

Eben erhalte ich das Lebewohl usw.; ich sehe, daß Sie doch auch andere Exemplare mit französischem Titel (herausgeben wollen). Warum denn? »Lebe wohl« ist etwas ganz anderes als »les adieux«. Das erstere sagt man nur einem herzlich allein, das andere einer ganzen Versammlung, ganzen Städten. Da Sie mich so schändlich rezensieren lassen, so sollen Sie auch herhalten. Viel weniger Platten hätten Sie auch gebraucht und das so sehr jetzt erschwerte Umkehren wäre dadurch erleichtert worden. Damit basta! Wie komme (ich) aber um Himmelswillen zu der Dedikation meiner Fantasie mit Orchester an den König von Bayern? Antworten Sie doch sogleich hierüber. Wenn Sie mir dadurch ein ehrenvolles Geschenk bereiten wollten, so will ich Ihnen dafür danken. Sonst ist mir so etwas gar nicht recht. Haben Sie es vielleicht selbst dediziert? Wie hängt dieses zusammen? Ungefragt darf man Königen nicht einmal etwas widmen. Dem Erzherzog war auch das Lebewohl nicht gewidmet. Warum nicht die Jahreszahl, Tag und Datum, wie ich's geschrieben, abgedruckt? Künftig werden Sie schriftlich geben, alle Überschriften unverändert, wie ich sie hingesetzt, beizubehalten.

Das Oratorium lassen Sie, wie überhaupt alles, rezensieren, durch wen Sie wollen. Es ist mir leid, Ihnen nur ein Wort über die elende Rezension geschrieben zu haben. Wer kann nach solchen Rezensenten fragen, wenn er sieht, wie die elendsten Sudler in die Höhe von eben solchen Rezensenten gehoben werden und wie sie überhaupt am unglimpflichsten mit Kunstwerken umgehen und durch ihre Ungeschicklichkeit auch müssen, wofür sie nicht gleich den gewöhnlichen Maßstab, wie der Schuster seinen Leisten, finden. Ist etwas bei dem Oratorium zu berücksichtigen, so ist es, daß es mein erstes und frühes Werk in der Art war, in 14 Tagen zwischen allem möglichen Tumult und anderen unangenehmen ängstigenden Lebensereignissen (mein Bruder hatte eben eine Todeskrankheit) geschrieben wurde. Rochlitz hat, wenn mir recht ist, schon noch ehe es Ihnen zum Stechen gegeben, nicht günstig von dem Chor der Jünger »Wir haben ihn gesehen« (in C-Dur) gesprochen. Er nannte ihn komisch, eine Empfindung, die hier wenigstens niemand im Publikum darüber zeigte, da doch unter meinen Freunden auch Kritiker sind. Daß ich wohl jetzt ganz anders ein Oratorium schreibe als damals, das ist gewiß. Und nun rezensiert, solange Ihr wollt, ich wünsche Euch viel Vergnügen. Wenn's einen auch ein wenig wie ein Mückenstich packt, so ist's ja gleich vorbei, und ist der Stich vorbei, dann macht's einem einen ganz hübschen Spaß. Re-re-re-re-re-zen-zen-si-si-si-si-siert-siert – nicht bis in alle Ewigkeit, das könnt Ihr nicht. Hiermit Gott befohlen.

In dem Oratorium war eine Stelle, wo die Horn sollten im Stich auf zwei Linien gebracht werden, nämlich das zweite Horn hat Baßschlüssel, das erste aber Violin. Leicht wird Ihr Korrektor diese Stelle finden; muß doch jeder Mensch mehr als einen Schlüssel haben, wenn er auch nichts zu- und aufschließt. Einen Brief an Kotzebue werde ich Ihnen schicken und bitten, daß Sie ihn an seinen Aufenthaltsort befördern. Auch wird jemand von Berlin aus, dem ich das Briefporto (erspare), seine Briefe an Sie abschicken, daß Sie mir dieselben dann hier wieder gütigst befördern. Nicht wahr, Sie nehmen mir schon so etwas nicht übel. Was das Porto ausmacht, werde ich Ihnen nach jedesmaliger Anzeige gleich abtragen. Der Himmel erhalte Sie nun. Ich hoffe, Sie bald zu sehen, zu sprechen. Sie sehen daraus meinen festen Vorsatz zu reisen. Den sächsischen und besonders den Leipziger Liebhabern alles Schöne für Ihr Wohlwollen für mich, wovon ich manches gehört, so auch vielen Dank den Musikkünstlern, von deren gutem Eifer für mich ich auch gehört.

Ihr Ludwig van Beethoven.

Wann erscheint die Messe? – der Egmont? Schicken Sie doch die ganze Partitur meinetwegen abgeschrieben auf meine Kosten (die Partitur heißt das) an Goethe. Wie kann ein deutscher Verleger gegen den ersten deutschen Dichter so unhöflich, so grob sein. Also geschwinde die Partitur nach Weimar. Was die Messe (betrifft), so könnte die Dedikation verändert werden. Das Frauenzimmer ist jetzt geheiratet und müßte der Name verändert werden. Sie kann also unterbleiben. Schreiben Sie mir, wann Sie sie herausgeben und dann wird sich schon der Heilige für dieses Werk finden.

Wien, 28. Januar 1812.

Zur Strafe für Ihr gänzliches Stillschweigen lege ich Ihnen auf, diese zwei Briefe gleich zu besorgen; ein Windbeutel von Livländer versprach mir einen Brief an K. zu besorgen; aber wahrscheinlich, wie überhaupt die Russen und Livländer Windbeutel und Großsprecher sind, hat er's nicht getan, obschon er sich für einen guten Freund von ihm ausgab. Ich bitte also, obschon es als Strafe Ihnen auferlegt ist von Rechts wegen, wegen vieler fehlervoller Auflagen, falscher Titeln, Vernachlässigungen usw. anderen Menschlichkeiten, dieses Geschäft zu besorgen, so bitte ich denn doch abermals demütigst, diese Briefe zu besorgen, – und dann mit dem Briefe an Goethe zugleich den Egmont (Partitur) zu schicken; jedoch nicht auf gewöhnliche Weise, daß vielleicht hier oder da ein Stück fehlt usw., nicht so, sondern ganz ordentlich. Länger läßt sich dieses nicht aufschieben, ich habe mein Wort gegeben, und darauf halte um so mehr, wenn ich einen anderen wie Sie zur Vollstreckung dessen zwingen kann. – Ha ha ha, welche Sprache Sie schuld sind, daß ich gegen Sie führen kann, gegen einen solchen Sünder, der, wenn ich wollte, im härenen Bußrock wandeln müßte für alle Ruchlosigkeiten, so er an meinen Werken begangen. Bei dem Chor im Oratorium »Wir haben ihn gesehen« sind Sie trotz meiner Nota für den alten Text doch wieder bei der unglücklichen Veränderung geblieben. Ei du lieber Himmel, glaubt man denn in Sachsen, daß das Wort die Musik mache? Wenn ein nicht passendes Wort die Musik verderben kann, welches gewiß ist, so soll man froh sein, wenn man findet, daß Musik und Wort nur eins sind, und trotzdem, daß der Wortausdruck an sich gemein ist, nichts besser machen wollen –

dixi. – Auf die 50 Taler Musikalien hab ich noch sehr wenig genommen, denn bei Herrn Traeg ist alles träg; besonders kann ich vom Hertelischen Fleiß dort nichts spüren. Schicken Sie mir also Mozarts Requiem, Partitur, desgl. M.s *Clemenza di Tito, Così fan tutte, Le nozze di Figaro, Don Giovanni* in Partitur bald (da meine kleine Gesellschaft bei mir wieder anfängt, so brauche ich d. g.), so postfrei als möglich, denn ich bin ein armer österreichischer Musikant. – Die Carl Ph. Emanuel Bachs Sachen könnten Sie mir wohl einmal schenken, sie vermodern Ihnen doch. – Sind die drei Gesänge von Goethe noch nicht gestochen? Eilen Sie damit, ich möchte sie gern der Fürstin Kinsky, einer der hübschsten, ideelsten Frauen in Wien, bald übergeben. – Und die Gesänge von Egmont, warum noch nicht heraus, warum überhaupt nicht mit dem ganzen E. heraus, heraus, heraus? – Wollen Sie zu den *Entreactes* noch hier oder da einen Schluß angepicht haben, kann auch sein, oder lassen Sie das einen Leipziger Korrektor der Musikzeitung besorgen, die verstehen das wie eine Faust auf ein Aug'. – Das Porto für die Briefe rechnen Sie mir nur gefälligst an. – Mir scheint, mir flüstert's, als gingen Sie wieder auf eine neue Frau aus, alle bei Ihnen vorgehenden Konfusionen schreibe ich dem zu. Ich wünsche Ihnen eine Xanthippe, wie dem heiligen griechischen Sokrates zuteil wurde, damit ich einmal einen deutschen Verleger, welches viel sagen will, verlegen, ja recht in Verlegenheit erblicke. – Ich hoffe bald mit ein paar Zeilen von Ihnen beehrt zu werden.

Ihr Freund Beethoven.

Ludwig van Beethoven
Worte zur Musik

Musik ist das Klima meiner Seele, da blüht sie und schießt nicht bloß ins Kraut, wie die Gedanken anderer, die sich Komponisten nennen. Aber wenige verstehen, welch ein Thron der Leidenschaft jeglicher einzelne Musiksatz ist – und wenige wissen, daß die Leidenschaft selbst der Thron der Musik ist.

Jeden Tag gelange ich mehr zu dem Ziel, das ich fühle, aber nicht beschreiben kann. Nur hierin kann dein Beethoven leben. Nichts von Ruhe – ich weiß von keiner andern als dem Schlaf, und wehe genug tut mirs, daß ich ihm jetzt mehr schenken muß als sonst.

Sie wissen selbst, was einige Jahre bei einem Künstler, der immer weiter geht, für eine Veränderung hervorbringen; je größere Fortschritte in der Kunst man macht, desto weniger befriedigen einen seine älteren Werke.

Es ist ein eigenes Gefühl, sich loben zu sehen, zu hören, und dabei seine eigene Schwäche zu fühlen wie ich: solche Gelegenheiten betrachte ich immer als Ermahnungen, dem unerreichbaren Ziele, das uns Kunst und Natur darbeut, näher zu kommen, so schwer es auch ist.

Was fordert man nicht für Edelmut von einem wahren Künstler und gewiß nicht ganz, ohne sich zu irren: aber hingegen wie abscheulich, wie niedrig erlaubt man sich so leicht über uns herzufallen.

Ich wünschte nichts, als ganz umsonst schreiben zu können! auf den Standpunkt aber wird es ja schwerlich ein deutscher oder vielmehr ein österreichischer Künstler bringen.

Der Geist der wirkende darf nicht an die elenden Bedürfnisse gefesselt werden, und mir wird dadurch noch manches mich Beglückende für das Leben entzogen. Selbst meinem Hange und meiner mir selbst gemachten Pflicht, vermittelst meiner Kunst für die bedürftige Menschheit zu handeln, habe ich müssen und muß ich noch Schranken setzen.

Was mich angeht, so wandle ich hier mit einem Stück Notenpapier in Bergen, Klüften und Tälern umher, und schmiere manches um des Brots und Geldes willen, denn auf diese Höhe habe ichs in diesem allgewaltigen ehemaligen Faijakenlande gebracht, daß, um einige Zeit für ein großes Werk zu gewinnen, ich immer vorher so viel schmieren um des Geldes willen muß, daß ich es aushalte bei einem großen Werk.

Allzeit habe ich mich zu den größten Verehrern Mozarts gerechnet, und werde es bis zum letzten Lebenshauch.

Das ist ein Werk! Da sagte Mozart der Welt: »Seht, was ich machen könnte, wenn für euch die Zeit gekommen wäre!«

Die gute Aufnahme von Mozarts Don Juan macht mir so viel Freude, als sei es mein eignes Werk.

Händel ist der unerreichte Meister! Geht hin und lernt, mit wenigen Mitteln so große Wirkungen hervorzubringen.

Nicht entreiße Händel, Haydn, Mozart ihren Lorbeerkranz; ihnen gehört er zu, mir noch nicht.

Händels, Bachs, Glucks, Mozarts, Haydn's Porträte in meinem Zimmer, sie können mir auf Duldung Anspruch machen helfen.

Daß Sie Sebastian Bachs Werke herausgeben wollen, ist etwas, was meinem Herzen, das ganz für die hohe große Kunst dieses Urvaters der Harmonie schlägt, recht wohl tut.

Nicht Bach, sondern Meer sollte er heißen wegen seines unendlichen unausschöpfbaren Reichtums an Tonkombinationen und Harmonien.

Genie hat doch nur unter ihnen der Deutsche Händel und Sebastian Bach gehabt.

Verzeihen Sie, daß ich heute nicht mehr schreiben kann: so was ermüdet – lieber die größte musikalische Aufgabe.

Ich trage meine Gedanken lange, oft sehr lange mit mir herum, ehe ich sie niederschreibe. Dabei bleibt mir mein Gedächtnis so treu, daß ich sicher bin, ein Thema, das ich einmal gefaßt habe, selbst nach Jahren nicht zu vergessen. Ich verändere manches, verwerfe und versuche aufs neue, so lange, bis ich damit zufrieden bin; dann aber beginnt in meinem Kopfe die Verarbeitung in die Breite, in die Enge, Höhe und Tiefe, und da ich mir bewußt bin, was ich will, so verläßt mich die zugrunde liegende Idee niemals, sie steigt, sie wächst empor, ich sehe und höre das Bild in seiner ganzen Ausdehnung wie in einem Gusse vor meinem Geiste stehen, und es bleibt mir nur die Arbeit des Niederschreibens, die rasch von Statten geht, je nachdem ich die Zeit erübrige, weil ich zuweilen mehreres zugleich in Arbeit nehme, aber sicher bin, keines mit dem andern zu verwirren. Sie werden mich fragen, woher ich meine Ideen nehme? Das vermag ich mit Zuverlässigkeit nicht zu sagen; sie kommen ungerufen, mittelbar, unmittelbar, ich könnte sie mit Händen greifen, in der freien Natur, im Walde, auf Spaziergängen, in der Stille der Nacht, am frühen Morgen, angeregt durch Stimmungen, die sich bei dem Dichter durch Worte, bei mir in Töne umsetzen, klingen, brausen, stürmen, bis sie endlich in Noten vor mir stehen.

Mein Fidelio ist vom Publikum nicht verstanden worden; aber ich weiß es, man wird ihn noch schätzen. Dennoch, obgleich ich recht gut weiß, was mein Fidelio wert ist, so weiß ich doch ebenso klar, daß die Sinfonie mein eigentliches Element ist. Wenn es in mir klingt, hör ich immer das volle Orchester.

Instrumentalisten kann ich alles zumuten; bei der Gesangskomposition muß ich immer fragen: läßt sich das singen?

Wenn ich dann und wann versuche, meinen aufgeregten Gefühlen in Tönen eine Form zu geben – ach, dann finde ich mich schrecklich getäuscht: ich werfe mein besudeltes Blatt voll Verdruß auf die Erde und fühle mich fest überzeugt, daß kein Erdgeborener je die himmlischen Bilder, die seiner aufgeregten Phantasie in glücklicher Stunde vorschwebten, durch Töne, Farbe oder Meißel darzustellen im Stande sein wird.

Felix Mendelssohn-Bartholdy
Drei Briefe von unterwegs

An Zelter München, den 22. Juni 1830.

Oft habe ich des Vormittags dem Goethe vorspielen müssen; er wollte einen Begriff davon haben, wie die Musik sich fortgebildet habe, und verlangte deshalb von den verschiedenen Komponisten, wie sie einander folgten, etwas zu hören. An den Beethoven wollte er nicht gern heran; ich konnte es ihm aber nicht ersparen, da er hören wollte, wo es jetzt »mit den Tönen sich hingewendet habe«, und spielte ihm das erste Stück der c-moll-Symphonie, das ihm auch sehr gefiel. Über die Ouvertüre von Seb. Bach aus D-dur mit den Trompeten, die ich ihm auf dem Klavier spielte, so gut ich konnte und wußte, hatte er eine große Freude; »im Anfange gehe es so pompös und vornehm zu, man sehe ordentlich die Reihe geputzter Leute, die von einer großen Treppe herunterstiegen«, auch die Inventionen und vieles aus dem »Wohltemperierten Klavier« habe ich ihm gespielt. Eines Mittags meinte er, ob ich nicht das Handwerk grüßen wolle und zu dem Organisten gehen, damit er mich die Orgel in der Stadtkirche sehen und hören ließe. Das tat ich denn und habe mich recht über das Instrument gefreut. Der Organist, nachdem er mir gesagt hatte, ich möge wählen, ob er mir was Gelehrtes oder was für die Leute vorspielen sollte (denn für die Leute müsse man nur schlechte, leichte Sachen komponieren), gab denn auf mein Bitten was Gelehrtes; es war aber nicht viel an dem Dinge; er modulierte hin und her, bis man schwindlig wurde, und es wollte nicht neu werden; er machte eine Menge Eintritte, und es wollte keine Fuge werden. Als ich ihm was spielen sollte, ließ ich die d-moll-Toccata von Sebastian los und meinte, das sei gelehrt und zugleich auch für die Leute, d. h. für gewisse; aber siehe, kaum hatte ich angefangen, so schickte der Superintendent seinen Bedienten und ließ sagen: man möchte gleich mit dem Orgelspiel aufhören, da es Wochentag sei und der

Lärm ihn im Studieren störe. Über die Geschichte hat sich Goethe sehr erbaut.

Hier in München machen es die Musiker nun ganz wie der Organist; sie meinen, gute Musik sei allerdings eine Gottesgabe, aber nur so in abstracto; denn sobald sie etwas spielen, so ist es das Dümmste, Abgeschmackteste, was sie nur finden können, und wenn das den Leuten dann, wie natürlich, nicht gefällt, so meinen sie, es läge nur daran, daß es noch zu ernsthaft wäre. Selbst die besten Klavierspieler wußten kaum, daß Mozart und Haydn auch für das Klavier geschrieben hätten; Beethoven kannten sie nur vom Hörensagen; Kalkbrenner, Field, Hummel nennen sie klassische oder gelehrte Musik. Da habe ich denn nun mehreremal gespielt und die Zuhörer so ungemein empfänglich und auffassend gefunden, daß ich mich doppelt über jene Frivolitäten ärgerte; und neulich in einer soirée bei der Gräfin R., die darin den Ton angeben soll, brach ich aus. Als ich denn nun aufgefordert wurde, so dachte ich: wenn ihr euch langweilt, ists eure Strafe, und spielte frisch die Sonate aus cis-moll von Beethoven. Wie ich nun fertig bin, sehe ich, daß es den größten Effekt gemacht hat; die Damen hatten geweint, die Herren disputierten über die Bedeutung; jetzt mußte ich den Klavierspielerinnen eine Menge Sonaten von Beethoven aufschreiben, die sie spielen sollten; am folgenden Morgen ließ die Gräfin ihren Klavierlehrer kommen und verlangte von ihm eine Ausgabe guter Musik, aber wirklich guter, von Mozart, Beethoven und Weber. Diese Geschichte ist nun in München herumgekommen, und es macht den gutgesinnten Musikern viel Spaß, daß ich mich zum Prediger in der Wüste aufgeworfen.

An die Familie Sargans, den 3. September [1831], mittags

Heut habe ich den ganzen Morgen gespielt und angefangen zu studieren, weil es eigentlich eine Schande ist, daß ich die Hauptsachen von Seb. Bach nicht spielen kann. In München will ich, wenn es angeht, jeden Tag eine Stunde üben, denn ich habe heut, nach ein paar Stunden, schon Fortschritte mit den Füßen gemacht (nota bene im Sitzen). Rietz hatte mir nämlich erzählt, daß ihm Schneider in Dresden die D-dur-Fuge aus dem wohltemperierten Klavier auf der Orgel, mit dem Pedal die Bässe, vorgespielt habe; das war mir bisher so fabelhaft vorgekommen, daß ich es nie recht begriffen hatte. Heut morgen fiel es mir auf der Orgel wieder ein; da machte ich mich ungesäumt daran und bin wenigstens so weit gekommen, zu sehen, daß es gar nicht unmöglich ist, und daß ichs lernen werde. Das Thema ging schon ziemlich gut; und so habe ich auch die Stellen aus der D-dur-Fuge für Orgel, aus der F-dur-Toccata und der g-moll-Fuge, die ich auswendig wußte, geübt. Wenn ich in München eine ordentliche, nicht gebrochene Orgel finde, werde ich es lernen und freue mich kindisch darauf, die Sachen herunterzuorgeln. Die F-dur-Toccata mit der Modulation am Schluß klingt, als sollte die Kirche zusammenstürzen. Das war ein furchtbarer Kantor. Außer dem Orgelspielen habe ich auch noch manches in meinem neuen Zeichenbuch auszuführen (eins ist in Engelberg wieder fertig vollgezeichnet worden). Dann muß ich essen wie 600 Streiter, nach dem Essen wieder Orgel üben, und so vergeht der Sarganser Regentag. Es scheint schön zu liegen, mit dem Schloß auf dem Hügel; aber man darf keinen Fuß aus der Tür setzen.

Abends. Ich habe eben noch bis zur Dämmerung Orgel geübt und trampelte wütend auf dem Pedal herum, als wir auf einmal bemerkten, daß das tiefe cis auf dem Subbaß ganz sanft, aber unaufhörlich mitsauste. Alles Drücken, Rütteln, Stoßen der Taste half nichts; wir mußten in die Orgel hineinklettern, unter den dicken Pfeifen herum; das cis sauste immer sanft fort; der Fehler lag in der *Windlade*; der Organist war in großer Verlegenheit, weil morgen ein Festtag ist; da mußte ich am Ende mein Schnupftuch in die Pfeife stecken, und da gab es kein Sausen, aber auch kein cis mehr. Gute Nacht; es schlägt acht in f-moll und regnet und stürmt in fis-moll oder gis-moll, in allen möglichen Kreuztonarten.

An den Vater München, den 18. Oktober 1831

Wenn in München sonst schon die Tage und die Zeit so schnell forteilen, daß man am Ende immer zweifeln möchte, ob sie wirklich dagewesen seien, so ist das im Oktoberfeste erst recht der Fall. Man geht da jeden Nachmittag um 3 Uhr auf die weite grüne Theresienwiese hinaus, wo es von Menschen wimmelt, und kommt vor Abend nicht fort; denn überall gibt es Bekannte und etwas zu sprechen oder zu sehen: einen Wunderochs, ein Scheibenschießen, ein Wettrennen, schöne Riegelhäubchen u. a. m. Was man zu besorgen hat, kann man da abmachen, denn die ganze Stadt ist draußen auf der Wiese, und erst wenn die Nebel anfangen aufzusteigen, bewegt sich der Schwarm wieder nach den Frauentürmen zu. Dabei sind alle Menschen in Bewegung, laufen hin und her – die Schneeberge in der Ferne so klar und friedlich, daß sie immer wieder einen kommenden frohen Tag versprachen und hielten, – und was die Hauptsache ist: lauter lustige, unbesorgte Gesichter, ein paar Deputierte etwa ausgenommen, die ihren Kaffee im Freien zu sich nahmen und weiter über den jammervollen Zustand des Landes sprachen, während das Land um sie herumsteht und heiter aussieht.

Sonnabend früh war meine erste Probe. Wir hatten etwa 32 Geigen, 6 Kontrabässe, doppelte Blasinstrumente etc. Weiß es Gott aber, wie es kam: die Probe ging schlecht, ich mußte an meiner c-moll-Symphonie allein zwei Stunden probieren. Mein Konzert wollte gar nicht klappen; den Sommernachtstraum konnten wir nur einmal in aller Eile durchprobieren, so daß ich ihn sogar von den Zetteln zurücknehmen wollte, was Bärmann aber durchaus nicht zugab und mir versicherte, sie würden es schon besser machen. Ich mußte also die zweite Probe mit Sorgen abwarten; indes war zum Glück Sonntag abend ein großer Ball, wo es sehr nett war und ich hier wieder lustig wurde, so daß ich am folgenden Morgen höchst plaisierlich in die Generalprobe kam, mich gar nicht genierte, sondern gleich mit der Ouvertüre anfing – sie unaufhörlich probierte, bis sie ging, und es mit meinem Konzert ebenso machte, so daß die ganze Probe sehr gut ablief. Abends als ich hinging und den Lärm von den Wagen hörte, bekam ich rechte Lust an der ganzen Geschichte; um halb 7 Uhr kam der Hof, ich nahm mein kleines englisches Taktstöckchen und dirigierte meine Symphonie. Das Orchester spielte prächtig, mit einer Liebe und einem Feuer, wie ich es noch nie unter mir habe gehen hören; die Forte krachten alle, und das Scherzo war sehr fein und leicht. Es gefiel auch den

Leuten sehr, und der König klatschte immer vor. Dann sang mein dicker Freund Breiting die As-dur-Arie aus Euryanthe, und das Publikum rief da capo, wurde lustig und hatte einen guten Geschmack. Breiting war glücklich, sang mit Begeisterung und ganz wunderschön. Dann kam ich zu meinem Konzert, wurde sehr lebhaft und lange empfangen, das Orchester begleitete gut, und die Komposition war auch toll genug; es machte den Leuten viel Vergnügen; sie wollten mich nachher hervorklatschen, wie es hier Mode ist, aber ich war bescheiden und kam nicht. Im Zwischenakt packte mich der König, lobte mich sehr und fragte nach allem möglichen, auch ob ich mit Bartholdy verwandt sei, in dessen Wohnung in Rom er noch immer gehe, weil das die Wiege der neueren Kunst sei usw. – Der zweite Teil fing mit dem Sommernachtstraum an, der ganz vortrefflich ging und auch vielen Eindruck machte. Dann spielte Bärmann, und dann kam das Finale in A-dur aus Lodoiska; beides habe ich aber nicht gehört, weil ich mich im Nebenzimmer etwas verdampfen mußte.

Als ich zur Fantasie kam, wurde ich wieder sehr empfangen; der König hatte mir »Non più andrai« als Thema gegeben, und da mußte ich denn darauf phantasieren. Ich habe mich recht in meiner Meinung bestärkt, daß es ein Unsinn sei, öffentlich zu phantasieren. Mir ist selten so närrisch zumute gewesen, als wie ich mich da hinsetzte, um meine Fantasie dem Publikum zu produzieren. Die Leute waren sehr zufrieden, wollten mit Klatschen gar nicht endigen – riefen mich heraus – die Königin sagte mir alles Verbindliche; aber ich war ärgerlich, denn mir hatte es mißfallen, und ich werde es öffentlich nicht wiedertun; es ist ein Mißbrauch und ein Unsinn zugleich.

Robert Schumann
Musikalische Haus- und Lebensregeln

Die Bildung des Gehörs ist das wichtigste.

Spiele im Takte. Das Spiel mancher Virtuosen ist wie der Gang eines Betrunkenen. Solche nimm dir nicht zum Muster.

Lerne frühzeitig die Grundgesetze der Harmonie.

Klimpere nie. Spiele immer frisch zu und nie ein Stück halb.

Bemühe dich, leichte Stücke gut und schön zu spielen. Es ist besser, als schwere mittelmäßig vorzutragen.

Du mußt es so weit bringen, daß du eine Musik auf dem Papier verstehst.

Wenn du spielst, kümmere dich nicht darum, wer dir zuhört.

Spiele aber immer, als hörte dir ein Meister zu.

Aller Passagenkram ändert sich mit der Zeit. Nur, wo die Fertigkeit höheren Zwecken dient, hat sie Wert.

Du sollst schlechte Kompositionen weder spielen noch, wenn du nicht dazu gezwungen bist, sie anhören.

Laß dich durch den Beifall, den sogenannte große Virtuosen oft erringen, nicht irre machen. Der Beifall der Künstler sei dir mehr wert als der des großen Haufens.

Alles Modische wird wieder unmodisch. Und treibst du's bis in das Alter, so wirst du ein Geck, den niemand achtet.

Viel Spielen in Gesellschaften bringt mehr Schaden als Nutzen.

Spiele fleißig Fugen guter Meister. Bachs »Wohltemperiertes Klavier« sei dein täglich Brot.

Von deinen musikalischen Studien erhole dich fleißig durch Dichterlektüre.

Von Sängern und Sängerinnen läßt sich manches lernen, doch glaube ihnen auch nicht alles.

Versäume keine Gelegenheit, dich auf der Orgel zu üben. Es gibt kein Instrument, das am Unreinen im Tonsatz wie im Spiel allsogleich Rache nehme als die Orgel.

Singe fleißig im Chor mit, namentlich Mittelstimmen. Dies macht dich musikalisch.

Höre fleißig auf Volkslieder. Sie sind eine Fundgrube der schönsten Melodien und öffnen dir den Blick in den Charakter der verschiedenen Nationen.

Urteile nicht nach dem Erstenmalhören über eine Komposition. Was dir im ersten Augenblick gefällt, ist nicht immer das Beste. Meister wollen studiert sein. Vieles wird dir erst im höchsten Alter klar werden.

»Melodie« ist das Feldgeschrei der Dilettanten. Und gewiß: eine Musik ohne Melodie ist gar keine. Verstehe aber wohl, was jene darunter meinen: eine leichtfaßliche, rhythmisch gefällige gilt ihnen allein dafür. Es gibt aber auch andere anderen Schlages, und wo du Bach, Mozart, Beethoven aufschlägst, blicken sie dich in tausend verschiedenen Weisen an. Des dürftigen Einerleis namentlich neuerer italienischer Opernmelodien wirst du hoffentlich bald überdrüssig.

Fängst du an zu komponieren, so mache alles im Kopf. Die Finger müssen machen, was der Kopf will, nicht umgekehrt.

Verlieh dir der Himmel eine rege Phantasie, so wirst du in einsamen Stunden wohl oft wie festgebannt am Flügel sitzen, in Harmonien dein Inneres aussprechen wollen. Der Jugend glücklichste Stunden sind diese. Hüte dich indessen, dich zu oft einem Talent hinzugeben, das Kraft und Zeit gleichsam an Schattenbilder zu verschwenden dich verleitet. Die Beherrschung der Form, die Kraft klarer Gestaltung gewinnst du nur durch das feste Zeichen der Schrift. Schreibe also mehr als du phantasierst.

Sieh dich tüchtig im Leben um, wie auch in andern Künsten und Wissenschaften.

Die Gesetze der Moral sind auch die der Kunst.

Es ist des Lernens kein Ende.

Richard Wagner
Zwei Briefe

An Albert Niemann

Paris 21. Februar 61

Ich bitte, lesen Sie die letzte Seite zuerst,
und nach Belieben oder Stimmung lesen Sie
dann von vorn oder auch gar nicht!

Mein Freund!

Ich erfahre von fortgesetzter und steigender Entmutigung, in der Sie sich befinden sollen und die Sie zur Ansinnung neuer Opfer meinerseits treibt. Dieser Schwäche länger schmeicheln zu wollen müßte mir nicht verziehen werden können! –

Seit den sechs Monaten des Studiums unseres »Tannhäuser« habe ich die Genugtuung erfahren, auf Sänger, die zuvor nicht eine Idee davon hatten, wie meine Musik zu singen sei, so vorteilhaft zu wirken, daß man über diesen Erfolg, wie er schließlich in ihren Leistungen sich feststellt, erstaunt ist. Während hier alles wächst und mich mit Freude und Hoffnung erfüllt, stellen Sie sich immer kleiner und rauben mir, Schritt vor Schritt zurückweichend, jede Genugtuung, auch auf Sie einigen Einfluß gewonnen zu haben. Während eine *Tedesco* mich überrascht und leistet, was sie zuvor nie leisten zu können behauptete – während die *Sax* auf mein Daraufbestehen sich z. B. eine Atemfülle angeeignet hat, von der sie zuvor keinen Begriff zu haben schien, und Stellen, wie die des Schlusses ihres Adagio-Satzes im 2. Finale, so vollendet schön singt, wie Sie dies in der vorgestrigen Probe gehört haben, ist es mir nicht gelungen, nur so viel über Sie zu gewinnen, daß Sie eine andere Atemverteilung zur Verbindung der beiden Teile des ersten Verses des Tannhäuserliedes, zur Erzielung einer schönen, innigen und dankbaren Wirkung an dieser Stelle, sich aneigneten!

Nachdem ich Sie vor ganz Deutschland, dem Sie bisher nur zu geringem Teil bekannt worden sind, vor Frankreich, ja vor Europa dadurch ausgezeichnet habe, daß ich Sie und keinen andern als den einzigsten Sänger, zu dem ich volles und – blindes Vertrauen hege, nach Paris berufen ließ, ist es mir – seit Ihrem Eintritt in Paris – nicht gelungen, das mindeste Vertrauen Ihrerseits zu gewinnen. Sie haben sich – ich kann sagen fast beleidigend – vor mir zurückgezogen gehalten und fast sorgfältig umgangen, irgendwelchen Rat von mir zu nehmen. Sie begehen die Unzartheit, mir sehr vorzeitig schon zu erklären, mit dem letzten Mai für allemal den »Tannhäuser« in Paris im Stich lassen zu wollen; erklären mir, in Zukunft nicht mehr viel mit meinen Opern überhaupt sich abgeben zu wollen, und zertrümmern mir so, wohl wissend, welche Wichtigkeit für meine und meiner Werke Zukunft ich Ihnen beimesse, die kaum gewonnene Aussicht, in Ihnen den ersehnten Darsteller meiner Helden gefunden zu haben. –

Dies habe ich denn zu verschmerzen und meine künftigen Pläne darnach einzurichten. –

Jetzt handelt es sich aber zunächst noch um diesen Pariser »Tannhäuser«. Was ich in diesem Bezug auf dem Herzen habe, kann ich Ihnen nicht verschweigen. –

Zeigten Sie mir zwar gleich im Beginn an, daß Sie nicht gesonnen wären, Motivierungen Ihrer Auffassung meinerseits anzunehmen, so hoffte ich doch von Ihrer gesunden künstlerischen Empfänglichkeit, zur Verständigung über verschiedene Einzelheiten mit Ihnen zu gelangen. Trotzdem Sie sich in dieser Hinsicht sehr spröde erwiesen, durfte ich doch Hoffnung fassen, im einzelnen hie und da einen Fingerzeig von Ihnen beachtet zu wissen. Ich ersehe nun, daß Sie nach einem halbjährigen Zusammenwirken schließlich einzig es darauf absehen, die von mir Ihrerseits erwartete Leistung ganz und gar auf das Niveau Ihrer bisherigen Leistungen in dieser Rolle zurückzuführen, und es scheint, daß Sie einzig hierin Beruhigung sich verschaffen zu können glauben. Meine warme Anerkennung auch dieser Leistung, soweit ich bisher auf sie schließen konnte, habe ich Ihnen wiederholt herzlich ausgedrückt, und Sie würden mir das härteste Unrecht tun, wenn Sie an der Aufrichtigkeit selbst meiner schmeichelhaftesten Versicherungen im geringsten zweifeln wollten. Demohngeachtet habe ich erkannt, daß Ihre bisherige Leistung noch keine durchaus vollkommene war; sie war das Produkt eines immensen Talentes auf der Grundlage einer ersten jugendlichen Konzeption: diesem die Weihe der vollen künstlerischen Reife zu geben war die Aufgabe, welche Ihnen während des langen Studiums dahier unter Mitwirkung des Autors vorbehalten war. Es war Ihnen vorbehalten, namentlich dem ersten und zweiten Akte noch die durchgängig richtige Auffassung zu geben, an Ihre Gesangsbildung, namentlich wo es auf Weiche ankommt, die vollendende Feile zu legen und den glänzenden einzelnen Momenten die ergänzende Verbindung zu verschaffen. Ich hoffe, Sie erwidern mir hierauf nicht in dem gerade Ihnen so übel stehenden Theaterjargon von Effekten und Knallstellen: ich würde Sie darauf gänzlich ohne Antwort lassen müssen. Einigermaßen auf diesen Sinn eingehend, halte ich jetzt aber für nötig, Ihnen folgendes zu sagen.

Daß es Ihnen möglich war, in Deutschland nur den dritten Akt zu geben, deckt ganz von selbst den schwachen Punkt Ihrer bisherigen Leistung auf. Selbst die allermittelmäßigsten Sänger haben mit diesem dritten Akte noch verhältnismäßig zu effektuieren gewußt: das macht sich eben von selbst, wie früher die Wahnsinnsszene des Masaniello, wo auch jeder Tenorist nach etwas aussah. Ich sage dagegen, daß ich Ihnen diesen ganzen dritten Akt schenke, wenn Sie mir das Finale des zweiten ordentlich bringen. Hier liegt die dramatische Katastrophe und hier der Punkt, wo Tannhäuser das höchste Interesse in Anspruch nehmen und behaupten muß: fällt dies weg, so bleibt der glückende 3. Akt nur noch ein Komödiantenstückchen, auf das ich gar nichts gebe – und dann – ist es allerdings ganz richtig, wenn man die beiden ersten Akte sogleich ganz ausläßt. Das wollen wir aber hier nicht! Und deswegen bleibe ich dabei: das Finale des 2. Aktes vollständig, und zwar so bedeutend, als Sie irgend können! Berufen Sie sich nicht darauf, daß ich die Adagio-Stelle *Tichatscheck* gestrichen habe: hätte ich *Sie* damals schon gehabt, so seien Sie versichert, daß ich sie nicht gekürzt hätte. Glauben Sie auch nicht, daß ich *Tichatscheck* die Stelle genommen hätte, weil sie etwa seine Stimme fatigiert habe: im Gegenteil, was die bloße Stimme betrifft, hätte *Tichatscheck* noch sechs solche Stellen gebracht, denn je mehr und länger er im Zuge war, desto ergiebiger und ausdauernder ward sein Organ, so daß ich Klagen, wie ich sie jetzt fortwährend von Ihnen, dem wahren Herkules an Kraft und Begabtheit höre, von seiten *Tichatschecks* durchaus ungewohnt bin; weshalb ich ihnen denn auch keine rechte Beachtung beimessen kann. Der Fehler, der damals in Dresden diese so wichtige Stelle verdarb, war folgender: – ein Blick in die Partitur zeigt Ihnen, daß ich mit Tannhäuser zugleich das ganze Sänger-Ensemble mit fortsingen ließ; dies deckte dermaßen, daß das Solo des Tannhäuser wie eine bloße Mittelstimme wirkte, die allerdings vielleicht sich dann noch hervorstechend gezeigt haben würde, wenn *Tichatscheck* der eigentliche tragische Schmerz im Ausdruck zur Disposition gestanden hätte: daß hier aber seine schwache Seite lag, wissen wir. Auf den glücklichen Einfall, das Ensemble auszulassen und Tannhäuser allein singen zu lassen, kam ich damals noch nicht, sondern erst neuerdings bin ich auf diese richtige Wendung verfallen. Damals blieb mir nichts übrig, als die Stelle zu streichen, weil sie – mit dem Ensemblegesang vermischt – unklar blieb und somit als eine ausdruckslose Länge erschien. Jetzt wird auch *Tichatscheck* mit seinen alten Kräften die Stelle (als Solo) wieder singen. – Nun, die Bedeutung dieser Stelle haben Sie sehr wohl erkannt und wissen nicht nur, welche große Wirkung daraus an und für sich zu ziehen ist, sondern auch von welcher Wichtigkeit sie für das ganze Tannhäuser-Interesse ist. Nur für Ihre Stimme sind Sie besorgt, und Ihre Ängstlichkeit vermehrt sich durch die Vorstellung, daß ja eben auch *Tichatscheck* sie nicht herausgebracht habe. Dies zu widerlegen und Sie zu ermutigen, erzählte ich Ihnen soeben noch einmal den ganzen Vorgang und den Grund, warum ich sie damals strich und jetzt sie auch für *Tichatscheck* wiederherstelle.

Lassen Sie also diese Furcht fahren, und sehen Sie der Sache mutiger ins Auge. Denken Sie nicht an den dritten Akt: der ist Ihnen sicher. Denken Sie nur an dies zweite Finale, und werfen Sie sich so ganz mit Leib und Seele hinein, als ob Sie nach diesem Finale nicht eine Note mehr zu singen hätten. Der Gewinn ist dann ein sicherer: im entscheidendsten Punkt der Oper, da – wo alles aufs äußerste gesteigert ist und der geringste Laut mit atemloser Spannung aufgenommen wird, da – hier ist es, wo die Entscheidung des *ganzen Abends* fällt! Glauben Sie *mir*, und vertrauen Sie nur dies *eine* Mal noch auf mich! Sie sollen in Ihrem Leben nie wieder von mir hören!! – Haben Sie das »pitié pour moi!« so herausgebracht, wie Sie es schon wiederholt mir zum Angehör gegeben haben, wie Sie's können, nämlich so, daß einem die Haare zu Berge stehen und allen das Herz erbebt, so ist *alles, alles* gewonnen, die unmittelbare Wirkung unermeßlich, und alles, was folgt ist – Kinderspiel; denn der ungeheure Glaube ist dann da, den Sie selbst mit einem mankierenden Ton im 3. Akt, wenn er eintreten sollte, nicht mehr umzustoßen imstande sind. Lassen Sie aber das Hauptinteresse des zweiten Aktschlusses (also in der Katastrophe) für Ihre Person fahren, so wird Ihnen der dritte Akt nur noch als eine glänzende Episode angerechnet werden, die Leistung als Ganzes wird – instinktiv – aber als verfehlt gelten. (Erwidern Sie mir nicht mit Ihren bisherigen Erfolgen an den 2. und 3. Theatern Deutschlands: daß Sie dort eben nur den 3. Akt geben konnten, spricht für meine Ansicht!)

Nochmals: – singen Sie das 2. Finale, als ob Sie den Abend damit enden sollten – und seien Sie versichert – gerade dann werden Sie erst den dritten Akt mir ganz zu Dank singen. Mit einem Worte: Sie sind mir im dritten Akte viel zu frisch, zu sinnlich kräftig, und vergebens habe ich bis jetzt noch auf die Nuancen gewartet, die ich verlange. Ich *will* in diesem Auftritt keine sensuelle Stimmkraftäußerung: alles in Ihrer Wiedergabe ist noch viel zu materiell. Ich müßte, um mit Ihnen Schritt zu gehen, mein ganzes Orchester bei Ihrem Auftritte uminstrumentieren. Alles ist hier auf eine gespenstische Tonlosigkeit berechnet, die allmählich sich nur bis zum Ausdruck rührender Weichheit erhebt. Die ganze Erzählung bis zur Ankunft in Rom wird von Ihnen zu sinnlich-kräftig gegeben: so erzählt kein soeben vom Wahnsinn zu einer lichten Viertelstunde Erweckter, ein Wesen, dem der Begegnende scheu ausweicht, der seit Monaten kaum Nahrung zu sich nahm und dessen Leben nur noch durch das Flämmchen einer wahnsinnigen Sehnsucht wach erhalten wird. Der päpstliche Bannspruch hat in Ihrem Munde eine Energie, die allerdings von niederschmetternder

Wirkung ist: sollte diese Energie ihrem materiellen Gehalte nach um einiges geschwächt sein, so würde die richtige Wirkung dadurch aber durchaus nicht verlorengehen, sondern, von dem gehörigen rhetorischen Vortrage hauptsächlich gestützt, erst recht noch die geeignete Wirkung machen. Nun, fern von mir sei es, hier gerade etwas *anders* zu wünschen; nur sagen wollte ich Ihnen, daß Sie um *dieser* Stelle willen nicht jene im 2. Finale opfern sollen. Und beweisen will ich Ihnen, daß, wenn Tannhäuser im 3. Akte etwas heiser – selbst sein sollte, dies gerade gar kein Unglück sei, während ich es, im richtigen Sinne, für ein Unglück halte, wenn Tannhäuser im 3. Akte durch materielle Hilfsmittel ein Interesse erst wiederherzustellen gezwungen wäre, welches er im entscheidenden 2. Akte verloren haben sollte. –

Hören Sie noch, was ich Ihnen über diesen dritten Akt zu sagen habe. Während Sie alle Ihre früher gewohnten Spielnuancen, wenigstens stellenweise, in den Proben bisher immer stark markiert, ja meist sogar drastisch ausgeführt haben, bin ich betrübt, einiges, was ich Ihnen angegeben, noch nie genügend von Ihnen ausgeführt gesehen zu haben. Ich weiß nicht, werden Sie den Auftritt am Stabe so ausführen, wie ich Sie gebeten, oder nicht? Ich wiederhole Ihnen daher nochmals:

führen Sie die Begleitung der Hörner

bestimmt und plastisch aus: auf der letzten Note wie zusammenknickend. Außerdem keinen Schritt. Dies wiederholt sich viermal: das letzte Mal macht es die grauenhafteste Wirkung, wenn er dann sagt –: »doch such' ich wen, der mir den Weg zum Venusberg zeige«. Verstehen Sie dies recht! Dies allein gibt Ihnen den ganzen Ton für den Auftritt an. »Schweig mir von Rom!« wirkt grell genug. – Den ersten Teil der Erzählung haben Sie zu viel Kraft in der Stimme: nichts anders als rührende Weichheit – ohne alle Bitterkeit. Den zweimaligen Schluß in F-Dur verfehlen Sie dadurch, daß Sie nicht einen ganz regelmäßigen Fall in das diminuendo – p – etc. ausführen.

»Um die Träne zu versüßen, die einst mein Engel mir geweint.
(p) (più p)

Um meines Engels Tränen zu versüßen!«

Da Sie so viel auf Effekt halten, glauben Sie mir, Sie erzielen diesen hier nur durch das p, durch rührende, schmelzende Weichheit.

Auch die Stelle im 1. Akte, wo Sie die Phrase des Pilgerchors aufnehmen, ist zu hart, zu unmittelbar expressiv: weicher; zum Schluß wie in Tränen erstickend. –

Sie sehen, mein Freund, ich gebe es noch nicht auf, Sie zu einiger Beachtung meiner Ratschläge zu bewegen: meine ungeheure Meinung von dem, was Sie leisten und zu leisten fähig sind, verfolgt Sie, vielleicht bis zur Belästigung für Sie. – Ihre jetzige Aufregung ist mir erklärlich: ohne diese tiefe Erregung und sogar momentane Entmutigung – kein rechter Siegeseifer, kein wahres Bewußtsein einer großen Aufgabe. Aber hüten wir uns, diesen Zustand anhalten zu lassen, ja ihm die Macht über unsere Kraft zu überlassen. Wer – zum Teufel! soll endlich kühn und wagend sein, wenn nicht Sie, mit einer Ausstattung der Natur, wie ich sie bisher nur geträumt, nicht aber für möglich gehalten habe? Mein Schicksal führt mir Sie zu – und im Momente des Erkennens soll ich Sie durch Einbildungen von Schwäche verlieren? Sie sahen mich bereit, Ihnen Opfer zu bringen. Ich bedeute Ihnen mit großer Zuversicht, Sie taten Unrecht, den neuen Vers im Sängerkrieg nicht zu wagen: ein großer Glanz, ein sehr nötiges Moment geht dadurch verloren. Die Stelle im 2. Finale kann ich aber unmöglich Ihrer momentanen Mutlosigkeit opfern! Auch Ihnen, dem jungen, rüstigen Heros, würde es eigentümlich bedünken, wenn Sie nach Deutschland zurückkehren und dort vom alten *Tichatscheck* die Wirkung dieser Stelle erfahren sollten: denn – dieser singt sie jetzt.

Mut, Mut, Freund! Lassen Sie sich nicht von der Weichlichkeit packen, die Ihnen so übel steht! Führen Sie die Stelle in der Generalprobe mit *aller* Macht aus, und sehen wir dann den Effekt auf Ihren dritten Akt.

Es ist dies die letzte Bitte, die ich als Autor an Sie ergehen lassen werde. Sie haben mir genug zu verstehen gegeben, um für meine fernere Zukunft – ich gestehe Ihnen dies – *sehr* schmerzlich [mich] auf Sie verzichten zu lassen.

11½ Uhr.

So weit war ich, als Ihr Brief soeben an mich gelangte.

Ich sehe, bis auf welchen Punkt Sie angekommen sind. Sie sprechen gegen mich eine Sprache, die ich wirklich nur verstehe, wenn ich mich in die allerersten Zeiten meiner mühvollen Laufbahn zurückversetze.

Ich glaube Ihnen aber sagen zu können, daß Sie im Irrtum sind, wenn Sie von einer Blamage sprechen, der Sie sich ausgesetzt haben, und verwundre mich, wer Ihnen Boulevard-Gespräche zu Gehör gebracht haben soll.

Zögernd frage ich mich, ob dieser Brief Ihnen noch etwas taugen oder ob er nur verschlimmern könne. Ich will jedoch nicht plötzlich von meiner letzten Kunsthoffnung scheiden.

Sie erfahren durch eben diesen Brief, welche ungeheure Meinung ich von Ihnen habe, und dieses sichere Innewerden muß Sie vor einem oberflächlichen Mißverständnisse des Geistes, in dem ich mich an Sie wende, bewahren.

In einem Punkte nehme ich jedoch meine obigen Versicherungen zurück.

Ich erkläre mich nämlich bereit, Ihnen die Stelle, um die es sich handelt, zu streichen.

Gewinnen Sie Ruhe! Schonen Sie sich, und – wenn Ihnen dies möglich sein sollte – gewinnen Sie eine Meinung von mir, die mir künftig etwas mehr Achtung Ihrerseits zuwendet, als Sie mir in dem Tone Ihrer heutigen Zeilen bezeigen. –

Seien Sie ruhig!

Mit aufrichtigster Anerkennung

Ihr
Richard Wagner

An Karl Gaillard, Dresden, 30. Januar 1844

Sehr geehrter Herr,

indem ich Ihnen zunächst meinen verbindlichsten Dank für die mir von Ihnen gewidmete so schmeichelhafte Teilnahme ausspreche, gestehe ich Ihnen gern zu, daß ich nicht wenig Gewicht darauf lege, wie eine etwas befremdende Erscheinung, wie die meinige dem Publikum gegenüber wohl zu sein scheint, von der vermittelnden Presse aufgefaßt und dargestellt wird. Wollen Sie nun, wie Sie es gütigst beabsichtigen, einen Teil der Mühe übernehmen, mich und meine künstlerische Richtung durch eine öffentliche Besprechung dem Publikum näher vertraut zu machen, so verpflichten Sie mich dadurch gewiß auf eine ungewöhnliche Weise. Um Ihrem Wunsche aber näher zu entsprechen, hätte ich gern in meiner Umgebung jemand gefunden, der Ihnen das Nötige mitgeteilt hätte: einen dazu Geeigneten kenne ich jedoch nicht, und ich muß selbst darangehen, Ihnen die gewünschten Notizen an die Hand zu geben. Glücklicherweise wird mir dies sehr dadurch erleichtert, daß ich, was meine eigentliche Biographie betrifft, auf eine Darstellung derselben hinweisen kann, welche, durch H. *Laube* veranlaßt, nach meiner eigenen Abfassung im vorigen Jahrgange der Zeitung für die elegante Welt, wenn ich nicht irre in No. 5 und 6, sich befindet. Aus dieser Skizze könnten Sie leicht das Ihnen Tauglichste zusammenstellen; sie reicht bis zu meiner Rückkehr aus Frankreich nach Deutschland, und ihr wäre in Kürze als Daten nur noch hinzuzufügen, daß endlich am 20. Oktober 1842 in Dresden die erste Aufführung meines *»Rienzi«* zustande kam, und zwar mit einem so ungewöhnlichen Erfolge, daß, als auf Verlangen der Dresdener Hoftheater-Direktion zwei Monate darauf auch mein »fliegender Holländer« aufgeführt war, ich, der vorher ganz Unbekannte, sogleich zum Königl. Kapellmeister ernannt wurde, eine Auszeichnung, die hier noch keinem, selbst C. M. v. Weber nicht, zuteil geworden war, da jeder um eine solche Stelle sich Bewerbende zuvor ein Jahr zur Probe fungieren mußte. Die Gerüchte der außerordentlichen Schwierigkeiten der Darstellung des »Rienzi« – welche beiläufig sehr übertrieben worden sind – haben bis jetzt noch die Aufführung dieser Oper an anderen Theatern verzögert; doch wird sie nun in kurzem in Hamburg und im Herbst d. J. auch in Leipzig zur Darstellung kommen; für Berlin fehlt vorläufig zu dieser Oper noch der Helden-Tenor. –

Leichter erschien bis jetzt den Theater-Direktionen die Aufführung meines »fliegenden Holländers«; sie ist nun außer in Dresden, in Kassel, Riga und Berlin veranstaltet worden, und in Prag steht sie mit nächstem ebenfalls bevor. Es ist für mich eigentümlich, daß gerade diese schwierige und dem leichten Verständnis durchaus nicht schnell zugängliche Musik, die ich eigentlich nur einem mir bereits befreundeten Publikum bieten sollte, zunächst am weitesten verbreitet worden ist. Diejenigen, die zuerst *diese* meiner Opern kennenlernen, dürfen leicht über mich in einen Irrtum geraten und glauben, daß die Ausnahme, die ich mir in der ganzen Anordnung dieser Oper, sowohl was den Text als die Musik betrifft, gestattet habe, mir als eigentliche Regel gelte. Dem ist aber nicht so, und ich kann dies gewiß mit nichts Besserem dartun als mit einer Hinweisung auf meine Oper »Rienzi«, worin sowohl Sujet als Musik dem Publikum *und* Kritiker klarmachen können, daß ich mir durchaus nicht nur in jener, im »fliegenden Holländer« vorherrschenden düstren, ja ich möchte sagen – eigensinnigen Richtung gefalle. Ich glaube Ihnen selbst, sehr geehrter Herr, dies vorläufig mit nichts besser beweisen zu können als dadurch, daß ich Ihnen beide Opernbücher hiermit zur gefälligen Durchsicht vorlege. Ich nehme an, daß Sie finden werden, daß, wer das an reicher Handlung so volle Sujet des Rienzi abfaßte, nicht gerade aus Unbehülflichkeit oder Unkenntnis das Buch vom »fliegenden Holländer« ganz anders und scheinbar ärmer, dürftiger ausstattete, sondern daß er hierin einer Überzeugung folgte, die ihm diese Behandlung des Stoffes vorschrieb. Ich verweise Sie hierüber auf einen Brief, den ich vorigen Sommer einem meiner Freunde schrieb und welcher in einem Artikel der »Illustrirten Zeitung«, welcher eigens die genannte Oper bespricht und sich in den Oktober-Nummern des vergangenen Jahres befinden muß, abgedruckt ist.

– Wer daher nur meinen »fliegenden Holländer« kennt, verdenkt mir es meistens, daß ich mir die Texte zu meinen Opern selbst mache: aus den Schwierigkeiten, die ich mir allerdings in diesem Sujet selbst stelle, glaubt man schließen zu müssen, ich sei der Sache nicht gewachsen. Diejenigen, die meinen »Rienzi« kennen, urteilen anders und behaupten im Gegenteile, ich könnte keinen glücklicheren Text gefunden haben als diesen von mir selbst gemachten. Ich bilde mir auf meinen Dichter-Beruf wahrlich nichts ein und gestehe, daß ich nur aus Notdurft, weil mir keine guten Texte geboten wurden, dazu griff, mir diese selbst zu dichten. Jetzt aber würde mir es ganz unmöglich sein, ein fremdes Opernbuch zu komponieren, und zwar aus folgendem Grunde: – Es ist bei mir nicht der Fall, daß ich irgendeinen beliebigen Stoff wähle, ihn in Verse bringe und dann darüber nachdenke, wie ich auch eine passende Musik dazu machen wolle; – bei dieser Art des Verfahrens würde ich allerdings dem Übelstande ausgesetzt, mich zweimal begeistern zu sollen, was unmöglich ist. Die Art meiner Produktion ist aber anders: – zunächst kann mich kein Stoff anziehen als nur ein solcher, der sich mir nicht nur in seiner dichterischen, sondern auch in seiner musikalischen Bedeutung zugleich darstellt. Ehe ich dann darangehe, einen Vers zu machen, ja eine Szene zu entwerfen, bin ich bereits in dem musikalischen Dufte meiner Schöpfung berauscht, ich habe alle Töne, alle charakteristischen Motive im Kopfe, so daß, wenn dann die Verse fertig und die Szenen geordnet sind, für mich die eigentliche Oper ebenfalls schon fertig ist und die detaillierte musikalische Behandlung mehr eine ruhige und besonnene Nacharbeit ist, der der Moment des eigentlichen Produzierens bereits vorangegangen ist. Dazu müssen aber auch allerdings nur Stoffe gewählt werden, die keiner anderen Behandlung als nur der musikalischen fähig sind: nie würde ich einen Stoff wählen, der von einem geschickten Theater-Dichter ebenso gut zu einem rezitierenden Drama benutzt werden könnte. Als Musiker kann ich aber Stoffe wählen, Situationen und Kontraste erfinden, die dem dramatischen Dichter für das Schauspiel stets fremd bleiben müssen. Hier dürfte aber auch der Punkt sein, wo Oper und Drama sich vollkommen scheidet und beide nebeneinander ruhig ihre Richtung verfolgen können. Wenn es die heutige Aufgabe des dramatischen Dichters ist, die materiellen Interessen unsrer Zeit vom moralischen Standpunkte aus zu läutern und zu vergeistigen, so ist dem Opern-Dichter und -Komponisten überlassen, die ganze heilige Poesie, wie sie uns aus den Sagen und Geschichten der Vorzeit anweht, in dem ganzen ihr eigenen Dufte hervorzuzaubern, denn die Musik bietet hier das Mittel zu Kombinationen, wie sie dem Dichter allein, zumal unsern Schauspielern gegenüber, nicht zu Gebote stehen. Dies ist der Weg, die Oper zugleich auf einen höheren Standpunkt zu erheben, den wir dadurch erniedrigen, daß wir dem Komponisten zumuten, Alltäglichkeiten, Intrigen usw. seinen Eingebungen zugrunde zu legen, welche dem modernen Lust- und Schauspiel-Dichter *ohne* Musik darzustellen weit besser gelingen.

– Zu meiner nächsten Oper habe ich die schöne und so eigentümliche Sage vom *Tannhäuser* gewählt, der im Venusberge verweilte und dann zur Buße nach Rom zog; ich habe diese Sage in Verbindung mit dem Sängerkriege auf der Wartburg gebracht, wo Tannhäuser die Stelle des Heinrich von Ofterdingen vertritt: durch diese Verbindung erhalte ich ein reiches dramatisches Leben. – Bei diesem Stoffe, glaube ich, wird es recht klar werden, daß ihn nur ein Musiker behandeln konnte.

– – Ich muß jedoch fürchten, bereits Ihre Teilnahme ermüdet zu haben; wollen Sie mir dieselbe noch ferner erhalten und tätlich beweisen, so glaube ich Ihnen durch meine Mitteilungen genug an die Hand gegeben zu haben, um Sie mit mir etwas näher bekannt zu machen.

Ich wiederhole aber nochmals die Versicherung meines größten Dankes für Ihr so freundliches Entgegenkommen und freue mich sehr darauf, bei meinem nächsten Besuche in Berlin, Ihnen dies mündlich aussprechen zu können.

Genehmigen Sie die Bezeugung meiner größten Hochachtung, mit der ich bin

Ihr
ergebenster
Richard Wagner.

Richard Wagner
Der Virtuos und der Künstler

Nach einer alten Sage gibt es irgendwo ein unschätzbares Juwel, dessen strahlender Glanz plötzlich dem begünstigten Sterblichen, der seinen Blick darauf heftet, alle Gaben des Geistes und alles Glück eines befriedigten Gemüts gewährt. Doch liegt dieser Schatz im tiefsten Abgrunde vergraben. Es heißt, daß es ehedem vom Glück Hochbegünstigte gab, deren Auge übermenschlich gewaltig die aufgehäuften Trümmer, welche wie Tore, Pfeiler und unförmliche Bruchstücke riesiger Paläste über einander lagen, durchdrang: durch dieses Chaos hindurch leuchtete dann der wundervolle Glanz des magischen Juwels zu ihnen herauf und erfüllte ihr Herz mit unsäglicher Entzückung. Da erfaßte sie die Sehnsucht, allen Trümmerschutt hinwegzuräumen, um aller Augen die Pracht des magischen Schatzes aufzudecken, vor dem die Sonnenstrahlen erblassen sollten, wenn sein Anblick unser Herz mit göttlicher Liebe, unseren Geist mit seliger Erkenntnis erfüllte. Doch vergeblich all' ihre Mühe: sie konnten die träge Masse nicht erschüttern, die den Wunderstein barg.

Jahrhunderte vergingen: aus dem Geiste jener so überseltenen Hochbeglückten spiegelte sich der Glanz des Strahlenlichtes, das aus dem Anblicke des Juwels zu ihnen gedrungen war, der Welt wieder ab: aber keiner vermochte ihm selbst zu nahen. Doch war die Kunde davon vorhanden; es führten die Spuren, und man kam auf den Gedanken, in wohlerfahrener Weise des Bergbaues dem Wundersteine nachzugraben. Da legte man Schachten an, durch Minen und Stollen ward in die Eingeweide der Erde eingedrungen; der künstlichste unterirdische Bau kam zustande, und immer grub man von neuem, legte Gänge und Nebenminen an, bis endlich die Verwirrung im Labyrinthe wuchs, und die Kunde von der rechten Richtung ganz und gar verloren ging. So lag der ganze Irrbau, über dessen Mühen das Juwel endlich selbst vergessen worden war, nutzlos da: man gab ihn auf. Verlassen wurden Schachten, Gänge und Minen: schon drohten sie einzustürzen, – als, wie es heißt, ein armer Bergmann aus Salzburg daher kam. Der untersuchte genau die Arbeit seiner Vorgänger: voll Verwunderung folgte er den zahllosen Irrgängen, deren nutzlose Anlage ihm ahnungsvoll aufging. Plötzlich fühlt er sein Herz von wollüstiger Empfindung bewegt: durch eine Spalte leuchtet ihm das Juwel entgegen; mit einem Blicke umfaßt er das ganze Labyrinth: der ersehnte Weg zu dem Wundersteine selbst tut sich ihm auf; von dem Lichtglanze geleitet dringt er in den tiefsten Abgrund, bis zu ihm, dem göttlichen Talisman selber. Da erfüllte eine wunderbare Ausstrahlung die ganze Erde mit flüchtiger Pracht, und alle Herzen erbebten vor unsäglichem Entzücken: den Bergmann aus Salzburg sah aber niemand wieder.

Dann war es wieder ein Bergmann, der kam aus Bonn vom Siebengebirge her; der wollte den verschollenen Salzburger in den verlassenen Schachten aufsuchen: schnell gelangte er auf seine Spur, und so plötzlich traf sein Auge der Wunderglanz des Juwels, daß es sofort davon erblindete. Ein wogendes Lichtmeer durchdrang seine Sinne; von göttlichem Schwindel erfaßt, schwang er sich in den Abgrund, und krachend brachen die Schachten über ihm zusammen: ein furchtbares Getöse drang wie Weltuntergang dahin. Auch den Bonner Bergmann sah man nie wieder.

So endete, wie alle Bergmannssagen, auch diese: mit der Verschüttung. Neu liegen die Trümmer; doch zeigt man noch die Stätte der alten Schachten, und in den letzten Zeiten hat man sich sogar aufgemacht, den beiden verunglückten Bergleuten nachzugraben, denn gutmütig heißt es, sie könnten wohl gar noch am Leben sein. Mit wirklichem Eifer werden die Arbeiten neuerdings betrieben und machen sogar viel von sich reden; Neugierige reisen von weit her, um den Ort zu suchen: da werden Bruchstückchen vom Schutt zum Andenken mitgenommen, und man zahlt etwas dafür, denn jeder will etwas zum frommen Werke beigetragen haben; auch kauft man da die Lebensbeschreibung der beiden Verschütteten, die ein Bonner Professor genau abgefaßt hat, ohne jedoch melden zu können, wie es gerade bei der Verschüttung herging, was nur das Volk weiß. So hat es sich denn endlich der Art gewendet, daß die eigentliche rechte Sage in Vergessenheit geraten ist, während allerhand kleinere neue Fabeln dafür auftauchen, so z. B. daß man beim Nachgraben auf recht ergiebige Goldadern geraten sei, aus welchen in der Münze die solidesten Dukaten geprägt würden. Und wirklich scheint hieran etwas zu sein: an den Wunderstein und die armen Bergleute wird aber immer weniger noch gedacht, wiewohl die ganze Unternehmung doch immer nach der Ausgrabung der verschütteten Bergleute benannt wird. –

Vielleicht ist auch die ganze Sage, wie die ihr nachfolgende Fabel, nur im allegorischen Sinne zu verstehen: die Deutung dürfte uns dann leicht aufgehen, wenn wir den Wunderjuwel als den *Genius der Musik* auffaßten; die beiden verschütteten Bergleute wären dann ebenfalls unschwer zu erklären, und der Schutt, der sie bedeckt, läge uns am Ende quer vor den Füßen, wenn wir uns aufmachen, um zu jenen selig Entrückten durchzudringen. In der Tat, wem jener Wunderstein etwa im sagenhaften Nachttraume einmal geleuchtet, oder: wem der Genius der Musik in der heiligen Stunde der Entzückung in die Seele gezündet hat, der wird, will er den Traum, will er die Entzükkung festhalten, d. h. will er nach den Werkzeugen hierfür suchen, zu allererst auf jenen Trümmerhaufen stoßen: da hat er denn zu graben und zu schaufeln; die Stätte ist besetzt mit Goldgräbern: die wühlen den Schutt immer dichter durcheinander, und wollt ihr auf den alten Schacht dingen, der einst zu dem Juwele führte, so werfen sie euch Schlacken und Katzengold in den Weg. Und das Geröll schichtet sich immer höher, die Wand wird immer dichter: der Schweiß rinnt euch von der Stirn. Ihr Armen! Und jene verlachen euch.

Hiermit mag es nun etwa folgende ernstliche Bewandtnis haben. –

Was ihr von Tönen euch da aufzeichnet, soll nun laut erklingen; ihr wollt es hören und von andern hören lassen. Nun ist euch das Wichtigste, ja das Unerläßlichste, daß euer Tonstück genau so zu Gehör gelange, wie ihr es bei seiner Aufzeichnung in euch vernahmet: das heißt, mit gewissenhafter Treue sollen die Intentionen des Komponisten wiedergegeben werden, damit die geistigen Gedanken unentstellt und unverkümmert den Wahrnehmungsorganen übermittelt werden. Hiergegen müßte nun das höchste Verdienst des ausübenden Künstlers, des Virtuosen, in der vollkommen reinen Wiedergebung jenes Gedankens des Tonsetzers bestehen, wie sie zunächst nur durch wirkliche Aneignung seiner Intentionen, und dem zufolge durch völlige Verzichtleistung auf eigene Invention versichert werden kann. Gewiß könnte somit nur die vom Tonsetzer selbst geleitete Aufführung den richtigen Aufschluß über alle seine Intentionen geben; diesen am nächsten kommen wird dann derjenige, welcher hinlänglich mit eigener Schöpferkraft begabt ist, um den Wert der Reinerhaltung fremder künstlerischer Intentionen nach dem seinen eigenen hierfür beigelegten Werte zu ermessen, wobei ihm andrerseits eine besondere, liebevolle Schmiegsamkeit behilflich sein müßte. Diesen Befähigtsten würden solche Künstler sich anreihen, die keine Ansprüche auf eigene Erfindung erheben und gewissermaßen nur dadurch der Kunst angehören, daß sie das fremde Kunstwerk sich innig zu eigen zu machen fähig sind: diese müßten bescheiden genug sein, ihre persönlichen Eigenschaften, worin diese immer bestehen mögen, gänzlich außer dem Spiele zu halten, so daß bei der Ausführung weder die Vorzüge noch die Nachteile derselben zur Beachtung kämen: denn schließlich soll nur das Kunstwerk, in reinster Wiedergebung, vor uns erscheinen, die Besonderheit des Ausführenden aber in keiner Weise unsere Aufmerksamkeit auf sich, d. h. eben vom Kunstwerke ablenken.

Leider verstößt nun aber diese so wohl berechtigt dünkende Forderung so sehr gegen alle die Bedingungen, unter welchen öffentliche Kunstproduktionen der Teilnahme des Publikums sich erfreuen. Dieses wendet sich zuerst mit Eifer und Neugierde nur der Kunstgeschicklichkeit zu; die Freude an dieser vermittelt ihm erst die Beachtung des Kunstwerkes selbst. Wer will hierfür das Publikum tadeln? Es ist eben der Tyrann, den wir uns zu gewinnen suchen. Noch stünde es auch bei dieser Eigenschaft nicht so schlimm, wenn sie den ausübenden Künstler nicht verdürbe, der endlich vergißt, welches sein wahrer Beruf ist. Seine Stellung als Vermittler der künstlerischen Intention, ja als eigentlicher Repräsentant des schaffenden Meisters, legt es ihm ganz besonders auf, den Ernst und die Reinheit der Kunst überhaupt zu wahren: er ist der Durchgangspunkt für die künstlerische Idee, welche durch ihn gewissermaßen erst zu einem realen Dasein gelangt. Die eigene Würde des Virtuosen beruht daher lediglich auf der Würde, welche er der schaffenden Kunst zu erhalten weiß: vermag er mit dieser zu tändeln und zu spielen, so wirft er seine eigene Ehre fort. Dies fällt ihm allerdings leicht, sobald er jene Würde gar nicht begreift: ist er dann zwar nicht Künstler, so hat er doch Kunstfertigkeiten zur Hand: die läßt er spielen; sie wärmen nicht, aber sie glitzern; und bei Abend nimmt sich das alles recht hübsch aus.

Da sitzt der Virtuos im Konzertsaal und entzückt ganz für sich: hier Läufe, dort Sprünge; er zerschmilzt, er verbraust, er streicht und rutscht, und das Publikum sieht ihm links und rechts auf die Finger. Nun naht ihr euch diesem wunderlichen Sabbath einer solchen Soiree, und sucht euch zu entnehmen, wie ihr es machen sollt, um hier auch assembleefähig zu werden; da gewahrt ihr, daß ihr von dem ganzen Vorgange vor euren Augen und Ohren gerade soviel versteht, als sehr vermutlich der Hexenmeister dort von dem Vorgange in eurer Seele, wenn die Musik in euch wach wird und euch zum Produzieren drängt. Himmel! Diesem Manne dort sollt ihr eure Musik zurecht machen? Unmöglich! Bei jedem Versuche müßtet ihr jämmerlich erliegen. Ihr könnt euch in die Lüfte schwingen, aber nicht tanzen; ein Wirbelwind hebt euch in die Wolken, aber ihr könnt keine Pirouette machen: was sollte euch gelingen, wolltet ihr ihm es nachtun? Ein schnöder Purzelbaum, nichts anderes – und alles würde lachen, wenn ihr nicht gar zum Salon hinausgeworfen würdet.

Offenbar haben wir mit diesem Virtuosen nichts zu schaffen. Aber wahrscheinlich irrtet ihr euch heute im Lokal. Denn in Wahrheit, es gibt andre Virtuosen; es gibt unter ihnen wahre, ja große Künstler: sie verdanken ihren Ruf dem hinreißenden Vortrage der edelsten Tonschöpfungen der größten Meister; wo schlummerte die Bekanntschaft des Publikums mit diesen, wären jene vorzüglich Berufenen nicht wie aus dem Chaos der Musikmacherei entstanden, um der Welt wirklich erst zu zeigen, wer Jene waren und was sie schufen? Und dort klebt der

Anschlagzettel, der euch zu solch' einem hehren Feste einlädt: ein Name leuchtet euch entgegen: *Beethoven*! Ihr wißt genug. Dort ist der Konzertsaal. Und wirklich: Beethoven erscheint euch; und rings herum sitzen vornehme Damen, in langen Reihen hin nichts wie vornehme Damen, und dahinter im weiten Umkreise lebhafte Herren mit Lorgnetten im Auge. Aber Beethoven ist da, mitten unter der duftenden Angst einer träumerisch wogenden Eleganz: es ist wirklich Beethoven, nervig und wuchtvoll in wehmutreicher Allgewalt. Aber, wer kommt da mit ihm? Herr Gott: – Guillaume Tell, Robert der Teufel, und – wer nach diesen? *Weber*, der Innige, Zarte! Gut! Und nun: – ein »Galop«. O Himmel! Wer selbst einmal Galopaden geschrieben, wer in Potpourris gemacht hat, der weiß, welche Lebensnot uns treiben kann, wenn es gilt, um jeden Preis einmal Beethoven nahe zu kommen. Ich erkannte die ganze schreckliche Not, die auch heute zu Galopaden und Potpourris trieb, um Beethoven verkünden zu können; und mußte ich heute den Virtuosen bewundern, so verfluchte ich die Virtuosität. – Darum, strauchelt nicht, ihr echten Jünger der Kunst, auf dem Pfade der Tugend: zog es euch magisch an, nach dem verschütteten Schachte zu graben, laßt euch von jenen Goldadern nicht ableiten; sondern immer tiefer, tiefer grabt dem Wundersteine nach. Mir sagt es das Herz, die verschütteten Bergmänner sind noch am Leben: wenn nicht, so glaubt es nur! Was schadet euch der Glaube?

Aber am Ende ist das alles doch nur Phantasterei? Ihr braucht den Virtuosen, und ist er der rechte, so braucht er auch euch. So muß es doch sonst gewesen sein. Allerdings ist etwas vorgefallen, was eine Trennung zwischen Virtuosen und Künstler hervorrief. Gewiß war es einmal leichter, auch sein eigener Virtuos zu sein; aber ihr wurdet übermütig und machtet es euch selbst so schwer, daß ihr die Mühe der Ausführung demjenigen zuweisen mußtet, der nun sein ganzes Leben lang gerade vollauf damit zu tun hat, die andre Hälfte eurer Arbeit zu bestehen. Wahrlich, ihr müßt ihm dankbar sein. Er hat dem Tyrannen zuerst standzuhalten: macht er seine Sache nicht gut, keiner frägt nach eurer Komposition, aber er wird ausgepfiffen; wollt ihr ihm dagegen verargen, daß, wenn er applaudiert wird, er das ebenfalls auf sich bezieht, und nicht gerade im besonderen Namen des Komponisten sich bedankt? Hierauf käme es euch eigentlich auch nicht an: ihr wollt nur, daß euer Musikstück so exekutiert werde, wie ihr es euch gedacht habt; der Virtuos soll nichts dazu, nichts davon tun; er soll *ihr selbst* sein. Aber das ist oft sehr schwer: versuche einer einmal, sich so ganz in den andern zu versetzen! –

Seht da den Mann, der gewiß am allerwenigsten an sich denkt, und dem das persönliche Gefallen gewiß nichts Besonderes einzubringen hat, wenn er zum Orchesterspiele den Takt schlägt. Der bildet sich gewiß ein, mitten im Komponisten drin zu stecken, ja, ihn wie eine zweite Haut über sich gezogen zu haben? Sicher plagt diesen der Hochmutsteufel nicht, wenn er euer Tempo falsch nimmt, eure Vortragszeichen mißversteht und euch beim Anhören eures eignen Tonstückes zur Verzweiflung bringt. Auch *er* kann allerdings Virtuose sein, und vermöge allerlei Nüancierungspfiffigkeiten das Publikum zu der Meinung verleiten wollen, *er* sei es eigentlich, der es mache, daß alles so hübsch klinge: er findet, daß es nett ist, wenn eine laute Stelle plötzlich einmal ganz leise, eine schnelle ein bißchen langsamer gespielt werde; er setzt euch da und dort einen Posauneneffekt hinzu, auch etwas türkische Musik; vor allem aber hilft er durch drastische Streichungen, wenn er anders seines Erfolges nicht recht sicher ist. Dies wäre denn ein Virtuose des Taktstocks; und ich glaube, er kommt häufig vor, namentlich bei Operntheatern. Deshalb ist es nötig, gegen ihn sich vorzusehen, was doch wohl am besten geschieht, wenn man sich des eigentlichen wirklichen, nicht nachgemachten Virtuosen, nämlich des *Sängers* versichert.

Dem Sänger geht der Komponist so recht eigentlich durch und durch, um als lebendiger Ton ihm aus der Kehle herauszuströmen. Hier sollte man meinen, wäre kein Mißverständnis möglich: der Virtuos hat nach außen herum zu greifen, hierhin, dorthin; er kann sich vergreifen; aber dort im Sänger sitzen wir mit unsrer Melodie selbst. Bedenklich wird es allerdings, wenn wir ihm nicht an der rechten Stelle sitzen; auch er hat uns nur von außen aufgegriffen: drangen wir ihm nun bis an das Herz, oder blieben wir in der Kehle stecken? Wir gruben nach dem Juwel in der Tiefe: hafteten wir an dem Schutt der Goldadern?

Auch die menschliche Stimme ist nur ein Instrument; es ist selten und wird teuer bezahlt. Wie dies Werkzeug beschaffen, das beachtet zunächst die Neugierde des Publikums, und dann frägt sie, *wie* mit ihm gespielt werde: *was* es spielt, ist den allermeisten ganz gleichgültig. Destomehr gibt hierauf aber der Sänger: nämlich, was er singt, soll so gemacht sein, daß es ihm leicht wird, es mit großem Gefallen auf seiner Stimme zu spielen. Wie geringfügig ist dagegen die Berücksichtigung, welche der Virtuose *seinem* Instrument zuzuwenden hat: das steht fertig da; leidet es Schaden, so wird es ausgebessert. Aber dieses kostbare, wunderbar launenhafte Instrument der Stimme? Keiner hat seinen Bau noch ganz ermessen. Schreibt, wie ihr wollt, ihr Komponisten, nur habt im Auge, daß die Sänger es gern singen! Wie aber habt ihr das anzufangen? Geht in die Konzerte, oder besser noch, in die Salons! – Für diese wollen wir aber gar nicht schreiben, sondern für das Theater, die Oper, – dramatisch. – Gut! So geht in die Oper, und erkennet, daß ihr auch dort immer nur im Salon, im Konzert seid. Es ist auch hier der Virtuos, mit dem ihr vor allen Dingen euch zu verständigen habt. Und dieser Virtuos, glaubt es, ist gefährlicher als alle anderen, denn, wo ihr ihm auch begegnet, täuscht er euch am leichtesten.

Beachtet diese berühmtesten Sänger der Welt: von wem wollt ihr lernen, als von den Künstlern unsrer großen italienischen Oper, welche nicht nur von Paris, sondern von allen Hauptstädten der Welt eigentlich als überirdische Wesen verehrt werden? Hier erfahrt ihr, was eigentlich die *Kunst* des Gesangs ist; von ihnen lernten erst die wiederum berühmten Sänger der großen französischen Oper, was singen heißt, und daß dieses kein Spaß ist, wie die guten Gaumenschreihälse in Deutschland es wähnen, die etwa die Sache für abgemacht halten, wenn sie das Herz auf dem rechten Flecke, nämlich dicht am Magen, sitzen haben. Da trefft ihr denn auch die Komponisten an, die es verstanden, für wahre Sänger zu schreiben: sie wußten, daß sie nur durch diese zur Beachtung, ja zur Existenz gelangen konnten, und ihr seht, sie sind da, es geht ihnen gut, ja, sie sind verehrt und berühmt. Aber so wie diese wollt ihr nicht komponieren; man soll euer Werk respektieren; von dem wollt ihr einen Eindruck haben, nicht von dem Erfolge der Kehlfertigkeit ihrer Sänger, welchem jene ihr Glück verdankten? – Seht genauer zu: haben diese Leute keine Passion? Zittern und beben sie nicht, wie sie lispeln und gaukeln? Wenn es da heißt: »Ah! Tremate!«, macht sich das ein wenig anders, als wenn es bei euch zum: »Zittre, feiger Bösewicht!« kommt. Habt ihr das »Maledetta!« vergessen, vor welchem das vornehmste Publikum sich wie eine Methodistenversammlung unter Negern wand? – Aber das scheint euch nicht das Echte? Euch dünken das Effekte, über die ein Vernünftiger lache?

Allerdings ist auch *dieses* Kunst, und zwar eine solche, in welcher es diese berühmten Sänger sehr weit gebracht haben. Auch mit der Gesangstimme kann man spielen und tändeln, wie man will; endlich aber muß das ganze Spiel auch einem Affekte verwandt sein, denn so ganz ohne Not geht man doch nicht vom vernünftigen Reden in das immerhin bedenklich lautere Singen über. Und das ist es nun eben, was das Publikum will, daß es hier zu einer Emotion komme, die man zu Haus beim Whist- und Dominospiele nicht hat. Auch mag dies alles überhaupt einmal anders gewesen sein: große Meister fanden große Jünger unter den Sängern; von dem Wunderbaren, was sie gemeinsam zutage förderten, lebt noch die Tradition, und belebt sich oft wieder von neuem zur Erfahrung. Gewiß, man weiß und will, daß der Gesang auch dramatisch wirken soll, und unsre Sänger lernen daher den Affekt handhaben, daß es den Anschein hat, als kämen sie eigentlich nicht aus ihm heraus. Und der Gebrauch desselben ist vollkommen geregelt: nach dem Girren und Zirpen wirkt die Explosion ganz unvergleichlich; daß es nicht zur tatsächlichen Wahrheit kommt, nun, dafür ist es ja eben Kunst.

Euch bleibt ein Skrupel, und dieser beruht zunächst in eurer Verachtung der seichten Kompositionen, deren sich diese Sänger bedienen. Woher stammen diese? Doch eben aus dem Willen jener Sänger, nach deren Belieben sie angefertigt wurden. Was, um alle Welt, kann ein wahrer Musiker mit diesem Handwerk gemein haben wollen? Wie aber wird es damit stehen, wenn diese gepriesenen Halbgötter der italienischen Oper ein wahres Kunstwerk vorführen sollen? Können sie wahres Feuer fangen? Können sie den Zauberblitz jenes Wunderjuwels in sich fallen lassen?

Seht da: »Don Giovanni«! Und wirklich von Mozart! So steht es auf der Theaterafffiche für heute zu lesen. Da wollen wir denn hören und sehen!

Und sonderbar ging es mir, als ich neulich wirklich den »Don Juan« von den großen Italienern hörte: es war ein Chaos von allen Empfindungen, darin ich hin und her geworfen wurde; denn wirklich traf ich den vollen Künstler an, aber dicht neben ihm den lächerlichsten Virtuosen, der jenen vollkommen ausstach. Herrlich war die *Grisi* als »Donna Anna«; unübertrefflich *Lablache* als »Leporello«. Das schönste, reichbegabteste Weib, ganz beseelt von dem einen: Mozarts »Donna Anna« zu sein: da war alles Wärme, Zartheit, Glut, Leidenschaft, Trauer und Klage. Oh! Die wußte, daß der verschüttete Bergmann noch lebe, und selig bestärkte sie in mir den eigenen Glauben. Aber die Törin verzehrte sich um Herrn *Tamburini*, der als weltberühmtester Baritonist den »Don Juan« sang und spielte: der Mann wurde den ganzen Abend über den hölzernen Klöpfel nicht los, der ihm mit dieser fatalen Rolle zwischen die Beine gelegt war. Ich hatte ihn zuvor in einer Bellinischen Oper einmal gehört: da lernte ich seine Weltberühmtheit begreifen: da war »Tremate!« und »Maledetta«, und aller Affekt Italiens zusammen. Heute ging das nicht: die kurzen, schnellen Musikstücke huschten ihm hinweg wie flüchtige Notenschatten; viel flüchtiges Rezitativ: Alles steif, matt; der Fisch auf dem Sande. Aber es schien, daß das ganze Publikum auf dem Sande lag: es blieb so gesittet, daß niemand ihm sein sonstiges Rasen anmerken konnte. Vielleicht eine schöne, würdige Feier des wahren Genius, der heute seine Flügel durch den Saal schwang? Wir werden ja sehen. Jedenfalls riß auch die göttliche *Grisi* an diesem Abend nicht besonders hin: namentlich begriff man ihre heimliche Glut für den verdrießlichen »Don Juan« nicht recht. – Da war nun aber *Lablache*, ein Koloß, und heute doch jeder Zoll ein *»Leporello«*. Wie er dieses anfing? Die ungeheure Baßstimme sang immer in den klarsten, herrlichsten Tönen, und doch war es stets nur ein Schwatzen, Plappern, dreistes Lachen, hasenfüßiges Knieschlottern; einmal pfiff er mit der Stimme, und immer tönte es schön, wie ferne Kirchturmglokken. Er stand nicht, er ging nicht, er tanzte aber auch nicht; doch immer bewegte er sich; man sah ihn da und dort, überall, und doch störte er nie, unbeachtet stets auf dem Flecke, wo eine drollige Nase der Situation etwas Lustiges oder Ängstliches anzumerken hatte. *Lablache* wurde an diesem Abend nicht ein einziges Mal applaudiert: das mochte vernünftig dünken, es sah aus, wie dramatischer Gout im Publikum. Wirklich verdrießlich schien dieses aber darüber, daß sein ausgemachter Liebling, Madame *Persiani* (das Herz erbebt, wenn man nur den Namen ausspricht!), mit der Musik der »Zerlina« sich nicht zurecht zu finden wußte. Ich merkte wohl, es war eigentlich darauf abgesehen, sich grenzenlos an ihr zu entzücken, und wer sie kurz zuvor im »Elisire d'amore« gehört hatte, dem konnte man eine Berechtigung hierzu nicht absprechen. Daran war nun aber entschieden *Mozart* schuld, daß es heute nicht zum Entzükken kommen wollte: wiederum Sand für solch' einen munteren Fisch! Ach, was hätte Publikum und Persiani heute darum gegeben, wenn eine Einlage aus dem »Liebeselixir« für schicklich gehalten worden wäre! In der Tat merkte ich allmählich, daß es heute beiderseitig auf einen Exzeß von Dezenz abgesehen war: es herrschte eine Übereinkunft, die ich mir lange nicht erklären konnte. Warum, da man allem Anscheine nach »klassisch« gesinnt blieb, riß die herrliche »Donna Anna« durch ihre über alles schöne und vollendete Leistung nicht alles zu dem echten Entzücken hin, worauf es andrerseits heute einzig abgesehen schien? Warum, da man hier im allergerechtesten Sinne sich hinreißen zu lassen verschmähte, fand man sich dann überhaupt zu einer Aufführung des »Don Juan« ein? Wahrlich, der ganze Abend schien eine freiwillig übernommene Pein, welcher man aus irgend einem Grunde sich unterzog: aber zu welchem Zwecke? Etwas mußte doch damit gewonnen werden, da ein solches Pariser Publikum zwar viel verschwendet, aber immer etwas dafür haben will, sei es auch etwas recht Wertloses?

Auch dieses Rätsel löste sich: *Rubini schlug diesen Abend seinen berühmten Triller von A nach B!* Da tagte mir denn alles.

Wie hätte ich groß an den armen »Don Ottavio« gedacht, den so oft verspotteten Tenorlückenbüßer des »Don Juan«? Und wahrlich hatte ich auch heute lange Zeit mein rechtes Bedauern mit dem so unerhört gefeierten *Rubini*, dem Wunder aller Tenöre, der auch seinerseits recht verdrießlich an sein Mozartpensum ging. Da kam er, der nüchterne, solide Mann, von der göttlichen »Donna Anna« leidenschaftlich am Arme herbeigezogen, und stand mit betrübter Gemütsruhe an der Leiche des verhofften Schwiegervaters, der ihm nun seinen Segen zur glücklichen Ehe nicht mehr geben sollte. Einige behaupteten, *Rubini* sei ein Schneider gewesen, und sähe auch noch so aus; ich hätte ihm dann aber mehr Gelenkigkeit zugetraut: wo er stand, da stand er und bewegte sich nicht weiter; denn er konnte auch singen, ohne eine Miene zu verziehen; selbst die Hand brachte er nur äußerst selten nach der Stelle des Herzens. Diesmal berührte ihn nun der Gesang vollends gar nicht; seine ziemlich gealterte Stimme mochte er füglich zu etwas Besserem aufsparen, als seiner Geliebten hier tausendmal gehörte Trostworte zuzurufen. Ich verstand dies, fand den Mann vernünftig, und da es durch die ganze Oper, sobald »Don Ottavio« dabei war, mit ihm so fortging, so vermeinte ich endlich, nun sei es aus, und frug mich immer dringender nur nach dem Sinne, dem Zwecke dieses sonderbaren abstinenzvollen Theaterabends. Da regte es sich unversehends: Unruhe, Rücken, Winke, Fächerspiel, allerhand Anzeichen der plötzlich eingetretenen gespannten Erwartung eines gebildeten Publikums. »Ottavio« war allein auf der Bühne zurückgeblieben; ich glaubte, er wolle etwas annonzieren, weil er hart an den Souffleurkasten vortrat: aber da blieb er stehen, und hörte, ohne eine Miene zu verziehen, dem Orchestervorspiele zu seiner B-dur-Arie zu. Dieses Ritornell schien länger als sonst zu dauern; doch war dies nur eine Täuschung: denn der Sänger lispelte die ersten zehn Takte des Gesanges nur so vollständig unhörbar, daß ich, als ich dahinterkam, daß er sich dennoch den Anschein des Singens gab, wirklich glaubte, der behagliche Mann mache Spaß. Doch blieben die Mienen des Publikums ernst; es wußte, was vorging; denn auf dem elften Gesangstakte ließ *Rubini* die Note F mit so plötzlicher Vehemenz anschwellen, daß die kleine zurückbleitende Passage wie ein Donnerkeil herausfuhr, um mit dem zwölften Takte sogleich wieder im unhörbarsten Gesäusel zu verschwinden. Ich wollte laut lachen, aber alles war wieder totenstill: ein gedämpft spielendes Orchester, ein unhörbar singender Tenorist; mir trat der Schweiß auf die Stirn. Etwas Monströses schien sich vorzubereiten: und wahrlich sollte auf das Unhörbare jetzt das Unerhörte folgen. Es kam zum siebenzehnten Takte des Gesangs: jetzt hat der Sänger drei Takte lang das F auszuhalten. Was ist mit einem F viel zu machen? *Rubini* wird erst göttlich auf dem B: *darauf* muß er kommen, wenn ein Abend in der italienischen Oper Sinn haben soll. Wie nun der Trambolinspringer zur Vorbereitung auf dem Schwungbrette sich wiegt, so stellt sich »Don Ottavio« auf sein dreitaktiges F, schwillt zwei Takte lang vorsichtig, doch unwiderstehlich an, nimmt nun aber auf dem dritten Takte den Violinen den Triller auf dem A weg, schlägt ihn selbst mit wachsender Vehemenz, sitzt mit dem vierten Takte hoch oben auf dem B, als ob es gar nichts wäre, und stürzt sich mit einer brillanten Roulade vor aller Augen wieder in das Lautlose hinab. Nun war es aus: jetzt konnte geschehen, was da wollte. Alle Dämonen waren entfesselt, und zwar nicht, wie am Schlusse der Oper auf der Bühne, sondern im Publikum. Das Rätsel war gelöst: um dieses Kunststück zu hören, hatte man sich versammelt, ertrug zwei Stunden über die vollständige Absenz aller gewohnten Operndelikatessen, verzieh der *Grisi* und *Lablache*, daß sie es mit dieser Musik ernstlich nähmen, und fühlte sich nun selig belohnt durch das Glücken dieses *einen* wunderbaren Moments, wo Rubini auf das B sprang!

Mir behauptete einmal ein deutscher Dichter, trotz allem und jedem seien doch die Franzosen die eigentlichen »Griechen« unsrer Zeit, und namentlich hätten die Pariser etwas Athenisches an sich; denn sie wären endlich doch diejenigen, welche den meisten Sinn für »Form« hätten. Mir fiel das an diesem Abende ein: in der Tat zeigte diese ungemein elegante Zuhörerschaft durchaus keine Teilnahme an dem Stoffe unsres »Don Juan«; er galt ihr entschieden nur als die Holzpuppe, auf welche die faltige Drappierung der reinen Virtuosität als formelle Berechtigung für das Dasein des Musikwerkes erst zu legen war. Richtig verstand dies aber nur *Rubini*, und nun war auch zu begreifen, warum gerade dieser so kalte, ehrwürdige Mensch der Liebling der Pariser, das eigentliche »Idol« der gebildeten Gesangsfreunde war. In der Vorliebe für diese virtuose Seite der Leistungen gehen sie so weit, daß ihr ästhetisches Interesse sich nur auf diese bezieht, und dagegen auffälliger Weise das Gefühl für edle Wärme, ja selbst für offenbare Schönheit, immer mehr in ihnen erkaltet. Ohne eigentliche Rührung sah und hörte man sogar der edlen *Grisi*, dem schönen Weibe mit der seelenvollen Stimme, zu: das mag ihnen zu realistisch dünken. Da ist aber *Rubini*, philisterhaft, breit, mit gehäbigem Backenbart; dazu alt, mit fettig gewordener Stimme, geizig auf jede Anstrengung damit: gewiß, wird dieser über alle gesetzt, so kann das Entzücken nicht an seinem Stoffe haften, sondern es muß nur die rein geistige Form sein. Und diese Form wird nun allen Sängern von Paris aufgenötigt: jeder singt à la Rubini. Die Regel hierfür ist: eine Zeitlang unhörbar zu sein, dann plötzlich alles durch eine aufgesparte Explosion zu erschrecken, und gleich darauf wieder etwa den Effekt eines Bauchsängers vernehmen zu lassen. Herr *Duprez* macht es jetzt bereits ganz so: oft sah ich mich nach dem irgendwo versteckten Hilfssänger um, der plötzlich etwa unter dem Podium, wie die Mutterstimme-Trompete im »Robert der Teufel«, für den ostensiblen Sänger am Souffleurkasten, der jetzt keine Miene mehr verzog, einzutreten schien. Aber das ist »Kunst«. Was wissen wir Tölpel davon? – Genau genommen, hat mir diese italienische Aufführung des »Don Juan« zu recht persönlicher Erkenntnis verholfen. So gibt es doch große Künstler mitten unter den Virtuosen, oder: auch der Virtuose kann ein großer Künstler sein. Leider laufen sie mitten durcheinander durch, und wer sie genau zu unterscheiden weiß, wird traurig. Mich betrübten diesen Abend *Lablache* und die *Grisi*, während *Rubini* mich ungemein belustigt hat. So liegt in der Zurschaustellung dieser großen Verschiedenheiten nebeneinander doch etwas Verderbliches? Das menschliche Herz ist so schlecht, und die Verlumpung muß etwas so gar Süßes sein! Hüte sich jeder, mit dem Teufel zu spielen! Der kommt endlich, und keiner versieht es sich. So ging es auch Herrn *Tamburini* an diesem

Abende, wo er sich das gewiß am wenigsten geträumt hatte. *Rubini* hatte sich glücklicherweise auf sein hohes B geschwungen: da blickte er schmunzelnd herab, und sah dem Teufel gemütlich zu. Ich dachte mir: Gott! wenn er nun den holte! –

Verruchter Gedanke! Das ganze Publikum wäre ihm in die Hölle nachgestürzt. –

(Fortsetzung im Jenseits!)

Gustav Mahler / Richard Strauss
Aus dem Briefwechsel

Lieber Freund!
Haben Sie in Ihrem Archiv eine gut instrumentierte österreichische Kaiserhymne? Natürlich!

Dann bitte ich Sie, mir die Partitur sofort copiren zu lassen (auf Kosten der hiesigen Generalintendanz) u. mir sie sobald als möglich zu schicken: wir brauchen sie zum 5. Mai. Unsere Kaiserhymne (aus einem gedruckten Büchelchen von H. Oertel) klingt miserabel!

Im voraus schönsten Dank!

Bei der Gelegenheit eine Frage, die ich mit kurzem Ja oder Nein zu beantworten bitte und ganz sans gêne, bitte, denn im Empfangen von Refus von Seite der Theaterdirektoren habe ich Routine. Ich bin daran ein ein- oder zweiaktiges burleskes Ballet zu schreiben: Kometentanz, eine astrale Pantomime – natürlich etwas vom landläufigen Gehüpfe total abweichendes – von Paul Scheerbart.

Wollen Sie das Ballet für die Wiener Oper annehmen, die allererste Aufführung haben u. eine schöne Ausstattung dran wenden? Auf mein gutes Gesicht hin?

Ich möchte, wenn ich irgend wo anderes [!] Chancen hätte, nicht hier in Berlin die erste Aufführung veranstalten.

Es wird circa im Herbst 1901 aufführungsreif sein. – Bitte nochmals um ein kurzes Ja oder Nein: im letzteren Falle ohne die mir selbst bekannten üblichen Sprüche und Entschuldigungen! –

Ihre Lieder, die Frau Herzog sang, haben mir und dem Publikum sehr gefallen: der hohen Kritik waren sie jedoch nicht serieuse genug. Was nicht eine gewisse Dosis Langeweile in sich birgt, ist im Concert nicht »stylvoll«.

A propos: ist Ihre III. Sinfonie schon im Druck erschienen? Ich möchte daraus: was die Blumen erzählen, nächsten Winter in Paris machen! Zur Einführung! Für heute schönsten Gruß. Bitte um die Hymne u. um kurzen Bescheid!

Stets Ihr

Richard Strauss

Charlottenbg, 22. April 1900
Knesebeckstr. 30

[Zusatz S. 2 und 3 des Briefes:] Das Direktorium der Wiener Tantiemenanstalt mit Herrn Weinberger an der Spitze ist eine schöne Gesellschaft! Lassen Sie sich nur von den Verlegern dort nicht unterkriegen! Na darüber mündlich besser!

[Zusatz S. 4 des Briefes:] Ihre Lieder habe ich natürlich nur aufgeführt, damit Sie mein Ballet desto sicherer annehmen! Bin nunmal so! Dafür bekannt!

[Ende April 1900]

eiligst!

Lieber Freund!

Ihr Ballet ist im Voraus angenommen! – Wenn ich eine Bedingung daran knüpfe, so ist dieß nur scheinbar eine Einschränkung meiner unbedingten Zusage: aber ich muß einen Einblick in das Textbuch [tun] hauptsächlich wegen der Kosten der Ausstattung. Können Sie mir einen Einblick in das Buch gestatten, und zugleich erlauben, daß unsere hiesigen Decorateure, Costumiers etc. einen ganz approximativen Überschlag machen? In wenigen Tagen erhalten Sie meine Antwort, welche Sie dann als bindende Erklärung annehmen können.

Sie machen schöne Randbemerkungen!? Zum Teufel, was für Erfahrungen müssen Sie gemacht haben, daß Sie die manus lavat-Anspielung zwischen uns auch nur im Scherze riskiren! – Glauben Sie mir es, ich bin glücklich, wenn ich Gelegenheit habe, Ihrem Schaffen die gebührende Würdigung erweisen zu können. – Daß ich mir die Wiener erst langsam erziehen muß, ist nur zu natürlich, nach der Decennien langen methodischen Verdummung. Daß ich nicht eitel bin, und auf die äußeren Autorenfreuden zu verzichten gewöhnt, werden Sie mir schon angemerkt haben. – Ich erbitte mir vom Schicksal nichts als – ein ruhiges Plätzchen und in jedem Jahre einige Wochen, in denen ich mir ganz gehören kann und wenn es hoch kommt wenigstens eine gute Aufführung, damit ich meine Sache einmal gehört habe. – Für die Aufführung meiner Bagatellen herzlichsten Dank. Ich habe gelesen und mir schon meinen Vers darauf gemacht. Übrigens immer dasselbe Lied. Daß ich Sie bitte einen einzelnen Satz aus einer Symphonie nicht zu machen, werden Sie mir nicht verübeln. Es würde zu sehr misverstanden werden.

Aber die III. Symphonie schicke ich Ihnen sehr gerne! (nicht damit Sie sie aufführen, denn ich weiß, daß das mit größten Schwierigkeiten verbunden ist – sie dauert 2 Stunden.)

Wegen der Kaiserhymne werde ich sofort alles nöthige veranlassen. Also, vor allem, schicken Sie gleich das Ballet! Ich sehe es als eine Ehrensache für die Wiener Hofoper an, die Première zu haben. – Daß Sie mit der Aufführung zufrieden sein werden, dafür verbürge ich mich!

Herzlichst Ihr Mahler

Schweizerhof
Hôtel Suisse Interlaken
3. Juli 1901
Lieber Freund!
Ich dirigiere also 6 Novitätenconcerte nächsten Winter in Berlin u. mache im 2.ten am 18.ten November Ihre III. oder – IV. Sinfonie. Schillings erzählte mir in München, Sie schrieben an einer IV.ten, die einen kleineren Aufführungsapparat beansprucht als No. III.

Ist dies richtig? Und würden Sie, wenn es sich so verhält, mir die IV.te für den 18. Nov. überlassen? Ich will Ihnen sagen, warum! Die Concerte sind auf der Bühne im neuen kgl. Operntheater (Kroll) u. ich weiß noch nicht, ob ich den Knabenchor in der Höhe gut postiren kann, ob ich die 6 Glocken auftreibe etc. Das Orchester würde ich ja beschaffen können u. 3 Wochen lang Proben stehen ebenfalls zur Verfügung.

Die III.te ist schon bestimmt für die Tonkünstlerversammlung in Crefeld in Aussicht genommen, wo ein sehr großes Orchester u. ein schöner Saal da sind.

Also bitte um eine Zeile, ob ich für dieses Jahr zum 18. Nov.

eventuell Ihre IV.[te] haben kann, vorausgesetzt natürlich, daß sie wirklich bequemer ausführbar ist, als Ihre III.

Ich bin bis 8. Juli hier u. lasse mir dann nachschicken: bitte um eine Zeile hieher!

Schönste Grüße

Ihr Rich. Strauss

Lieber Freund!
Die IV. ist im Druck! Doch werde ich bis dahin das Material kaum fertig haben und außerdem möchte ich ein neues Werk – das erste, das vielleicht den bestehenden Verhältnißen etwas praktischer entgegenkommt und daher bei vorurteilsfreier und liebevoller Aufnahme unter günstigen Umständen mir den einzigen Lohn bringen kann, den ich mir von meinem Schaffen erwünsche: gehört und verstanden zu werden – nicht vor das Berliner Publikum bringen, das mich nicht kennt und welches mir im Voraus durch eine kurzsichtige Presse entfremdet worden ist. Ich habe die Erstaufführung den Münchnern zugesagt; und da dort sogar ein »Geriß« drum ist – es streiten sich Kaim u. Odeon darum – so habe ich ohnehin schon genug Wal und Qual und bitte Sie, lieber Strauss, meine IV. zunächst nicht in den Bereich Ihrer Ideen zu ziehen.

Was nun die III anbetrifft, so muß ich darauf bestehen, daß die Aufführung meinen Intentionen durchaus entspricht. Die 6 Glocken sind durchaus nicht das Wichtigste – darauf kann man füglich verzichten; vielleicht sind 4 zu haben – das würde auch genügen. Aber die Akustik des Krollsaales soll schlecht sein! Ist das wahr? Dann lieber Freund, machen Sie dort nichts von mir! Das Orchester muß prima sein. Die Proben müssen sehr ausgiebig sein und – mein Werk dauert 2 Stunden – es hat kein anderes neben demselben im Programm Platz. So in Berlin, wie in Crefeld!

Nehmen Sie mir es nicht übel, daß ich Ihrem freundschaftlichen Wolwollen zunächst nichts Anderes als Schwierigkeiten entgegenzusetzen habe. – Ich weiß bestimmt: wenn es in Ihrer Macht steht, werden Sie dieselben aus dem Wege räumen und ich bin zu Ihrer Verfügung mit tausend Freuden. Auch noch diesen Grund habe ich, für die III. zu plaidiren, weil ich momentan Niemanden weiß als Sie, dieses Monstrum zu wagen. Also III! III!

Übrigens wenn Sie über einen guten Chorverein verfügen, dann wäre auch das klagende Lied, das von allen meinen Werk[en] bis jetzt den entschiedensten Eindruck gemacht. Es dauert 40 Minuten. Vielleicht könnte man dazu ein oder das andere Gesangsstück wählen. Der Chor hat eine verhältnismä[ßig] kleine aber sehr wichtige und schwierige Rolle. Solisten stelle eventuell ich fertig zur Verfügung. – Soll ich Ihnen die Partitur schicken lassen und wohin? –

Nun Ihrer Feuersnoth wegen!

Auf Umwegen habe ich erfahren, daß die Censur das Werk nicht herausgiebt. Ob es bloß Schwierigkeiten oder Verbot setzt, konnte ich noch [nicht] in Erfahrung bringen. Es läßt sich leider jetzt nichts machen, bis der September gekommen ist; dann werde ich den Censor selbst aufsuchen, jetzt ist er auf Urlaub. Ob es Ihnen in Dresden am Ende ebenso gehen wird? Das wäre doch schrecklich! Jedenfalls lasse ich nicht locker.

Mit vielen Grüßen und aufrichtigem Vergelt's Gott für Ihre Bemühungen

treulichst Ihr Mahler

Maiernigg bei Klagenfurth
am Wörthersee 6. Juli 1901.

Mürren – Grand Hotel und Kurhaus
11. Juli [1901]

Lieber Freund!
Sie sind und bleiben ein alter Eigensinn! Das schadet aber nichts! Das ist gerade hübsch an Ihnen! Es ist selbstverständlich, daß in Crefeld, wo ich Alleinherrscher bin, Ihr Wille mir Befehl ist und No. III bekommt also ein eignes Concert für sich!

Für Berlin aber, wo ich unter schwierigen Verhältnissen arbeite und wo die finanzielle Seite unmöglich außer Acht gelassen werden kann, wollte ich Sie doch bitten, etwas milder zu sein. Ich hatte als Programm für den 18. November in Aussicht genommen:

Tasso von Liszt – 15–20 Minuten

Liebesszene – Schluß – aus Feuersnot – 7 Minuten
III Mahler 2 Stunden

Wären Sie auch damit nicht einverstanden? Wenn, wie Sie sagen, in Berlin noch kein Verständnis herrscht für Ihr Werk, so handelt es sich doch in erster Linie darum, Publikum ins Concert zu bringen. Ich will ja nichts gegen Ihren Wunsch thun, bitte Sie aber darum desto herzlicher, genanntem Programm für Berlin beizustimmen.

Daß ich die Bitte der IVten nicht aus Eitelkeit getan habe, um die Ehre der Uraufführung zu haben, glauben Sie mir wohl; immerhin schmeichle ich mir, mehr Anrecht auf eine solche zu haben, als Herr Kaim oder gar die Münchner Akademie. Ich will die IVte auch nur haben für den Fall, daß ich die IIIte vorerst noch nicht ganz nach Ihren Intentionen herausbringen kann, denn darauf kommt es auch mir in erster Linie an. Akustik bei Kroll ist gut. Den mir zur Verfügung stehenden Chor kenne ich noch nicht, möchte ihm also vorerst lieber die kleine Aufgabe in der IIIten anvertrauen, als ein ganzes Chorwerk wie das Klagende Lied. Bitte, schicken Sie mir jedenfalls diese Partitur; wo ich es gut placiren kann, thue ich's sicher.

Wann erscheint die IVte? Ist mir No. III zu schwer, nehme ich IV in die zweite Serie der Concerte und nach München. Censur in Wien macht mir riesigen Spaß!

Ich wage ein Verbot gar nicht zu hoffen, denn die Reklame eines Censurverbotes wäre das größte Glück für das Öperchen, umso mehr als dadurch die Aufführung in Wien doch wohl nur aufgeschoben, aber nicht aufgehoben würde. Oder nicht?

Also bitte, wann erscheint No. IV?

Und schicken Sie mir die Partitur des klagenden Liedes nach Marquartstein in Oberbaiern.

Beanstandet die Censur in Wien nur einige Verse, so lassen wir ein anderes Textbuch drucken und statt der beanstandeten Verse Kreuzchen machen mit der Anmerkung: die von der Censur gestrichene Stelle siehe Klavierauszug.

Das gibt einen Massenabsatz! Glücklicher Verleger!

Herzlichen Gruß

Ihr alter

Richard Strauss

Sergej Prokofjew
Meine erste Komposition

Meine musikalische Begabung begann sich sehr früh zu zeigen, wahrscheinlich um das vierte Lebensjahr herum. Ich hatte zu Hause seit der frühesten Kindheit Musik gehört. Wenn ich abends zu Bett gebracht wurde, wollte ich nie sofort einschlafen. Ich lag da und lauschte den Klängen einer Beethoven-Sonate, die von weither, mehrere Zimmer entfernt, zu mir herüberklangen. Häufiger als alles andere spielte meine Mutter die Sonaten aus Band I.

Gleich dahinter rangierten Chopins Préludes, Mazurken und Walzer. Manchmal erklang auch ein Stück von Liszt – etwas nicht zu Schwieriges. Ihre bevorzugten russischen Komponisten waren Tschaikowski und Rubinstein. Anton Rubinstein stand auf der Höhe seines Ruhmes, und meine Mutter war davon überzeugt, daß er musikalisch ein bedeutenderes Phänomen sei als Tschaikowski. Ein Porträt von Rubinstein hing über dem Flügel.

Meine Mutter begann ihre Klavierexerzitien gewöhnlich mit den Übungsstücken von Hanon und den Etüden von Czerny. Dabei versuchte auch ich mir dann einen Platz an der Klaviatur zu sichern. Weil sie für ihre Übungen vor allem das mittlere Register benutzte, überließ mir Mutter gelegentlich die oberen beiden Oktaven, auf denen ich herumtappen und meine kindlichen Experimente anstellen konnte. Das mag auf den ersten Blick als ziemlich barbarisches Zusammenspiel erscheinen. Aber ihr Vorgehen erwies sich als richtig: Bald setzte ich mich von selbst ans Klavier und versuchte, einen Ton anzuschlagen.

Mutter hatte durchaus pädagogisches Talent. Ganz unaufdringlich versuchte sie mich zu lenken und mir zu erklären, wie das Instrument zu behandeln war. Dem, was sie spielte, begegnete ich mit Neugier und Kritik. Manchmal sagte ich: »Ich mag diese Melodie. Die möchte ich für mich haben.«

Von Zeit zu Zeit ergab sich zwischen mir und meiner Großmutter eine Debatte darüber, welches Stück meine Mutter gerade spielte. Gewöhnlich hatte ich recht.

Das Musikhören und das Improvisieren auf den Tasten hatten zur Folge, daß ich bald meine eigenen Melodien anzuschlagen begann.

In dieser Phase entwickelte sich meine Kreativität interessanterweise in zwei verschiedene Richtungen. Einerseits arbeitete ich kleine Motive aus, die ich aber noch nicht niederzuschreiben fähig war. Andererseits kritzelte ich, am Klavier sitzend, Noten hin, die ganz sinnlos waren. Ich zeichnete sie als Ornamente, so wie Kinder Menschen und Züge malen, einfach deshalb, weil ich immer Noten auf dem Klavier gesehen hatte.

Wie meine Mutter berichtete, »kam Serjoshenka eines Tages mit einem notenbedeckten Stück Papier zu seiner Mutter und erklärte: ›Ich habe Liszts *Rhapsodie* komponiert.‹«

Also mußte sie erklären, daß man eine Rhapsodie von Liszt nicht komponieren konnte, weil es ein Musikstück war, das Liszt bereits selbst komponiert hatte. Ebenso konnte man auch keine Noten in neunlinigen Systemen ohne Taktstriche schreiben, weil die richtige Musik auf fünf Linien und mit Taktstrichen notiert wurde. Das alles veranlaßte meine Mutter, mir eine systematischere Erklärung der Prinzipien musikalischer Notation zu geben.

Inzwischen hatte ich mir eine Melodie zurechtgelegt, die sich in völlig angemessener Form wiedergeben ließ. Ich spielte sie mehrfach, und Mutter beschloß, sie schriftlich festzuhalten. Zweifellos hatte sie dabei einige Schwierigkeiten, weil die Aufgabe für sie neu war.

Ein absurderer Titel als der, den ich dieser Komposition gab, läßt sich schwerlich vorstellen: *Indischer Galopp*. In jenen Tagen herrschte in Indien gerade eine Hungersnot, und die Erwachsenen lasen Nachrichten darüber in den Zeitungen und diskutierten sie, während ich zuhörte. Das fehlende B sollte allerdings nicht einer Vorliebe für die lydische Tonart zugeschrieben werden. Im Gegenteil: Der unerfahrene Komponist hatte sich noch nicht entschlossen, auch die schwarzen Tasten einzubeziehen. Aber meine Mutter erklärte mir, es klänge besser mit einem Erniedrigungszeichen, und setzte ohne weitere Debatte ein B ein.

Das alles ereignete sich im Sommer 1896, als ich fünf Jahre und einige Monate alt war. Das Verfahren des Niederschreibens von Musik machte mir starken Eindruck, und bald lernte auch ich es dann mehr oder weniger gut.

Meine Einfälle fügten sich nicht immer den Taktstrichen, und die rhythmischen Figuren gaben mir Probleme auf; irgendwie aber kamen die Stücke aufs Papier und konnten auch gelesen werden.

Auf diese Weise schrieb ich im Frühjahr und Sommer des Jahres 1897 drei Stücke: einen *Walzer*, einen *Marsch* und ein *Rondo*. Wir hatten zu Hause kein Notenpapier, deshalb linierte mir ein Sekretär namens Wanka einen Stoß normales Schreibpapier. Alle drei Stücke standen in C-Dur und ähnelten stilistisch dem *Indischen Galopp*. Das vierte Stück, ein *Marsch* in h-Moll, war etwas komplizierter.

Dann kam Jekaterina Ljastschenko nach Sonzowka – die Gattin jenes Ljastschenko, dem ich auf die Glatze gespuckt hatte. Sie spielte gut Klavier und arbeitete auch etwas mit meiner Mutter. Sie spielten vierhändige Bearbeitungen, und ich hatte daran großen Spaß. Jede spielte etwas anderes, und doch klang es überhaupt nicht schlecht!

»Mamoschka, ich werde einen Marsch für vier Hände schreiben.«

»Das ist zu schwer für dich, Serjoshenka. Du kannst nicht einen Ton für eine Person und zugleich einen anderen für eine zweite anschlagen.«

Dennoch setzte ich mich hin und komponierte, und der Marsch gelang mir auch ganz gut. Es war ein Vergnügen, ihn zusammen mit jemand anderem am Klavier zu spielen und zu hören, wie Dinge, die man getrennt komponiert hat, klangen, wenn man sie zusammen spielte.

Jedenfalls war dieser *Marsch* meine erste Partitur. Es handelte sich um den Februar des Jahres 1898; ich war sechs Jahre und zehn Monate alt. Tante Tanja, die jüngere Schwester meiner Mutter, nahm, von den Leistungen ihres jungen Neffen begeistert, alle diese Kritzeleien nach Petersburg mit und übergab sie einem gewandten Kopisten. Nachdem sie sauber und ordentlich abgeschrieben waren, wurden die Stücke in einem Album zusammengebunden, auf dem mit Goldprägebuchstaben »Kompositionen von Serjoshenka Prokofjew« stand.

Dieses Album enthielt alles, was ich während der ersten achtzehn Monate meiner schöpferischen Laufbahn geleistet hatte, und ließ drei Entwicklungsstufen erkennen: Musik von mir, die von einem anderen niedergeschrieben worden war, Musik in der Handschrift des Komponisten und Musik für vier Hände – das heißt eine Art Musik, die nicht am Klavier zusammengesucht werden konnte, sondern im eigenen Kopf ausgedacht werden mußte.

Das Album existiert noch immer. Der Kopist ließ die Originale als nutzlos verschwinden.

Arnold Schönberg
Das Verhältnis zum Text

Es gibt relativ wenig Menschen, die imstande sind, rein musikalisch zu verstehen, was Musik zu sagen hat. Die Annahme, ein Tonstück müsse Vorstellungen irgendwelcher Art erwecken, und wenn solche ausbleiben, sei das Tonstück nicht verstanden worden oder es tauge nichts, ist so weit verbreitet, wie nur das Falsche und Banale verbreitet sein kann. Von keiner Kunst verlangt man Ähnliches, sondern begnügt sich mit den Wirkungen ihres Materials, wobei allerdings in den andern Künsten das Stoffliche, der dargestellte Gegenstand, dem beschränkten Auffassungsvermögen des geistigen Mittelstandes von selbst entgegenkommt. Da der Musik als solcher ein unmittelbar erkennbares Stoffliches fehlt, suchen die einen hinter ihren Wirkungen rein formale Schönheit, die andern poetische Vorgänge. Selbst Schopenhauer, der erst durch den wundervollen Gedanken: »Der Komponist offenbart das innerste Wesen der Welt und spricht die tiefste Weisheit aus, in einer Sprache, die seine Vernunft nicht versteht; wie eine magnetische Somnambule Aufschlüsse gibt über Dinge, von denen sie wachend keinen Begriff hat«, wirklich Erschöpfendes über das Wesen der Musik sagt, verliert sich später, indem er versucht, Einzelheiten dieser Sprache, *die die Vernunft nicht versteht*, in unsere Begriffe zu übersetzen. Obwohl ihm dabei klar sein muß, daß bei dieser Übersetzung in die Begriffe, in die Sprache des Menschen, welche Abstraktion, Reduktion aufs Erkennbare ist, das Wesentliche, die Sprache der Welt, die vielleicht unverständlich bleiben und nur fühlbar sein soll, verloren geht. Aber immerhin ist er berechtigt zu solchem Vorgehen, da es ja sein Zweck als Philosoph ist, das Wesen der Welt, den unüberblickbaren Reichtum, darzustellen durch die Begriffe, durch die nur allzuleicht zu durchschauende Armut. Und auch Wagner, wenn er dem Durchschnittsmenschen einen mittelbaren Begriff von dem geben wollte, was er als Musiker unmittelbar erschaut hatte, tat recht, wenn er Beethovenschen Symphonien Programme unterlegte.

Verhängnisvoll wird solch ein Vorgang, wenn er Allgemeinbrauch wird. Dann verkehrt sich sein Sinn ins Gegenteil: man sucht in der Musik Vorgänge und Gefühle zu erkennen, so als ob sie drin sein müßten. Während es sich bei Wagner in Wirklichkeit so verhält: der durch die Musik empfangene Eindruck »vom Wesen der Welt« wird in ihm produktiv und regt eine Nachdichtung im Material einer andern Kunst an. Aber die Vorgänge und Gefühle, die in dieser Dichtung vorkommen, waren nicht in der Musik enthalten, sondern sind bloß das Baumaterial, dessen sich der Dichter nur darum bedient, weil der noch ans Stoffliche gebundenen Dichtkunst eine so unmittelbare, durch nichts getrübte, reine Aussprache versagt ist.

Ist nun schon diese Fähigkeit des reinen Schauens äußerst selten und nur bei hochstehenden Menschen anzutreffen, so begreift man, wie einige den Weg zum Musikgenuß versperrende zufällige Schwierigkeiten diejenigen, welche unter allen Kunstfreunden den niedrigsten Standpunkt einnehmen, in eine üble Situation bringen. Daß nämlich unsere Partituren immer schwerer lesbar werden, die relativ seltenen Aufführungen aber so rasch vorbeigehen, daß oft selbst der Sensitivste und Reinste nur flüchtige Eindrücke empfangen kann, macht es dem Kritiker, der berichten und beurteilen muß, dem aber meist die Fähigkeit fehlt, sich eine Partitur lebendig vorzustellen, unmöglich, auch nur mit jener Ehrlichkeit sein Amt zu versehen, zu der er sich vielleicht wenigstens dann entschlösse, wenn sie ihm nicht schadet. In absoluter Hilflosigkeit steht er der rein musikalischen Wirkung gegenüber, und deshalb schreibt er lieber über Musik, die sich irgendwie auf Text bezieht: über Programmusik, Lieder, Opern etc. Man könnte ihm das fast verzeihen, wenn man beobachtet, daß Theaterkapellmeister, von denen man etwas über die Musik einer neuen Oper erfahren möchte, fast ausschließlich vom Textbuch, von der Theaterwirkung und von den Darstellern schwätzen. Es gibt ja wirklich, seitdem die Musiker gebildet sind und meinen, das beweisen zu müssen, indem sie sich vor dem Fachsimpeln hüten, kaum mehr Musiker, mit denen man über Musik reden kann! Aber Wagner, auf den man sich sehr gerne beruft, hat enorm viel über rein Musikalisches geschrieben; und ich bin sicher, er würde diese Folgen seiner mißverstandenen Bestrebungen unbedingt desavouieren.

Nichts als ein bequemer Ausweg aus diesem Dilemma ist es daher, wenn ein Musikkritiker über einen Autor schreibt, seine Komposition werde den Worten des Dichters nicht gerecht. Der »Rahmen des Blattes«, in welchem es immer gerade an Raum mangelt, wenn notwendige Beweise zu erbringen wären, kommt stets bereitwilligst dem Mangel an Ideen zu Hilfe, und der Künstler wird eigentlich wegen »Mangel an Beweisen« schuldig gesprochen. Die Beweise für solche Behauptungen aber, wenn sie einmal erbracht werden, sind vielmehr Zeugen fürs Gegenteil, da sie nur aussagen, wie einer Musik machen würde, der keine machen kann, wie die Musik also keinesfalls aussehen dürfte, wenn sie von einem Künstler sein soll. Das trifft sogar in dem Fall zu, wo ein Komponist Kritiken schreibt. Selbst wenn's ein guter ist. Denn im Moment, wo er Kritiken schreibt, ist er nicht Komponist: nicht *musikalisch inspiriert.* Wäre er inspiriert, so beschriebe er nicht, wie das Stück zu komponieren ist, sondern komponierte es. Das geht für den, der's kann, sogar schneller und bequemer und ist überzeugender.

In Wirklichkeit kommen solche Urteile von der allerbanalsten Vorstellung, von einem konventionellen Schema, wonach bestimmten Vorgängen in der Dichtung eine gewisse Tonstärke und Schnelligkeit in der Musik bei absolutem Parallelgehen entsprechen müsse. Abgesehen davon, daß selbst *dieses* Parallelgehen, ja ein noch viel *tieferes*, auch dann stattfinden kann, wenn sich äußerlich scheinbar das Gegenteil davon zeigt, daß also ein zarter Gedanke beispielsweise durch ein schnelles und heftiges Thema wiedergegeben wird, weil eine darauffolgende Heftigkeit sich organischer daraus entwickelt, abgesehen davon, ist ein solches Schema schon deshalb verwerflich, weil es konventionell ist. Weil es dazu führte, auch aus der Musik eine Sprache zu machen, die für jeden »dichtet und denkt«. Und seine Anwendung durch Kritiker führt zu Erscheinungen, wie zu einem Aufsatz, den ich einmal irgendwo gelesen habe: »Deklamationsfehler bei Wagner«, in dem ein Flachkopf zeigte, wie er gewisse Stellen komponiert hätte, wenn Wagner ihm nicht zuvorgekommen wäre.

Ich war vor ein paar Jahren tief beschämt, als ich entdeckte, daß ich bei einigen mir wohlbekannten Schubert-Liedern gar keine Ahnung davon hatte, was in dem zugrunde liegenden Gedicht eigentlich vorgehe. Als ich aber dann die Gedichte gelesen hatte, stellte sich für mich heraus, daß ich dadurch für das Verständnis dieser Lieder gar nichts gewonnen hatte, da ich nicht im geringsten durch sie genötigt war, meine Auffassung des musikalischen Vortrags zu ändern. Im Gegenteil: es zeigte sich mir, daß ich, ohne das Gedicht zu kennen, den Inhalt, den wirklichen Inhalt, sogar vielleicht tiefer erfaßt hatte, als wenn ich an der Oberfläche der eigentlichen Wortgedanken haften geblieben wäre. Noch entscheidender als dieses Erlebnis war mir die Tatsache, daß ich viele meiner Lieder, berauscht von dem Anfangsklang der ersten Textworte, ohne mich auch nur im geringsten um den weiteren Verlauf der poetischen Vorgänge zu kümmern, ja ohne diese im Taumel des Komponierens auch nur im geringsten zu erfassen, zu Ende geschrieben und erst nach Tagen darauf kam, nachzusehen, was denn eigentlich der poetische Inhalt meines Liedes sei. Wobei sich dann zu meinem größten Erstaunen herausstellte, daß ich niemals dem Dichter voller gerecht worden bin, als wenn ich, geführt von der ersten unmittelbaren Berührung mit dem Anfangsklang, alles erriet, was diesem Anfangsklang eben offenbar mit Notwendigkeit folgen mußte.

Mir war daraus klar, daß es sich mit dem Kunstwerk so verhalte wie mit jedem vollkommenen Organismus. Es ist so homogen in seiner Zusammensetzung, daß es in jeder Kleinigkeit sein wahrstes, innerstes Wesen enthüllt. Wenn man an irgendeiner Stelle des menschlichen Körpers hineinsticht, kommt immer dasselbe, immer Blut heraus. Wenn man einen Vers von einem Gedicht, einen Takt von einem Tonstück hört, ist man imstande, das Ganze zu erfassen. Genauso wie ein Wort, ein Blick, eine Geste, der Gang, ja sogar die Haarfarbe genügen, um das Wesen eines Menschen zu erkennen. So hatte ich die Schubert-Lieder samt der Dichtung bloß aus der Musik, Stefan

Georges Gedichte bloß aus dem Klang heraus vollständig vernommen. Mit einer Vollkommenheit, die durch Analyse und Synthese kaum erreicht, jedenfalls nicht übertroffen worden wäre. Allerdings wenden sich solche Eindrücke meist nachträglich an den Verstand und verlangen von ihm, daß er sie für einen umgänglichen Gebrauch herrichte, daß er zerlege und sortiere, messe und prüfe, daß er in jederzeit ausdrückbare Einzelheiten auflöse, was man als Ganzes besitzt, aber nicht verwenden kann. Allerdings geht sogar das künstlerische Schaffen oft diesen Umweg, ehe es zur eigentlichen Konzeption gelangt. Aber es sind Anzeichen vorhanden, daß sogar die andern Künste, denen Stoffliches scheinbar näher liegt, zur Überwindung des Glaubens an die Allmacht des Verstandes und des Bewußtseins gelangen. Und wenn Karl Kraus die Sprache Mutter des Gedankens nennt, W. Kandinsky und Oskar Kokoschka Bilder malen, denen der stoffliche äußere Gegenstand kaum mehr ist als ein Anlaß, in Farben und Formen zu phantasieren und sich so auszudrücken, wie sich bisher nur der Musiker ausdrückte, so sind das Symptome für eine allmählich sich ausbreitende Erkenntnis von dem wahren Wesen der Kunst. Und mit großer Freude lese ich Kandinskys Buch »Über das Geistige in der Kunst«, in welchem der Weg für die Malerei gezeigt wird und die Hoffnung erwacht, daß jene, die nach dem Text, nach dem Stofflichen fragen, bald ausgefragt haben werden.

Dann wird auch klar werden, was in einem andern Fall schon klar war. Kein Mensch zweifelt daran, daß ein Dichter, der einen historischen Stoff bearbeitet, sich mit der größten Freiheit bewegen darf und daß, wenn ein Maler heute noch Historienbilder malen wollte, er nicht genötigt wäre, mit einem Geschichtsprofessor zu konkurrieren. Weil man sich an das zu halten hat, was das Kunstwerk geben will, und nicht an das, was sein äußerer Anlaß ist. Weil also auch bei allen Kompositionen nach Dichtungen die Genauigkeit der Wiedergabe der Vorgänge für den Kunstwert ebenso irrelevant ist wie für das Porträt die Ähnlichkeit mit dem Vorbild, wo doch nach hundert Jahren keiner diese Ähnlichkeit mehr kontrollieren kann, während noch immer die Kunstwirkung bestehen bleibt. Und nicht deshalb besteht, weil, wie vielleicht die Impressionisten meinen, ein wirklicher Mensch, nämlich der scheinbar dargestellte, sondern der Künstler uns anspricht, der sich hier ausgedrückt hat, der, dem in einer höheren Wirklichkeit das Porträt ähnlich zu sehen hat. Hat man das eingesehen, so ist es auch leicht zu begreifen, daß die äußerliche Übereinstimmung zwischen Musik und Text, wie sie sich in Deklamation, Tempo und Tonstärke zeigt, nur wenig zu tun hat mit der innern und auf derselben Stufe primitiver Naturnachahmung steht wie das Abmalen eines Vorbildes. Und daß scheinbares Divergieren an der Oberfläche nötig sein kann wegen eines Parallelgehens auf einer höheren Ebene. Daß also die Beurteilung nach dem Text ebenso verläßlich ist wie die Beurteilung der Eiweißstoffe nach den Eigenschaften des Kohlenstoffs.

IV. INTERPRETEN UND INTERPRETATION

Alfred Brendel
Der mißverstandene Liszt

Ich weiß, ich kompromittiere mich, indem ich ein Wort für Liszt einlege. In Mitteleuropa, Holland und Skandinavien zeigt man sich verstimmt, wenn man seinen Namen auf einem Konzertprogramm liest. Alle Vorurteile gegen seine Musik: bombastische Äußerlichkeit, billige Sentimentalität, Formlosigkeit, Wirkung um der Wirkung willen, werden dann sozusagen mit geschlossenen Ohren auf die Wiedergabe der etwa ebenfalls im Programm enthaltenen Beethoven-Sonate übertragen. Denn ein Pianist, der sich für Liszt einsetzt, so schließt man, kann als Interpret der Klassiker nicht ganz ernst zu nehmen sein. Man vergißt, daß Liszt der überragende Beethoven-Interpret seines Jahrhunderts war und daß ein anderes Verfahren sich empfehlen würde: nämlich als bedeutenden Liszt-Spieler nur denjenigen zu akzeptieren, der auch seine Befugnis als Interpret klassischer Meisterwerke bewiesen hat.

Während sich also Pianisten gegenseitig den Rat geben, in Amsterdam oder Wien, München oder Stockholm Liszt lieber von den Programmen zu streichen, hat die Strahlkraft seiner Klaviermusik in der übrigen, westlichen wie östlichen, Welt offenbar nicht nachgelassen. Wir bemerken dort allerdings eine Schwäche für einen gewissen Typ des Virtuosen, der, klassischer Gestaltung im Grunde fern, dort brilliert, wo, prosaisch gesprochen, möglichst viele Noten in möglichst kurzer Zeit bewältigt werden müssen. Zwei so wesensverschiedene Komponisten wie Liszt und Rachmaninow werden gern im selben Atemzug genannt, als ob Genialität und noble Konversation nur einen Schritt weit voneinander entfernt seien. Wo so leichten Herzens darauf verzichtet wird, einen großen Mann von einem Grandseigneur zu unterscheiden, wird man Liszt-Enthusiasmus besser mit Vorsicht genießen.

Auffallend ist hier wie dort der Mangel an Maßstäben, wenn es darauf ankommt, die Qualität einer Liszt-Interpretation zu beurteilen, und – dies vor allem in unseren Zonen eines akademischen Klassizismus – der Mangel an Kenntnissen und gutem Willen, sobald es sich darum handelt, über den Schwächen der Lisztschen Musik ihre Einzigartigkeit nicht zu vergessen.

Liszts musikalische Sprache ist von Ungarn, Franzosen und Deutschen für sich in Anspruch genommen worden. Seine Vorliebe für französische Poesie und Bildung – eine Zeitlang recht unvollkommen verkörpert in der Person der Marie d'Agoult – ist ebenso bekannt wie seine Passion für ein romantisches Ungarn, das sich seinen Sinnen vor allem in Gestalt der Zigeunermusik erschloß. Dabei wäre es übertrieben, den Ungarischen Rhapsodien innerhalb seines Œuvres jene zentrale Bedeutung beizumessen, die den Mazurken und Polonaisen im Chopinschen Gesamtwerk immerhin zukommt; doch sei die Rolle, die die Zigeunertonleiter in Liszts Werken seit der Weimarer Zeit spielt, nicht unterschätzt. Folgenreich hat sich auch der Eindruck der Tonsprachen Berlioz' und Chopins seinem Stil aufgeprägt. Alle drei waren sie Bewunderer des italienischen Belcanto. Das Wesentliche zeigt sich aber, wenn wir Liszt als den Schüler Czernys begreifen, als den Jüngling, der in Paris die Werke Beethovens und Webers für sich und das Publikum entdeckte, als den Herausgeber und Bearbeiter Schuberts, dessen Kumpan Schober vorübergehend sein Sekretär war und ihm Material für eine (ungeschriebene) Schubert-Biographie lieferte, und als den älteren musikalischen Bruder Richard Wagners. Der Saint-Simonist und der Philanthrop, der gütigste und unbestechlichste aller Kollegen, der bis ins Greisenalter von Damen höchster und anderer Kreise fast aufgefressene Mann von Welt und der weltflüchtige Katholik ergänzen das Bild in der Richtung auf das Menschliche und Allzumenschliche. Vorstellungen wie »Abbé Liszt in der Villa d'Este mit flatternder Soutane den Gounodschen Faustwalzer herunterdonnernd« haben lange genug ihr mephistophelisches Zwielicht verbreitet. Wir sollten unser kritisches Bewußtsein bis an die Zähne bewaffnen: gegen Anekdoten. Der faustische Ernst der h-Moll-Sonate verträgt keine Zweideutigkeiten. Man muß Liszt ernst nehmen, um ihn gut zu spielen.

Liszts Musik hat die Eigenschaft, den Charakter des Interpreten in fataler Weise zu spiegeln. Wenn Werke Liszts den Eindruck der Hohlheit und Oberflächlichkeit machen, der Vorspiegelung falscher Tatsachen, dann sind diese falschen Tatsachen gewöhnlich dem Interpreten zur Last zu legen, zuweilen dem (voreingenommenen) Hörer und am seltensten Liszt selber.

Seine Klaviermusik – in so hohem Maße auf eine Wiedergabe angewiesen, die das Materielle des Klavierspiels vergessen macht – ist zu einem Vehikel für die bloß manuell Begabten geworden, denen tiefere Einsicht in die Musik verschlossen bleibt. (Dort, wo Liszt gerade in Ungnade steht, widmen sich die Schüler der Konservatorien mit demselben blinden Eifer der Zertrümmerung von Prokofieff-Sonaten.) Die Behexung der Technik an sich rafft die Anfälligen dahin, und für die ganze Seuche wird womöglich Liszt verantwortlich gemacht.

In Wirklichkeit stand er in zorniger Opposition zum Salonvirtuosentum seiner Zeit. Er war in erster Linie ein Ausdrucksphänomen – »Genie des Vortrags« nannte ihn Schumann – und war es so sehr, daß er sogar Czerny- und Cramer-Etüden mit hinreißendem Leben erfüllte. Die Besessenheit und die poetische Kraft seines Musizierens muß, im Verein mit dem neuartigen Wagemut seiner Technik, beim Publikum Staunen, bei den Rivalen seiner jüngeren Jahre aber geradezu Bestürzung erregt haben. Clara Wieck schreibt unter dem Eindruck Lisztscher Konzerte an Robert Schumann: »Mir kommt mein Spiel jetzt so fad und ich weiß gar nicht wie vor, daß ich beinah die Lust verloren hab, ferner noch zu reisen. Seit ich Liszts Bravour gehört und gesehen, komme ich mir vor wie eine Schülerin.« Und: »Manchmal meint man doch, es sei ein Geist, der da am Klavier sitzt.« Die Technik diente Liszt als Mittel zur Eröffnung neuer Ausdrucksmöglichkeiten. Wer der Meinung ist, es gäbe auch nur eine einzige Lisztsche Komposition, deren Hauptzweck darin bestünde, den Virtuosen gymnastisch zu beschäftigen, sollte seine Hände von Liszt lassen.

Ein Wort über die Form. Man wird von Liszts Musik nicht Vollendung im Sinne der Klassik erwarten dürfen. Schon in Schuberts Sonaten werden sich, wenn man die Errungenschaften der klassischen Form als Maßstab verwendet, nichts als Fehler und Mängel zeigen. Es gilt, andere Kriterien zu finden. Etwas nicht zu Ende Geführtes, skizzenhaft Herausgeschleudertes, Fragmentarisches ist konstitutionell in Liszts Musik. Ist das Fragment nicht die reinste, die legitime künstlerische Form der Romantik? Wo das Utopische zum Hauptanliegen wird, der Versuch, Grenzenloses zu fassen, da muß die Form offen bleiben, um das Grenzenlose einzulassen. Wie Generalpausen zwei Abschnitte mehr miteinander verbinden als voneinander trennen, wie sich magische Verwandlungen in Übergängen vollziehen – das fühlbar zu machen, ist dem Interpreten anvertraut: Zauberei. Auf eine rational nicht faßbare Weise wird der organische Zusammenhang hergestellt, die offene Form im Unendlichen geschlossen.

Wer den Reiz des Fragmentarischen nicht erfahren hat, wird nicht nur der Lisztschen Musik, sondern der Romantik im allgemeinen fremd gegenüberstehen.

Diese Musik spielt sich also keineswegs von selbst. Man muß sie interpretieren, und zwar sinnvoll. Vom Erhabenen zum Lächerlichen ist hier manchmal nur ein Schritt.

Vermeiden Sie, verehrter Interpret, diesen Schritt. Es liegt an Ihnen, ob aus dem echten Pathos der Lisztschen Musik ein falsches wird, ob heroisches Feuer zur Heldenpose erstarrt, schwärmerische Lyrik in parfümierten Manieriertheiten erstickt. Geben Sie den Stellen religiöser Versenkung Einfachheit, lassen Sie hinter dem Kapriziösen das Diabolische spüren und hinter den seltsam kahlen Experimenten der Alterswerke die bodenlose Resignation.

Verwenden Sie auf jeden Fall die Originalausgaben oder die Breitkopf & Härtelsche Gesamtausgabe. Ziehen Sie das bei Breitkopf & Härtel erschienene »Liszt-Pädagogium«, eine Sammlung von Aufzeichnungen einiger Liszt-Schüler über ihren Unterricht beim Meister, zu Rate. Fast alle im Handel befindlichen Ausgaben, mit Ausnahme der meist pietätvollen Sauerschen, sind unzuverlässig. Beachten Sie besonders die Lisztschen Pedalvorschriften! Sie geben wichtige Aufschlüsse über Tonfall, Farbe und Atmosphäre, schaffen Orgelpunkte, unterstreichen harmonische Zusammenhänge. Man wird sie nicht buchstäblich, sondern ihrem Sinne nach realisieren; dann wird das Pedal die Musik nicht unter Wasser setzen, sondern ihr Atemluft geben. Hüten Sie sich davor, die Pedalzeichen überall dort kurzerhand zu ignorieren, wo zahlreiche Nebennoten die Klarheit scheinbar gefährden. Es liegt bei Ihnen, mit Hilfe kleiner und kleinster Pedalvibrationen Transparenz zu erzielen. (Hören Sie Wilhelm Kempffs meisterhafte Decca-Aufnahmen!) Wer die Kadenzen am Anfang des »Totentanzes« in ihrer brausenden, moderne Klangballungen vorausahnenden Kühnheit mißversteht und *secco* heruntertrommelt, sollte lieber Strawinsky spielen.

Zügeln Sie, so weit Ihr ungeheures Temperament dies zuläßt, die Zeitmaße. Es ist ja geradezu die Regel geworden, Liszt so schnell zu spielen, als gäbe es überall nur eine einzige Tempovorschrift: *prestissimo possibile*. Zumal das arme Es-Dur-Konzert ist der Sportleidenschaft zum Opfer gefallen. Wo liegt der Rekord: bei 14 Minuten Spieldauer? Oder schon bei 13? Der Aufführungsstil des reifen Liszt tendiert eher zu majestätischer Breite; dies bestätigen, bei aller schuldigen Skepsis gegenüber Metronomzahlen, die Tempoangaben der Silotischen »Totentanz«-Ausgabe und des »Liszt-Pädagogiums«. Auch als Dirigent von Beethoven-Symphonien soll Liszt langsamere Tempi genommen haben, als man sie bisher gewohnt war, und »mit überraschendem Gewinn für die Wirkung«, wie sogar eine renommierte Leipziger Zeitung anerkannte ...

Eine andere Gefahr, der Sie trotz Ihrer starken Empfindsamkeit gewiß nicht erliegen werden, sind die *rubato*-Exzesse. Es ist allerdings ebenso bedenklich, das Zeitmaß gewaltsam festzuhalten, wie es einer *rubato*-Anarchie auszuliefern. Der Rhythmus sei fest ohne Starrheit, männlich-elastisch. Denken Sie daran, daß Liszt den ersten Mephisto-Walzer und andere Klavierstücke für großes Orchester gesetzt hat, das heißt, beschränken Sie sich im allgemeinen auf Tempomodifikationen, die einem ausgezeichneten Orchester unter einem ebensolchen Dirigenten erreichbar sind. Liszts Musik braucht Sensibilität ohne Kleinlichkeit. Werke wie die Sonate und die Klavierkonzerte sind nicht wirre Bilderbögen, sondern symphonische Organismen.

Beweisen Sie sich und den anderen, daß Liszt einer der atemraubendsten Revolutionäre der Musikgeschichte war: präsentieren Sie seine kühne Harmonik mit einer Frische, als hätte nicht seither ein Jahrhundert musikalischer Entwicklung neue harmonische Reizschwellen überschritten. Machen Sie sich bewußt, wie modern seine späten Kompositionen sind. Es ist kein Zufall, daß die großen Bahnbrecher Busoni und Bartók sich immer mit Nachdruck zu Liszt bekannt haben.

Wir alle kommen von Liszt. Den Typus des universellen Interpreten großen Stils, den er geschaffen hat, unsere Klangvorstellung, unsere Technik verdanken wir ihm. Es wäre nett von Ihnen, verehrte Kollegen, sich dies einzugestehen. Es wäre nett vom Publikum, einige Vorurteile abzulegen. Eine Ehrenrettung Liszts wäre an der Zeit.

Alfred Brendel
Wie instrumentiert man auf dem Klavier?

Liszts Bearbeitungen und Paraphrasen

Unter Liszts Werken nehmen seine Bearbeitungen einen erstaunlich breiten Raum ein – erstaunlich, da wir in diesem Jahrhundert die Werke der Komponisten lieber in ihrer Originalgestalt aufsuchen. Was hat Liszt dazu bewogen, soviel Zeit und Phantasie an Transkriptionen und Paraphrasen zu verwenden? (Haben Sie »verschwenden« gelesen? – Wir wollen nicht vorgreifen.)

Der Klavierbau hatte Fortschritte gemacht. Immer größer werden die koloristischen Möglichkeiten des Flügels, seine Dynamik und seine mechanische Widerstandskraft. Der Pianist entdeckt den Flügel neu – als das Instrument, das jede Verwandlung gestattet – und sich selbst als den Mann, der alles verwandeln kann: den Flügel in eine Orgel, eine Oboe, ein Orchester; sich selbst in einen Dirigenten, einen Liedersänger, eine Primadonna, in einen Chor oder Sprechchor (in Liszts »Pensées des Morts«), in einen Erzähler, Zigeuner, Priester, Derwisch, Maler, in Vögel oder Meereswogen, ja in die Elemente selbst. Das ganze Musikstück beherrscht der proteische Spieler allein; niemand braucht ihm Hilfe zu leisten, niemandem ist er Rücksicht schuldig. So spielte Liszt Teile der Beethovenschen Pastorale inmitten eines Orchesterkonzertes. Gewiß hat er dabei das Niveau des damaligen Orchesterspieles prophetisch übertroffen. Aber auch mit den großen Sängern wollte er sich messen und zugleich neue Musik bekannt machen. Schubert, Wagner, Verdi erreichten so das Publikum in einer Zeit, die Radio und Schallplatte als Verbreitungsmittel nicht kannte. Sie erreichten es unter dem Zwang des Virtuosen, der seine Hörer hypnotisch oder mesmerisch gefangenhält.

Das Bearbeiten kann zur Sucht werden. Viele Virtuosen des vorigen Jahrhunderts wurden von ihr befallen, selbst wenn sie nicht, wie Liszt und Busoni, die Legitimation hatten, Komponisten von Bedeutung zu sein. Jede Herausgabe älterer Werke war, von Editoren wie Bischoff und Kullak abgesehen, Bearbeitung. Bülow »korrigierte« Beethoven. Adolf Ruthardt, weder als Komponist noch als Virtuose noch als musikalischer Denker oder Traditionshüter befugt, verwandelte jedes Meisterwerk, das er betrat, in einen Augiasstall. Selbst zeitgenössische Stücke, die nicht gerade an pianistischer Auszehrung litten, waren vor Ausschmückungen nicht sicher: Liszts zweite Franziskus-Legende wurde von seinem pietätlosen Schüler Stavenhagen in einer Weise aufgebläht, daß daneben das Original wie eine erleichterte Fassung für Anfänger wirkt. Von Liszt selbst sagte man, er hätte in seinen jüngeren Jahren die Werke anderer Komponisten beim prima-vista-Lesen am besten gespielt, weil er da noch nichts hinzufügen konnte. Und Busoni legte sich beim Klavierüben in seiner letzten Berliner Zeit Stellen aus der »Lustigen Witwe« in Dezimen zurecht.

Sind Bearbeitungen Racheakte an wehrlosen Komponisten, denen der Bearbeiter seine eigene Inferiorität heimzahlt? Auf Liszt trifft diese Beschreibung kaum zu. Vielleicht läßt sich die Leidenschaft des Bearbeitens bei Liszt wenigstens teilweise daraus erklären, daß seine Orchesterwerke den besten seiner Klavierwerke so deutlich an Wert nachstehen. Es fehlte ihm der sichere Überblick größerer Formen, und die grelle Virtuosität seiner Orchesterbehandlung scheint hauptsächlich für die Schilderung des Krassen, wie etwa im »Totentanz«, geeignet. Es ist seltsam, daß der Musiker, der auf dem Klavier so glanz- und geheimnisvoll zu »instrumentieren« verstand, als Orchestrator keine glücklichere Hand hatte. Wir erinnern uns an einen Parallelfall, nämlich an Chopin, der die großen Sänger seiner Zeit nicht genug bewundern konnte, der aus dem Klavier die schönsten Kantilenen hervorzauberte, ohne doch ein wirklich sangbares Lied zustandezubringen.

Mehrere Gruppen von Bearbeitungen sind zu unterscheiden:

1. *Die wörtlichen Übertragungen*, in denen Liszt Orgel- oder Orchesterwerke für den Pianisten spielbar macht; seine Bach-Transkriptionen gehören hierher wie auch die »Klavierpartituren« der Beethoven-Symphonien, der Weber-Ouvertüren, der

»Symphonie fantastique« und der Ouvertüren zu Wagners »Tannhäuser«. (Wer heute diese Stücke spielt, wird die Originalversionen genau studieren müssen. Er sollte sich nicht scheuen, zum Bearbeiter der Bearbeitung zu werden, wenn damit dem Original gedient ist. Der Höhepunkt der sonst so ausgezeichneten Übertragung von »Isoldes Liebestod« etwa verlangt eine andere Lösung, als Liszt sie mit seinem protzenden Akkord-Vibrato geboten hat.)

2. *Die Opern-Paraphrasen*, in denen Liszt über eine Nummer oder Szene phantasiert oder deren mehrere in der Art eines Querschnitts aneinanderreiht (»Norma«, »La Juive«, »Don Juan«).

3. *Die Liedbearbeitungen*; sie reichen von relativ respektvollen Übertragungen bis zur rücksichtslosen Anverwandlung: Kadenzen werden interpoliert, Strophen wechselnd beleuchtet, Reprisen zunehmend gesteigert.

4. Zumindest ein Teil der *Ungarischen Rhapsodien*, in denen Melodien der städtischen Volksmusik in einen Stil paraphrasiert werden, der sich von der improvisatorischen Manier der Zigeuner und dem Klang ihrer Instrumente herleitet.

Liszts Bearbeitungen sind für den heutigen Pianisten immer noch eine einzigartige Schule des orchestralen Spiels. Anders als in den vielen Klavierwerken, in denen der Spieler latente Orchesterklänge aufspürt, sind hier präzise Vorlagen gegeben, an denen das Ergebnis zu messen ist.

Wenn wir uns darum bemühen, Orchesterfarben auf dem Klavier zu erzeugen, so ist es nicht nur die Klangfarbe des jeweiligen Instruments, die uns interessieren muß, sondern auch der Habitus des Spielers, gewisse Eigentümlichkeiten seines Vortrages, wie sie sich aus dem Bau des Instruments und aus der Spielweise ergeben. Zu berücksichtigen ist auch die Zahl der gleichzeitig beschäftigten Spieler. Ein Orchestertutti wird anders zu behandeln sein als ein reiner Streichersatz, ein *forte* der Streicher wird ein größeres Volumen erfordern als ein *forte* der Holzbläser. – Voraussetzung für das orchestrale Spiel ist ein vorzüglicher, nicht zu weich intonierter Flügel in einem akustisch nicht allzu trockenen Raum. Der Flügel soll im *fortissimo* noch metallische Reserven haben; seine Verschiebung hingegen muß von metallischen Geräuschen frei sein, sie soll den Klang verschleiern, ohne ihn ätzend zu verdünnen.

Wie reproduziert man das Timbre anderer Instrumente auf dem Klavier? Charakteristisch für den Streicherklang ist die weite, höchst elastische Dynamik, das im Pedal vibrierende Legato, die zarten Ansätze, das Modellieren des Einzeltones mit Hilfe begleitender Figuren oder mit Hilfe von Suggestion. (Glauben Sie, ein Anschwellen auf einem Ton sei dem Pianisten nicht möglich? Dann haben Sie Edwin Fischer nicht im Konzertsaal erlebt, wenn er den ersten Einsatz im Adagio des Es-Dur-Konzerts von Beethoven spielte!) Baßeinsätze sind eventuell zu arpeggieren. Kontrabässe und Celli brauchen zur Entfaltung ihres Klanges mehr Zeit. Das *pizzicato* wird, leicht arpeggiert, aus den Tasten herausgerissen. Die Sordine des Streichers erfordert natürlich das Verschiebungspedal.

Der Vertrautheit mit den Stricharten beim Streicherspiel entspricht die Einfühlung in den Atem des Bläsers beim Bläserspiel. Bei Holzbläsern muß man den Ansatz hören. Der Trennschärfe ihrer Töne entspricht die Vermeidung oder vorsichtige Dosierung des Pedals. Die Dynamik bleibt klein.

Den Oboenklang erziele ich mit runden, eingestellten, sozusagen knöchernen Fingern, *poco legato*. Das Vibrato der Oboe verlangt etwas Pedal, ohne daß der Zusammenhang der Töne aufgeweicht würde. Ihr spitzes *staccato* wird leicht gestoßen, Dynamik: *p–mp*.

Die Klarinette hat den größten dynamischen Umfang: *pp–poco f*. Ihr Klang ist gerade: *sempre poco tenuto*, und *quasi senza pedale*. Der Durchschnittsklang der B- oder A-Klarinette ist ein edles *mf*, dessen dunkles, leicht verschleiertes Timbre der Verschiebung (und geschmeidiger Handgelenke) bedarf. Die C- und Es-Klarinetten sind dagegen grell, unlyrisch, grotesk; ich spiele sie mit festen, »harten« Fingern.

Die Flöte verharrt im *piano*; ihre Dynamik ist kaum spürbar, ihr Timbre bleibt rund, weich, etwas farblos und verschleiert. (Ich benutze die Verschiebung, sofern sie nicht dünn oder scharf klingt.) Wo es möglich ist, spiele ich jeden Ton mit Hilfe einer eigenen Armbewegung. Das *staccato* vermeidet allzu scharfe Konturen. Tiefe Flötentöne wirken fahl.

Das Englischhorn, dessen Tristan-Klang uns aus Liszts »Trauergondel« vertraut ist, wird wie eine Altstimme mit sehr klarem Ansatz behandelt, das, mit wenigen Ausnahmen, unkantable Fagott hingegen vibratolos, also ohne Pedal, aber mit Verschiebung. Die Anschlagsart ist Fingerstaccato, die dynamische Spanne *mp–mf*. Ähnliches gilt für den schnarrenden Klang der Baßklarinette und des Kontrafagotts (Dynamik: *mf*). Der edle, volle, etwas verschleierte, »romantische« Klang des Horns verlangt lockeren Arm und biegsame Handgelenke. Obwohl die Dynamik von *pp* bis *f* reicht, soll die Verschiebung stets benutzt werden. Im *legato* wird jeder Ton einzeln aufgesetzt und mit dem Pedal gebunden. Spitzes *staccato* fehlt. In mehrstimmigen Hörnerakkorden muß die Oberstimme zugunsten der Unterstimmen leicht zurücktreten.

Hart eingestellter Spielmechanismus entspricht der grell schmetternden Trompete, deren Glanz die Hilfe des Pedals beansprucht. Dynamik: *poco f bis fff*.

Posaunen sind ebenso wie Hörner zu behandeln, jedoch ohne Verschiebung. Sie entfalten die größte Klangfülle und erscheinen im Klaviersatz meist in Oktaven. Blechbläserchöre sind *portato*, mit Luft zwischen den Akkorden, auszuführen.

Die Harfe ist ein Zupfinstrument! Der Pianist spielt Harfentöne aus rund gespannten Fingern – *sempre poco staccato* – ins Pedal hinein. Bei schnellen, abgerissenen Arpeggien unterstützen Handgelenksbewegungen das Fingerspiel. Harfenfiguren haben glatte Umrisse; ihre dynamischen Kurven sind von geometrischer Genauigkeit. Die Abstände der Töne voneinander erfordern äußerste Kontrolle. Harfenarpeggien sind das Gegenteil des nachlässigen, dem Zufall überlassenen Arpeggierens. (Liszts Klaviermusik ist voll von ihnen: man denke nur an die Reprise der »Bénédiction«.) Die Dynamik der Harfe reicht von *pp bis mf*; mehrere Harfen können auch kräftiger sein.

Bei der Orgel sind die Klangfarben und -stärken der Manuale streng voneinander zu unterscheiden. Innerhalb jedes Manuals bleiben alle Stimmen gleich laut. Die Deklamation ist also nicht durch Dynamik, sondern durch Artikulation und vorsichtige Agogik bestimmt. Arpeggien sind ausgeschlossen. Zum Orgelklang gehört der Kirchenhall! Neben dem Kirchenhall sind es die Orgelpunkte und andere lang anhaltende Töne, aus denen sich fesselnde Pedalprobleme ergeben: sie machen wohl den größten Reiz der Orgeltranskriptionen aus. Ich versuche sie ohne die Hilfe des mittleren Steinway-Pedals allein mit dem rechten zu lösen. Beim romantischen Orgelstück wird das konsequente An- und Abschwellen der Crescendo-Walze zu imitieren sein.

Orgeltranskriptionen sind eine glänzende Klangfarbenschule als Vorbereitung auf das orchestrale Spiel.

Meine Liste musikalischer Instrumente wäre höchst unvollständig ohne die menschliche Stimme. In der Freiheit der Deklamation übertrifft sie bei weitem das Orchester. Wärme und Direktheit zeichnen sie aus. Durch Vokale und Konsonanten erhält die Artikulation ein besonders plastisches Relief. Die Dynamik reicht vom Flüstern und Summen bis zum Schrei. Die Stimme ist jeden Ausdrucks fähig! Vibrato in allen seinen Graden bestimmt den Gesang; der Arm des Pianisten soll auf dem Vibrato wie das Schiff auf dem Wasser segeln – ein paar Zentimeter über den Tasten. Das Pedal erzeugt die Bindung der Töne, für besonders gesangliche Stellen verwendeten Klavierkomponisten nicht selten den gleichen Finger (den fünften in Schuberts Ges-Dur-Impromptu; den Daumen im 3. Satz der Schumann-Fantasie, in seiner Fis-Dur-Romanze oder im Seitensatz der Lisztschen »Funérailles«). Der so erzielte Klang ist gelöster und »sprechender« als das *cantabile* eingestellter Tenutofinger. Gesang bedeutet Ausatmen. Daß auch die Momente des Einatmens von musikalischer Bedeutung sein können, wird der Spieler von Lied- und Operntranskriptionen, der mit der Gesangslinie mitatmet, bemerken: jähes, heftiges Einatmen kann von starker dramatischer Wirkung sein – allerdings nicht in der Form lauten Schnaufens von seiten des Pianisten. Der Sänger, der größere musikalische Zusammenhänge herstellen will, wird jedoch in den meisten Fällen so diskret wie möglich Atem holen: das Musizierideal des »großen Atems« führt ja über physische Atemlängen weit hinaus.

Die Klavierliteratur ist von Gesang durchdrungen. Noch die Orgel, das Cembalo hatten sich gegen das Gesangliche gesträubt. Je stärker sich der Klang des Hammerflügels vom Cembalo löst, um so leichter fällt ihm die Kantilene. Das Klavier als Gesangsinstrument ist sicherlich keine Entdeckung Liszts (oder Thalbergs). Aber wer sonst hat die Vox humana auf dem Klavier so sinnlich vibrieren lassen?

Hans Heinrich Eggebrecht

Gustav Mahler als Dirigent

Die usurpatorische Haltung des Komponisten Mahler, der – unhistorisch wie nur einer – in den Originalen keine Unantastbarkeiten sah, sondern Materialien zur Bildung von Vokabeln, Stoff zur Verwirklichung der eigenen Originalität oder ein noch unvollkommen Ausgeführtes, das zu seiner Selbstverwirklichung der ausarbeitenden Hand bedarf, hat eine Parallele in dem Dirigenten Mahler und in Mahlers Verhältnis zu den von ihm vertonten Texten.

Bei dem Dirigenten Mahler steht intentional die Selbstverwirklichung des aufzuführenden Werkes im Vordergrund, die vom Aspekt der Selbstverwirklichung des Dirigenten freilich nur schwer zu trennen ist und gerade im Fall Mahler sehr häufig als widerrechtliche Inbesitznahme des Werks, als subjektive Willkür gegenüber dem Recht des Originals kritisiert wurde.

Über Mahlers Wirken als Kapellmeister in Hamburg berichtet Ferdinand Pfohl:

> »Mahler war als Dirigent jeden Augenblick bereit, wo es ihm notwendig erschien und wo es seiner persönlichen Überzeugung entsprach, sich von der sogenannten ›Tradition‹ loszusprechen. Er neigte dazu, auch seine Willkürlichkeiten in der orchestralen Darstellung eines Kunstwerkes mit dem oft zitierten Wort zu rechtfertigen, daß ›Tradition nichts anderes sei als Schlamperei!‹ ... Er sprach sich von der Verpflichtung frei, Webersche Musik vollkommen noten- und partiturgetreu aufzuführen. So ließ er z. B. das erste Hörnerpaar – in dem wundervollen Waldlied aus der Einleitung der Freischütz-Ouvertüre – mit Dämpfern blasen; ebenso das Spitzenmotiv des Zauberhorns der Oberon-Ouvertüre. Als ich ihn um eine Aufklärung über diese von ihm beliebte, dem Weberschen Willen vollkommen entgegengesetzte Instrumentationsänderung bat, erklärte er mir: ›Ich glaube auch

Weber gegenüber diese Änderung des Hörnerklanges verantworten zu können, weil sie durchaus der Fantastik und der Romantik, also der Weberschen Naturstimmung entspricht.‹«

Dirigentische Interpretation eines Repertoirewerks der Musik bedeutet für Mahler Befreiung, Angleichung, Verdeutlichung und Vervollkommnung, wobei es vor allem die zuletzt genannte Interpretationsmaxime ist, die in diesem Zusammenhang interessiert.

Die *Befreiung* des Werks richtet sich gegen dessen Vereinnahmung seitens der »Tradition«, der Gewohnheit und Geschmacksversteifung, Routine, Stumpfsinnigkeit und Schlamperei. »Es gibt keine Tradition, nur Genius und Stupidität«, lautete – wie Paul Stefan berichtet – ein Ausspruch Mahlers, und ein anderer: »In jeder Aufführung muß das Werk neugeboren werden.«

Die *Angleichung* des Werks ist dessen Überführung in die Klangverhältnisse des gegenwärtigen Orchesterapparats. Sie ist nach Mahlers Vorstellung vor allem für die Werke Beethovens unabdingbar und betrifft insbesondere die – von den akustischen Gegebenheiten der sich vergrößernden Konzertsäle geforderte – Verstärkung und klangliche Proportionierung der Streicher, Holzbläser und Blechbläser. Hierher gehört zum Beispiel auch jener »höchst bemerkenswerte Versuch Mahlers, das Streichquartett Beethovens in C-Moll op. 95 vom ganzen Streichorchester spielen zu lassen, um die Wirkung der [in räumlicher Hinsicht] ›elenden‹ Instrumente zu vergrößern und die der allzugroßen Säle aufzuheben«.

Verdeutlichung des musikalisch Gemeinten war der oberste Leitsatz des Dirigenten Mahler. Wie in der kompositorischen Produktion, so auch in der dirigentischen Reproduktion war er ein Fanatiker der Deutlichkeit. Und dies bezog sich – hier wie dort – sowohl auf das strukturelle Gefüge als auch auf die gehaltliche Aussage des Werks. Für den Dirigenten Mahler, berichtet Paul Stefan, war »Deutlichkeit ... ein genaues Verhältnis von Licht und Schatten. Seine Crescendi, seine Stürme, die von Takt zu Takt wuchsen, einen Augenblick Atem holten und dann mit der stärksten Wucht niedersausten, seine Steigerungen, mit den einfachsten Mitteln erreicht, sein flüsterndes Pianissimo, sein Instinkt für den notwendigen Wechsel von Ruhe und Bewegung, sein Sinn für die Schärfe der melodischen Linie, das alles waren gleichsam erkennbare Teile seiner Kraft. Dazu kam sein äußeres und inneres Gehör für Einzelheiten, verborgene Nebenstimmen, Nuancen, die andere in der Partitur kaum sahen, und endlich eine hypnotische Macht des Willens über alle, die zu gehorchen und zu horchen hatten.«

Mahlers Verdeutlichungsarbeit ist an den erhaltenen Dirigierpartituren zu erkennen, auf die zuerst Erwin Stein hingewiesen hat und die dann im Blick auf Schumann von Mosco Carner, auf Schubert von Peter Andraschke, auf Bruckner von Ernst Hilmar näher beschrieben wurden und die – einschließlich der Bühnenmusiken – auch der von Rudolf Stephan herausgegebene Katalog der Düsseldorfer Mahler-Ausstellung veranschaulicht. Plastik, Präzision, Klarheit erreicht Mahler durch Modifizierung oder Zusatz von Vortragszeichen und Phrasierungsbögen, Angabe der Stricharten, Einzeichnung von Akzenten, Gliederungsstrichen, Pausen und Fermaten – kurz: durch die Verringerung der Differenz zwischen dem originalen Schriftbild und dem gemeinten Klang. Auch etwa Beethoven und gerade er, meinte Mahler, war »nicht so erfahren in der Orchestertechnik, daß er zwischen Schreib- und Klangweise sich nie hätte irren sollen«.

Doch bei Mahler geht das Streben nach Verdeutlichung der Musik anderer Komponisten beständig Hand in Hand mit der Absicht der *Vervollkommnung*, das heißt mit der Auffassung, daß die als Partitur existierende Musik in der Instrumentation, Expression und Strukturation Mängel zeigt gegenüber den eigentlichen Vorstellungen des Komponisten oder auch gegenüber den Erfordernissen musikalischer Kunst (wie Mahler sie versteht) und daß er als Dirigent, als Verwirklicher des Werks, dazu verpflichtet sei, diese Mängel zu beheben. Zu den Mitteln solcher – wie Mahler sagte – »Interpretation und Nacharbeitung« gehören unter anderem die Veränderung der Dynamik, der Tempi und Temporelationen, das Tilgen und Hinzufügen von Instrumenten und Instrumentengruppen, die Uminstrumentierung, Verdoppelung und Eliminierung von Stimmen, das Streichen von Takten, Taktgruppen und ganzen Formteilen – und dies alles mit dem Ziel der Differenzierung von Haupt- und Nebensachen, der Auflichtung oder Intensivierung des Satzes, des Herausarbeitens von Steigerungen und Kontrasten, der Verdeutlichung der Folgerichtigkeit des musikalischen Geschehens, der Klarstellung von Form- und Ausdrucksideen. Dabei war Mahler fest davon überzeugt, »nicht gegen die Intention des Componisten, sondern in seinem Sinne« zu handeln und mit seiner »Nacharbeit« nur zu verwirklichen, »was dem Sinne nach freilich längst dasteht«.

Daß Mahler als Dirigent ganz Ungewöhnliches geleistet hat, wird im zeitgenössischen Urteil überall hervorgehoben; in dieser Tätigkeit ist er – wie Arnold Schönberg es ausdrückte – »selbst von den dümmsten Gegnern anerkannt worden«. Aber seine Eingriffe in die von ihm dargebotenen Werke anderer Komponisten waren auch heftig umstritten, trotz der seinerzeit noch freieren Einstellung gegenüber der Authentizität des Originals. »Ich brauche nur einmal zu versuchen, dem berühmten vom biederen Hans [Richter] ausgebildeten Philharmonicum [in Wien] meine Auffassung einer Beethovenschen Symphonie beizubringen, um sofort auf den widerwärtigsten Kampf zu stoßen«, schrieb Mahler im Winter 1894/95 aus Hamburg an Friedrich Löhr. »Welch einen Sturm muß ich jedesmal über mich ergehen lassen, wenn ich, aus der gewöhnlichen Routine heraustretend, irgend etwas Eigenes mal aus mir heraus versuche. – Ich habe nur einen Wunsch: in einer kleinen Stadt, wo es keine ›Traditionen‹ gibt und keine Wächter der ›ewigen Gesetze der Schönheit‹ unter einfachen, naiven Menschen zu wirken und im engsten Kreise mir und den wenigen, die mir folgen können, genug zu tun.«

Es ist nicht richtig, Mahlers Partiturinterpretationen damit rechtfertigen zu wollen, daß sie keine subjektiv motivierten Eingriffe des Komponisten Mahler darstellen. Wenn Erwin Stein resümiert, »Mahlers Retuschen ... sind kein Spezialfall, keine individuelle Interpretation, sondern deren objektive Herstellung in reiner Gestalt«, so ist das schlichtweg unzutreffend. Dem Urteil Peter Andraschkes, viele der Eintragungen in die Partitur der VII. Symphonie von Schubert »sind aus dem kompositorischen Denken Mahlers zu verstehen« und »verändern ... die vom Komponisten intendierte Konzeption«, ist zuzustimmen, und hart fällt Ernst Hilmars Verdikt über Mahlers Retuschen und Striche bei Bruckners Symphonien aus: »Heute erscheinen uns Mahlers Eingriffe als reine Willkür ... Es fehlte ihm das Verständnis für Bruckners Mentalität ...«

Mahler war als Dirigent nicht nur ein Terrorist (»Und auch mir gelingt es [das Verwirklichen des Werks] nur durch den Terrorismus, durch den ich jeden einzelnen zwinge, aus seinem kleinen Ich herauszufahren ...«), sondern auch in dieser Tätigkeit war er ein Usurpator. Aber seine Art der Besitzergreifung ist nur dann widerrechtlich, wenn das Recht einen Paragraphen über die Unantastbarkeit des Originals enthält. Für Mahler gibt es einen solchen Paragraphen nicht, sondern statt dessen ein dirigentisches Gewissen, das aus den eigenen Kompositionsvorstellungen gespeist wurde und die Nacharbeit gebot, ein Ethos der Vervollkommnung des Werks, dem er rücksichtslos folgte. So wie er die präexistente Kunstmusik ansah als Stoff für seine Vokabeln und Idiome und wie er gewisse Themen anderer Komponisten für so »unausgearbeitet« hielt, daß man sie »ruhig ... aufgreifen und erst ausführen« könne, so auch nahm er als Dirigent von einem Werk in einer Weise Besitz, bei der Reproduktion und Produktion ineinander übergehen. »Heil dem Dirigenten«, sagte Mahler konsequenterweise (mitgeteilt von Egon Wellesz), »der in meinen Partituren Änderungen anbringt, wenn der Raum und die Qualität des Orchesters es erfordern, um die Intention herauszubringen« – von Änderungen darüber hinaus sagte er freilich nichts.

Dietrich Fischer-Dieskau

Vom Sänger als Interpreten

Eine völlig authentische Interpretation gibt es nicht. Zwar tritt immer wieder einmal die Täuschung ein, es sei etwas in Vollendung gelungen. Aber daraus den Schluß zu ziehen, es handle sich um unwandelbar Endgültiges, ist mit nichts zu rechtfertigen. Noch weniger geht es an, eine Darstellung als Einwand gegen eine andere zu benutzen. Denn nicht zwei Stimmen gleichen sich, noch weniger zwei Talente. (In dem Hinweis, es setze ein spezielles Talent voraus, Musik zum Sprechen zu bringen, ist nach allem Gesagten nichts Eindeutiges enthalten.) Abgesehen von den Voraussetzungen stimmlichen Naturells, nach der kantablen oder deklamatorischen Seite hin, dürfte der Ansatz künstlerischer Begabung in einer Einstellung gründen, die durch Anlage und Einflüsse in der Kindheit vorbereitet ist.

Eine solche Einstimmung schafft Besessenheit, Bereitschaft, sich der Wirklichkeit des Künstlerischen hinzugeben. Dies kontrastiert zur weitaus größeren Zahl jener Menschen, die in der Daseinsrealität befangen bleiben. Erst der Weg über Wertung, Auswahl und Qualitätsempfindlichkeit führt zu jener schöpferischen Phantasie, die gestaltet. Was dabei an speziellen Techniken zum Aufbau einer Wiedergabe gehört, verwechselt der unbefangene Hörer leicht mit dem Wesentlicheren, damit nämlich, daß gesangliche Technik nur zur Aufhebung der Grenzen zwischen dem Subjekt Interpret und dem Objekt Kunstwerk dient und somit für die Freiheit der Vereinigung beider sorgt. Wie der Dichter – in Goethes Formulierung – das Bild der Welt antizipiert, ohne es noch zu kennen, so nimmt der Sänger dank schöpferischer Phantasie das Bild der sich im Gesang äußernden Leidenschaft voraus, ein Geheimnis der Tonformung, das zu enthüllen die Sprache ihren entscheidenden Beitrag leistet.

Gesang überwand in geglückten Interpretationen am weitesten das nicht zu vollendende Suchen nach Einklang in der Mitteilbarkeit. Denn erst, wenn wir aus der ursprünglichen Einheit die Musik abziehen, treten Sprache und Gesang wirklich auseinander. Zuvor hing das Lautmalende derart mit der Musik zusammen, daß es der Worte in vielen Fällen gar nicht mehr zu bedürfen schien. Hier liegt auch der Unterschied des Gesangs zur Sprache als Mitteilung, die sich nicht wissenslos und unwillkürlich vollzieht, sondern auf die Sache hin tendiert.

Wir sprachen von den übersteigerten Forderungen, die heute an Reife und Übersicht des Interpreten wie des Hörers gestellt werden. Dabei geht es um nichts weniger als den geistigen Akt des Zusammenfassens der Erscheinungen und ihrer Verhältnisse zu einem geordneten Miteinander, ohne daß sich die Sinnlichkeit des Sängertypus als medial untauglich dazwischenstellen kann. Denn ist dies der Fall, müßte das Nacheinander der Phänomene im Ablauf einer musikalischen Interpretation als zufällig zusammengeraten empfunden werden. Künstlerische Organisation stellt aber das Gegenteil dar.

Wer den Intellekt gesangsfeindlich schilt, verachtet Denken ebenso wie sicher geleitetes Tun, das über den Durchschnitt hinaus will. Es ist ein absichtsvolles und zielstrebiges Wollen, das die teleologischen Strukturzusammenhänge ausmacht, zugleich aber den Sinn des Künstlerischen an sich.

Zum Künstler, der formt und ein Werk tiefer erschließt, gehört ein Anteil von Wissen, der im Augenblick der Interpretation möglicherweise vergessen werden darf, auf den aber bei der Erarbeitung der Darstellung nicht zu verzichten ist. Die Pressereszension ist häufig ganz auf die Ästhetik des Interpreten fixiert und macht sich leichtsinnig nicht die Mühe, Verbindungslinien zur Gegebenheit des Werkes zu ziehen. Resignierend könnte der Leser solcher Besprechungen zu einem jener Reinheitsenthusiasten werden, die Schuberts oder Weberns Lieder gerne in der Lade ließen und jede Interpretation überflüssig finden. Aber gehört nicht zu jeder Komposition auch das Wissen um ihre Interpretation? Hat einer Sorge vor der Vieldeutigkeit wie Sokrates, so schreibt er lieber gar nichts. Der Schaffende muß hingegen kommunikativ davon ausgehen, daß in anderen Tagen Menschen leben werden, deren Auffassungsgabe sich adäquat äußert.

Für den Sänger kann die Musik erst dann sie selbst sein, wenn er sie in ihren immanenten Stimmigkeiten und Unstimmigkeiten wahrgenommen und geprüft hat. Sie ist nicht Anlaß zu folgenloser Unterhaltung. Ohne es wahrzunehmen, verschwenden zahllose Sänger ihre Zeit an eine Sache, die ihnen unzugänglich bleibt, und dies auch deshalb, weil sie alle Kräfte daran vergeuden, schlackenlos zu singen, wie es der Zeitgeist in den internationalen Musikzentren fordert. Der Prozeß des Werdens scheint aus den Interpretationen oft wie ausgeklammert – jenes den Werken innewohnende Wachsen, das ein verpacktes Endresultat niemals präsentieren kann. Das Greif- und Meßbare wird zum Maßstab gemacht und vom Gesetz des Konsums noch sanktioniert, während das Kunstwerk sich dem leise entzieht.

Die ausschließlich schönen Stimmen dringen interpretativ nicht ein. Sie begnügen sich mit der entzückenden Hülle und tarnen sich mit Naturhaftigkeit, die doch erst dort entstehen kann, wo alle Elemente ineinandergreifen. Das Gesagte richtet sich nicht gegen die Macht der Stimme, weniger noch gegen Gründlichkeit der Vorbereitung, gegen Sorgfalt im Umgang mit dem zu erarbeitenden Werk. Aber was soll die verbreitete Skepsis gegen das Aufschließen der Musik, gegen die Kraft der Imagination? Besonders eine Vorstellung von Normalität verfolgen die Anhänger der Gediegenheit: Sie sträuben sich gegen die Dimensionen der Dynamik, die einem vorgestellten Bild von Historie nicht entsprechen. Für den Sänger soll dies bedeuten: Laut ist gleich lärmend und musikfeindlich, leise verleitet zum Husten oder gar Kichern. Akustische Extreme widersprechen der allgemeinen Vorstellung vom Sinnlich-Wohligen. Wer sich diesem Klischee anschmiegt, muß unweigerlich an der Sache der Musik vorbeihören, weil er lieber bequem und erfreulich bleibt und auf artikulierte Musiksprache verzichtet. Es sollte unzweifelhaft sein, daß für den Sänger die gleichen sachlichen Forderungen hinsichtlich der Musik gelten wie für jeden anderen Musiker auch. Unter den Opernsängern sollte es selbstverständlich sein, daß schöne Stimmen nicht Selbstzweck sind, sondern immer dienend die Komposition vermitteln sollen.

Dazu allerdings stehen Vorurteile quer. Es hilft wenig, wenn der kritische Hörer das, was er sängerisch von früher her und von anderen Werken weiß, in den Moment des Geschehens hineinprojiziert. Sein Urteil kann nicht vorurteilsfrei ausfallen. Hier liegt just die Schwierigkeit für den Interpreten. Ein Glücksergebnis stimmiger Wiedergabe kann man nicht wollen, denn es handelt sich um ein Ingenium künstlerischen Hervorbringens, das über die umfassendste Vorbereitung hinaus willenlos in der ursprünglichsten Nachschöpfung besteht. Das Besondere des jeweils Darstellenden ist mit Deutungen nicht faßbar. So gibt es Sänger und Schauspieler, die sich in theoretischer, reflektierender Vorbereitung nicht genug tun können und dann auf der Bühne eine unerklärliche, sich nie trübende Naivität ausstrahlen. Andere zeigen sich in den Proben frisch und spontan, um dann doch den Eindruck einer wohl abgewogenen, durchkalkulierten Darstellung zu hinterlassen.

Die Summe all jener Vorurteile, die dem Zeitungsleser als »objektive« Beurteilung von interpretatorischer Wirklichkeit eingeredet werden, kann den Zugang zu einer historisch und ästhetisch tragfähigen Bestimmung des Zutreffenden kaum bieten.

Blicken wir auf das Klavierlied: Hier verbieten sich körperliche Bewegung und Gestik als gewolltes »Vorzeigen« eines dramatischen Impetus. Handlungsschauplatz ist das Gesicht des Sängers, das, vom inneren Erleben durchleuchtet, jede aufgesetzte Mimik scheuen sollte. Schließlich läßt ein fast nicht wahrnehmbares Mitgehen in der Körperhaltung das Spannungsfeld der Musik spüren. Wer aber solch eine Begrenzung äußerlicher Art auf sich nimmt, trifft andererseits im Lied auf Gestaltungsmöglichkeiten, wie sie wohl kaum ein anderes Gesangsgebiet bereithält. Um sie zu erschließen, ist eine Reihe von Forderungen zu erfüllen.

Dem Bühnensänger, der einen ganzen Abend lang in den lichten oder finsteren Umrissen einer handelnden Gestalt verharrt, steht der Liedsänger mit dem Zwang zum Farbwechsel gegenüber. So viele Stücke das Programm eines Liederabends enthält, so viele Rollen sind zu verkörpern, und jede von ihnen hat ihren eigenen Farbcharakter. Mignon, Gretchen, Thekla,

Ellen, Suleika, die junge Nonne oder der Hirt auf dem Felsen, sie und viele andere umspannen das Weibliche durch alle Fächer hindurch allein bei Schubert, denen als männliche Gestalten etwa der Harfner, Ganymed, Prometheus, der Müller, Symbolfiguren des Totengräbers, Wanderer aller Gemütsschattierungen, Memnon, Atlas, Philoktet, Orest, Fischergestalten jeden Alters, Barden und Sänger gegenüberstehen, die unverwechselbar und darum persönlich sein müssen.

Einer solchen Gestaltenfülle entspricht der Reichtum dynamischer Werte im Lied, die dennoch im Gegensatz zur Bühne auf feinster Abstufung beruhen, wenn sie nicht den Strom der Intensität zum Stocken bringen sollen. Hierzu bedarf es mannigfacher technischer Voraussetzungen. So unterbrechen abrupte Atemstöße die Linie. Portamenti suggerieren ungewollte Gefühlsseligkeit. Nachlässig oder explosiv vorgebrachte Konsonanten können, wo sie nicht angebracht sind, die Folge der Vokale unterbrechen. Undeutliche Vokale ohne formende Kontrolle bedeuten fast immer sinnlosen Spannungsabfall.

Wesentlichster Faktor der Darstellung bleibt das Tempo. Im Lied ist der Sänger sein eigener Dirigent, diese Verantwortung kann ihm auch vom Pianisten nicht abgenommen werden. Denn es heißt ja, am Abend auch den leisesten Anhauch von Willkür zu bannen, und Tempo im Verein mit Rhythmus sind die Garantien dafür. Ob nun Synkopen, Punktierungen, Zäsuren oder Freiheiten agogischer Art gefordert sind, sie müssen einer in Dichtung und Musik immanenten Notwendigkeit entsprechen, haben mit Wirkungssuche oder Umgehung technischer Probleme nichts zu tun. Der Gestalter eines neuen Programms sollte, entscheidet er sich für nur einen Komponisten, dessen Musik für eine Weile ausschließlich betreiben und auch seine anderen Werkgattungen kennenlernen, deren Umkreis abstecken. Nur das bringt wirkliche Konsequenz, dauernde Selbstkritik, Systematik und schließlich auch Effektivität. Mit anderen Worten: Methode und Ziel verschmelzen auf diese Weise.

In der Gesangsmusik tritt die gedankliche Konzeption des Musikers neben die des Dichters. Wird dies jedoch sinnlich nicht erfahrbar, schwächt sich die Wirkung von Dichtung und

Musik ab. So ist ein Gedanke niemals adäquater Ersatz für ein gesungenes Wort. Läßt sich der Hörer vom Komponisten an die Hand nehmen, so erschließt sich ihm die Tiefe, und er wird sich nicht im Diffusen verlieren. Unabdingbare Hilfe leistet das sinnliche Element, es schafft erst die Wirkung der Kommunikation. In Höhepunkten gesanglicher Darbietung kann innere Befreiung vollzogen werden. Die Hörer werden nicht nur ergriffen, sondern verwandeln sich kathartisch zu sich selbst. Wir meinen nicht die romantische Vorstellung, ein Sänger sei dazu da, die Menschheit zu »beglücken«. In erster Linie wird er sich – bewußt oder in den meisten Fällen unbewußt – selbst befreien und seine Hemmungen überwinden.

Ein Gegensatz zum Unterhalten ist hier gemeint, zur allgemeinen Passivität, zum Unernsten des Genusses, der per se ja nicht verächtlich ist, aber ein völlig anderes Bedürfnis befriedigt. Bedeutet es nicht eine Steigerung, daß ich mich als Hörer nicht nur ästhetisch erbaue, sondern beteiligt bin, da ich hörend das in der Darstellung sich offenbarende Wissen als ein mich betreffendes nachvollziehe?

Den Ausführenden sei gesagt: Dazu genügt das Gedachte, Pathetische, Sentimentale, das eingesehene Klischee nicht. Es muß immer wieder aus neuem Grunde gestaltet werden. Nehmen wir uns doch Brechts »Glotzt nicht so romantisch!« zu Herzen! Wir sind mit Zerspaltenheit von Wort und Ton, mit mehrfacher Wahrheit konfrontiert, die auch in der Interpretation von Gesangsmusik als Essenz des Widersprüchlichen, des Zwiespalts erkennbar werden darf. Wahrheit steht gegen das Recht aus anderer Wahrheit. Kantabler und deklamatorischer Gesang scheinen sich gegenseitig zu bekämpfen und sollen doch gemeinsam wirken. Das für die Musik Notwendige trägt die Schuld der Behinderung des anderen ebenso Notwendigen, der Dichtung, schon in sich. Aber nur auf gemeinsamer Ebene wird die Konfrontation möglich. Nur so ist überhaupt eine Auseinandersetzung realisierbar.

Friedrich Gulda
Wir sind nicht klassisch-ausgewogen

Klassische Ausgewogenheit:

Diesen Begriff aus den Werken der Wiener Klassiker im allgemeinen und aus Beethovens Klaviersonaten im besonderen abzuleiten, mag berechtigt sein;

ihm einen besonders hohen, ja den höchsten Wert in der Musik zuzuschreiben, ist fragwürdig;

ihn als Maßstab an die heutige Interpretation dieser Werke anzulegen, ist bestenfalls naiv.

Warum?

Weil wir nicht klassisch-ausgewogen sind.

Beethovens Ganzheit, die er teils vorfand, teils erkämpfte, ist nicht mehr unser. Seit ihm ist einiges passiert – musikalisch und auch sonst –, und sein moderner Interpret müßte gerade den Teil seines Bewußtseins, der diese neueren Erfahrungen enthält, ausklammern, um zu einer ehrlichen und vollständigen Identifikation mit seinen Werken im Sinne jener utopisch-naiven Forderung zu gelangen. – Einige haben dies versucht. Das ergab Interpretationen von rückwärtsgewandter Großartigkeit oder von öder Mittelmäßigkeit, je nach Begabung. (Man wird kaum fehlgehen, diese Interpretationen als »typisch deutsch« – mit allen Konsequenzen, die dieses Wort enthält – zu bezeichnen.) Andere – die mehr »internationalen«, nicht so sehr im deutschen Bewußtsein wurzelnden Interpreten – waren zu solch romantisch-heroischer Selbstaufgabe weniger oder gar nicht bereit, musizierten im besseren Fall genial an Beethoven vorbei oder brachten im schlechteren einen verlogenen, im schlechtesten einen verlegenen Kompromiß zwischen sich und dem Komponisten zustande.

Fazit: Entweder klassisch-ausgewogen um den Preis regressiver Einschränkung des Bewußtseins oder volle Entfaltung der Persönlichkeit auf Kosten Beethovens.

Ich selbst nun bin einerseits nicht mehr bereit, auch nur ein

Quentchen meiner selbst in regressiver Beschränkung Beethoven (oder sonst irgendeinem Komponisten) aufzuopfern, andererseits aber ein Gegner subjektiver und damit unausweichlicherweise verfälschender Interpretation. Wer mir darauf nun sagt, das Problem sei somit für mich nicht lösbar, rennt offene Türen ein. Es ist unlösbar; und nicht nur für mich, sondern für uns alle. Meisterwerke der Musik sind Aufforderungen an den gleichgestimmten Interpreten, sich ihnen hinzugeben. Ist der Interpret nun identisch mit dem Komponisten, gibt's kein Problem. War der Interpret ein Zeitgenosse, ging's noch an. Je größer aber der zeitliche Abstand wird, je mehr sich neu- und andersartige Erfahrungen im Bewußtsein des Nachfahren häufen, desto unüberschreitbarer wird die Schranke, desto höher der Preis, sie zu überwinden. Eines Tages wird die freundliche Aufforderung des überlieferten Textes zum unerträglichen Zwang. »Vernunft wird Unsinn, Wohltat Plage.« – So muß es leider dabei bleiben: Vergewaltigung des Spielers durch den Text oder umgekehrt. Eine Synthese ist nicht mehr möglich, und ein Kompromiß ist – eben ein Kompromiß. So bleibt mir denn nur ein Schwanken zwischen den Extremen: Entweder völlige Unterordnung, höchste Texttreue oder aber schrankenlose Subjektivität, für die die Noten nicht mehr als Anlaß und Vorwand sind und sein können.

Die erste Möglichkeit habe ich bei den Plattenaufnahmen sämtlicher Sonaten für Amadeo angewandt. Ich hielt diese Möglichkeit für die Platten, die ja schließlich wohlverpackte, verkäufliche Konsumartikel sein sollen, für geeignet. (Was nicht ausschließt, daß die Platte auch die Funktion hat und haben soll, nicht das »Musterhafte«, sondern im Gegenteil gerade das Spontane, Improvisierte festzuhalten. Das ist dann aber eben eine – Jazzplatte.)

Die zweite will ich nun hier in diesen Konzerten versuchen, soweit es mir gelingt; wobei ich das Risiko der Fehlerhaftigkeit und des Auseinanderfallens der Form (es ist ja schließlich nicht meine Form, sondern seine; daher gleichgültig) sowie auch das noch größere des Nicht-disponiertseins, welches sich natürlich bei einer solchen Wiedergabe viel stärker auswirkt als bei einer »werktreuen«, und der damit verbundenen Langeweile bewußt eingehe. In letzterem Fall sollte man eigentlich aufhören zu spielen. Daß man es nicht tut, kommt nur daher, weil der Konzertbetrieb, in den wir alle eingespannt sind, es nicht gestattet. Auf längere Sicht muß es daher heißen: Weg mit dem Konzertbetrieb in seiner jetzigen, zwanghaften Form ... doch greife ich vor.

Der Einwand, daß gerade die Musikstadt Wien mit ihrer einzigartigen musikalischen Atmosphäre, als deren höchste Inkarnation wir die Wiener Philharmoniker kennen, der Beweis dafür sei, daß die klassische Ausgewogenheit zwischen Geist und Gefühl, Werktreue und nachschöpferischer Freiheit, Intellekt und Emotion, Form und Inhalt, Planung und Improvisation, Konzertverpflichtung und spontanem Musizierwillen, dies alles frei vom Ruch der Mittelmäßigkeit oder des faulen Kompromisses hier eben doch noch als höhere Synthese, als eine Art Wunder vorhanden sei, trifft daneben: Obwohl dies alles selbstverständlich sich so verhält, signalisiert gerade das kleine Wörtchen »noch« die größte Gefahr; nämlich die des gebannten Hinblickens auf einen Rest aus klassischer Zeit, wo alles *noch* stimmt. Um welchen Preis? Um den Preis regressiver, auch repressiver Einengung des musikalischen Bewußtseins, populär ausgedrückt: Verdummung ... siehe oben.

Wenn Sie also, Herr Gulda, so höre ich argumentieren, das Problem der Interpretation vergangener Musik als unlösbar erkannt haben, warum fahren Sie dann immer noch damit fort? Antwort: Erstens, weil diese vergangene Musik mir als Vehikel, mich selbst auszudrücken, zur Zeit immerhin noch brauchbar erscheint. (Etwas Neues, Eigenes ist zwar schon in Sicht, aber noch nicht »ganz da«.) Zweitens, weil durch die sattsam bekannten Umstände des »Musiklebens« meine materielle Existenz in hohem Grade von der Benutzung dieser Vehikel abhängt.

Darauf – so möchte ich abschließend den jungen und junggebliebenen Musikern und Musikliebhabern zurufen –, darauf, daß dies bald nicht mehr so sein möge; darauf, daß nicht nur ich, sondern jeder Musik-Spieler sich nicht mehr hinter einem Komponisten – es sei denn er selber oder ein Freund und Zeitgenosse ohne tyrannische Züge – zu verstecken braucht; darauf, daß wir vielleicht eines Tages nicht mehr zu vorbestimmter Stunde unsere Seelen *verkaufen* müssen; darauf, daß mit einem Wort auch wir Musiker einmal *Menschen* werden dürfen: ohne Leistungsdruck, ohne Lampenfieber, ohne Management, ohne das Geschwätz der Kritiker, ohne diesen ganzen wahnwitzigen, nutzlosen Verschleiß durch die sogenannte Karriere; darauf wollen wir hoffen, dafür werden wir kämpfen. Ihr wißt doch, das heißt euer besseres Selbst weiß es, daß ihr früher oder später diesen – meinen – unseren Weg gehen müßt und werdet ... Geht ihn! Fangt damit an, bevor es zu spät ist, wenn euch auch nur das Geringste an eurer musikalischen und menschlichen Existenz liegt! Es ist ihnen – ihr wißt schon, wem – nicht gelungen, mich zum Krüppel zu machen: Laßt euch nicht zu Krüppeln machen! Spielt was ihr wollt, wann ihr wollt, wo ihr wollt, wie ihr wollt! Dies zu erstreben sollte euch leichter fallen als mir, denn ihr seid nicht mehr allein.

Joachim Kaiser
Glenn Gould

Es gibt ein Wort, mit dem die Gegner des 1932 in Toronto geborenen Glenn Gould [gest.1982] den jungen Exzentriker erledigen wollen, wenn wieder einmal etwas Absurdes über die Kleidung, die Manieren, Manien und Hysterien dieses Pianisten bekannt wird: sie nennen ihn dann einen »Blender«. Das ist ein hassenswertes Wort – nur von gedankenlosen Snobs anwendbar in einem Bezirk, wo viel weniger »geblendet« werden kann als etwa auf der Schauspielbühne, beim Inszenieren oder Reden. Was die Kunst des Klavierspiels angeht, so muß der Blender in genau dem gleichen Maße mit den Problemen einer Bach-Fuge, einer Sechzehntel-Stelle, einer späten Beethoven-Sonate fertig werden können wie der Nicht-Blender – und es läßt sich beispielsweise hören, ob er das vermag oder nicht. Natürlich, manche Pianisten versuchen, »Tiefe« vorzutäuschen, gehen technischen Problemen aus dem Wege, ziehen sich vorsichtig hinter einen Nebel aus Pedal und sogenannter Auffassung zurück. Aber alles das läßt sich dingfest machen, wenn ein Künstler Konzerte gibt und Schallplatten ohne betrügerische Manipulationen einspielt. Vor Beethovens Sechzehnteln sind alle gleich. Dem Einsamen auf dem Podium hilft da keinerlei »Blendwerk«. Man möge mir einen nicht ganz zutreffenden Vergleich verzeihen: zumindest im Hinblick auf die pianistische Fertigkeit ist das »Blenden« genauso mühselig wie etwa beim 100-Meter-Lauf. Wenn da ein »Blender« 10,1 schafft, dann ist er kein Blender. Auch wenn er sich vielleicht vor oder nach dem Lauf wie ein Blender aufführt.

Bach und Beethoven sind die Schwerpunkte des Repertoires von Glenn Gould, und er hat auch während seiner Europatournee – die ihm verdiente und überwältigende Erfolge eintrug – hauptsächlich Klavierkonzerte Bachs und Beethovens gespielt. Schallplatten lehren indessen, daß sich dieser Pianist auch mit Mozart, Haydn, Brahms, Berg, Schönberg, Křenek und sogar dem Enoch-Arden-Monodram von Richard Strauss auseinandergesetzt hat. Beethovens frühe Klavierkonzerte gelingen ihm unanfechtbarer als Beethovens Spätwerke. Brahms wird zum Eldorado für Goulds Klangsinn und Intelligenz – aber das unbeherrschte Genie kümmert sich nicht um Brahms' »Vorschriften« und nicht einmal um die so wichtigen, durchaus notwendigen und von Beethoven geforderten Ritardandi in der Sonate op. 111. (Diese gleichsam keuchenden, den Tonstrom trennenden Atempausen verbinden die Sonate op. 111 mit dem ersten Satz der 9. Symphonie, deren abgründige Ritardandi kein Dirigent zu vernachlässigen wagen dürfte. Glenn Gould jedoch wagt dergleichen ohne weiteres, er macht auch gelegentlich aus dem Pianissimo ein Forte. Und es ist für alle Wohlmeinenden gewiß nur ein schwacher Trost, aber doch immerhin ein Trost, daß der so schlagend intelligente junge Künstler sich bei allen diesen Provokationen offenbar immer etwas gedacht hat.) Freilich macht er auch aus den »Freiheiten« keineswegs ein Prinzip. Er widerspricht nicht um jeden Preis dem Gebotenen – manchmal folgt er sklavisch und hinreißend exakt den Vorschriften. Das kann er eben auch, wenn er nur will.

Wären alle diese Marotten wirklich nur Marotten, von denen Glenn Gould sich ohne weiteres lösen könnte, falls es ihm einmal darauf ankäme, dann brauchten wir ihm hier nicht oberlehrerhaft die Fehler anzukreiden. Aber in diesem Glenn Gould steckt nicht etwa die amüsante Aufsässigkeit eines übermütigen Genies, das die Beckmesser aller Länder provozieren will, sondern ein Dämon. Der Dämon der Übertreibung. Er übertreibt mit großer Überzeugungskraft alles: das schnelle Tempo, die langsame Entsagung, aber auch die Schlichtheit, die Innigkeit, ja – so paradox es klingt – auch die Bescheidenheit. Immer geht er bei alledem jenen Schritt zu weit, der ihn zwar auch vom Durchschnitt trennt, von der faden Routine des Üblichen und Konventionellen, der ihm aber zugleich auch ein Äußerstes abverlangt an Kunst und Geschick: Glenn Goulds pianistische Meisterschaft gleicht einem Drahtseilakt, weil der Künstler es sich immer und immer wieder auferlegt, das *Zuviel* glaubhaft zu machen, das Ungewöhnliche und Exzentrische zu humanisieren, das Wilde und Unzähmbare doch noch zu beherrschen. Wer sich über die phantastischen, irrwitzigen Tempi des 25jährigen ärgerte, der hat später über die absurde Langsamkeit des 31jährigen den Kopf geschüttelt. Doch noch im äußersten Extrem, ja gerade in ihm, offenbarte sich trotz allem immer große pianistische und musikalische Kunst. Nur einmal bleibt er, vielleicht weil er begleitet, zurückhaltend, ohne Forciertheit: wenn er den Klavierpart des Enoch Arden von Richard Strauss spielt (wenn er also ein Partner des Rezitators Claude Rains ist). Gould spielt da »nur« schön. Strauss' Klavierpart klingt überwältigend: süß, strömend, leicht, nie dick. Denn Gould phrasiert so überlegen, daß keinerlei Trivialität, Effekthascherei oder Dünnblütigkeit hörbar wird. Er rettet ein Unikum, das noch brahmsisch klingt und doch schon die »Ariadne« enthält.

Es ging durch die Weltpresse, daß Glenn Gould und der berühmte Dirigent Leonard Bernstein sich öffentlich gestritten hätten. Vor Beginn des Klavierkonzerts in d-Moll von Brahms habe Bernstein dem verdutzten Auditorium mitgeteilt, daß er sich mit der nun folgenden Interpretation nicht identifizieren könne, da Gould alles viel zu leise und zu langsam spiele. Nun kommt es ja glücklicherweise nicht allzuoft vor, daß ein Dirigent so unverblümt sagt, was er von der Interpretation seines Solisten hält – und darum hat man überall geschmunzelt. Offenbar, so dachten die Kenner, wieder eine Verrücktheit des immer manierierten und absonderlichen Glenn Gould. Hört man dann aber die Platte, auf der Glenn Gould zehn Brahms-Intermezzi vorträgt: mit erlauchter Klangphantasie, zärtlicher Zerrissenheit, abgründiger, ja maßloser, aber immer wohlformulierter Sensibilität, dann nimmt man den Spott zurück. Glenn Gould forciert die Innigkeit – aber er entdeckt dabei doch manche Herrlichkeit, von der die Nüchternen sich nichts träumen lassen. So muß man zu hören verstehen, wie er in Brahm' A-Dur-Intermezzo op. 118,2 durch diskretes Betonen nicht nur die ohnehin sich aufdrängende Melodie spielt, sondern auch die Mittelstimme zum Leben erweckt, die wunderbar brahmsisch sich heraushebt und zugleich die Anfangstöne des Chores »Ich will euch trösten« aus dem Deutschen Requiem zitiert. Gould spielt das mit poetischer Kunst.

Die Leichtigkeit etwa, mit der Glenn Gould in Beethovens 2. Klavierkonzert, dem B-Dur-Konzert op. 19, das übrigens vor dem ersten Klavierkonzert Beethovens entstand, den musikalischen Konversationston trifft, die Genauigkeit und Liebenswürdigkeit, mit der die Passagen dahinfließen, niemals bloß um ihrer phänomenalen technischen Akkuratesse willen, sondern immer im Dienste eines fortschreitenden musikalischen Gedankens mit bezaubernd heller und unwiderstehlicher Beredsamkeit: alles das hat Rubinsteins Glanz, Gilels' Genauigkeit und versetzt so manchen erstklassigen Klavierspieler zurück in den Bereich einer schlechten Naivität. Gould wählt für diesen frühen und unverkrampft virtuosen Beethoven ein atemberaubend rasches Tempo. Dennoch wird keine wilde Jagd aus dem relativ kammermusikalischen Dialog. Das Gespräch ist perlend, schnell, aber nicht atemlos. Niemand auf der Welt, selbst Casadesus nicht, kann Sechzehntel gleichmäßiger, lockerer und reizvoller spielen. Das Klavier setzt schon so leichthin ein, ohne die majestätische Attitüde eines gewaltigen Auftritts. In zwanglosem Nebeneinander verweben sich Haupt- und Seitengedanken. Glenn Gould phrasiert nobel und ohne alles solistische Fett. Wer Sinn hat für den Klang eines Klaviers, für eine Tongebung, die zwischen reiner Virtuosität und noch reinerer Selbstverständlichkeit souverän die Mitte hält, dessen Einwände verstummen vor so viel Können, vor so viel Kunst.

Zu diesem Allegro con brio des B-Dur-Konzerts von Beethoven gehört, wie zu jedem rechten Konzertsatz, eine Kadenz. Die Kadenz hat sich aus den Schluß-Klauseln gebildet, man sprach beispielsweise von »Landino-Klauseln«, die den Schlußton besonders sinnfällig herbeiführten. Doch dabei blieb es nicht. Im klassischen Instrumentalkonzert kommt es zur sogenannten »aufgehaltenen Kadenz«; jenem Quartsextakkord, nach dessen Erklingen der Solist allein und frei phantasieren kann, bis endlich ein erlösender Triller oder ein Schlußlauf wieder das Orchester herbeiruft. Das klingt vielleicht alles äußerlich und spielerisch, aber sogar in Mozarts c-Moll-Messe kommt eine auskomponierte Kadenz für Sopran und Bläser vor. Und im 5. Brandenburgischen Konzert beehrt J. S. Bach ausführlich das Cembalo.

Natürlich haben nicht alle Pianisten oder Solisten zu phantasieren gewagt. So schrieb Beethoven für Mozart-Sätze Kadenzen, Clara Schumann für Beethovens Konzerte, auch Brahms hat Kadenzen für Beethovens G-Dur-Konzert verfaßt. Dabei stellte sich natürlich oft die Frage, ob diese Kadenzen noch zum »Stil« des Konzertes passen. Wenn etwa Glenn Gould sich für Beethovens C-Dur-Konzert selbst eine Kadenz komponiert, klafft zwischen Beethovens und Goulds Tonsprache ein Unterschied.

Für das B-Dur-Konzert liegt gleichfalls eine Kadenz aus Beethovens Hand vor. Allein gerade sie ist ein Problem. Sie paßt nämlich eigentlich nicht in die Wiener Welt von 1795, in der das B-Dur-Konzert entstand. Die späte Beethoven-Kadenz beweist, daß es auf sogenannte »Stileinheit« zwischen Kadenz und Konzert nicht unbedingt ankommt. Als Beethoven etwa 1808 seine Kadenz fürs Jugendwerk schrieb, war in sein Schaffen schon der Geist des Spätwerks eingezogen. Die großartige Kadenz klingt nun schroff, einsam, punktiert, unkonziliant, herb und wild. Sie wächst weit hinaus über die inneren Dimensionen des B-Dur-Konzertes, für das sie geschrieben wurde. Statt zu Opus 19 paßt das eher in die Klangwelt der späten A-Dur-Sonate op. 101, an deren 2. Satz sie erinnert. Obschon Beethoven sich ganz genau an die Themen seines frühen Konzertes hält – macht er etwas ungeheuer Neues aus ihnen. Bei der Kadenz nun kommt es Glenn Gould zustatten, daß er das ganze Konzert schon auf Tempo, auf brillante Gefährlichkeit und nicht nur auf Harmlosigkeit angelegt hatte. Er steigert sie zu einem stürmischen Ausbruch, spielt sie balladesk in gezacktem, großem Forte. Wenn dann das Orchester wieder mit dem frühen Konzert einsetzt, stoßen zwei Welten zusammen: Altersstil und Jugendstil Beethovens. Goulds dramatische Kraft zwingt das Widerstrebende förmlich zusammen.

Friedrich Gulda spielt in seiner Interpretation des B-Dur-Konzertes von Beethoven natürlich auch diese großartige Kadenz Beethovens. Gulda spielt sie zurückhaltender, er beobachtet die Vorschriften Beethovens sorgfältiger. Gould zum Beispiel hatte sich durch seinen Schwung verführen lassen, über ein »dolce piano« einfach hinwegzustürmen. Gulda setzt deutlicher von neuem an, atmet mehr, erreicht dafür nicht ganz Goulds Dramatik, wie Gulda überhaupt dies B-Dur-Konzert weit privater, ruhiger und authentischer vorträgt als Glenn Gould.

Gould macht es sich »schwer«. Daß die pianistische Vollkommenheit Goulds sich – um nicht zur gleichgültigen Spielmusik zu verflachen – ihr Risiko gewissermaßen selbst sucht und doch nicht daran zugrunde geht, lehren Goulds zahlreiche, wahrlich nicht orthodoxe Bach-Interpretationen. Glenn Gould hat sich keineswegs nur die virtuosen Sachen herausgesucht, sondern er spielt auch die zwei- und dreistimmigen Inventionen, die Partiten und das Wohltemperierte Klavier. Polyphonie bereitet diesem großartigen Pianisten keinerlei Schwierigkeiten, die Unabhängigkeit und Freiheit der Hände ist erstaunlich, die Kunst, Stimmen genau festzuhalten und zu tönen, verblüffend. Dennoch dürfte es nicht so leicht einen germanischen Hörer geben, der Glenn Gould das Presto aus Bachs bekanntem und vielgeliebtem Italienischen Konzert verzeiht. Hört man dies rasende Presto zum erstenmal, dann reagiert man mit einem schlichten »unmöglich«. Doch man entdeckt, je mehr man sich mit der Interpretation beschäftigt, immer mehr Deutlichkeiten in diesem Stück. Gould hat Beziehung nicht nur zwischen kleinen Toncharakteren hergestellt, sondern zwischen ganzen Perioden und Satzteilen. Er unterschlägt keine Einzelheit. Und wenn dies Italienische Konzert auch in Stromlinientempo yankeehaft vorbeibraust: die von Bach komponierte Heiterkeit, die Fülle und die zügig konzertante Herrlichkeit kommen heraus.

Den endlosen Streit, wie Bach aufzufassen und darzustellen sei, kann kein Mensch entscheiden. Am besten wird man mit dem Stildilemma fertig, wenn man nicht fragt, was ein Cembalist oder Pianist tut, sondern wenn man hauptsächlich darauf hört, was er zutage fördert. Dann braucht man sich nicht mit den immer mühsamer kodifizierbaren Stilgesetzen herumzuquälen, die sämtlich auf Verbote hinauslaufen, sondern man mißt die Interpretation an der Fülle und der Einheit des Werkes. Dieser Fülle nun ist Gould trotz allen Übermuts gewachsen. Er behandelt den Flügel wie ein gesteigertes Cembalo, verzichtet auf Ausdruckswirkungen nicht, wohl aber auf allzuviel Pedaleffekte, die bei Bach meist nur vernebeln und sich dazwischendrängen, ohne zu klären oder zu pointieren. Hingegen läßt sich Gould nicht – und das macht wiederum den spontanen Reiz seines Bachspiels aus – davon abbringen, auf eigene Faust nach Nuancen zu spüren, harmonische Schattierungen auszukosten, die selbstverständlichen Genieblitze des späten Bach hingerissen und hinreißend mitzuteilen. Goulds Spiel gerät an eine Grenze immer nur dann, wenn er seine phänomenale Technik dazu benutzt, um auf dem Flügel Wirkungen herauszubringen, die kaum anders vernehmbar sind denn als rein mechanische, fast karikaturistische Wirkungen – auch wenn der Interpret sie nicht so gemeint hat. Die Goldberg-Variationen, gespielt von Glenn Gould, demonstrieren den Reichtum und die draufgängerische Frische von Goulds Spiel: also eine faszinierende Mischung aus Konstruktivismus, Virtuosität und Nonkonformismus. Manchmal stellt sich unser Pianist naiv, und die Pralltriller führen geradezu ein Privatkonzert miteinander. In anderen Variationen macht Gould ohne jede doktrinäre Verbissenheit harmonische Abläufe sozusagen elegant klar; und die Variation Nr. 13 bietet ein geradezu vollendet nuanciertes Bachspiel. Die 14. Variation, sie ist rasch, überschreitet die Möglichkeiten des Flügels, nicht die Möglichkeiten Goulds. Gould spielt sie einfach zu schnell. In der berühmten 25. Variation, einem namenlos tiefsinnigen g-Moll-Stück, muß sich Goulds poetische Kraft dann bewähren.

Darüber, wie Glenn Gould diese 25. Variation aus den Goldberg-Variationen spielt, ließe sich endlos spekulieren. Zweifellos tritt da ein sentimentalisches Moment hinzu – nicht etwa ein sentimentales. Sentimentalisch im Schillerschen Sinne bedeutet hier eher eine Bewußtseinsstufe, also ein Fehlen von Naivität. Dieses Fehlen, verbunden mit tiefer, einsamer Trauer, könnte dazu führen, daß die Variation zerbricht, sich auflöst in Schwebungen und Melancholien. Dem widerspricht freilich die Ruhe, mit der Gould differenziert, die Genauigkeit, mit der er an Linien festhält. Indem er Bach spielt, analysiert er ihn, so wie die Instrumentation, die Anton von Webern dem Ricercar aus Bachs Musikalischem Opfer zuteil werden ließ, in Wahrheit eine Analyse gewesen ist. Modernität wird in Glenn Goulds

Bachspiel also erkennbar als Mischung aus Leidensfähigkeit, Sentimentalischem und Konstruktivismus. Das ist nicht unbedenklich, aber ehrlich, persönlich und zwingend.

Muß man nun schon während der Interpretation der 25. Goldberg-Variation durch Glenn Gould an Anton von Webern denken, dann ist es kein Wunder, daß dieser Pianist sich auch direkt mit den Werken der Wiener Schule beschäftigt hat. Und wenn er den Beginn der Sonate op. 1 von Alban Berg spielt, dann kommt ihm dabei seine Souveränität zustatten: Anschlagskunst und Intelligenz machen das Stück zwingend melodiös, es ist eine Mischung aus Brahms, Jugendstil und Kontrapunktik. Der Höhepunkt der Berg-Sonate klingt, von Gould domestiziert, wie eine Verbindung aus Wagner und Brahms.

Glenn Gould, der Bach quasi modern spielt und der den Beginn der Klaviersonate von Alban Berg interpretiert, als handele es sich um traditionelle Musik, hat sich mit Beethoven befaßt.

Und zwar in seltsamer Reihenfolge: zunächst schockierte er die Musikwelt mit einer sehr exaltierten und gleichwohl fesselnden Aufnahme der letzten drei Beethovenschen Klaviersonaten op. 109, 110 und 111. Dann lieferte er Früheres nach: die drei Sonaten op. 10, die Pathétique, die beiden kammermusikalischen Sonaten op. 14, die Mondschein-Sonate und zuletzt die Appassionata. Dabei leistet er Erstaunliches – und leistete er sich Erstaunliches ... Von der Appassionata behauptete er, offensichtlich wegen des üblichen Pseudo-Titanismus und der offiziellen Sonorität verärgert, er halte sie für eines der schwächsten, wirrsten, einfallsärmsten Stücke Beethovens. In Glenn Goulds Wertschätzung rangiert die Appassionata irgendwo »zwischen König-Stephan-Ouvertüre und der Schlacht von Vittoria«.

Als Beweis für diese These hat Glenn Glould vor allem seine Einspielung anzubieten. Wenn man hört, wie er die Appassionata zugrunde richtet, dann glaubt man ihm, daß er sie für schlecht hält. Er spielt den ersten Satz im Andante-Tempo, fast doppelt langsamer als die anderen. Er nimmt die Triller mal schnell, mal tröpfelnd. Man hört das Stück gegen den Strich. In ein paar Jahren wird Glenn Gould sich dieser Aufnahme genieren, hoffentlich.

Denn er ist durchaus imstande, seine Auffassungen radikal zu ändern. Im Begleitessay zu seiner Einspielung der letzten drei Beethoven-Sonaten hat er sich einst spöttisch über die »Spätstil-Mystifikationen« von Thomas Mann oder Aldous Huxley geäußert. Ein paar Jahre später, als er den ersten Satz der E-Dur-Sonate op. 109 fürs Fernsehen einspielte, hielt er einen sehr sorgfältigen Einführungsvortrag, wo von nichts anderem als von Spätstil-Besonderheiten die Rede war: Glenn Gould unterschied da reinlich zwischen dem rhythmischen Rückgrat, das beim mittleren Beethoven gegeben und verbindlich sei, während man beim späten Beethoven nicht nur die Klangfarben und die Tonfarben verändern dürfe, sondern auch das Tempo selber. Wenn man nun einmal analysiert, wie Beethoven das erste Thema aus dem ersten Satz von Opus 109 variiert, dann scheint Beethovens »rhythmisches Rückgrat« unter Glenn Goulds Händen in der Tat ungeheuerlich, eben spätwerkhaft verkrümmt. Die ersten acht Takte des Themas dauern beim erstenmal etwa dreizehn Sekunden, bei der Wiederholung dann nur noch zehn Sekunden, und auf dem Höhepunkt der Durchführung benötigt er für acht Takte bloß noch acht Sekunden.

Dafür hat er eine zugleich scharfsinnige und undurchsichtige Theorie anzubieten über Beethovens harmonische Rückungen und Prinzipien der Zwölfton-Technik.

Glenn Gould ist eben nicht nur ein mutiger Interpret, sondern auch ein mutwilliger. Wenn er sagt, es habe keinen rechten Sinn, zwanzig existenten Einspielungen der Mondschein-Sonate nun noch eine einundzwanzigste folgen zu lassen, die auch nicht viel besser und viel anders sei als das, was Rudolf Serkin und der von Glenn Gould so hochverehrte Artur Schnabel bereits vorgelegt haben, dann ist eine derartige Einstellung durchaus überzeugend. Wenn er daraus die Folgerung zieht, man müsse also unbedingt alles anders machen, um neue Interpretationen zu rechtfertigen, dann verläßt er sich offenbar zu wenig auf die Kraft selbstverständlicher Originalität, das Besondere suchend. Und es klingt »gesucht«.

Doch nicht nur pianistische Brillanz, sondern auch eine ungewöhnliche Entdeckerlust – manchmal gleichsam der Freiheit vergleichbar, die sich ein großer Regisseur gegenüber einem Shakespeareschen Text nimmt – sowie ein nach wie vor großartiger Sinn für Klang und für Klangekstatik fesseln bei Glenn Gould. Glenn Goulds Einspielung der 3. Skrjabin-Sonate ist ein klangekstatisches Wunder, nicht weniger überwältigend als Horowitz' genial-sensible Interpretation der 9. Sonate; man kann sich darüber freuen und braucht nicht ernst zu nehmen, daß Glenn Gould auf der Plattentasche über Chopin spöttelt, der Skrjabin keineswegs das Wasser reichen könne.

Wenn Glenn Gould die Exposition der frühen Beethovenschen c-Moll-Sonate op. 10,1 spielt, dann braucht er für die 105 Takte nur 58 Sekunden, Wilhelm Kempff benötigt annähernd 100 Sekunden. Glenn Gould rast das Stück herunter, als sei es ein explodierter Klassiker. Er hält sich mit phänomenaler Technik an die Fortissimo-, an die Allegro-molto-e-con-brio-Vorschriften. Wie ein Wilder, von keiner europäischen Bedeutungstradition angekränkelt, versucht er, das Furioso, den Sturm und Drang, fieberhaft rabiat wahrzumachen. Der junge Beethoven ist unter seinen Händen kein edler Heroe mehr. Und das Schluß-Prestissimo spielt Glenn Gould tatsächlich »prestissimo«. Gewiß, er verfehlt die Steigerung des Beginns der D-Dur-Sonate op. 10,3, weil er ein nach Originalität haschendes Schwächer-Werden in die Oktaven-Bewegung hineinbringt; aber dafür findet er am Schluß des Largos eine neue Struktur, dafür entdeckt er die Beredsamkeit des Finales der Pathétique, dafür beschämt er uns alle, die wir bisher immer glaubten, der zweite Satz der ziemlich unbekannten G-Dur-Sonate op. 14,2 sei ein helles, naives, marschartiges Alla-breve-Variations-Andante im Viervierteltakt. Glenn Gould behauptet spielend, klavierspielend, das sei ja gar nicht wahr. Wir hätten nur nicht bemerkt, wie schön, wie todtraurig, wie betörend melodiös diese Andante-Klage aus Opus 14 Nr. 2 sei. Gould spielt die Variationen wie einen Abschied aus dem Paradies. Alle Prousts dieser Welt sind Grobiane verglichen mit ihm, wenn er die Akkorde dieses Andantes abtönt. Mit germanischem Ernst wäre die Frage aufzuwerfen: ja darf denn ein

Künstler dieses gehende Andante plötzlich so germanisch ernst spielen? Verzerrt er es nicht? Macht er nicht manieristisch, mittels eines Vergrößerungsglases, aus einem Rasenstück ein Stück Gefühls-Urwald?

So gefragt: natürlich darf er es nicht. Es sei denn, er tut es. Was das Vergrößerungsglas, das heißt die Tendenz zu übermäßiger Verlangsamung, betrifft: Natürlich gibt es einen überlieferten Stil, ein naheliegendes tradiertes Tempo. Was Glenn Gould unternimmt, ist also ein psychisches und akustisches Experiment. Man kann alle Bilder so vergrößern, daß sie erstaunlich und erschreckend werden. Wenn Gould die relativ simplen Akkord-Steine hier so betrachtet, als wären es Gebirge, dann tritt allerdings auch zutage, was alles aus diesen Akkorden herausgeholt werden kann an Ergriffenheiten und Sublimiertheiten und Generalpausen. Gould experimentiert betörend. Als hätte er den Trauermarsch aus der Eroica entdeckt. Aber im Gegensatz zu Svjatoslav Richter, der in der E-Dur-Sonate op. 14,1 den Mittelsatz, das Allegretto, tragisch verschleppt und dann im Dur-Teil kapitulieren muß, gelingt es Glenn Gould, seine extrem langsame Auffassung zwingend durchzuhalten. Gewiß, er verzerrt. Aber *eine* Ausnahme, wenn sie mit soviel Anschlagszauber und Anschlagsernst und Überzeugungskraft dargeboten wird, wird der Himmel, oder zumindest Beethoven, verzeihen.

Beim Beethovenschen Es-Dur-Konzert jedoch lassen die wüstesten Verzerrungen freilich nicht überhören, daß Glenn Goulds Freiheit nur Banales oder Exaltiertes entdeckt. Erwartet man aber eine Exzentrizität – nämlich wenn Gould Beethovens 5. Symphonie in Liszts Transkription spielt –, dann macht er keineswegs einen pianistischen Witz. Er nimmt die Symphonie, die Lisztsche Transkription und die Möglichkeiten seines Flügels so ernst, daß man schon nach wenigen Schocksekunden beeindruckt ist von der Kraft, der Durchsichtigkeit und dem zurückhaltenden Pathos dieser höchst ungewöhnlichen Interpretation. Liszts Bearbeitung unterscheidet sich von den bekannten Klaviertranskriptionen durch die größere Freiheit gegenüber dem Flügel und durch die für Liszt typische Ausnutzung der Lagenwechsel. Liszt versteht es halt, eine musikalische Gestalt in vier Oktaven, in Stockwerken gleichsam, vorzuführen. Er nutzt ohne billige Effekthascherei den Unterschied zwischen mittlerer und hoher Klavierlage aus. (Ein etwas kindisch gewordener älterer russischer Pianist hat Beethovens Klavierwerken einmal vorgeworfen, sie seien zwar sehr beeindruckend, aber unpianistisch. »Oben Töne, unten Töne, aber in der Mitte nichts«, meinte der Greis.) Dieser Vorwurf kann nun Liszt wirklich nicht gemacht werden. Und wenn Glenn Gould die »Fünfte« spielt, läßt sich sehr genau beobachten, wie geschickt das dramatisch auseinandergelegte Klavier den Orchestereffekt reflektiert. Plötzlich vermag man sich vorzustellen, wie Beethovens Symphonien, die das Publikum im frühen 19. Jahrhundert meist in Klavierbearbeitungen kennenlernte, damals wirkten.

Die zehn Finger eines genialischen Pianisten reichen fürs über-lisztete große Beethoven-Orchester gerade noch aus. Bei alledem gelingt es Gould, selbst in diesem nur allzu bekannten Stück noch auf einige sonst oft überhörte Dinge aufmerksam zu machen. Man hört beispielsweise, wie barock, mehr auf Händel als auf Bach zurückgehend, die Achtelpassagen in der Coda des 1. Satzes sind. Man nimmt im besonders gut gelungenen langsamen Satz manche sonst untergehenden melodischen Bewegungen wahr. Beim Scherzo sind, ebenso wie beim Finale, natürlich die Grenzen eines Flügels und eines Pianisten erreicht. Glenn Gould spielt das Scherzo auffallend langsam. Das Trio »schafft« er zwar, aber auch im Finale ist nicht zu überhören, daß noch so kultiviertes Klavierspiel beziehungsweise Klaviergedonner den napoleonischen Marschtritt von Beethovens C-Dur-trunkenem Orchester keineswegs hinreichend wiedergeben kann. Zwei Sätze außerordentliches Klavierspiel, zwei Sätze Kuriosum: so stellt sich Beethovens Fünfte dar, wenn Liszt und Gould ihre Hände im Spiel haben.

Yehudi Menuhin

Berlin 1929 – Bruno Walter und Adolf Busch

Der Rat, den mir Enesco 1927 zum Abschied gab, nämlich bei Adolf Busch in die Lehre zu gehen, war unvergessen, konnte aber aus verschiedenen Gründen erst zwei Jahre später verwirklicht werden. Wie gesagt, war Enesco der Meinung, sein großer deutscher Kollege würde einen korrektiven Einfluß auf mich haben. Das war jedoch nur eines von vielen Dingen, die ich Busch verdanke. Adolf, ein Bruder von Fritz Busch, war ein Mensch und Musiker von hohem Rang. Seine Ehrfurcht vor den Traditionen klassischer deutscher Musik und seine Lebensführung stimmten überein. Er spielte die Geige sehr rein und schön, ohne jeden Anflug russisch-zigeunerischer Mätzchen. Sein Streichquartett gehörte zu den bekanntesten seiner Zeit. Außerdem komponierte er – wie Enesco. Dieser hatte wohl intuitiv erkannt, daß meiner Ausbildung die deutsche Schule fehlte – schließlich ist deutsche Musik das edelste, was ein Geiger spielen kann – und daß es wichtig für mich war, sie an der Quelle kennenzulernen.

Als sich daher meine Familie im Frühling 1929 vor der zweiten Europareise zusammenfand, war unser Ziel Buschs Studio in Basel. Vorher war noch ein Konzert in Berlin zu absolvieren, von dem man sagen kann, daß es den Beginn meiner Laufbahn als Geiger kennzeichnete. Es fand am 12. April 1929 statt, wenige Tage vor meinem 13. Geburtstag, wurde von Bruno Walter dirigiert und umfaßte die »drei großen B«, Bach, Beethoven und Brahms.

Berlin war damals die musikalische Hauptstadt der zivilisierten Welt. Sein Prestige gründete sich auf seine Musiktradition, es hatte großartige Orchester und Dirigenten und vor allen Dingen das kritischste Publikum, das sich denken läßt. Musikalisch gesehen war Deutschland ein Imperium, in dem man sich als Solist seinen Unterhalt verdienen konnte, ohne je ins Ausland reisen zu müssen – wie zum Beispiel Adolf Busch. Berlin war das Zentrum dieses Imperiums. Kein anderes Land Europas war derart autark. Damals mußte eine amerikanische Karriere als »made in Germany« abgestempelt sein, ehe drüben in den Staaten der Durchbruch gelang. Besprechungen von Konzerten in Berlin oder Dresden wurden in voller Länge von der amerikanischen Presse abgedruckt. Die amerikanische Musikszene war weitgehend deutsch – mit ein paar Einsprengseln, etwa Sergei Koussewitzky, einem Russen, der in Boston das Flair für französische Musik einführte. Er war Nachfolger von Karl Muck und wurde später durch den Franzosen Charles Munch abgelöst. Toscanini führte italienische Musik ein, doch was sonst an Dirigenten Rang und Namen hatte, war zumeist deutscher Herkunft. Auch der erste Dirigent meines aktiven und passiven Konzertlebens, Alfred Hertz, war Deutscher gewesen. Das Konzert in Berlin jedenfalls war – besonders unter Bruno Walter, einem der größten, wenn nicht gar dem größten der deutschen Dirigenten – eine Art Apotheose und ein Meilenstein in meinem Leben. Meine bisherige amerikanische Tournee war nur die Ouvertüre dazu.

Zunächst war vorgesehen, daß Fritz Busch mein Berliner Debüt dirigieren sollte, doch er wurde in letzter Minute durch den Tod seines Vaters nach Dresden gerufen. Er ließ mich in guten Händen zurück. Vom Ersten Weltkrieg an, bis sich Hitlers Pesthauch auf Berlin senkte, wurde das dortige Musikleben von Louisa Wolff regiert, Teilhaberin der führenden Konzertagentur Wolff & Sachs. Sie war es, die Bruno Walter bat, für Busch einzuspringen. Möglicherweise fand er einfach die passenden Worte nicht, um es ihr abzuschlagen: dieser Königin des deutschen Musikbetriebs schlug man nicht leicht etwas ab. Doch wie auch immer, durch seine Zustimmung entstand eine Beziehung – großmütiges Verständnis von seiner, dankbare Bewunderung von meiner Seite –, die bis zu seinem Tode dauern sollte. Ich glaube kaum, daß ein anderer prominenter Mann seine Verpflichtung an der Oper abgesagt hätte, um für ein durchreisendes zwölfjähriges Geigerlein zu dirigieren, das er nur vom Hörensagen kannte. Dieser Beweis seiner Freundlichkeit war aber nicht der Grund, warum er mir von allen Dirigenten meiner Jugend der liebste blieb. Bei den Proben zu den drei Violinkonzerten konnte ich nur darüber staunen, wie sehr er mich unterstützte und sich anpaßte: was ich auch tat, er war stets da, stets völlig mit mir einig. Ein Begleiter, wie ich noch keinen erlebte. Nie hatte ich beim Spielen das Gefühl, daß er mich antrieb oder bremste. (Unter Enesco, einem ebenso großartigen Partner, hatte ich noch nicht gespielt.)

Bruno Walter zog, um etwas auszudrücken, immer die menschliche Stimme als Vergleich heran. Heute hat man den Eindruck, Musik entstamme einer Tastatur, und zwar der einer Schreibmaschine, und das Intervall vom A zum Z sei ebenso zu überwinden wie das Intervall vom a zum b. Die Stimme ist keine Klaviatur. Bruno Walter, dessen auffallend feines Empfinden für andere ein Mit-Fühlen im Sinne des Wortes war, wußte immer im voraus, welche Tempoanpassung nötig wurde. Er sprach viele Jahre später im Hause Emil Ludwigs in St. Moritz mit mir darüber. Inzwischen hatten wir mehrfach Konzerte miteinander gegeben. »Wenn die Melodie einen Oktavsprung macht oder einen noch größeren«, erklärte er mir, »braucht der Sänger Zeit, um ihn auszuführen.« Für mich war das nicht nur eine musikalische Wahrheit, sondern auch typisch für ihn als Mensch. Nie verteidigte er halsstarrig seine Position, nie war er autoritär, weder gegenüber der Musik noch gegenüber seinen Musikern. Für ihn war das wohl ein und dasselbe. Musiker waren für ihn lebendige, fühlende, menschliche Wesen, die man nicht in dogmatische Planquadrate zwängen durfte. Seine Anpassungsfähigkeit war beileibe kein Mangel an Grundsätzen. Ich habe allen Grund, ihm dankbar zu sein: als mich viele Kollegen angriffen, weil ich nach dem Krieg Furtwängler gegen den Vorwurf des Nazismus verteidigte, hat ausgerechnet Bruno Walter, obwohl er Jude und Furtwänglers größter Konkurrent war, es abgelehnt, irgend etwas gegen Furtwängler oder mich zu unterschreiben.

Unser erstes gemeinsames Konzert in Berlin wurde in unserer Familie später als das »Mayflower-Konzert« bezeichnet, weil sein Publikum mit den Jahren ebenso erstaunlich zugenommen hat wie die Nachkommenschaft der ersten englischen Siedler; die Berliner Philharmonie könnte es längst nicht mehr fassen, oder aber ich bin seither allen persönlich begegnet, die dabei waren. Hoffentlich! Denn mehr als die Hälfte meiner damaligen Zuhörer waren Juden und wurden in den folgenden Jahren in alle Windrichtungen zerstreut, darunter viele Musiker: Ossip Gabrilowitsch, Fritz Kreisler, Jakob Gimpel, Carl Flesch, Sam Franko und viele andere. Der große Kritiker Stukkenschmidt war auch in jenem Konzert. Daß meine Zuhörer höchste kritische Maßstäbe hatten, war mir eine tiefe Befriedigung. Dadurch bekam ihre Begeisterung mehr Gewicht. Der Erfolg übertraf alle Erwartungen. Die Verwaltung der Berliner Philharmonie rief schließlich die Polizei, die notdürftig die Ordnung wiederherstellte. Ich rettete mich in den sicheren Hafen des Künstlerzimmers und erinnere mich am deutlichsten daran, daß Albert Einstein direkt über die Bühne dorthin gelaufen kam – er hatte sich nicht die Mühe gemacht, hintenherum durch die Garderobe zu gehen – und mich mit dem astronomisch übersteigerten Ausruf an die Brust drückte: »Jetzt weiß ich, daß es einen Gott im Himmel gibt!«

Das »Mayflower-Konzert« war das wichtigste unter allerlei aufregenden Ereignissen, die Berlins einzigartigen Rang bestätigten. Am Morgen des Konzerts war bereits eine öffentliche Hauptprobe, zu der die Studenten zugelassen waren. Danach gab Louisa Wolff ein opulentes Lunch, das drei Stunden dauerte und damit begann und endete, daß jeder jedem ein herzliches »Mahlzeit« zurief. Wir besuchten Louisa Wolff auch draußen in einem Berliner Vorort, später auch ihren Geschäftspartner Emil Sachs, in dessen Haus die Wände voller Säbel, Speere und Rüstungen hingen. Wolff & Sachs, die mir aus einer Verlegenheit halfen, als Fritz Busch nicht selbst dirigieren konnte, wurden meine Agenten für Deutschland und arrangierten die vier Konzerttourneen, die ich dort bis zur Machtübernahme Hitlers absolvierte. Louisa Wolff wie Emil Sachs wurden später Opfer der Massenvernichtungen.

Ich gab nicht nur Konzerte, ich besuchte auch welche. Das machte die Berliner Tage unbeschreiblich inhaltsreich. Ich hörte große Berühmtheiten, z. B. Mischa Elman im Mendelssohn-Konzert, und wäre am liebsten aufs Podium gesprungen, um an seiner Stelle zu spielen. Er geigte herrlich, aber ich glaubte im Eifer jugendlicher Anmaßung, es noch besser zu können. Auch Fritz Kreisler gab ein Konzert. Er ging vor der ersten Zugabe hinter die Bühne und beriet mit Harriet, seiner Frau, wann der Abend endgültig zu Ende sein sollte. Bei dieser Gelegenheit sprach ich ihn zum ersten Mal. Wir sollten einander später noch besser kennenlernen. Und endlich traf ich auch Adolf Busch.

Mit der ganzen Familie besuchte ich ein Konzert des Busch-Quartetts in der Singakademie. Sie entsprach an Fassungsvermögen und Funktion etwa dem Saal des Pariser Conservatoire, war aber rechteckig. Die Lauterkeit, der respektvolle Ernst, mit dem das Quartett spielte, machte mir großen Eindruck. Das entscheidende Erlebnis dieses Abends aber war die erste Begegnung mit der Musik Max Regers. Er ist einer jener nicht exportierbaren Komponisten, wie sie in allen Kulturkreisen vorkommen, die den Geist ihres Landes so stark in sich konzentrieren, daß ihre Musik anderswo unverständlich bleibt. Kontakt mit solchen Randerscheinungen ausländischer Musik kann sehr anregend sein. Versenkt man sich aber zu tief in ihre Substanz, verliert man jede Orientierung. Ich sollte später Gelegenheit haben, mich mit Reger zu beschäftigen, sein Gewicht, seine Dichte, seinen immensen Sinn für Proportion schätzen. Reger ist seit Bach vielleicht der größte Meister in der Kunst der Fuge. Wirklich nähergekommen bin ich ihm nicht. Er ließ sich leichter bewundern als lieben, etwa, als käme man in eine Bibliothek voller Bücher von Kant und Hegel und hätte das bedrückende Gefühl, kein gebildeter Mensch zu sein, ehe man sie nicht alle gelesen und eine Dissertation darüber geschrieben hätte. Wie manche Komponisten für den Export nicht geeignet sind, so gibt es auch Interpreten, die einer bestimmten Gegend verhaftet sind. Einer von ihnen, den ich bald nach meinem Deutschland-Debut erstmals hören sollte, war der Geiger Bronislaw Huberman. Trotz seiner großen Beliebtheit in Berlin, Wien, Budapest und vermutlich Prag fand er in anderen Städten nicht so viel Anklang. Künstler, die eine ganz bestimmte Art von Kultur, Temperament, Rassenmischung verkörpern, gedeihen am besten in ihrem Heimatboden.

Nach Schluß des Konzerts, in dem nicht nur der beunruhigende Reger, sondern auch Beethoven gespielt worden war, ging ich nach hinten ins Künstlerzimmer. Zum ersten Mal stand ich meinem neuen Meister gegenüber. Diesmal hatte ich keine positiven Voreingenommenheiten wie bei Enesco. Ich fand einen überaus sympathischen Menschen, jung, blond, knabenhaft, mit einem gütigen Gesicht – einen Musiker von hohem Rang, im Spiel von höchster Reinheit und Tiefe, ohne Virtuosenallüren. Enescos Instinkt hatte nicht getrogen: Adolf Busch verdanke ich den unmittelbaren Zugang zur deutschen Kultur – die ich später durch Menschen und Literatur noch näher kennenlernen sollte – durch die Musik. Er vereinte feinstes Musikempfinden mit klassischer Gelehrsamkeit und war dabei niemals nüchtern.

Yehudi Menuhin
Warum spiele ich, wie ich spiele?

Schon vor Beginn der Weltreise 1935 quälte mich, daß ich nie erklären konnte, *warum* und *wie* ich gewisse Passagen so spielte, wie ich sie spielte. Meine Lehrer hatten mir das Repertoire erläutert, aber eigentlich mit ihren Kommentaren nur wie die Kulissenmaler Blindfenster auf eine geschlossene Wand gezeichnet. War der Augenblick da, so fand ich zwar den Zugang zu einem Violinkonzert, zu einer Sonate instinktiv und riß schon durch meine Inbrunst die Zuhörer mit. Doch die Vernunft stand neben mir und bestand hartnäckig darauf, die Überzeugungen anderer seien nur provisorische Arbeitshypothesen, ehe ich sie selber vor mir gerechtfertigt hätte. Das versuchte ich während einer zweiwöchigen Pause auf unserer Weltreise.

Wir überquerten von Australien nach Südafrika den Indischen Ozean an Bord der »Nestor«, einem gemütlichen, altmodischen Schiff, einem der letzten mit Kohlefeuerung, glaube ich.

Unsere Kabinen gingen nicht auf das ruhelos wogende Meer, sondern auf das Promenadendeck hinaus, so daß man durchs Bullauge die auf und ab gehenden Passagiere beobachten konnte. Zwischen diesen Ausblicken und dem Üben setzte ich mich an eine Komposition, fest entschlossen, sie zu begreifen und möglichst die Art und Weise zu rechtfertigen, wie ich sie bisher gespielt hatte. Bezeichnenderweise war es eine Sonate für Geige und Klavierbegleitung, also ein Werk, das ich mit Hephzibah teilte. Der große französische Pianist Alfred Cortot, den ich während der Jahre in Ville d'Avray aufsuchte, hatte sie mir gegeben. Cortot besaß in seiner Wohnung in der Avenue de Villiers eine beachtliche Musikaliensammlung. Man erreichte sie über eine schmale Eisentreppe, ein Symbol für die einsamen, kargen Freuden des Gelehrtendaseins. In den Regalen standen echte Schätze, darunter diese Sonate von Guillaume Lekeu, einem Belgier, einer tragischen Gestalt der französischen Kultur. Der vielversprechende junge Mann war früh gestorben, seine Sonate, ein romantisches Werk, hatte zu den Lieblingsstücken Eugène Ysayes gehört, und auf Cortots Empfehlung übernahm ich es in mein Repertoire. Hephzibah und ich machten eine Plattenaufnahme davon.

Wir spielten die Sonate rein intuitiv. Ich weiß noch, daß wir einander auf dieser Tournee schon einmal gratuliert hatten, als wir in Wellington, Neuseeland, eine andere Sonatc als den Lekeu übten und unser Spiel etwas »Amerikanisches« hatte. Damit meine ich ein Selbstvertrauen, eine Brillanz und Sicherheit, die nach meiner Erfahrung gerade das amerikanische Publikum besonders schätzte. Aus Gründen, die mir selbst nicht klar wurden, genügte es mit einem Mal nicht mehr, nur brillant und selbstsicher zu spielen. Es genügte auch nicht mehr, aus einer musikalischen Grundanalyse Schlüsse zu ziehen, zu konstatieren, hier sei eine Exposition, eine Reprise und Coda und hier eine Reihe von Dur- oder Moll-Modulationen. Diese Informationen sagten nicht mehr aus als eine Aufzählung, nach der ein Mensch zwei Arme, zwei Beine, dunkles Haar, braune Augen habe und soundsoviel wiege. Der Mensch selbst entzieht sich nämlich all diesen Begriffen. Und wie der Biochemiker feststellt, daß jede menschliche Zelle von dem Körper geprägt wird, zu dem sie gehört, mußte ich nun feststellen, warum gerade diese Noten zu dieser Sonate gehörten und keine anderen. Es war wesentlich, das selbst zu tun. Schließlich kennt man jemand nicht, von dem man nur gehört hat.

Ich blieb Lekeus Inspiration von der ersten bis zur letzten Note auf der Spur. Jede ließ sich durch die vorangegangenen erklären. Phrasierung, Tempo und Volumen, das Abwiegen der einzelnen Elemente gegeneinander würde künftig (so hoffte ich) auf Gewißheit gründen können.

Das Resultat meiner Anstrengungen war so ermutigend, daß ich mein gesamtes Repertoire auf diese Weise vornahm. Auf die Sonate von Lekeu folgten andere, häufiger gespielte Musikstücke. Und auch an ihnen konnte ich nun verstandesmäßig erfassen, warum diese Noten den musikalischen Impuls bis zum Schluß des Stückes trugen. Das Analysieren wurde mir zur

Notwendigkeit, ich habe es bis heute beibehalten. Jedem neuen Werk versuche ich so auf den Grund zu kommen und liefere mir nachträglich die Argumente dafür, daß ich meinem Instinkt gefolgt bin. Das ändert nichts daran, daß es mich besonders freut, wenn sich subtile Details, nach denen ich stundenlang gesucht habe, wie von selbst und ohne Überlegung einstellen.

Um ein deutliches Bild zu geben, wie ich bei der Analyse vorgehe, brauche ich nur die ersten Solotakte des Beethoven-Konzerts zu nehmen – des Werks, das ich nach dem Lekeu in Angriff nahm. Die Erkenntnis war sehr hilfreich: Das Beethoven-Konzert war in meiner Jugend nicht nur der Inbegriff der ernsten Musik, sondern ich habe es danach wohl öfter – an den verschiedensten Orten und mit den verschiedensten Orchestern – gespielt als irgend jemand anderer. Ich glaube nicht, daß ich einen anderen Weltrekord innehabe, aber fünfzig Jahre Interpretation des Beethovenschen Violinkonzerts stellen, so möchte ich sagen, doch eine Art Rekord dar. Das ist übrigens ein Umstand, der nicht unbedingt beneidenswert ist und den Inhaber der Gefahr mechanischer Repetition aussetzt. Aber ich glaube, daß meine Bemühungen, das Werk als einen einzigen Organismus zu begreifen, mich gegen diese Gefahr gefeit haben.

Der Solopart beginnt folgendermaßen:

Als ich über diese Anfangsnoten nachdachte, wurde mir zum erstenmal klar, daß sie – als Gruppe gesehen – die genaue Umkehrung der beiden vorangegangenen Takte darstellen:

Plötzlich begriff ich, daß die Geige die beiden vorhergehenden Gruppen von je vier absteigenden Tönen mit zwei Gruppen von je vier aufsteigenden Tönen beantwortet. Hier spielt die Violine zum erstenmal einen aufsteigenden gebrochenen Akkord über zwei Oktaven; eine absteigende Entsprechung über zwei Oktaven gab es ganz zu Anfang des Satzes, bevor das erste Fortissimo des Tutti einsetzt:

Wieder in Gruppen von zwei Takten von jeweils vier Tönen. Das daran anschließende Fortissimo umspannt den Tonraum einer Oktave, ist jedoch nur einen Takt lang:

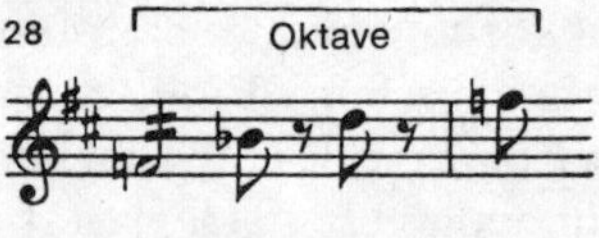

Der Eintritt des Soloinstruments bringt die erste Anwendung dieses aufsteigenden Oktavschritts über zwei Takte hinweg.

Dann begriff ich bereits, daß dieser Anfang weit mehr als ein bloßes Arpeggio, vielmehr den integralen Teil des Ganzen darstellt. Von ähnlicher Wichtigkeit ist das rhythmische Element. Im Gegensatz zu den ersten vier Tönen des gesamten Satzes (mit denen die Pauke das Grundtempo festlegt) sind die ersten Takte des Soloinstruments von gleichsam melodischer Figuration – nicht *rein* melodisch (da die Töne keine unabhängige, einzigartige, unverwechselbare Beziehung zueinander besitzen) noch andererseits ausschließlich rhythmisch wie die Paukentöne im Einleitungstakt, immerhin melodischer als sie. Die Solovioline sollte bei ihrem Einsatz durchaus eine gewisse Strenge wie die der einleitenden Takte erkennen lassen, *muß* hingegen frei aufsteigen und singen.

Ferner fiel mir auf, daß die Violine bei ihrem ersten Einsatz den Tonraum von a bis g umspannt, was zum Beispiel in den ersten Takten des Satzes ebenfalls von struktureller Bedeutung scheint:

Dieser Gang von a nach g wird durch melodische Fortschreitung, nicht aber durch Bewegung gebrochener Akkorde erreicht. Als ob die Geige demonstrieren wollte, wie sich ihre Figuration herleitet, fährt sie folgendermaßen fort:

Was direkt der einleitenden Melodie entspricht und die ersten vier, oben zitierten, Töne fortsetzt:

Je mehr ich über die Zusammenhänge nachdachte, desto größere Wichtigkeit erlangten diese acht Töne der Solovioline. Je weiter ich in diese Frage eindrang, um so klarer wurde es mir, daß diese Töne ganz bewußt, ganz und gar nicht austauschbar waren. In Beethovens Musik herrscht, ganz allgemein gesehen, eine enge Beziehung zwischen Skalen und gebrochenen Akkorden. Im langsamen Satz seines Violinkonzerts verzichtet er auf die verbindenden Töne und läßt den gebrochenen Akkord rein und einfach:

Das besaß im ersten Satz folgende Gestalt:

Was im Grunde dieselbe Figur ist, nur als Arpeggio ausgearbeitet.

Eine Beziehung zu entdecken und das Wissen darüber richtig anzuwenden, sind zweierlei Dinge. Ich hatte bereits den Tonraum a bis g mir klargemacht, wobei die aufsteigende Linie so viele Oktaven beanspruchen mußte wie diejenigen, die zuvor abgestiegen war. Beethoven hat in Form der Vorschlagtöne noch eine dritte Oktave hinzugefügt:

Der Vorschlag vermittelt den Impuls, ein federndes Vorwegnehmen. Dabei erscheint diese Oktave als etwas völlig Organisches innerhalb des Stücks, wo sie zuerst folgendermaßen auftrat:

um dann:

sodann, wie wir bereits gesehen haben:

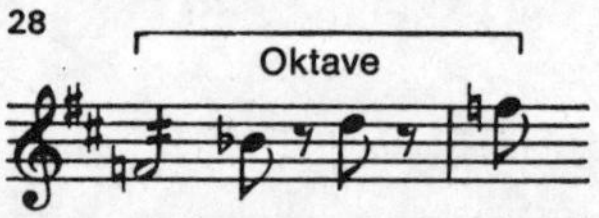

Die Geige beginnt also mit einer Oktavspannung, die in der Solovioline schließlich folgendermaßen auftritt:

und damit eine Wiederkehr zur vorausgegangenen Oktave auf der Dominante darstellt.

Aus dieser Erkenntnis konnte ich drei Stadien der Interpretation ableiten: die Übertreibung, die Reduzierung und die Assimilierung aller möglichen Abweichungen von der Norm. Im Idealfall würde man eine Passage ganz gleichmäßig spielen und gerade soviel Unregelmäßigkeit zulassen, daß ein Element der Lebendigkeit spürbar bleibt; sich auf das beschränken, was man vielleicht *la part de Dieu*, den Teil Gottes, nennen kann – jene Nuance, von der jede Aufführung fast unbewußt bestimmt ist. Wenn sie nicht die innere Struktur verzerrt und nicht ihre Beziehung zu den Tönen verliert, ist jede Interpretation möglich.

Zum Beispiel: Da ich weiß, daß in dem ersten Takt des Solos das cis und das e nicht so hervortreten sollen wie das a und das g, werde ich über die beiden ersteren eher hinweggehen. Indem ich das a halte, rasch über das cis und e meine Betonung auf das folgende g lege (mit anderen Worten, die beiden mittleren Töne nicht so laut spiele und den Effekt eines Crescendos auf das letzte g anstrebe) und indem ich gleichzeitig diese Abweichungen gegenüber dem Grundmetrum genau abwäge, vermag ich einen dynamischen Eindruck zu vermitteln: Die aufsteigende Skala klingt nicht so schlicht und solide, daß die Erwartung gedämpft würde, noch darf sie so flüchtig klingen, daß sie die Solidität verliert, die ihr durch die ersten vier Paukentakte aufgezwungen ist – mit einem Wort: eine aufsteigende Skala, deren »Gleichmäßigkeit« aus der Vereinigung widerstreitender Kräfte resultiert.

Das Gefühl, vom Zufall abhängig zu sein, schwand, weil ich persönlich entdeckte, was an sich auf der Hand lag. Durch das Erkennen der Gesamtform in ihrem kleinsten Bestandteil sah ich auch mich selbst wie in einem Spiegel. Ich tat den ersten bewußten Schritt zum Erwachsenendasein, zu Analyse und Synthese, zur Überzeugung und Einsicht.

Yehudi Menuhin / Robin Daniels
Dirigenten

YM: Jeder Musiker ist eine Persönlichkeit für sich, aber ebenso wie es Schulen und Methoden für das Ballett gibt, unterscheiden wir auch bestimmte Schulen für das Violinspiel. Bei den Dirigenten läßt sich auf einer gewissen Ebene eine Verwandtschaft feststellen – es gibt die deutschen Kapellmeister und die gut ausgebildeten russischen Dirigenten –, aber die meisten Dirigenten, die ich kennengelernt habe, waren unverwechselbare Individuen.

Die Aufgabe des Dirigenten ist es, ein musikalisches Werk neu zu erschaffen; er wird es genau studieren, seine ganz persönlichen Entscheidungen treffen und versuchen, andere von seiner Auffassung zu überzeugen. Die Orchestermusiker beteiligen sich an der Entwicklung dieser Auffassung, und der Dirigent wird sie unter Umständen um ihren Rat bitten, aber schließlich muß er wie alle Führer nicht nur die Entscheidung treffen, sondern auch die Verantwortung für das Resultat übernehmen.

Es gibt Dirigenten, denen zu ihrem eigenen Nachteil die Macht, die sie am Pult ausüben, zu Kopf steigt, und das wirkt sich auch auf ihr Familienleben und auf ihr Auftreten in der Öffentlichkeit aus. Auf der anderen Seite gibt es aber auch Dirigenten, die sowohl am Pult als auch im Privatleben freundliche und bescheidene Menschen sind. Bruno Walter war zum Beispiel eine der liebenswürdigsten Persönlichkeiten, die ich gekannt habe.

Im Umgang mit mir ist Toscanini immer sehr freundlich und ungezwungen gewesen – und ich glaube, so hat er auch seine anderen guten Freunde behandelt. Man darf wahrscheinlich nicht sagen, daß der eiserne Wille, den er als Dirigent zeigte, auch außerhalb des Konzertsaals deutlich spürbar gewesen sei, aber bestimmte Seiten der Persönlichkeit eines Menschen, der sich so sehr mit einem hohen Niveau musikalischer Aufführungen identifiziert, müssen wohl auch in seinem Privatleben zum Ausdruck kommen.

Man darf nicht einfach sagen: »Dirigenten benehmen sich im Privatleben ebenso wie am Pult.« Sie tun es nicht. Ich kenne eine ganze Reihe angesehener Dirigenten, die außerhalb des Konzertsaals sehr umgängliche Leute sind, aber wenn sie vor dem Orchester stehen, werden sie leicht reizbar und verlangen das fast Unmögliche.

Man kann die Dirigenten nicht alle gleichsetzen. Rückblikkend erinnere ich mich der verschiedenartigsten Persönlichkeiten. Da war zum Beispiel Karl Muck, der Dirigent des Boston Symphony Orchestra im Ersten Weltkrieg, der später zum Philharmonischen Staatsorchester Hamburg ging. Er war ein hervorragender Operndirigent, und sein Spezialgebiet war Wagner. Wenn dieser stattliche, wortkarge und zurückhaltende Mann auf dem Podium stand, beherrschte er das Orchester mit klaren und knappen Körperbewegungen.

Karl Muck war eine sehr bestimmte Persönlichkeit, geprägt von dem Geist Deutschlands vor dem Ersten Weltkrieg, wo man in der Schule, in der Armee und im Staat so großen Wert auf Disziplin legte. Würde und Status des Dirigenten bedeuteten ihm viel. Er war ein Mann mit festen Grundsätzen und untadeligem Charakter, ein guter Musiker, ein aufrechter Charakter und ein disziplinierter Dirigent. Ich habe ihn in Hamburg kennengelernt, als ich etwa vierzehn Jahre alt war. Damals spielte ich das Beethoven-Konzert unter seiner Leitung. Er hat mich sehr freundlich behandelt und mochte mein Spiel, aber zu einer engeren persönlichen Beziehung ist es nicht gekommen.

Damals habe ich alle Dirigenten, mit denen ich auftrat, um ihr Foto gebeten. Er gab mir eine Aufnahme von sich mit dem Autogramm »Karl Muck«. Ich bat ihn um eine Widmung, und er fügte hinzu: »Für Yehudi Menuhin« – das war alles.

Wenn Bruno Walter eine Widmung schrieb, dann war sie im Gegensatz dazu geradezu überschwenglich, und das entsprach seinem Charakter. Walter war ebenso wie Muck Deutscher, und er war eine ebenso starke Persönlichkeit, aber in ihrem Wesen waren sie absolut gegensätzlich.

Ich habe für Bruno Walter als einen hervorragenden Dirigenten und guten Freund tiefe Zuneigung empfunden. Die Künstler, mit denen er zusammenarbeitete, behandelte er stets zuvorkommend und höflich. Ihm kam es in erster Linie darauf an, daß die Orchesterbegleitung den Absichten des Solisten entsprach.

RD: Neville Cardus hat den Dirigenten Walter als Apollonier und Toscanini als Dionysier bezeichnet.

YM: Toscanini hatte das Temperament eines italienischen Vulkans, aber ein reines Herz. Er hatte sich vollständig der Musik verschrieben. Jeder wußte, daß seine Temperamentsausbrüche – beim Dirigieren und im Privatleben – die Funken waren, die ein Mann mit einem hohen Ideal versprüht, der verlangt, daß die Musik so klingt, wie er es für richtig hält. Und deshalb hat man ihm mit Recht vergeben. Toscanini war ein ganz großer Dirigent, und ich habe ihm viel zu verdanken. Er hat mir seine Freundschaft geschenkt, mir geholfen, meinem Spiel zugehört, mich mit seinem Orchester begleitet und hat mir mit den zahlreichen Konzerten, in denen ich seine Musik gehört habe, viel gegeben. Besonders haben mich seine Interpretationen der deutschen Klassiker Brahms, Beethoven und Schubert beeindruckt. Ein zweiter Dirigent mit typisch italienischem Temperament war Victor de Sabata. Er bewegte sich so heftig auf dem Podium, daß ich manchmal fürchtete, er könnte herunterfallen. Aber er war ein großartiger Dirigent. Die Italiener haben die seltene Gabe, die Musik zu dramatisieren.

RD: Adrian Boult, mit dem Sie viele Jahre zusammengearbeitet haben, hat ein ganz anderes Temperament.

YM: Adrian ist ein typischer Engländer. Hinter seiner äußeren Gelassenheit verbirgt sich ein intensives Gefühl, das sich auch auf das Orchester überträgt. Er konzentriert sich auf das Wesentliche der Partitur und des Orchesterklangs, und er bemüht sich stets um die Vervollkommnung des Zusammenspiels. Seine Bewegungen am Pult sind sanft und flexibel; er benutzt den Taktstock in vorbildlicher Weise und niemals verkrampft. Ich kenne keinen anderen Dirigenten, der den Taktstock mit solcher Leichtigkeit führt.

Er kann schreckliche Zornausbrüche haben, und ich habe

das zweimal erlebt. Das erste Mal arbeiteten wir in einer Sendung für die BBC zusammen. Es war zu der Zeit, als das Fernsehen noch nicht über Zoomobjektive verfügte. Während des Konzerts stellte er plötzlich fest, daß man die Kamera bis auf wenige Zentimeter an sein Gesicht herangerückt hatte, um eine Großaufnahme von ihm zu machen. Er unterbrach das Konzert und verwahrte sich wütend gegen diese Aufdringlichkeit. Ich konnte seine Reaktion durchaus verstehen, fand es aber doch sehr enttäuschend, daß Adrian, der sonst so ruhig war, jetzt die Beherrschung verlor. Bei Toscanini mußte man alle fünf Minuten mit einem Temperamentsausbruch rechnen, und niemand nahm das besonders ernst. Aber wenn Adrian die Beherrschung verliert, dann bricht ein gewaltiger Sturm los.

Von allen Dirigenten, die ich kenne, hat es Georges Enesco am besten verstanden, den Orchestermusikern und Solisten Sicherheit zu geben und sie zu inspirieren. Seine Rücksichtnahme und sein Mitgefühl drückten sich in jeder seiner Gesten aus. Wenn Enesco neben mir auf dem Podium stand, wußte ich, daß er in jedem Augenblick und in jeder Hinsicht bei mir war, mich unterstützte und mir das Gefühl der Sicherheit gab.

Auch Elgar war ein großartiger Dirigent. Er brauchte sich nur vor das Orchester zu stellen, und die Musiker spielten. Die Größe eines Dirigenten zeigt sich darin, wie er seine Vorstellungen mit dem geringsten Aufwand an Worten oder Gesten auf die Musiker übertragen kann. Die Orchestermusiker kannten ihn, mochten ihn und liebten seine Musik. Als wir in dem berühmten Studio an der Abbey Road in London gemeinsam sein Violinkonzert aufnahmen, konnte man den Eindruck haben, er täte gar nichts; wenn ich mir aber die Aufnahme heute anhöre, dann weiß ich, daß sie ganz seinen Vorstellungen und Wünschen entspricht.

Malcolm Sargent war ein sehr guter Dirigent, ist aber vielleicht nicht so ernst genommen worden, wie er es verdient hätte. Er war immer sehr elegant angezogen und trug ständig eine Nelke im Knopfloch. Sein weltmännisches Auftreten verdeckte manchmal sein großes musikalisches Talent.

Pierre Monteux habe ich Anfang der dreißiger Jahre in Paris kennengelernt. Wir haben gemeinsam das Violinkonzert in

D-Dur von Paganini aufgenommen, und er spielte bei unseren Kammermusikabenden in Ville d'Avray die Viola. Später haben wir uns in San Francisco und in London wiedergesehen. Er war ein gütiger, warmherziger Mann und erinnerte an einen freundlichen Koalabären. Als Dirigent hatte Monteux eine unbeschwerte Art, mit der er das Orchester niemals überforderte, aber trotzdem hat er es verstanden, sich mit seiner musikalischen Auffassung durchzusetzen.

RD: Haben Sie jemals mit George Szell zusammengearbeitet?

YM: Nein; vor zwanzig Jahren sollte ich mit ihm in Cleveland ein Konzert geben, aber ich erkrankte an Windpocken und durfte nicht reisen. Später hat er mich eingeladen, das Cleveland Orchestra zu dirigieren. Das war kurz vor seinem Tode, und deshalb habe ich ihn leider nicht wiedergesehen.

Ich hatte Szell ein paar Jahre zuvor in Europa kennengelernt und eine ganz ungewöhnliche Aufführung der neunten Symphonie von Beethoven unter seiner Leitung gehört. Das Konzert fand in Bonn zur Eröffnung des neuen Konzertsaals statt. Er war ein großer Dirigent, der sehr viel von seinem Orchester verlangte; das genaue Gegenteil von Monteux und Bruno Walter. Szell gab den Musikern nicht nur Anregungen, er verlangte von ihnen den ganzen Einsatz und gab sich mit nichts Geringerem zufrieden als mit der Perfektion. Er duldete keine zufälligen Unausgeglichenheiten oder Schwächen. Sein Erfolg ist unbestreitbar, denn er war der Schöpfer des Cleveland Orchestra.

Die beste Chance, ein Orchester zum schöpferischen Musizieren anzuregen, hat man, wenn man die Nachfolge eines strengen Zuchtmeisters antritt. Die Musiker sind dankbar, wenn sie unter einem hilfsbereiten und freundlichen Dirigenten spielen dürfen wie etwa Carlo Maria Giulini, der als Nachfolger von Fritz Reiner heute erster Gastdirigent in Chicago ist, oder Lorin Maazel, der in Cleveland die Nachfolge von Szell angetreten hat. Wer ein Orchester übernimmt, nachdem es die harte Schule unter einem strengen Dirigenten durchgemacht hat, profitiert erstens von der Disziplin seines Vorgängers und zweitens von der Freude der Musiker über die jetzt entspanntere Atmosphäre.

Aber auch wenn ein Orchester in seiner Leistung nachgelassen hat, weil der Dirigent zu nachsichtig war, um es zusammenzuhalten oder hohe Anforderungen an die Musiker zu stellen, begrüßen sie es, wenn ein eher autoritärer Dirigent die Leitung übernimmt und dafür sorgt, daß der bisher fehlende Zusammenhalt wiederhergestellt wird.

RD: Auf welche Weise haben sich Weingartner und Furtwängler gegenüber dem Orchester durchgesetzt?

YM: Im damaligen Deutschland – und vielleicht ist das sogar noch heute ähnlich – brachte das Orchester dem Dirigenten allein auf Grund seiner Stellung die notwendige Achtung entgegen. Aber die Stellung dieser beiden Persönlichkeiten gründete sich auf mehr als auf die bei den Deutschen übliche Ehrfurcht vor einem hohen Rang. Beide haben es im weitesten Sinne des Wortes verstanden, Musik zum Leben zu erwecken. Weingartner, der zu einer etwas älteren Generation gehörte, war in seinen Methoden konservativer.

Die einzigen Dirigenten, die ich gekannt habe und die nach außen hin autoritär auftraten, waren Reiner und Szell. Ihre Leistungen im Konzertsaal waren bewundernswert, aber sie erzielten sie in einer autoritären und gespannten Atmosphäre. Ich bewundere jede musikalische Perfektion. Es ist eine Leistung, wenn ein Dirigent das Orchester so beherrscht, daß es fortissimo spielt, wenn er den Taktstock um einen Zoll anhebt, und pianissimo, wenn der Taktstock nur einen Viertelzoll gehoben wird; aber das ist nicht meine Methode.

RD: Welches sind Ihre Erinnerungen an Otto Klemperer?

YM: Zum erstenmal bin ich in Los Angeles mit ihm aufgetreten. Den stärksten Eindruck hat mir zunächst seine Körpergröße gemacht. Zwar stand er auf einem niedrigen Podest, aber sein Kopf schien mindestens sechs Fuß über meinem zu schweben! Als Musiker hatte Klemperer eine beachtliche Tiefe, und gegen Ende seines Lebens gehörte er zu dem auserwählten Kreis jener Dirigenten, die ihre Intentionen vom Pult aus mit den geringsten Bewegungen der Hände und Finger auf das Orchester übertragen können. Klemperer entwickelte eine fast telepathische Beziehung zum Philharmonia Orchestra, dessen Mitglieder intuitiv wußten, was er dachte, fühlte und von ihnen verlangte.

Es hat mich immer fasziniert zu sehen, wie große Musiker im späteren Leben ihre Interpretationen in eine neue Dimension führen können, mit der sie ihre körperliche Gebrechlichkeit kompensieren. Enesco hat zum Beispiel einige seiner hervorragendsten Konzerte gegeben, als sein Rücken schon ganz gekrümmt war und er kaum noch in der Lage zu sein schien, Violine zu spielen. Wunderbarerweise erklang die Musik jetzt mit einer neuen Klarheit und Reinheit, die das Altern des Künstlers transzendierten. Ich erinnere mich ganz besonders an die Art, mit der er diese Qualität im *Geistertrio* von Beethoven zum Ausdruck brachte, wobei jede Note so erklang, wie sie vom Komponisten gedacht war.

In jüngeren Jahren verläßt sich der Sänger, Dirigent oder Instrumentalist auf seine Begabung, auf das ererbte Talent. Alles muß stimmen; das Spiel muß technisch perfekt sein, und er muß seine Stimme, das Orchester oder das Instrument vollkommen beherrschen. Doch im Leben eines großen Künstlers kommt eine Zeit, in der sich die Intention irgendwie von den äußeren Ausdrucksmitteln löst; die Botschaft erreicht die Zuhörer gewissermaßen über einen viel dünneren Draht der Materialisierung. Klemperer gehörte zu denen, die sich bis zu dieser Reife entwickelt hatten.

Max Rostal
Dynamik und Agogik bei Beethoven

Dynamik

Dynamik in der Musik bedeutet Differenzierung des Tonvolumens, sei es stufenweise (Terrassendynamik) durch klare Abgrenzung von ffff–fff–ff–f–mf–mp–p–pp–ppp–pppp oder als allmähliche Veränderung durch cresc. und dim. Darüber hinaus gibt es weitere Schattierungen wie sfz, rinsfz, fp oder p subito.

Die bei Brahms vorkommende Abkürzung pf hat zu vielen Irrtümern geführt; ein Pianoforte im Gegensatz zum Fortepiano gibt es nicht, und die Abkürzung bedeutet schlicht und einfach »poco forte«. Abgesehen von der vom Komponisten notierten Dynamik begegnen wir beim Instrumentalisten einer verständlichen, oft unbewußten Differenzierung, die eine große Gefahr in sich birgt, wenn sie unkontrolliert, aus einer plötzlichen Emotion heraus angewendet, allzu oft im Gegensatz zur Absicht des Komponisten steht. Ich behandle dieses Kapitel absichtlich vorrangig, weil die Dynamik – speziell bei Beethoven – von äußerster Bedeutung ist und bis zum heutigen Tag auf höchst bedauerliche Weise vernachlässigt wird.

Beethoven hat sich in vielen seiner Werke, wie eben den Klavier-Violin-Sonaten, Streichquartetten usw., unendlich vielen Mühen unterzogen, um äußerst detaillierte (gelegentlich groteske, sogar bizarre) dynamische Bezeichnungen anzubringen. Schon darin liegt ein Beweis, wie wichtig sie für ihn waren. Das macht auch ein Brief deutlich, den er am 10. April 1806 an Sebastian Meyer schrieb: »Laß alle pp, cresc., alle decresc. und alle f, ff aus meiner Oper ausstreichen, sie werden doch alle nicht gemacht. Mir vergeht alle Lust, weiter etwas zu schreiben, wenn ich's so hören soll.«

Es würde keinem Musiker einfallen, Noten, Notenfolgen oder den Rhythmus eines bedeutenden Komponisten bewußt zu verändern, aber hinsichtlich der Dynamik hegen viele Interpreten keine Skrupel, und da gerade Beethovens Dynamik einen ganz wichtigen Bestandteil seiner Kompositionen darstellt, kommt ihre Nichtbeachtung oder Veränderung einem Sakrileg gleich.

Auf Schallplattenaufnahmen (abgesehen von Konzertaufführungen) kann man manchmal Interpretationen bedeutender Instrumentalisten der Vergangenheit und Gegenwart hören, die in der Dynamik mit dem Willen des Komponisten in keiner Weise übereinstimmen. Eines unter vielen Beispielen ist die äußerst willkürliche Dynamik der Aufnahme von Fritz Kreisler und Sergej Rachmaninow. Dort werden ohne weiteres Crescendi durch Diminuendi ersetzt und Piano subito ängstlich vermieden, um einer eventuellen Schockwirkung aus dem Weg zu gehen. Gerade das p subito ist eine charakteristische Eigenschaft der Kompositionen Beethovens, die meist in eine liebenswürdige, salonfähige Spielweise umgewandelt wird. Ich gebe zu, die Verwirklichung auf einem Streich- oder Tasteninstrument ist eine enorm schwierige Aufgabe.

Der Begriff Technik ist in Laienkreisen synonym mit Schnelligkeit, aber für den Wissenden ist eine äußerste Beherrschung und Realisierung der Dynamik Beethovens eine der größten Herausforderungen, die – abgesehen von musikalischen Aspekten – große technische Fähigkeiten voraussetzt. Diese schwierige und sehr wesentliche Verwirklichung bleibt für die Mehrzahl der Zuhörer kaum wahrnehmbar, und so sagen sich pragmatisch veranlagte Künstler, es lohne die Mühe nicht. Man kann in der Verzweiflung über diese Auffassung nur noch dem vorher erwähnten Ausspruch Beethovens beipflichten!

In diesen Sonaten gibt es auch vom Komponisten stammende Ungenauigkeiten der Dynamik, die hie und da der Ergänzung bedürfen. Oft sind Parallelstellen in der Exposition und Reprise nachlässig oder gar nicht bezeichnet, manchmal aber auch ganz anders gemeint. Ein sfz kann verschiedene Bedeutung haben, sei es durch plötzliche, schreckhafte, dramatische Veranschaulichung mit einer scharfen Attacke, sei es durch eine sanfte, gesangliche Betonung. Auch benutzt Beethoven die Bezeichnung sfz oft, wo ein fp oder sogar nur ein f stehen sollte. Ein sfz kann manchmal ein vorher angezeigtes cresc. oder dim. arretieren oder die Gesamtdynamik einer bestimmten Phrase unberührt lassen. Das Zeichen fp bedeutet etwas anderes als sfz, von Beethoven selbst nur gelegentlich differenziert angewendet. Als Folge schnellen Komponierens und hastiger Niederschrift können derartige Verwechslungen leicht vorkommen.

Es gibt bei Beethoven manchmal eine rein theoretisch bezeichnete Dynamik, so zum Beispiel, wenn er für das Klavier ein cresc. auf einem lang ausgehaltenen Akkord schreibt, was selbstverständlich nicht ausführbar ist, sondern nur als Hinweis zur musikalischen Vorstellung dient (siehe Kreutzer-Sonate op. 47, Takte 115 und 436 im ersten Satz).

Man muß sich ernsthaft bemühen, überall Klarheit zu schaffen; in vielen Fällen kommt man trotz Bemühung um Objektivität nicht um eine persönliche Entscheidung herum.

Mein Anliegen ist: Laßt dem Text und der Dynamik gegenüber mehr Gerechtigkeit walten! – Ich weiß, daß ich vielen Kollegen als Pedant gelte, womit wohl schlechthin meine gewissenhafte und eingehende Auseinandersetzung mit einem Werk und dessen möglichst texttreue und musikalisch wahre Wiedergabe gemeint sind, und ich gestehe, daß ich diese Kritik derjenigen von ungenau, launisch, unbeherrscht und schlampig vorziehe, Eigenschaften, die wohl kaum zur Verwirklichung dieses Buches beigetragen hätten!

Agogik

»Die Lehre von der elastischen Gestaltung des Tempos beim sinnvollen Vortrag eines Musikstückes mittels oft kaum meßbarer Abweichungen vom mechanisch festen Zeitmaß.« (Hugo Riemann: Musikalische Dynamik und Agogik, Hamburg 1884)

Es gab eine Zeit, in der ein strenger, ja metronomisch genauer Rhythmus eine wesentliche Voraussetzung für den stilgerechten Vortrag eines klassischen Werkes war. Dieser Mißdeutung kann man gelegentlich auch noch in unseren Tagen begegnen.

Jeder große Komponist ist seinem Herzen nach ein echter

Romantiker, und unsere Abgrenzung in Klassik oder Romantik kann sich höchstens auf gewisse geschichtliche Perioden beziehen. Im Fall Beethovens gibt es reichlich Beweise für ein recht wildes Rubato-Spiel des Klassikers Beethoven. Bernhard Bartels berichtet in seinem Beethoven-Buch: »Es ist hochinteressant, was wir von ihm [Beethoven] über Takt, Tempo, Rhythmus hören. Und diese wahren ›Freiheiten‹ des Künstlers ergeben sich für den großen Menschen. Wer den Takt äußerlich erzwingen muß, soll die Musik fortlassen. Aller Rhythmus, jedes Tempo, alle Musik ist innerlich bedingt. Auf dem Original des Liedes ›Nord oder Süd‹, das die Verlagshandlung Artaria besitzt, steht von des Meisters Hand: ›100 nach Mälzel, doch kann dies nur von den ersten Takten gelten, denn die Empfindung hat auch ihren Takt, dieses ist aber doch nicht ganz in diesem Grade (100 nämlich) auszudrücken.‹« (S. 345)

Beethoven äußerte sich nach anfänglicher Begeisterung abfällig über den Gebrauch des Metronoms: »Gar kein Metronom! Wer richtiges Gefühl hat, der braucht ihn nicht, und wer das nicht hat, dem nützt er doch nichts, der läuft doch mit dem Orchester davon.« Diese Äußerung des Meisters hat ihn nicht davon abgehalten, in so manchem seiner Werke Metronomangaben zu machen, die heute in ihrer Richtigkeit bezweifelt werden.

Einer der größten Komponisten unserer Zeit, Béla Bartók, benutzte das Metronom mit der Absicht, dem Interpreten präzise Tempi anzugeben. In seinen Werken finden sich in kurzen Abschnitten oft wechselnde Metronombezeichnungen statt des starren Durchhaltens ein und desselben Tempos. In seinem an mich persönlich gerichteten Brief vom 6. November 1931 schreibt er unter anderem: »Im ersten Satz ist die Metronom-Bezeichnung tatsächlich ganz unmöglich und unbegreiflich, im 3. Satz finde ich ebenfalls viele falsche Metronom-Zahlen. – Hierzu möchte ich bemerken, daß in meinen früheren Werken die Metronom-Bezeichnungen sehr oft ungenau sind, bzw. nicht dem richtigen Tempo entsprechen. Ich kann mir diesen Umstand nur damit erklären, daß ich seinerzeit die Metronomisierung allzu flüchtig vornahm und daß vielleicht mein Metronom schlecht funktionierte.«

In späteren Werken setzt Bartók oft ca. vor seine Metronomangabe, eine zusätzliche Bezeichnung, die ich mit meinen hier vorliegenden Metronomvorschlägen für die Beethoven-Sonaten ebenfalls anwende und die allein anzeigen soll, wie unbeabsichtigt ein starres Durchhalten der Tempi ist. Bartók schrieb als Einführung zur Ausgabe seines zweiten Violinkonzertes folgendes (aus dem Englischen frei übersetzt): »Zeitmessungen, notiert bei Aufführungen, sind für Satzteile angegeben und am Satzende für den ganzen Satz. Damit ist nicht gemeint, die Dauer bei jeder Aufführung müsse genau dieselbe sein; beide Angaben und die metronomischen Bezeichnungen sind nur als Anhaltspunkte für die Ausführenden gedacht. Es scheint mir besser, sie als exakte Zeitmessungen zu unterbreiten, als zu versuchen, sie in runde Ziffern zu übertragen.« (Béla Bartók: Violinkonzert, Boosey & Hawkes)

Eine genaue Befolgung von Metronomangaben ist bei vielen Werken ohnehin nicht möglich und auch nicht erstrebenswert, jedoch ist das Verhältnis abweichender Angaben zueinander von Bedeutung und Interesse.

Ein Zeitgenosse Beethovens, Anton Felix Schindler (1798 bis 1864), der gewissermaßen als Beethovens treuer Adlatus galt, schrieb: »Was ich von Beethoven immer vortragen hörte, war mit wenigen Ausnahmen stets frei alles Zwanges im Zeitmaße, ein Tempo Rubato im eigentlichsten Sinne des Worts, wie es Inhalt und Situation bedingte, ohne aber nur den leisesten Anklang an eine Karikatur zu haben.«

Man beachte deshalb den klaren Unterschied zwischen einem Rubato und dem, was als »unrhythmisch« bezeichnet werden kann. Jedes echte und gute Rubato spielt sich so organisch ab, daß selbst bei beträchtlichen Tempoverschiebungen die ursprünglichen Notenwerte erkennbar bleiben. Eine ganz plötzliche Tempoänderung oder ein Anhalten auf einem einzigen Ton führt zu Verzerrungen und ist nur als unrhythmisches Spiel zu betrachten. Das Wesen des Rubatos ist eine organische Entwicklung von accel. oder rit. auf kurzen oder längeren Phrasen.

Zur Agogik gehören viele Begriffe wie Rhythmus – Rubato – Tempi – Rallentando oder Ritardando, auch oft als Allargando oder Calando bezeichnet, ferner Accelerando – Stringendo und Fermata.

Abschließend möchte ich noch eine Aussage des allzu früh verstorbenen bedeutenden Pädagogen Paul Rolland zitieren, der in der Zeitschrift der »ASTA« (American String Teachers Association) Nr. 3, 1958, folgende richtige Betrachtungen anstellte: »Der Unterschied zwischen der heute herrschenden, im allgemeinen ›glatten‹, gewissermaßen ›schnittigen‹ Auffassung und dem, was wir zum Beispiel von Czerny über Beethovens eigene aufführungspraktische Forderungen wissen, dazu gehörten unter anderem gewisse ›ungeschriebene‹ Ritardandi und Accelerandi und noch andere sprechende Ausdrucksnuancen.«

Ein Rubato in Grenzen braucht also keineswegs als unrichtig oder stilwidrig zu gelten.

Harvey Sachs
Toscaninis Debüt

Im Juli [1885] brachte er seine Abschlußprüfung hinter sich. Er erhielt die höchste Punktzahl und die ehrenvollsten Auszeichnungen in den Fächern Cello und Komposition, daneben errang er den Barbacini-Preis, der, mit 137,50 Lire dotiert, jedes Jahr dem besten Absolventen verliehen wurde.

In jenem Sommer muß er erneut in Carpi gespielt haben, was kaum erwähnenswert wäre, hätte in jenem Carpi nicht ein Impresario namens Claudio Rossi gewohnt, der gerade eine Operntruppe zusammenstellte, die er im kommenden Frühjahr in Brasilien einsetzen wollte. Entweder Rossi selbst oder sein Bruder Lelio wurde auf Toscanini aufmerksam; er wurde als erster Cellist und stellvertretender Chorleiter engagiert – außergewöhnliche Verpflichtungen für einen so jungen Mann. Nach einer weiteren Wintersaison im Teatro Regio bündelte er seine wenigen Habseligkeiten und verließ seine Heimatstadt, in der er nie wieder Wohnung nehmen sollte. In Genua verabschiedete er sich von seinen Eltern und Geschwistern, die kurz zuvor wieder von Parma dorthin umgezogen waren, und schiffte sich mit dem Rest der Truppe ein.

Die Überfahrt dauerte etwa vier Wochen. Toscanini verwendete einen Großteil seiner Zeit darauf, zu studieren und seine praktischen Fähigkeiten zu vertiefen. Da es an Bord ein Klavier gab, baten einige der Sänger ihn, mit ihnen ihre Rollen zu repetieren – eine Bitte, der er gern nachkam. Unter den Sängern fanden sich einige bekannte Künstler, so etwa die Sopranistin Nadina Boulicioff, die Mezzosopranistin Medea Mei, ihr Gatte, der Tenor Nicolai Figner, der Bariton Paul Lhérie, der seine Laufbahn als Tenor begonnen und bei der Uraufführung von *Carmen* im Jahre 1875 die Rolle des Don José gesungen hatte, und der Baß Gaetano Roveri. Sie schätzten die Begabung und die Ernsthaftigkeit des jungen Mannes. Mit an Bord befand sich auch Ferruccio Catellani, ein Mitschüler aus dem

Parmaer Konservatorium, der als Konzertmeister verpflichtet worden war.

Toscanini verlebte seinen neunzehnten Geburtstag in Cádiz, einem der Zwischenlandungshäfen der Schiffsroute, und im April langte die Truppe in São Paulo an. (Jahre später erzählte er seinem Enkel, daß die Musiker abends zur Übernachtung auf das Schiff zurückzukehren pflegten, wenn das auch nicht für die Dauer der ganzen Tournee so bleiben sollte.) Ihren Dirigenten lernte die Truppe erst bei ihrer Ankunft kennen – einen fünfunddreißigjährigen Brasilianer namens Leopoldo Miguez, und es bedurfte nur kurzer Zeit, bis die Mitglieder gewahr wurden, daß er inkompetent war – oder ihn jedenfalls spüren ließen, daß sie es wußten. Spannungen ergaben sich auch zwischen Miguez und dem stellvertretenden Dirigenten und Mitdirektor der Truppe, Carlo Superti. Superti war seiner Dirigentenaufgabe wahrscheinlich nicht besser gewachsen als Miguez (einige Jahre später »schmiß« er eine Aufführung von *Don Carlo*, deren Leitung ihm als Stellvertreter an der Scala zufällig übertragen worden war, so drastisch, daß das Publikum ihn aus dem Theater buhte); aber er war Italiener wie die meisten anderen Künstler und nicht derart anmaßend wie Miguez. Sehr viel später erwähnte Toscanini Superti als »einen guten Violinisten und Ballettleiter«.

Die Saison in São Paulo begann am 17. April mit Gaetano Donizettis *La Favorita*. »Die Leistungen der Truppe lassen sich nach dieser ersten Aufführung nicht angemessen beurteilen«, schrieb der Kritiker von *O Pais*. »Ich möchte jedoch meinen, daß das Publikum, seinem Gebaren und den Unterhaltungen in den Wandelgängen nach zu schließen, sich einiges mehr erwartet hatte.« Die kritische Beurteilung wechselte von Aufführung zu Aufführung, verstieg sich aber nicht zu Extremen wie glühender Begeisterung oder vernichtendem Hohn. Das sollte sich gegen Ende des zweimonatigen Aufenthaltes in São Paulo ändern. Derselbe Kritiker schrieb:

> »Die letzten Vorstellungen verliefen stürmisch, und für die allerletzte stand geradezu eine Revolution zu erwarten. Wie immer, wenn ein Tumult oder eine Störung im voraus abzu-

sehen ist, kann nichts sie dann wirklich aufhalten. Am Donnerstag wurde das Theater von einem frenetischen Stampfen erschüttert, das einen regelrechten Kampf zwischen den Stampfern – Studenten der Universität – und anderen, applaudierenden Zuschauern auslöste.«

Mittlerweile – die Truppe übersiedelte nach Rio de Janeiro, wo sie am 25. Juni ihr Gastspiel im Imperial Teatro Dom Pedro II eröffnen sollte – waren die internen Zwistigkeiten unerträglich geworden. Die Sänger verlangten Miguez' Rücktritt, während dieser alle Schwierigkeiten den Sängern anlastete. In der ersten Vorstellung *(Aida)* wurde der Chor als zu klein und keineswegs auf der Höhe befunden, das Ballett »hätte nicht schlechter sein können«, und das Orchester »schien weder ausgewogen noch gutwillig und lenkbar«. Miguez, wenn auch »ein begnadeter Komponist«, bot als Dirigent eine Schlagtechnik, »die zu sehr auf die immergleiche ... beifallheischende Pose angelegt war«. In der am nächsten Abend folgenden Vorstellung von Charles Gounods *Faust* wurden »das Vorspiel, der Chor der Landleute, die Marktszene und der Marsch – von kleineren Schnitzern ganz abgesehen – schlecht gespielt, zum Teil aufgrund mäßiger Leistungen des Orchesters, zum Teil wegen schlechter Einstudierung des Chores«. Toscanini blieb im Gedächtnis haften, daß »die Kapelle auf der Bühne mit den Musikern im Orchestergraben auf Kriegsfuß stand«.

Während der nächsten Tage flogen wechselseitige Beschuldigungen hinüber und herüber, mit dem Ergebnis, daß am Tage der nächsten Vorstellung – wiederum *Aida* – Rossi eine Rücktrittserklärung von Miguez erhielt, der aus gesundheitlichen Gründen verzichtete. Da die gesamte theaterinteressierte Gesellschaft von Rio de Janeiro über die Spaltungen und Parteiungen innerhalb der Truppe im Bilde war und mit Sicherheit auch nationalistische Gefühle der Parteinahme für Miguez ins Spiel kamen, war offenkundig, daß dieser Abend Tumulte mit sich bringen würde und daß die gesamte Tournee möglicherweise von einem Desaster bedroht war. Superti wurde zum Dirigenten bestimmt, und jeder hoffte das Beste.

Gegen Ende seines Lebens erinnerte sich Toscanini, daß er

den Spätnachmittag jenes Tages – Mittwoch, den 30. Juni 1886 – in seiner Pension verbracht habe, mit einer jungen Dame aus dem Chor, Eugenia Mantelli, und mit ihr »Schumannsche Lieder durchgegangen sei«. (Manche gute Bekannte des Maestro behaupten jedoch, daß er auch noch eine andere Version der Geschichte parat gehabt habe, in der Schumanns Musik mit seinen und den Aktivitäten der Signorina Mantelli an jenem Nachmittag nichts zu schaffen hatte.) »Dann nahm ich die Straßenbahn und kam im Theater an. Dort herrschte ein höllischer Aufruhr!«

Um zwanzig Uhr trat der Ballettmeister vor das Publikum und kündigte ihm Miguez' »Indisposition« und Superti als stellvertretenden Dirigenten an; aber Spottrufe, anti-italienische Parolen und gellende Pfiffe begrüßten den armen Superti, als er sich auf den Weg zum Dirigentenpult machte. Korrekt gekleidete Herren in den Logen schlugen mit ihren Stöcken auf den Fußboden, und die Polizei hielt sich in Bereitschaft für den Fall, daß die Situation in Tumult umschlagen sollte. Superti konnte wegen des Lärms nicht beginnen und trat den Rückzug an. Rossi betrat die Bühne in Begleitung eines Dolmetschers und begann erneut zu erklären, daß Miguez die Leitung aus gesundheitlichen Gründen abgegeben habe. Der Schluß dieser Erklärung wurde vom erneuten Ausbruch von Lärm und Unruhe übertönt.

Was tun? Wäre die Truppe gezwungen gewesen, die Tournee nach nur zwei Vorstellungen in Rio abzubrechen, würde nicht einmal genug Geld für die Rückreise vorhanden gewesen sein. Also mußte ein Ausweg gefunden werden, und verschiedene Sänger warfen Toscaninis Namen ins Getümmel. Er erinnerte sich:

> »Jeder wußte, daß ich die Opern auswendig kannte: Ich pflegte sie vom Klavier aus zu leiten, ohne überhaupt einen Blick in die Partitur zu werfen. Ich wollte nicht vor den Vorhang treten; aber eine Chordame – eine Signora Leoni aus Parma, häßlich wie die Nacht – bat mich inständig darum. Sie wollten mich in einen Gehrock stecken, aber ich sagte nein, nein ... Ich behielt meine Orchestermontur an.«

Er nahm den Dirigentenstab, ging zum Podium und setzte sich nieder. (Ja, setzte sich nieder! Toscanini absolvierte seine Proben und Aufführungen nicht immer im Stehen, wie häufig angenommen wird: In jungen Jahren befolgte er die Tradition, derzufolge Operndirigenten sitzen, sogar bei der Aufführung; und es gibt eine noch aus dem Jahre 1910 stammende Photographie, die ihn zeigt, wie er das Metropolitan Opera Orchestra im Sitzen dirigiert.) Es war inzwischen neun Uhr fünfzehn; das Publikum hatte nunmehr eineinviertel Stunden gewartet und sich Luft gemacht. Es hatte sein Eintrittsgeld bezahlt, um eine Oper zu hören, und die Genugtuung erlebt, den Rivalen von Miguez aus dem Saal vertrieben zu haben. Und überdies war hier ein junger Bursche, der ganz ruhig das Podium betreten hatte und zum Beginn bereit schien. Der Lärm schwächte sich so weit ab, daß das Orchester sich möglicherweise Gehör verschaffen konnte. Auf dem Pult gab es keine Orchesterpartitur – lediglich einen Klavierauszug, den Superti sich für die Aufführung zurechtgelegt hatte. Ohne einen Blick darauf zu werfen, hob Toscanini den Stab und begann zu dirigieren.

In späteren Jahren berichtete er, daß er keine Erinnerung an die Reaktionen des Publikums mehr habe, als er vor den Vorhang trat, als er zu dirigieren begann und als er die ersten Szenen hinter sich gebracht hatte. Er dirigierte wie im Traum, »als ob ich betrunken gewesen wäre«; und erst als der Chor die Bühne betrat – mit »Su! del Nilo al sacro lido« im ersten Akt –, begann er sich bewußt zu werden, was er da eigentlich tat. »Sobald der Chor auf die Bühne kam, *dirigierte* ich. Ich beherrschte die Technik nicht, aber ich dirigierte.« Sein ganzes Leben lang sollte er sich zweier Fehler erinnern, die ihm an diesem Abend unterliefen – ein falscher Taktschlag und eine kleine Gedächtnislücke. Mit dem Ende der Vorstellung hatte sich ein drohendes Desaster in einen Triumph verkehrt. Nur zu begreiflich die Welle von Erstaunen, Bewunderung und Dankbarkeit auf seiten seiner Mitwirkenden, die ihm entgegenschlug – ganz abgesehen vom armen Rossi, der einem Anfall von Hysterie nahe gewesen sein mußte. Im Laufe der nächsten Tage erschienen in den lokalen Zeitungen Berichte über dieses Debüt:

»*Gazeta de Noticias*, 1. Juli. Toscanini ist ein junger Mann von neunzehn Jahren, der als musikalisches Wunder gilt. Er kennt sechzig Opern auswendig – möglicherweise auch hundertzwanzig. Er probt privat mit den Sängern und begleitet sie am Klavier, ohne in die Partitur zu sehen, die er sogar im Schlaf dirigieren könnte. Lebhaft, wach, begeisterungsfähig und couragiert, erwies sich Toscanini im entscheidenden Augenblick als unfehlbarer und sicherer Dirigent. Dem Applaus und den Ovationen nach zu urteilen, die er erhielt, hat es den Anschein, daß sich gestern die bekannte Situation wiederholte: Le roi est mort, vive le roi. Es muß anerkannt werden, daß dieser junge Maestro würdig ist, den Taktstock in Händen zu halten.«

»*Diario de Noticias*, 2. Juli. Dieser kaum neunzehn Jahre alte junge Mann, der doch schon ein hervorragender Musiker ist, hatte einen bewunderungswürdigen Erfolg und gab Führungsqualitäten auf höchster Ebene zu erkennen.«

»*A Evolução*, 3. Juli. Schließlich ... wurde ein junger Mann, ein bescheidener Cellist, Herr Toscanini, zur musikalischen Leitung bestimmt. Ein Bravo der begnadeten Jugend! Dieser bartlose Maestro, der seinem Taktstock das heilige künstlerische Feuer und dem Orchester die Energie und Leidenschaft eines genuinen Künstlers mitzuteilen verstand, ist ein Wunder ... Nachdem er das Dirigentenpult betreten hatte, legte sich das Stampfen von selbst, und die Stampfer sprachen nur noch von der außerordentlichen Wende der Dinge.«

In der Presse erschienen auch Briefe von Miguez und Rossi, die Miguez' Rücktritt zu erklären versuchten; aber all das gehörte schon der Vergangenheit an, wie ein Artikel in *O Pais* (4. Juli) bezeugt:

»Herr Arturo Toscanini behält endgültig seine Stellung als Dirigent, und wir sind überzeugt, daß er seine Aufgabe mit Würde bestehen wird, zumal er in *Aida* hinreichende Beweise seiner Befähigung, seiner Kaltblütigkeit, seines Enthusiasmus und seiner Energie gegeben hat. Vorgestern brachte er in der gleichen Weise *La Traviata* zu Gehör; und wenn man Gerüchten Glauben schenken will, so hat er, wenn dies auch seine ersten direkten Erfahrungen als Dirigent sind, sich für diese Aufgabe doch geraume Zeit vorbereitet, wenn auch in der Hoffnung, sie erst später zu übernehmen, um das gesamte Opernrepertoire auswendig zu lernen und praktische Orchestererfahrung zu sammeln.«

Tatsächlich hatte Rossi Toscanini gebeten, weiter als Dirigent für die Truppe tätig zu sein. Im Repertoire für Rio standen zwölf Opern (zusätzlich zu *Aida* und *La Traviata Rigoletto* und *Il Trovatore* von Verdi, *Marion Delorme* und *La Gioconda* von Amilcare Ponchielli, Donizettis *La Favorita*, Ambroise Thomas' *Hamlet*, Giacomo Meyerbeers *Les Huguenots*, Charles Gounods *Faust*, Gomes' *Salvator Rosa* und ein neues portugiesisches Werk von Machado mit dem Titel *Laurianna*); Toscanini dirigierte alle Partituren auswendig. Natürlich hatte er sie studiert, hatte er sie mit den Sängern repetiert und viele Wochen lang den Cellopart dieser Opern gespielt, so daß nichts Überraschendes oder Wunderbares darin lag, daß er sie gut kannte. (Abgesehen von zweien waren alle diese Werke während der fünf Spielzeiten Toscaninis am Teatro Regio aufgeführt worden.) Nichtsdestoweniger war sein Gedächtnis ganz außergewöhnlich. Igor Strawinsky schrieb fünfzig Jahre später:

»Heutzutage, wo die Zahl der ›Star‹-Dirigenten immer mehr zunimmt ..., ist es Mode geworden, ohne Partitur zu dirigieren; man liebt es, damit zu paradieren. Aber diese scheinbare Kraftleistung grenzt nicht ans Wunderbare. Man wagt nicht viel, wenn man ohne Partitur dirigiert ... Ein Dirigent mit etwas Selbstvertrauen und Unbefangenheit kann sich immer leicht aus der Affäre ziehen. Das beweist noch lange nicht, daß er die Partitur auch wirklich kennt. Bei Toscanini allerdings darf man das nie in Zweifel ziehen. Sein Gedächtnis ist sprichwörtlich, auch nicht die kleinste Einzelheit entgeht ihm.«

Es ist häufig behauptet worden, daß Toscanini ohne Partitur dirigierte, weil er extrem kurzsichtig war und es verschmähte, eine Brille zu tragen. Wenn es auch richtig ist, daß seine Augen in späteren Jahren sehr schwach waren und er eine Brille nur trug, wenn es absolut unumgänglich war, so gibt es doch für irgendwelche Sehbehinderungen in seiner Jugend keinen Beweis. Er dirigierte in erster Linie deshalb auswendig, weil es ihm leichtfiel, und in zweiter, weil er, in dem Maße, wie er an Erfahrung gewann, spürte, daß der Verzicht auf den ständigen Blick in die Partitur seine Fähigkeit, mit den Musikern zu kommunizieren, steigerte und ihm größere Freiheit ließ, sich auf das Gehörte zu konzentrieren.

Konrad Wolff
Klavierstunden bei Artur Schnabel

Schnabel gab nur in Ausnahmefällen Privatstunden. Normalerweise waren einige oder sogar die meisten seiner Schüler dabei anwesend; da er sich mit seinen Bemerkungen nur an den Schüler richtete, der gerade Stunde hatte, ignorierte er die anderen geflissentlich. Für die Länge einer Unterrichtsstunde gab es keine vorbestimmte Zeitdauer. Mindestens dauerte sie eineinhalb Stunden; ich habe ihn aber auch bis zu drei Stunden unterrichten sehen. In seinen späteren Jahren, als Schnabel in New York lebte und in einem sehr kleinen Zimmer lehrte – wobei er ein Steinway-Klavier benutzte, während die Schüler auf seinem Steinway-Flügel spielten –, konnten nie mehr als zwei oder drei andere zuhören, und der Unterricht dauerte gewöhnlich zwei Stunden.

Jede Klavierstunde wurde voll und ganz von dem Stück in Anspruch genommen, das der Schüler zum Unterricht mitbrachte. Übungen, Tonleitern oder Etüden wurden weder abgehört noch besprochen. Das jeweilige Stück war vom Schüler selbst ausgesucht worden. Mit wenigen Ausnahmen gab Schnabel seinen Schülern nie etwas zum Einstudieren auf. Am Anfang der Stunde spielte der Schüler immer das ganze Stück oder einen ganzen Satz eines mehrsätzigen Werkes auswendig und ohne Unterbrechung vor. Schnabel nahm währenddessen die Noten des Schülers und schrieb gelegentlich mit Bleistift Kommentare hinein, oder er umrahmte Akkorde, die der Schüler sich falsch gemerkt hatte. Nach dem Vorspielen und einem kurzen Moment des Schweigens gab er dann seinen Kommentar in formelhaften Wendungen ab: »sehr gut« (darauf konnte man sehr stolz sein), »naja« (die zugrundeliegende Auffassung war falsch oder zumindest fraglich) oder »bravo« (das war die schlimmste Bestrafung! denn es bedeutete: zuviel technische Brillanz und Vernachlässigung der musikalischen Gestaltung). Danach beschrieb Schnabel ganz allgemein, was er für das

Hauptproblem des Schülers an diesem Tag hielt; Dinge wie: nicht genug Kontrolle, zu passiv, nicht genug Farbe oder Intensität und so weiter. Von da an widmete er seine Aufmerksamkeit ausschließlich dem Werk selbst und seinen Anforderungen und nicht mehr der persönlichen Auffassung und Entwicklung des Schülers.

Abschnittweise wurde das Stück nun im Detail auseinandergenommen. Schnabel erklärte, was für ihn bei der Anfangsphrase wichtig war, setzte sich hin und spielte sie ein- oder zweimal, drehte sich dann zum Flügel hin und sagte: »Versuchen Sie es!« Dann setzte er sich mit jeder Einzelheit des Nachgespielten auseinander, besonders mit Nuancen der Betonung, dem Verhältnis der Teile und Stimmen zueinander, mit dem dynamischen Konzept und der Transparenz der Polyphonie. (Das galt auch für homophone Musik: Jede Stimme in einem einfachen Begleitakkord mußte vom vorhergehenden Akkord herkommen und zum nächsten Akkord hinführen.) Wie ein Dirigent bei einer Orchesterprobe ließ Schnabel den Schüler eine Phrase so lange wiederholen (gewöhnlich ohne sie selbst noch einmal zu spielen), bis sie seinen Vorstellungen entsprach, selbst wenn es dazu zwanzig Wiederholungen bedurfte. Er sang vor, dirigierte, erfand einen Text zu einer Klaviermelodie, um die richtige Deklamation zu erzielen, führte Geh- und Tanzschritte vor und erklärte auf poetische und philosophische Weise, warum diese Phrase so klingen sollte, wie er es verlangte. Nur ganz selten sah er auf die Hände des Schülers und versuchte, Ausdruck und Deklamation mit Hilfe technischer Mittel zu korrigieren. Allgemeine Hinweise auf die schon früher in diesem Buch erwähnten Einzelheiten (wie bewegliche Ellbogen, Nach-vorn-Spielen usw.) gab er jedoch fast in jeder Unterrichtsstunde.

Phrase nach Phrase wurde so bis zum Ende des Satzes besprochen. Das nahm so viel Zeit in Anspruch, daß in einer Klavierstunde nicht mehr als ein oder höchstens eineinhalb Sätze von normaler Länge behandelt werden konnten. Schnabel versuchte nicht, die verschiedenen Abschnitte zu einer vollständigen Aufführung zu verbinden; das blieb dem Schüler überlassen. In späteren Jahren hörte er jedes Stück nur einmal. Bei fortgeschrittenen Schülern nahm er abweichende Auffassungen ohne weiteres in Kauf und schlug selbst oft Alternativen für seine eigenen Lösungen der Phrasierungs- und Betonungsprobleme vor. Auch dann gab es wenig Diskussion, und unser Hauptinteresse bestand natürlich darin, zu hören, wie *er* das Werk spielte. Schnabel sah es nicht gern, wenn seine Schüler – diejenigen, die spielten, und die, die zuhörten – sich Notizen machten oder seine Kommentare in ihre Noten schrieben. »Was ich hier erwähne«, pflegte er zu sagen, »soll als Musik in Erinnerung behalten werden und nicht als Worte.« Er versuchte nie, seine Schüler zu drillen oder einzuschüchtern, wenn sie einmal verstanden hatten, was er wollte, und es beim nächsten Versuch einigermaßen zustandebrachten. »Der Lehrer öffnet die Tür; der Schüler schreitet durch.«

V. ZUM MUSIKTHEATER

Winfried Zillig
Zu Mozarts »Idomeneos«

Ohne Zweifel ist der »Idomeneos« eines der genialsten Werke Mozarts überhaupt. Was der fünfundzwanzigjährige Meister an überstürmendem Einfallsreichtum, an vollendeter technischer Meisterschaft, an zeitformendem Lebensgefühl besaß, all das ist in höchster Vollendung in diesem Werk beschlossen.

So scheint es zunächst für den Kenner dieses Werkes völlig unverständlich, daß es in der Gunst des Publikums nicht den gleichen Platz einnimmt, wie die andern großen Meisterwerke Mozarts. Mir scheint eine Klärung der Gründe dieser Tatsache zugleich die beste Einführung in die Tiefen dieser himmlischen Partitur und die schlüssigste Erklärung für die Notwendigkeit einer Bearbeitung, ihren Sinn und ihre Grenzen, zu sein.

Der Inhalt der Handlung ist Vorwurf einer echten Barockoper, in der Helden und Götter erscheinen, in der große und feierliche Gefühle, erhebende Leidenschaften ebenso daheim sind, wie der rauschende Pomp der Aufzüge und Tänze, der ganze barocke Reichtum der szenischen Maschinerie, die große tragische Geste der Musik, die einem für Mozarts Zeit außerordentlichen Orchesterapparat anvertraut ist.

Mozart schrieb das Werk im Sturm einer begeisterten Eingebung, zunächst noch in Salzburg, dann ab Spätherbst 1780 in München selbst, wo er es, gleichlaufend mit der Vollendung der Komposition, einstudierte, und am 29. Januar 1781 unter freudigster Mitarbeit der Sänger und des Orchesters zu einem außerordentlichen Uraufführungserfolg führte.

Warum ist der Erfolg nun dem »Idomeneos« nicht treu geblieben? Da ist zunächst die Textfrage: Das Original ist italienisch geschrieben und ist sprachlich in sehr gefeilten, sorgfältigen Versen abgefaßt. Aber es enthält dramaturgische Längen, Wiederholungen und endlose Verzögerungen ungeschicktester Art, und ist in den Rezitativen, soweit es sich um die nur von Cembalo begleiteten Seccorecitative handelt, von unerträglicher pathetischer Weitschweifigkeit. Leider hat die alte deutsche Übersetzung die Mängel des Originals noch gesteigert, während sie seine Vorzüge ignorierte: der schöne Gleichklang romanisch geschliffener Verse ist einer oft lächerlichen, pathetischen Prosa gewichen. Ich habe mich nun in meiner Übersetzung bemüht, das Pathos zu Gunsten einer natürlichen Art der Empfindung und der Sprache auszumerzen, und überall da, wo im Italienischen der Vers ist, genau entsprechend den Vers im Deutschen zu setzen. Dabei versuchte ich die Sprache aus der Zeit des jungen Goethe heraus zu empfinden, um den ganzen, jenen altertümlichen Reiz der Opera seria zu erhalten:

Um verständlich zu machen, was ich meine, brauche ich nur einige Passagen der alten Übersetzung meiner Neuübersetzung entgegenzustellen.

Die erste Arie der Ilia lautet in der alten Übersetzung:

> Vater, Geschwister, lebt wohl nun, auf ewig seid ihr verloren. Argos, du schufst mein Leiden und eines Griechen Blick entzündet nun doch mein armes Herz.
> O Vaterland, verzeihe, ganz fühl ich mein Verbrechen. Doch Idamantes hassen vermag ich nicht.

Diese holpernde Prosa zerlegt auch die Logik der Mozartschen Phrasen oft völlig willkürlich, und macht so die musikalische Linie, die streng dem Vers folgt, oft nahezu unverständlich.

Meine Übersetzung lautet:

Vater, Geschwister, wie lange
Seid ihr entschwunden.
Argos, du schlugst die Wunden,
Und hassen wäre Pflicht.
Doch ach, wie wird mir bange,
Haß sollte ich bekunden,
Wo Liebe ich gefunden.
Ach hassen kann ich nicht.

Es ist natürlich ein Problem, den schwierigen romanischen Reimspielen zu folgen, aber ich glaube, gerade das ist mir im ganzen Werk bei strenger Befolgung der originalen Gegebenheiten gelungen.

Ein weiteres Beispiel: Wieder eine Arie der Ilia, jene berühmte, herrliche, die den dritten Akt einleitet. Sie war bei den Bühnenleuten bislang unter dem Scherznamen Zigarettenarie bekannt: Sie werden sogleich hören, warum. Der alte Text lautete:

Zephyretten, leicht gefiedert,
eilt, o eilet zum Geliebten,
bringt ihm Kunde meiner Sehnsucht,
fleht, daß er mir Treu bewahr.
Und ihr Bäume, ihr keuschen Blumen,
die jetzt meine Tränen netzen,
saget ihm, daß solche Liebe
ihr auf Erden nie gesehn.

Die neue Übersetzung heißt:

Sanfte Lüfte, süß entschwebend,
eilt und sagt mit zarten Tönen
dem Geliebten, ihn ersehnen
sei mein Glück und meine Lust.
Und ihr Blumen, die ihr erbebend
meiner Tränen Tau empfanget,
Saget ihm, wie mich verlanget
eng zu ruhn an seiner Brust.

Natürlich ist auch sorgfältig geachtet, daß die Wort- und Satzbetonungen den musikalischen Phrasen entsprechen, daß Koloraturen mit entsprechenden Vokalen unterlegt sind, daß die vielen Varianten, die sich daraus ergeben, daß im Italienischen häufig zwei oder mehr aufeinandertreffende Vokale zu einer Silbe zusammengezogen sind, dann aber, entsprechend einer musikalischen Pause, auf zwei oder mehr Silben aufgeteilt sind, nicht mit dem ewigen Opernflickwort »ja« aus der Welt geschafft, sondern mit teils garnicht so einfachen Mitteln der sprachlichen Variation angegangen sind.

Die endlosen Seccorecitative des Originals sind möglichst entpathetisiert, und ohne daß auch nur eine Note verändert ist, auf ein Fünftel ihrer ursprünglichen Länge zusammengestrichen. Die hinreißenden accompagnato-Rezitative sind möglichst strichlos gelassen. Nur gegen Ende der Oper mußten ein großes Rezitativ und zwei Arien der dramatischen Raffung geopfert werden. Hier ist für unser heutiges Empfinden unerträglich, daß die Opferung des Idamantes immer wieder hinausgezögert wird, und zwar nicht durch irgendwelche neuen dramatischen Momente, sondern nur durch endlose gegenseitige Großmutsbezeugungen zwischen Vater und Sohn. Wir wissen, daß Mozart selbst bei einer späteren Wiener Aufführung des Werkes hier energisch gestrichen hat, da er als kluger Theatermann sicher selbst am besten um diese Schwäche des Buches wußte.

Ein weiterer entscheidender Punkt, warum die Bühnen nie an den »Idomeneos« herangehen wollten, ist der der Besetzung. Ilia, Elektra und Idamantes sind drei Soprane, die von ähnlicher Gesangsart und doch deutlicher Unterscheidung der Stimmcharaktere sein müssen, alle drei Partien stellen die höchsten Anforderungen. Idomeneos selbst ist eine sehr schwierige Tenorpartie, eine Art von Koloratur-Heldentenor. Das besondere ist noch, daß die Partie des Idamantes zwar für Sopran gesetzt ist, aber von einem Kastraten ausgeführt wurde. Diese seltsame Art der Sänger, die einst Europas Bühnen ausschließlich beherrschte, war zur Zeit der ersten »Idomeneos«-Aufführung am Ende angelangt. Bereits die Wiener Aufführung im Hause des Grafen Auersperg stellte Mozart, da es keinen Kastraten mehr gab und diese Mode endgültig begraben war, vor die Frage: was nun mit der Partie des Idamantes? Sie wurde einem Tenor anvertraut und damit ein scheinbar unbedingt sakrosankter Präzedenzfall für die spätere Bühnenpraxis geschaffen.

Aber damit entfiel ein Hauptreiz dieser Partitur, der in dem schönsten Ensemble, das Mozart schrieb, in dem berühmten Quartett in dem einmaligen Klangreiz der Gegenüberstellung dreier Soprane und eines Tenors gipfelt. Die Versetzung der Partie des Idamantes in die tiefere Oktave gibt lauter anrüchige

Stimmführungen, und man hat das ständige Gefühl, es muß etwas falsch sein, das immer dann entstehen muß, wenn man in einem vierstimmigen strengen Satz einfach die Tenorstimme eine Oktave tiefer und damit unter die Baßstimme legt. Wir Heutigen sind aus der Oper vielfach Frauen in Männerrollen gewohnt und empfinden das als erhöhten Reiz: Wem würde z. B. einfallen, den Oktavian im »Rosenkavalier«, den stets eine Altistin singt, mit einem Bariton zu besetzen und eine Oktave tiefer singen zu lassen, damit das berühmte Frauenterzett und die Duette zerstörend, nur weil man der Phantasie des Publikums nicht zumuten könne, daß ein Mann, der ficht und liebt, mit einer Frauenstimme behaftet sei –. Die andere Gefahr bei der Besetzung des Idamantes mit einem Tenor ist die: Mozart stellt dem Heldenvater Idomeneos, der nach zwanzig Jahren der Abwesenheit aus dem trojanischen Krieg zurückkommt, der ein reifer leidgeprüfter Held ist, den Knaben Idamantes gegenüber, der sein erstes Liebeserlebnis, seine ersten Lebensschmerzen hat und dessen knabenhafter Überschwang sich deutlich von der reifen Resignation des Vaters abheben muß. Ich habe eine an sich großartige Aufführung des Werkes gehört, in der zwei so ähnliche Tenöre Vater und Sohn sangen, daß man immer erst sehr genau hinsehen mußte, um zu wissen, spricht nun der Vater oder der Sohn, und die veristische Wahrscheinlichkeit, daß es sich um Vater und Sohn handle, war gegenüber einer Sopran-Tenor-Lösung noch ein gutes Stück reduziert.

Mozarts Werk, das er selbst glühend liebte und aufs höchste einschätzte in der Riesenreihe seiner Werke, ist noch kein zwitscherndes Werk des sprühenden Rokoko, es ist eine echte große Barockoper, ein Werk der großen, tragischen Auseinandersetzungen, der heldischen Gefühle, und mit den späteren Werken Mozarts verbindet es lediglich die Tendenz zur absoluten Menschlichkeit und Güte. Für den heutigen Hörer, der bei Mozart leichte entfliehende Grazie erwartet und süße tändelnde Schmerzen, ist es sicher zunächst erstaunlich, wenn er das schwere Schreiten der Tragödie, die an Gluck gemahnende Düsternis und Tiefe eines Klangbilds in sich aufnimmt, das dann doch verwirrend alle Keime späterer Mozartscher Meisterwerke so enthält, daß vieles aus diesen nunmehr fast wie ein Zitat aus dem »Idomeneos« anmutet. Und hier liegt die Genialität des Werkes: Der ganze spätere Mozart ist hier in bereits vollendeter geistiger und stilistischer Schau antizipiert. Ein geradezu verblüffendes Beispiel für die zahlreichen Beispiele, die möglich wären: Die Arie der Ilia im 2. Akt beginnt wörtlich mit der so persönlichen, vor Mozart nie angewandten Melodie- und Harmonie-Bildung, die den Anfang der Tamino-Arie aus der »Zauberflöte« charakterisiert. Enthält dies Stück den Reichtum, die überschäumende Einfallsfreudigkeit der Jugend, ist es in gewisser Art ein geniales Werk des Stürmens und Drängens, so enthält es wie kaum ein anderes Werk von Mozart eine Unmasse von Kühnheiten und es schneidet Probleme an, die oft weit in die Zukunft weisen, ja die mit den Mitteln der tonalen Theorie überhaupt nicht erklärbar sind. Dies Maß der Kühnheit erreichte Mozart nur noch einmal: in der g-Moll-Sinfonie. Im »Idomeneos« ist nicht nur der Nachklang Glucks in einer überaus genial persönlichen Sublimierung zu finden. Harmonische Folgen, melodische Wendungen, Eigenart der Satztypen antizipieren so weitgehend viel späteres, daß man sich gewisse Stellen aus dem ersten »Fidelio«-Finale nicht ohne das »Idomeneos«-Terzett denken kann, daß man weite Strecken des »Freischütz« wieder findet, daß man gewisse Wendungen scheinbar sehr persönlicher Art der Brahmsschen Harmonik hier wiederfindet in früher Vorausahnung, etwa in dem wundervollen c-Moll Chor-Adagio »Gelübde voll Grauen«. Die Kühnheit der harmonischen Rückungen wie etwa in dem dem Terzett folgenden Chor findet sich erst viel später wieder, eigentlich erst bei Wagner. Und nun das verblüffendste: »Idomeneos« enthält zwei Stellen, die tonal nicht mehr deutbar sind: Sie sind sofort klar, wenn man entdeckt, daß es Zwölftonreihen sind, von jener Art, die tonale Dreiklänge zu Zwölftonkomplexen binden. Die eine Stelle ist im Quartett, sie stellt kraß nebeneinander G-Dur, es-Moll, F-Dur, des-Moll, die andere Stelle, im letzten großen Rezitativ, stellt Fis-Dur, d-Moll, E-Dur, c-Moll, D-Dur, b-Moll nebeneinander, so einen doppelten Zwölftonkomplex bildend.

Neben der Kühnheit der geistigen Konzeption, der Kühnheit

des Harmonischen, die für jene Zeit sicher unerhört neutönerisch wirkte, der Eigenart und dem unwahrscheinlichen Reichtum des melodischen Einfalls, ist die Genialität des Instrumentalen geradezu verblüffend. Was Mozart mit den Holzbläsern, mit den Hörnern macht, wie er mit grollenden Streichertremolis, mit kühnen Akzenten der Bläser die Dramatik der Situationen charakterisiert, ist so neu, daß es auch heute noch kaum zu verstehen ist, wie ein 25-jähriger Jüngling die Geheimnisse des Orchesters in solchem Maß beherrschte und schaffend bereicherte.

Joachim Kaiser
Mozarts Gestalten – zum Beispiel Gräfin Almaviva, Don Ottavio

Gräfin Almaviva

Sopran. Unglückliche, vernachlässigte, gleichwohl liebende Gattin des Grafen Almaviva. Findet gewiß ein wenig Ablenkung in Cherubinos ergebener, angenehmer Schwärmerei für sie. Riskiert, mutig und ängstlich, viel, um den Gatten zu beschämen, zurückzugewinnen.
Aus: *Le nozze di Figaro*

Während der turbulenten Streitereien, Verhüllungen und Entdeckungen des ersten Aktes ist sie nicht auf der Bühne. Daran nimmt sie einstweilen nicht teil. Sie stellt sich, nach einem langen und erhaben-lyrischen Vorspiel, mit ihrer Larghetto-Kavatine erst zu Beginn des zweiten Aktes vor, vom Gott Amor die Liebe ihres Gatten zurückerbittend – oder wenigstens den Tod.

Ein neuer Ton – der Ton vollkommenen Ernstes – ist mit ihr da. Der Ton einer weder pubertär übertriebenen noch buffonesk verspielten, noch selbstgefällig auftrumpfenden, sondern herzbewegenden Ernsthaftigkeit.

Schwer zu beantworten, aber doch zu bedenken, ob in der *Figaro*-Welt dieser bekenntnishafte Ton nicht durch ein negatives Indiz signalisiert wird, soweit es sich um Solostücke, Duette oder Terzette handelt; für die großen, vollen Ensemblesätze gilt diese Beobachtung natürlich nicht. Nämlich: durch die Abwesenheit der Flöten! In den beiden langsamen Arien der Gräfin – also auch der Dove-sono-Arie des dritten Aktes – fehlen die Flöten. Gleichfalls im Terzett des zweiten Aktes, dem wohl aufgewühltesten kurzen Ensemblesatz des ganzen Werkes. Wenn Cherubino seine verzweifelte Selbstdarstellung im ersten Akt gibt, fehlen die Flöten. In der artifiziell stilisierten, von Susanna mit einer Gitarre begleiteten, weniger »unmittelbaren« Kanzone des zweiten Aktes jedoch ist die Flöte charakteristischerweise dabei. Dem Sopran der Susanna gibt Mozart, in deren beiden Soloarien, jedesmal eine Flöte mit. Nur eben der Gräfin nicht. Merkwürdiger Fall.

Man kann über der Gräfin luxuriöse Larmoyanz lächeln, man kann sich lustig machen über die unverstandene Frau, die sich in elegischem Jammer gefällt und so wirkt, als ob sie in erlesenen Einsamkeitsaugenblicken zu steter Migräne tendiere (nur bedauerlicherweise nicht zu der eher amüsanten, an welcher die *Rosenkavalier*-Feldmarschallin leidet: »Ich hatte diesen Morgen die Migräne«).

Man täte der *Figaro*-Gräfin mit solchem Spott bitteres Unrecht. Sie posiert nicht. Für sie geht es um Liebe ... oder wenigstens den Tod. Der Gedanke an den Tod wird im Verlauf ihrer Es-Dur-Arie immer inständiger. Das »O mi lascia almen morir« (oder laß mich wenigstens sterben) kommt dabei öfter vor als der vorangestellte Gegensatz »o mi rendi il mio tesoro« (Gib mir den Geliebten wieder, oder ...). Die Arme bringt da nicht nur häufiger ihren Todeswunsch zum Ausdruck, sondern heftiger. Der höchste Ton der Arie ist eine Fermate (As) auf dem wiederholten »morir«!

So verzweifelt ist sie, weil sie sich nicht mehr geliebt meint, wo sie liebt.

Diese blutjunge Frau – es ist wohl erst drei Jahre her, seit der Graf sie, die bezaubernde Rosine, eroberte – wird von der Reinheit ihrer Verzweiflung, ihres Unglücklichseins aber nicht depressiv gemacht oder stumpf-untätig. Gewiß schwärmt sie so namenlos innig, versonnen und nobel vom vergangenen Glück, als könne sie es durch solche Beschwörung wiederherstellen (C-Dur-Arie des dritten Aktes). Aber sie schwärmt nicht nur. Sie hofft auch und sie handelt. Für die Kraft ihres Hoffens zeugt im Allegroteil besagter Arie ein erhaben-stürmischer Moment. Bei der Bitte: »brächte doch meine Beständigkeit ... eine Hoffnung, das undankbare Herz zu ändern« (es kommt an auf die Worte »una speranza di cangiar ... eine Hoffnung, zu ändern«) drückt die Musik strahlend aus, was es mit der »Änderung«, dem Zurückführen in die Harmonie, hier auf sich hat. Die Gräfin führt nämlich zunächst einen reinen C-Dur-Dreiklang vor. Und zwar anfangs G-C, dann C-E. Schließlich dann nicht, wie logisch zu erwarten wäre, E-G, sondern E-A. Da ist etwas Neues, Unregelmäßiges. Die sechste Stufe mit ihren Moll-Untertönen statt der Quinte. Dieses hohe A wird nicht nur als Höhepunkt, als höchster Punkt der Arie erreicht und über einen strahlenden Takt lang ausgehalten, sondern es verändert sich beim »cangiar«, beim »ändern« also, dieses ferne A übers As zurück zum G und mündet dann in eine regelrechte C-Dur-Kadenz! Wir erleben hier unmittelbar mit, wie leuchtend sich die gewünschte Veränderung des Schmerzlich-Nichtdazugehörenden ins Nachhause der Dreiklangsharmonie vollzieht.

Die Gräfin weiß nur zu gut, daß ihr Gatte rasend eifersüchtig sein kann. Doch auch sie hat ein heftiges Herz. Das Rezitativ zu dieser C-Dur-Arie enthält Wendungen, die unüberhörbar erinnern an Rezitativmotive des Grafen (im dritten Akt entspricht das Rezitativ des Grafen, Nr. 18, Takt 30–40, dem Rezitativ der Gräfin, Nr. 20, Takt 4–9).

Wie dem auch sei: Rosina läßt sich also von ihrem Kummer nicht zu weinerlicher Untätigkeit verführen. Ihre Seelenlage hindert sie glücklicherweise keineswegs, sich um die Wiederherstellung ihrer Ehe zu kümmern. Sie schwankt zwischen Mut und besorgter Angst bei der Vorbereitung nicht unriskanter Verkleidungskomödien. Nicht nur besorgt wirkt diese Angst, sondern heftig, ja himmelhoch lodernd, wenn der Graf überraschend zurückkehrt, ein halb entkleideter Cherubino sich in Rosinas Kabinett verbirgt und die Katastrophe droht. Da erreichen die Koloraturen der Grädin (in alten, falschen Fassungen sang das die Susanna; aber die Zofe hat in dem Moment weiß Gott weniger Grund zu expressiver Angstbekundung als ihre verzweifelte Herrin) sogar das hohe, das zweigestrichene C – und es ist beinahe um die Fassung der schrecklich Bedrohten geschehen ...

Doch auch in höchster Not erweist die Gräfin sich als ebenbürtige Gegenspielerin des Grafen. Heftig in der Klemme, noch so offenkundig im Unrecht, bringt sie die Geistesgegenwart auf, schnippisch zu antworten: »Dieses Mädchen hat eher Sie verwirrt als mich selber«, wenn der Graf sie naheliegenderweise fragt, warum sie ausgerechnet wegen Susanna zittere. Dem von Barbarina bloßgestellten Gemahl flüstert sie maliziös zu: »Also gut: was sagen Sie jetzt?« An Konversationswitz fehlt es ihr nicht.

Und es schmeichelt ihr, hilft ihr wohl ein wenig im seelischen Leid, daß der junge Page Cherubino so für sie schwärmt. Ein Jammer, wie zurückhaltend er bleibt. Susannas Flirten mit dem Jungen macht sie durchaus eifersüchtig ...

Die Klage und das sehnsuchtsvolle Glücksverlangen ihrer Seele ragen weit hinaus über alle Buffoverwirrungen des aufregenden Spiels im Schloß. Schwankt auch manchmal ihr Mut – nie schwankt ihr Gefühl. Zwar verzeiht sie sich selbst mühsam und nur ungläubig, daß sie dem Grafen verzeiht. Aber sie nimmt – dank der unwiderstehlichen Überredungskraft des Mozartschen Orchesters, der choralhaften Tutti, der auskomponierten Ekstase (zweiter Akt) und des von selig überströmenden Geigen bestätigten glücklichen Wiederfindens alles Getrennten (vierter Akt) – die Versöhnung an; die Liebe dessen, der eben noch für ihre Hand schwärmte (freilich im Glauben, den Körper Susannas vor sich zu haben). Nur wenige dunkle Tupfer bei der Modulation zum Allegro assai werfen kurze, verschwindende Schatten auf das Glück, das der Gräfin und dem Grafen am Ende von *Figaros Hochzeit* gegen alle Wahrscheinlichkeit mürrischer Lebenserfahrung von Mozart dennoch gegönnt und gespendet wird.

Don Ottavio

Tenor. Verlobter der Donna Anna. Liebt innig, versucht die verstörte Freundin zu beruhigen, baut auf Vernunft. Es scheint, daß Mozarts Musik ihn ein wenig anders behandelt (und wirken läßt) als die dramatische Konstellation.
Aus: *Don Giovanni*

»Leidenschaft«, hat Arnold Schönberg 1914 an Hermann Scherchen geschrieben, »Leidenschaft, das können alle! Aber Innigkeit, die keusche höhere Form der Gefühle, scheint den meisten Menschen versagt zu sein. Das ist ziemlich begreiflich; denn das ihr zugrundeliegende Gefühl muß empfunden sein, und nicht bloß dargestellt werden! Deshalb haben auch alle Komödianten Leidenschaft und nur ganz wenige haben Innigkeit.«

Es ist Don Ottavio, der im *Don-Giovanni*-Kosmos den Glanz und auch die Grenzen der Innigkeit verkörpert. Er liebt innig. Nichts ist ihm wichtiger als Glück und Frieden der Freundin. Donna Annas Not und Unrast bereiten ihm Schmerz. Als Schönberg die »Innigkeit« beschrieb, pries er sie die »keusche« höhere Form eines Gefühls. (Keuschheit bedeutet nicht Unsinnlichkeit!) So umgibt auch den Don Ottavio – zumal in einer Welt von Triebtätern, rasch Entflammten, Rachebesessenen und Exzentrischen – ein Air der Verhaltenheit, der allzu lieben Sanftheit. Allzusehr fehlt es ihm an entschiedener Leidenschaft. Darum wirkt dieser Edelmann, zumal wenn seine noble Gefühlsinnigkeit auch nur um ein weniges schwächer, unintensiver zum Ausdruck kommt, als Mozart sie komponiert hat, nicht nur wie ein spezifischer Mensch mit Vorzügen und Schwächen, sondern oft gleichsam dürr-vernünftelnd, ja im Kontext der glühenden Handlung ein wenig komisch. Die Rasenden blamieren den Rationalen.

Aber gehört nicht zu Don Ottavios reiner Innigkeit mindestens soviel Courage wie zum Leidenschaftsrausch? In Wahrheit verdient dieser aufgeklärte Edelmann des achtzehnten Jahrhunderts, der sich seines Verstandes selbständig zu bedienen versucht, durchaus jenen Respekt, den eine nur temperamentlose, pedantische Natur kaum beanspruchen dürfte.

Seine erste Soloarie folgt erregten Auftritten, in denen Don Ottavio sich gewiß nicht sehr eindringlich entfalten konnte, weil die anderen die Betroffeneren und Aktiveren waren. Angesichts der tief verstörten, ihrer selbst kaum mehr mächtigen Donna Anna erfleht Don Ottavio nun die Seelenruhe der Geliebten. Ihr Frieden liegt ihm, begreiflicherweise, noch mehr am Herzen als die Aufklärung des Überfalls, deren er sich – einem rationalistischen Detektiv gleichend – freilich auch anzunehmen gedenkt. Don Ottavios erste Arie (Mozart komponierte sie für die Wiener Aufführung nach) setzt einen vollkommen reinen, keineswegs »raffinierten« oder »interessant-gebrochenen« (das wäre viel leichter) Seelenton in vollkommen reine Musik. Es ist die Bitte, fast das Gebet, um den Frieden einer, nein zweier Seelen. »Dalla sua pace / ta mia dipende« (»Von ihrem Seelenfrieden hängt der meine ab, was ihr gefällt, gibt mir das Leben, was ihr Schmerzen macht, gibt mir den Tod«).

Bevor Don Ottavio dies gleichsam bewegunglose G-Dur-Mirakel anstimmt, war die Handlung weithin wirbelnd und wüst: der Überfall auf Donna Anna, der Duelltod ihres Vaters, ihre fürchterliche Verstörtheit. Don Ottavio mußte sogar erleben, daß seine Freundin ihn nicht erkannte! Dann folgten Rachegetön, die Begegnung mit der angeblich verrückten Donna Elvira, das Parlando mit Don Giovanni – und endlich der Blitzstrahl im Bewußtsein von Donna Anna: Don Giovanni war's! Jener erkennende Blitzstrahl, wie ihn das gewaltige Rezitativ und die von Gefühlssicherheit berstende Arie der Donna Anna mit viel Tremolo und ekstatischem D-Dur spiegeln.

Nach so viel Aktion begegnen wir dem Mitleidsvollen jetzt endlich allein. Es scheint, als ob eine Traumsekunde lang alles stehenbliebe: das Drama, die Zeit, der Herzschlag des Jagenwollens und Rächenmüssens. Ein innig empfindender Mann ahnt, daß sein Leben nur lebenswert ist, wenn die Geliebte das ihre lebenswert findet.

Keine Bewegung im Orchester. Ein stehender Klang aus G-Dur, ein Streicherakkord in halben Noten, langsames Andante. Die Melodie Don Ottavios gleicht einem Gespräch des reinen G-Dur mit sich selbst. Quinte, Terz, Grundton. Dann Sexte und Quart. Zunächst überhaupt keine Dissonanz oder Reibung, die den Friedensausdruck versehren könnte. Don Ottavio verbündet sich mit den einfachsten Klängen, dem Urgestein der Musik.

Das könnte banal sein. Mozart aber komponiert die Simplizität, die ätherische Statik der ersten fünf Takte des »Dalla sua pace« als magisches Wunder. Und fast noch herrlicher wirkt, wie dann die erste sanfte und einfache Dissonanz, der schlichte Septakkord des sechsten Taktes, zum Ausdrucksmirakel gerät. Nach dem, was voranging, wird die zarte Spannung zum Ausdruck des atmenden Reichtums einer liebevollen Seele. Wehe dem Sänger, der das nicht »irgendwie« fühlt; der gar glaubt, da passiere aber verdammt wenig, und darum hurtig über Heiliges hinwegeilt.

Wir hören eine Bitte um Seelenfrieden. Gegenüber allem bisher Geschehenen und Erklungenen ist es eine Oase, eine Insel innig ersehnter und imaginierter Stille.

Dafür also steht Don Ottavios G-Dur. Freilich blieb Donna Annas Verlobter nicht völlig unberührt und unerregt ... Wenn Don Ottavio der Schmerzen, des Zorns und der Tränen seiner Geliebten gedenkt, dann moduliert die Arie, verständlicherweise, ins Moll ab. Aber bei diesem vorhersehbaren, zu erwartenden, gleichsam regelmäßigen Moll (g-Moll in einer G-Dur-Arie) bleibt es nicht. Der Traurig-Besorgte scheint seinerseits nicht nur voller inniger Sympathie – sondern auch verwirrt! Beim »Nichts ist mein eigen, was sie nicht hat« geschieht etwas Seltsames. Die Musik »verliert ... den Boden der Tonart, improvisiert einen enharmonischen Wechsel, gerät in ein h-Moll« (Oswald Jonas), als hätte schmerzliche Unrast auch diesen vernünftigen Edelmann aus der Bahn geworfen!

Die große und scheinbar so graziös-unbeschwerte andere Arie Don Ottavios – man möge sich um die schrecklich mitgenommene Donna Anna kümmern, während er die endgültige Verhaftung des Don Giovanni in die Wege leite – zeugt von einem Temperament, das trotz aller Andantekoloraturen, trotz aller punktierten Entschlossenheit gleichfalls mehr zum Kalmieren, zur Verhaltenheit, zum Langsamerwerden tendiert als zu Ausbruch und resoluter Steigerung. Die schweren Koloraturen der Takte 43–48 von »Il mio tesoro« laufen nämlich, und das ist ebenso verblüffend wie charakteristisch, auf ein auskomponiertes Ritardando hinaus; Brillanz wendet sich auch in dieser effektbedachten Arie, die um Himmels willen kein bloßes Effektstück werden darf, auffällig ins Lyrische, Abwiegelnde. Nur der Schluß – und da geschieht ja nichts Geringeres, als daß Ottavio schwört, er werde mit der Botschaft von Blut und Tod zurückkehren –, nur der quasiheroische Arienschluß demonstriert: für Don Ottavio gibt es, wenn er nur erst einmal über alle Zweifel hinaus ist, durchaus »Essentials«. Er ist und empfindet innig – doch er macht aus der Innigkeit keine bequeme Haltung, die ihn vor allen Anstrengungen sichert.

Wie aber läßt sich erklären, daß der herzlich-innige, bescheidene, liebende Edelmann nicht als eine vielgeliebte Rolle gilt, sondern als schmächtig-zahme Kümmerlingsfigur im Schatten Don Giovannis?

Don Ottavio erfährt im Verlauf der Handlung Zurückweisungen, die entweder mit der Situation zu tun haben, für die er gar nichts kann, oder mit dem Charakter seiner Partnerin, für welchen man ihn auch nicht haftbar machen sollte. So strotzt bereits sein erster Auftritt von Tapferkeit und Sinnlosigkeit: Mit dem gezogenen Degen und Worten edelster Einsatzbereitschaft auf den Lippen erscheint unser Freund, um dem Komtur beizustehen und den Schurken zu vertreiben. Fabelhaft kampfbereit, aber viel zu spät. Wir wissen, was sich mittlerweile alles ereignete und was Ottavio nicht weiß. Seine ungeheuer gutgemeinte Hilfsbereitschaft wirkt etwas überflüssig.

Trifft ihn da eine Schuld? Er ist nicht lächerlich. Wird aber von der Situation lächerlich gemacht.

Daß Mozartschen Helden etwas schiefgeht (man denke an die Mißerfolge Don Giovannis, des Grafen Almaviva und so weiter), muß sie nicht unbedingt als »Schwächlinge« ausweisen oder charakterisieren. Don Giovanni ärgert und flucht, Graf Almaviva hat auch keine Lust, sich abzufinden.

Wirkt Don Ottavio vielleicht weichlich, weil er nicht flucht, sondern vernünftig liebend bittet? Möglicherweise übertreibt er auch die ausgleichende, beruhigende Geduld, weil er spürt, daß die Freundin sich kaum mehr zu fassen weiß, kaum mehr bewußt zu reagieren vermag. Wie bestürzend muß es für Don Ottavio sein, wenn die aus ihrer kurzen Ohnmacht erwachte Donna Anna ihn für den Unhold, für den Mörder ihres Vaters hält! Doch auch dieser Handlungszug charakterisiert schwerlich Don Ottavios Austauschbarkeit, sondern vielmehr Donna Annas Seelenzustand. Im wilden ersten d-Moll-Duett, kurz nachdem Donna Anna und Ottavio den erschlagenen Komtur in seinem Blut gefunden haben, gibt die »verzweifelte« Donna Anna den Ton an. Nur ein Motiv kommt da von Don Ottavio.

Es ist freilich das bewegendste: »Laß, Geliebte, was dich so sehr betrübte ... bin Freund nun und Vater dir.«

Wahrlich kein schwächliches, sondern ein glühend-ausdrucksvolles, von Liebe, Sorge und Sehnsucht erfülltes Motiv, ganz dem noblen Charakter des Don Ottavio würdig. Eigentlich hat er es nicht verdient, nun ostentativ Rache schwören zu müssen, obschon er doch so offenkundig zu allem bereit war und ist. Obwohl er sich als Freund und Vater fühlt, tut er es gleichwohl wie ein Untergebener und leistet den befohlenen Eid. Er leistet ihn auch nicht bloß obenhin. Sondern gesteigert in chromatischer Sequenz! Ich schwöre – »bei deinen Augen«, »bei unserem Bund«. Das »bei unserem Bund« wiederholt die Tonfolge des »bei deinen Augen« einen halben Ton höher – so wie in der *Entführung* Belmonte seine anfänglichen Fragen an Osmin dringlichkeitshalber um eine Stufe steigert oder wie Lohengrin sein »Frageverbot« zuerst in as-Moll und dann, greller, in überraschendem a-Moll wiederholt.

Daß dieser Don Ottavio so schwächlich wirken kann, hängt mit einer Eigenheit zusammen, die in der Realität besser am Platz ist als auf der Opernbühne: nämlich mit seiner prüfenden, dabei übrigens bescheidenen, zurückhaltenden, völlig unironischen Vernunft. Mit seiner eigentlich doch sympathischen Tendenz, von anderen zunächst stets das Beste anzunehmen und auch aus dem, was ihn oder seine Umwelt bedrückt, stets tröstend das Beste machen zu wollen. Nicht Donna Anna, sondern er beschließt im Quartett, wo Don Giovanni Elvira für verrückt erklärt, in einem Beiseite: »Ich gehe von hier nicht fort, wenn ich die Sache nicht kläre.« Keine Vorurteile – wohl aber rationale Klärung. Dann bricht Donna Annas Riesenerzählung und Bezichtigung über den Verlobten herein. Er erschrickt, er atmet auf. Danach erwägt er: »Wie kann ich jemals glauben, daß ein Edelmann einen so grausigen Verbrechens fähig ist! Die Wahrheit zu entdecken sucht man mit jedem Mittel.« Sein Rezitativfazit: »Ich will sie (Donna Anna) von der Täuschung befreien oder sie rächen.«

Don Ottavio reagiert also selbst hier, nach dem glühenden Rezitativ, nach der brausenden D-Dur-Arie Donna Annas, nicht spontan, rückhaltlos, sondern vernünftig. Er hält selbst hier für möglich entweder, daß die Geliebte irrt (dann muß ihr die Wahrheit klargemacht werden) oder daß sie recht hat (dann allerdings muß Don Giovanni umgebracht werden).

Während dieses Rezitativs ist Don Ottavio allein. Stünde Donna Anna neben ihm, über deren eventuellen Irrtum er so nüchtern räsoniert, dann wäre sein abwiegelndes, »aufklärerisches« Verhalten zwar nicht unsinnig, aber doch eine Kränkung. Einer so glühenden, rasenden Emotion des geliebten Wesens begegnet ein betroffener Mann nicht so nüchtern. Nun lehrt gewiß Don Ottavios G-Dur-Arie, die diesem Rezitativ folgt, daß es ihm emphatisch um den Seelenfrieden der Geliebten geht. Aber auch wenn man seine detektivische Zurückhaltung gegenüber den Worten Donna Annas in diesem Augenblick vielleicht »logisch« verstehen kann, als »psychologisch« kluge Reaktion preisen läßt sich Don Ottavios rationale Bedächtigkeit schwerlich.

Mangelnde Spontaneität kann, wo es um Leid und Affekte geht, eine Schwäche sein. Daß Ottavio tatsächlich erst in der zehnten Szene des zweiten Aktes erkennt: »nach solchen Ungeheuerlichkeiten können wir nicht mehr zweifeln, daß Don Giovanni der ruchlose Mörder von Donna Annas Vater sei«, belegt, wie verlangsamend sein vorsichtig-rationales Verhalten unvermeidbar wirkt.

»Logisch« in einem unverächtlichen Sinne verhält sich Ottavio sogar, wenn er ganz zuletzt – im Sextett nach Don Giovannis Tod – den Himmel zum Brautwerber macht: »Jetzt, da wir alle, o meine Geliebte, vom Himmel gerächt sind, gib mir Erquickung, laß mich nicht länger leiden.« (Und Donna Anna stimmt überzeugt, mit identischer Kantilene in die Prophezeiung des Geliebten ein.)

Die Don Ottavio manchmal umgebende leise Lächerlichkeit hat wenig zu tun mit den Schwächen eines keusch-innigen Charakters. Sie gleicht eher einem Urteil der Operngattung über Figuren, deren Herzensreinheit zwar groß ist, die aber nicht die Kraft finden zur unmittelbaren emotionalen Expression – weil eben bei aller Liebesfähigkeit in ihnen fast stets jene Vernunft mitspricht, die eher zögert als zupackt, eher hemmt als singt.

Norbert Miller

»Die Regimentstochter« von Gaetano Donizetti*

Gaetano Donizetti (1797–1848)

La Fille du régiment
Opéra-comique en deux actes

Die Regimentstochter
Marie oder Die Regimentstochter
2 Akte

Libretto: Jules Henry Vernoy de Saint-Georges und Jean-François-Alfred Bayard
Uraufführung: 11. Febr. 1840, Opéra-Comique, Salle des Nouveautés, Paris
Personen: Marie, Marketenderin (S); Tonio, ein junger Tiroler (T); Marquise de Berkenfield (Mez); Hortensio, Haushofmeister der Marquise (B); Sulpice, Sergeant (B); ein Korporal (B); Herzogin de Crakentorp (A); ein Bauer (T); ein Notar (Spr.). **Chor:** französische Soldaten, Tiroler Landleute, bayrisches Hofgesinde. **Statisterie:** Bedienstete der Marquise
Orchester: Picc, 2 Fl (2. auch 2. Picc), 2 Ob (2. auch E. H), 2 Klar, 2 Fg, 4 Hr, 2 Trp, 3 Pos, Pkn, Schl (gr.Tr, kl.Tr, Trg), Streicher; BühnenM auf d. Szene: 2 kl.Tr, Kl; hinter d. Szene: Hr, Kornett, MilitärM (nicht differenziert)
Aufführung: Dauer ca. 2 Std.

Entstehung: Donizetti schrieb *La Fille du régiment* im Auftrag der Opéra-Comique, nachdem er die Arbeit an *Les Martyrs* im Sommer 1839 abgeschlossen hatte. Die fertigkomponierten Teile des fragmentarischen *Duc d'Albe* gehen der komischen Oper unmittelbar voraus.

* Dieser Text wurde aufgenommen als Beispiel für einen Werkartikel aus »Pipers Handbuch des Musiktheaters«. Band 1 dieses auf 8 Bände angelegten Handbuchs erscheint im Herbst 1985. Die Quellen- und Literaturangaben wurden für diesen Vorabdruck gestrichen.

Donizetti hat sich bei der Niederschrift seines französischen Singspiels, mit dem er den Erfolg seines *Elisir d'amore* (1832) erneuern wollte, in bewußter Auseinandersetzung an die französische Tradition des Genres angeschlossen. Der Erfolg gab ihm recht: Obwohl bei der Premiere die Feindseligkeit des Publikums gegen den Italiener, der alle Pariser Bühnen zu beherrschen sich anschickte, fast zu einem Fiasko geführt hätte, wurde die als besonders französisch empfundene Oper zu einem Publikumserfolg.

Handlung: In den Tiroler Bergen, am Ende der Napoleonischen Kriege.

I. Akt, freier Platz außerhalb der Ortschaft: Während in den Bergen Kampflärm zu hören ist, flüchtet sich die Marquise de Berkenfield, durch die Kriegswirren in ihrer Heimreise aufgehalten, in ein Haus am Rand des Dorfs. Die junge Marie, die vor 20 Jahren von Soldaten des 21. Regiments auf dem Schlachtfeld gefunden wurde und ihnen als Marketenderin überallhin folgt, gesteht dem zurückkehrenden Sergeanten Sulpice, sie habe sich in Tonio, einen jungen Tiroler, verliebt, der ihr einmal das Leben rettete. Die Soldaten, die sich als ihre Väter fühlen, kommen vom Schlachtfeld zurück und bringen einen jungen Mann mit, den sie als Spion verhaftet haben. Marie erkennt Tonio und bittet ihn frei, indem sie die Geschichte ihrer Rettung erzählt. Tonio fühlt sich glücklich unter den Soldaten, und als er erfährt, daß Marie nur einen Krieger des 21. Regiments heiraten darf, läßt er sich als Rekrut bei Sulpice inskribieren. Unglücklicherweise hat jedoch inzwischen die Marquise bei einem Gespräch mit Sulpice erfahren, daß Marie die Tochter eines Kapitäns Robert ist, der früher angeblich mit ihrer verstorbenen Schwester verheiratet war. Sie nimmt Marie mit auf ihr Schloß. Vergeblich sucht Tonio der Geliebten nachzueilen. Er muß als Rekrut bei seinem Regiment bleiben.

II. Akt, Salon im Schloß der Marquise: Die Marquise hat versucht, die Regimentstochter in eine Dame der Gesellschaft zu verwandeln. Sie ist glücklich, daß es ihr inzwischen gelungen ist, für das junge Mädchen eine standesgemäße Heirat zu arrangieren, und zwar mit dem Sohn der Herzogin de Crakentorp. Nach einer Singstunde, bei der das Mädchen und sein Ziehvater Sulpice sich halb zornig, halb ausgelassen über die feinen und gekünstelten Manieren der Gesellschaft lustig machen, beklagt Marie weinend ihr Schicksal, fern von ihrem Geliebten zu sein. Da hört man von weitem die Marschklänge des heimkehrenden Regiments. Tonio ist in der Zwischenzeit für seine Tapferkeit zum Leutnant befördert worden. Marie traktiert ihre Freunde mit dem besten Wein der Marquise. Als diese entsetzt eintritt, bittet Tonio sie vergebens um Maries Hand. Um wenigstens Sulpice auf ihre Seite zu ziehen, gesteht ihm die Marquise, daß Marie ihre eigene Tochter aus dem unglücklichen Verhältnis mit Kapitän Robert ist. Sie könne ihr Kind nicht einem hergelaufenen Fremden überlassen. Die Hochzeitsgesellschaft naht. Da dringen die Soldaten herein, und Tonio erzählt Maries Vorgeschichte als Marketenderin beim Regiment. Während die Herzogin, ihr Sohn und die anderen Gäste in geziemendem Schrecken das Schloß verlassen, gibt die gerührte Marquise den Liebenden ihren Segen.

Kommentar: Donizettis komische Oper folgt dem Schema der französischen Singspieltradition: Einzelnummern, in der Skala der Formen und Affekte weit ausgreifend, wechseln mit gesprochenem Text. Neben seiner Arbeit an den tragischen Opern *Les Martyrs* und *Le Duc d'Albe*, in denen der Komponist auf intensivste Durcharbeitung und Verschränkung von Rezitativen und Gesangsnummern zu achten hatte, mußte er sich für die Buffooper an den lockeren Zusammenhang aus Sprechtheater und Nummernarrangement gewöhnen. Hector Berlioz tadelte in einer mißgünstigen Kritik den Potpourricharakter der Oper und führte ihn fälschlich auf Entlehnungen Donizettis aus eigenen älteren Opern zurück. Er trifft aber andererseits ein stilistisches Kennzeichen gerade dieser einen Oper: Von der Ouvertüre an, die zu Donizettis verbreitetsten Musikstücken zählt, hat der Komponist das Durcheinander der Stände durch musikalische Kontrastierung komisch herausgearbeitet. Da ist die Dorfidylle um den einfältigen Liebhaber Tonio, den eine eigene Sphäre aus Schäferei und naiver Empfindung überall umgibt, da sind die Soldaten um den Sergeanten Sulpice, immer schon von weit her am klingenden Spiel zu erkennen, eine Gesellschaft unentwegt »Rataplan« singender Helden. Ihnen beiden steht die gezierte, durch verschnörkelte Tanzweisen und schmachtende Arietten gekennzeichnete Welt des Landadels um die Marquise und ihren Dienerstaat gegenüber. Die Aufteilung gibt dramaturgisch eine ebenso einfache wie bestechende Lösung, wobei überdies noch die beiden Akte spiegelbildlich Milieu und Geschehen gegeneinander bewegen. Wird die Naturordnung aus Nähr- und Wehrstand durch das Eingreifen der Marquise durcheinandergebracht, so brechen in die künstliche Geselligkeitsordnung der vornehmen Welt die rohen, aber mitreißenden Leidenschaften der Kriegsgesellen ein. Dem französischen Geschmack hat sich Donizetti besonders in seiner Behandlung der bukolischen Elemente angenähert. Die gespielte Naivität der Liebesszenen, der spöttische Lobpreis des Landlebens im $6/8$-Takt und die Überhöhung der Einfalt zum Naturton (in der Kanzonette der Marie, im Duett mit Tonio, aber auch in einzelnen Passagen Sulpice') nehmen bewußt auf den mondäneren Umgang der Franzosen mit der Schäferpoesie Rücksicht. In der Musik steckt ein Reflexionsmoment, das Donizettis früheren Versuchen in diesem Genre, sei es im *Elisir,* sei es in *Betly,* noch fremd gewesen war. Für die Charakterisierung der Soldatenwelt brauchte er nicht sehr viel mehr zu tun, als den militärischen Klang durch die Besetzung (Clairons, Pikkoloflöten und Schellenbaum) dem französischen anzugleichen, und dieser schärfere Charakter wirkte auf die gewohnten Rhythmen und Melodieerfindungen von selbst zurück. Die steife Hofgesellschaft schließlich stellt Donizetti im offenen und verdeckten Zitat dar. Die Marquise de Berkenfield versucht vergeblich, Marie ein Air des von Marie Antoinette begünstigten Sängers Pierre-Jean Garat beizubringen. Die gleiche abgestandene Eleganz kopiert der italienische Komponist mit ironischer Sorgfalt auch in den übrigen höfischen Nummern. Nach dem dramaturgischen Plan, der auch Donizettis musikalischer ist, versammelt die Regimentstochter alle verteilten Sphären in ihrer Person: Naiv und frech, ungeschickt und von rauhen Sitten, ist sie von Anfang an der Verfeinerung unfähig, ja nicht einmal bedürftig, so daß der äußere Zwang sie nicht verbilden, wohl aber ihre besten Anlagen wider Erwarten zum Vorschein bringen kann. Alle übrigen Figuren sind (Tonio und Sulpice nicht ausgenommen) festgelegte komische Chargen. Marie ist es nicht: Der Spannungsbogen, den ihre Empfindungen durchlaufen, führt sie an den Höhepunkten fast aus der Buffooper heraus, obwohl sie sich in jedem Augenblick auf die ihr angebotene Ebene von Gespräch und Gefühl einzulassen vermag. Von ihrer Person abgesehen, begnügt sich Donizetti in der *Fille du régiment* mit einer bewußt einfachen, volkstümlichen Komik. Das sichert dem Stück im I. Akt noch heute ein breites Publikum, dagegen leidet der II. Akt an der ermüdenden Behaglichkeit der zitierten Eleganz, deren Anspielungscharakter verlorengegangen ist und ins Leere geht, und an dem Nachlassen des musikalischen Einfalls, sobald die Soldaten zurückgekehrt sind. Vielleicht hat Arno Assmann zu Recht seine Münchner Inszenierung damit begonnen, daß Donizettis Geschichte sich zwischen den verstaubten Figuren eines Provinzmuseums mitternächtlich neu belebt.

Wirkung: Die Oper lief in der ersten Spielzeit 44 Abende. Sie blieb das ganze 19. Jahrhundert hindurch auf dem Spielplan der Opéra-Comique und brachte es dort bis 1950 auf über 1000 Aufführungen. Unter Donizettis komischen Opern darf *La Fille du régiment* als sein wohl erfolgreichstes Werk im 19. Jahrhundert gelten. Keine der großen

Sängerinnen hat je auf diese Rolle verzichten wollen. Jenny Lind und Henriette Sontag waren für ihre Interpretation der Marie weltberühmt. Die Oper wurde sowohl in der Originalsprache wie in zahlreichen Übersetzungen (die italienische Fassung, *La Figlia del reggimento*, von Calisto Bassi hat Donizetti selbst betreut) über die ganze Welt verbreitet. Sie gehört zu den wenigen Werken des Komponisten, die zu keiner Zeit ganz aus dem Repertoire verschwunden sind.

Cosima Wagner
Aus den Tagebüchern

Januar 1872

Donnerstag 4ten Lusch wohler, ruhige Nacht. Morgens bei ihr seiend schreibe ich an Mama und Lenbach (Dank für herrliche Bilder). R. arbeitet und singt mir der Rheintöchter anmutigsten Gesang. Das Glück seines Schaffens ist wieder hier eingekehrt, Gott erhalte es mir! In die Stadt gefahren, mit R. heim, Nebel, Nacht und Schnee, der Zeiten gedacht, wo ich aus aller Regel hier wie eine Traumgestalt war, und wo diese Landschaft so gut dazu paßte. (Brief von Marie Schl. gestern, aber sonst immer keine positiven Notizen über den materiellen Stand der Dinge). In der Zeitung lesen wir, daß B^{ou} Perfall zur »Exzellenz« avanciert ist; jedes Mal, daß es für die Leute den Anschein hat, als ob R. von ihm begünstigt würde, beeilt sich der König, es in dieser Weise gut zu machen; seltsames unbegreifliches Wesen! – Abends wieder in der Nietzsche'schen Schrift gelesen, von der R. immer befriedigter ist, wir fragen uns aber, welches Publikum hierfür sich finden wird. – R. beschließt den Tag, indem er mir sagt, »ich liebe dich dionysisch und apollinisch«. Gestern erzählte er mir von einer Feier, der er in Heiligenstadt bei Wien beigewohnt habe, wo man auf dem Hause, das Beethoven bewohnte, eine Tafel eingesetzt mit [der] Bemerkung, daß B. hier die Pastorale komponiert, »nun«, sagt R., »muß man diesen Ort sehen, diese dürftige Natur, um zu erkennen, wie es mit der Produktion des Genies und den Lebenserfahrungen steht«.

Freitag 5ten Über den König viel gesprochen; was werden wir noch erleben? Eine Dame aus Siebenbürgen schreibt R. ihren Dank und Segen für die Eindrücke, die sie ihm verdankt (Amalie von Könyvas-Töth, in Torda, Siebenbürgen). – R. arbeitet und lacht, daß ich darüber so glücklich bin, er sagt: Ja ja, ich bin nur Komponier-Maschine. R. läßt mich rufen und singt mir die zweite Strophe der Rheintöchter, er korrigiert etwas, das ihm zu »altenburgisch« klang, »denn das Kühnste muß natürlich erscheinen«. – Zu Tisch wird er ganz übermütig heiter und sagt, es sei zu schön, daß wir uns geheiratet haben, daß das so da ist, die Kinder und du, jetzt spreche ich gern vom früheren Leben, denn »nessun maggior piacer, che ricordarsi del tempo infelice nella gloria«. Er geht zur Stadt und kehrt mit der Nachricht zurück, daß seine Schwester Luise gestorben sei! Wir hatten gar nicht erfahren, daß sie krank sei.

Sonnabend 6ten Ernst gestimmt lasen wir noch gestern in dem neuen Buch und immer mit wachsender Freude. – Zwei Probleme beschäftigten uns noch, der Bau des Theaters, wie ein Theater eigentlich sein sollte; die Zeichnung Semper's betrachtend, und nicht befriedigt mit der Lösung nach außen, sagt R., am Ende sei es ein Glück gewesen, daß es nicht zur Ausführung kam! Ich frage R., warum nicht mit einer Kuppel, kirchenartig, daß der Bühnen-Teil nicht so abstünde? ... – Dann sagt er mir, er wolle noch meine Bitte mir erfüllen und die große Messe von Beethoven aufführen, nur habe er seinen eignen Gedanken hierüber, er wolle das Orchester in der Mitte des Saales aufstellen und den Chor ringsherum circusartig, alles müsse mitsingen (den lateinischen Text aber kaum hörbar), denn diese Musik sei nicht zum Zuhören, den eigentlichen Eindruck habe nur, wer mit rase, er habe das bei der 9ten Symphonie in Dresden erfahren; überhaupt sei alle Musik für die Ausübenden gemacht, die Sonate für den Spieler, das Trio dito, die Fürsten haben die Musiker ausgehalten, aber die Musiker haben ihr Schnippchen gemacht und für sich Musiker geschrieben. – R. hatte leider eine üble Nacht und kann wenig arbeiten. Lulu wohler; ich immer bei ihr, schreibe Briefe an M. Meysenb. und an Marie Schl. Tau-Wetter, Föhn. – Das Buch von Pr. Nietzsche abends vollendet; »das ist das Buch, was ich mir ersehnt habe«, sagt R. – er hat ein schönes Gedicht anonym aus Heidelberg empfangen.

Sonntag 7ten Brief des Königs in den üblichen Ausdrükken. R. arbeitet; ich schreibe an den Vater und Alwina Frommann. Gestern abend Mappen eingeräumt. Es kommt an R. ein Brief, »Herrn R. W. Theaterdirektor in Bayreuth«, R. sagt: »Laube hat es doch wenigstens bis zum Theaterdirektor in

Wien gebracht.« Über Laube sprechend sagt R., »diesen hat der Begriff der Modernität zu Grunde gerichtet; alles Moderne ist das Beste«. Abends beginnen wir die »Oresteia«; mächtigster Eindruck; viel über das Nietzsche'sche Buch gesprochen. (Wir lesen in der Zeitung Bösartiges über den »Christus« des Vaters, R. darüber sehr empört, will zur Bedingung in Wien machen, daß, wenn er dort ein Konzert dirigiert, keine Rezensenten hinein dürfen.)

Montag 8ten Hans' Geburtstag! – R. hatte leider keine gute Nacht. Es melden sich plötzlich Banquier Feustel und der Bürgermeister von Bayreuth! Sie kommen wirklich; verbringen den Tag bei uns und gefallen mir sehr. Sie bieten ein andres Grundstück für das Theater, was noch besser ist als das früher gewählte, und wir bestimmen unsren Wohnort für den Sommer. (Brief von Herr v. Loën und Rat Düfflipp). Abends Beendigung des »Agamemnon«. Wie ich R. sage, daß neben der ungeheuren Naivität mich auch die ungeheure Meisterschaft so ergriff, sagt R., »nicht nur Meisterschaft, sondern *Meißelschaft*, es ist wie in Stein gehauen«.

Dienstag 9ten R. hatte immer keine gute Nacht, der Brief des Rat D. macht ihm wenig Freude, »ich muß aber immer mehr und mehr die Urlage verehren und bewundern, die den König dazu anhält, mir doch meine Wünsche zu erfüllen«. Der Rat schrieb, der König habe eigentlich mit den 25000 Thalern auf Patronatsscheine reflektiert gehabt, um dort Leute hinzuschicken (vielleicht Herr v. Perfall?). – R. konnte gestern nicht arbeiten, setzt sich aber heute wieder an den Webstuhl. Er fühlt sich leider nicht wohl. Wir fahren zusammen raus; ein schöner Sonnenmorgen hat sich in einen wilden Schneenachmittag verwandelt. Abends »Die Grabspenderinnen« zu tiefster Erschütterung gelesen.

Mittwoch 10ten R. hat wiederum keine gute Nacht gehabt! Beim Frühstück besprechen wir wiederum die Musikaufführungen, wie dieselben stattfinden sollten, so daß gleichsam das Publikum mit tätig – nicht bloß zuhörend – dabei wäre. Gestern eröffnete mir R. die Absicht, mit der Grundsteinlegung eine musikalische Aufführung zu verbinden, ich mußt vor Freude tanzen, weil ich den Gedanken gehabt und ihn auszusprechen mich scheute, aus Besorgnis, R. eine neue Aufregung zuzumuten und auch ihm gleichsam damit zu sagen, daß die Grundsteinlegungs-Feier mir nicht genüge. Ich bitte um die 9te Symphonie. Und R. will einen Aufruf in den Zeitungen erlassen, daß er die Symphonie in Bayreuth aufführen wolle, daß er Reise und Aufenthaltskosten geben wolle, und daß er nun die Musiker auffordere zu kommen, er brauche 300 Sänger und 100 Orchesterleute, er stelle nur die Bedingung, daß sie schon einmal die Symphonie aufgeführt. Er sagt, er würde dann sehen, wie weit seine Macht reiche gegen Kapellmeister, Intendanten, Gesangsinstitute u. s. w. »Kaum hat der Hund die Prügel weg, will er schon wieder naschen!« Der Teure arbeitet! Er zeigt mir wieder die letzte Anrede von Brünnhilde und sagt, er wolle etwas von der neuen Strophe aufnehmen, ich bitte ihn nur, Wunschheim und Wahnheim zu verändern, das mir etwas künstlich dünkt. R. geht zur Stadt und besorgt meine Geschäfte, ich habe nun für die Kinder 12000 francs beim Banquier und 182 francs bei der Sparkasse beiseite, und da R. darauf besteht, daß ich die 3000 andern Franken dazu rechne, wären es 15000. Pr. Nietzsche schreibt, daß er krank sei, worauf ihm R. einen herzlich rührenden Brief schreibt. Abends »Die Eumeniden« gelesen.

Donnerstag 11ten R. schläft immer schlecht! Arbeitet aber nichtsdestoweniger; doch ist er verstimmt über dieses beständige Unwohlsein. Kindertisch. R. freut sich noch über einen gestern erhaltenen Brief Karl Klindworth's, der sehr schön über den Kaisermarsch (und zwar als Musiker) spricht. Abends geplaudert, R. ist sehr leidend und sieht angegriffen aus; er beschäftigte sich viel mit unsrem Hause.

12 Freitag 12ten R. wiederum nicht geschlafen; Brief von unsrem Schneider Chaillou-Ghezzi in Mailand, der durchaus für R. arbeiten will; hübscher italienischer Ehrgeiz. R. arbeitet; ich bin sehr unwohl, gebe aber doch den Kindern ihren Unterricht. Nachmittags Ankunft der Photographien aus München; sie sagen mir nicht sehr zu, R. ist aber mit ihnen zufrieden. R. arbeitet beständig an dem Plan unseres Hauses, plötzlich sagt er: »Und wenn der König stirbt, ist alles dahin.« – Unsägliches Gefühl meiner Liebe zu R. – R. sagt: »Ich sage nichts, fühle mich nur glücklich, weiß nicht, ob ich dich liebe, weiß nur, daß ich meine göttliche Freude an dir habe, und ärgere mich nur, so viel vorzuhaben, mein Glück nicht ganz genießen zu können.« – Abends viel über Aischylos gesprochen; »das Eigentümliche bei diesem ganz großen Wesen ist, daß man das Procédé so gar nicht merkt, es sieht aus, als wäre es gar keine Kunst, weil es eben etwas noch viel Höheres ist, die Improvisation. Bei Schiller kann man sich denken, wie ihm der Gegenstand angekommen sei und er darüber nachgedacht, sich seiner zu bemächtigen; bei Shakespeare und Aischylos nicht«. »Ich möchte in dir sterben«, sage ich zu R.; armer Ausdruck meiner Empfindung! meiner Sehnsucht, gar nichts mehr außer ihm zu sein.

Sonnabend 13ten Mein Gewand für die Grundsteinlegung entworfen; R. denkt an seine Rede und sagt, er wird sich dabei die Luther'sche Regel merken: »Tritt frisch auf, tu's Maul auf, hör bald auf.« Er arbeitet und geht nachmittags in die Stadt, von wo er einen kindlichen Brief des Herrn De Gubernatis bringt mit Sendung von König Nala (dramatisches Gedicht) und Bitte, dieses zu komponieren! Abends »Die Bakchen« von Euripides gelesen, sehr unerquicklicher Eindruck, dagegen ruft mir eine Scene aus der »Iphigenia in Aulis« (Abschied von Achilles und Clytemnestra) die ganze griechische Schönheit zurück. – R. beendigt den Plan unsres Hauses.

Sonntag 14ten R. arbeitet, ich schreibe Briefe; es sind wieder Lohengrin-Süßigkeiten aus Italien und Konfitüren von den Mendès gekommen. Auch die Statuten des Wagner-Vereines in Brüssel kommen und die Meldung, daß in Köln sich auch ein solcher Verein gebildet hat. Marie Schleinitz schreibt an R., doch nichts Positives, hoffentlich wird Cohn bald sagen, wie es steht. Viele Rechnungen, die R. ärgern. Er geht in die Stadt Geschäfte halber. Abends wieder Schopenhauer vorgenommen. Erklärung des Namen Bayreuth – beim Reuth. Herzschwere, nur die Liebe hilft, in jedem Augenblick nur Lieben! – – Die Kinder sehr munter und lustig, werden alle recht hübsch. Brief des Dr. Kafka, daß der Wagner-Verein in Wien sehr tätig ist.

Montag 15ten Brief Richter's, daß Hans in Pest gewesen,

sehr wohl ausgesehen habe, sehr liebenswürdig gewesen sei und sein Spiel vielleicht noch großartiger als früher. – Wie wir gestern im Schopenhauer gelesen hatten, sagt R.: »So eine Bach'sche Fuge, das ist ein Kristall in der Schußbewegung, bis es auf dem Orgelpunkt erstarrt.« Dann sagte er von Beethoven und Mozart: »Was die Fuge betrifft, so sollen diese Herrn sich verstecken gegen Bach, sie haben mit dieser Form gespielt, haben zeigen wollen, daß sie es auch konnten, er aber hat die Seele der Fuge gezeigt, er hat nicht anders gekonnt als in Fugen schreiben.« – Ankunft des Manuskriptes der 9ten Symphonie; unendliche Freude hierüber; das von Schotts so gut erhaltene Manuskript ist nun über 40 Jahre alt und kommt jetzt in meine Hände, R. sagt scherzend: »So hast du mein ganzes Leben um mich aufgespeichert, ohne dich wüßte ich von meinem Leben nichts.« – R. arbeitet; er habe wieder, sagt er, Schicksals-Geschichten zu machen, die er nicht ausstehen könne; solche Sachen wie das Lohengrin-Vorspiel, den Brautzug etc. mache er gern. – Das Violinarrangement der fünf Gedichte kommt auch. R. sagt: »Es ist mir mit meinen sogenannten Liebschaften gerade so gegangen wie mit meiner Heirat; Minna hat mich geheiratet, als ich in einer sehr elenden Lage war, selbst als Dirigent angefochten, durchaus ohne Glanz, und sie war hübsch und sehr gefeiert, und doch bin ich ohne jeglichen Einfluß auf sie geblieben; so ist es mit den anderen Beziehungen gewesen, es gehörte alles woanders hin, und das einzige Unbegreifliche ist die augenblickliche Macht, die ich ausübte, so daß Minna z. B. mich heiratete.« – Er fügt noch hinzu: »Übrigens hätte niemand zu mir besser gepaßt oder besser gehört; du warst die einzige, die mich vervollständigte; überall sonst hielt ich Monologe.« Abends lesen wir in Schopenhauer, zu großer Erhebung. (Ich überziehe die Skizzen zu Siegfried's 3tem Akt.)

Dienstag 16ten Pr. N. schickt die Prachtexemplare. Wir überlegen, wie das Buch vor Totschweigen zu bewahren ist. R. arbeitet und ist sehr aufgeregt, wie er zu Mittag herunter kommt. Ich überziehe und gebe den Kindern Unterricht. Nachmittags geht R. in die Stadt, dann beginnt er die Vorrede zum fünften und sechsten Band seiner gesammelten Schriften. Ich lese den Kleinen »Die vier Haymon's Kinder«, bei dem Tode des Rosses Beyart aber muß ich mich unterbrechen; wir sprechen über diesen Zug, R. erklärt ihn als erhabene Tötung des Willens, ich sage, daß von da zu Peter Arbues, der sich um Klagen und Tränen nicht kümmert, nur ein Schritt ist, und daß nach meiner Empfindung die Haymon's Kinder samt dem Roß hätten untergehen sollen; was bedeutet Buße und heiliges Leben nach einer solchen Tat. – R. gibt mir recht und sagt: »Eigentlich ist die Aufopferung des Beyart eine Verruchtheit; dieser Zug ist den Hindus fremd und auch Christus, er ist spezifisch katholisch.« Abends viel in Schopenhauer gelesen und bis ein Uhr nachts philosophiert.

Mittwoch 17ten Wir besprechen die Aufführung der 9ten in Bayreuth, wie sie zu bewerkstelligen sei. Wie wir von der Symphonie selbst sprechen, sagt R.: »Wie das Quintenthema in der Mitte des ersten Satzes wieder vorkommt, das ist mir immer wie ein Macbeth'scher Hexenkessel vorgekommen, wo alles Unheil gebraut wird, es brodelt förmlich.« Richard arbeitet, ich unterrichte und überziehe. Nachmittags gehen wir zusammen bei schönstem Wetter spazieren. R. beendigt abends die Einleitung zum fünften und sechsten Band. Später lesen wir wieder in Schopenhauer. (R. bringt mir morgens 2. Band der »Renaissance«).

Mai bis Juli 1876

Mittwoch 24ten bis Montag 29ten Mit R. einen dieser Tage hinaufgefahren, das Gerüst ist abgenommen, erhabener Eindruck vom Zuschauerraum wie von der Bühne, gleich traumhaft; es stimmt wehmütig erhaben! Wie wenig wirkliche Teilnahme begleitete den Geist, welcher hier sich kund gibt, wie losgelöst ist er – Sonnenuntergang-artig strahlt mir dieser Bau entgegen; keine Morgenröte! Viel, viel an Hans gedacht! Heute, Montag, hatte R. Freude an Herrn Unger, welcher wieder ein Mal probierte, nachdem er lange Zeit angegriffen gewesen. Herr Schlosser auch da, macht hohe Forderungen. Ich schreibe die Couverts der Ehrenpatrone. Abends Herr Brassin, der Violinspieler aus Breslau – schon manche sind da, und man könnte sich der bevorstehenden Arbeit freuen, wenn nicht die Sorge einen drückte und eine Erfahrung, über welche zu schweigen wir uns zur Pflicht machen.

Dienstag 30ten Probe; Richter ist da, speist mit seiner Frau bei uns; die Probe, wo R. alles vormacht, hat ihn sehr angegriffen, die Freude an Unger aber bleibt. Nach Tisch überlegt sich R., ob er nicht den Wotan im Rheingold, wie er Walhall begrüßt (»so nenne ich die Burg«), ein Schwert aufraffen läßt, welches Fafner, weil es nicht von Gold, verächtlich vom Hort weggeschoben. Es wird das Schwert, welches Wotan in die Esche einstößt; Alberich hat es schmieden lassen zum Kampf gegen Riesen und Götter. – Richter erzählt, daß Herr Jauner nicht begriff, daß R. die Walküre so ungern bewilligt, andere Komponisten seien froh, wenn man ihre Werke aufführe! ... Abends kommt R. sehr ermüdet von der Schwimmprobe zurück. (Der Sultan Abdul Assis abgesetzt und erdrosselt – seltsamer Erfolg der Konferenz zwischen Andrássy, Gortschakow und Bismarck!)

Mittwoch 31ten Probe von Siegfried; herrlich! Unger über alle Erwartungen gut, erinnert etwas an Schnorr! Große Freude; leider getrübt durch die Sorge, ob die Gestundung uns gewährt? – – Abends im Theater, die meisten Musiker schon da, auch Frau Jaide. Gewitter, es regnet herein durch das Pappdach! Trotz allem mächtigster Eindruck. R. sehr ermüdet. Die Kinder mit.

Donnerstag 1ten Immer Maschinenproben, R. macht ihnen alles vor, klettert, agiert, zum höchsten Erstaunen aller. Herr Hill angekommen, macht große Freude durch seinen Eifer.

Freitag 2ten Probe zwischen Alberich und Mime! Es geht sehr schön; abends will Hill im Theater, trotz Schwindel und sonstigen Schwierigkeiten, wirklich selbst klettern und in den Abgrund stürzen, großer Triumph R.'s.

Sonnabend 3ten Erste Orchesterprobe, es klingt wundervoll, sagt R. – Abends kommt er aber ganz glücklich heim, der Versuch ist geglückt, die Sängerinnen gehen wirklich in die Maschinen, Hill klettert selbst herauf, das für unmöglich Gehaltene wird wirklich durch den Zauber des Genies erwirkt! – Mich überkommt ein namenloses Wehgefühl, weithin streifen die Gedanken, kehren wie Wolken schwer zurück, entladen sich in Tränen und steigen wieder auf im Gebet. Den Vögeln gehorcht, Vogel Bülow singt, der Pirol!...

Sonntag 4ten Pfingsten – immer neue Ankömmlinge – abends zum ersten Mal wieder das Orchester gehört, dann die Rheintöchter schwimmen sehen!

Montag 5ten Zweites Künstlerdiner bei uns, Betz, Wilhelmj, etc., heitrer Ton. Besichtigung des Pferdes Grane. Dann Rheingold-Probe, erste Scene Orchester und Sänger. Die Kinder mit – unbegreiflich, daß derlei möglich!

Dienstag 6ten Fidi 7 Jahre; R. überrascht mich mit dem Idyll, bringt Fidi zu mir in's Bett, während ich schlafe, und dann ertönt es. Am Schluß wird Fidi von R. auf der Galerie den Musikern vorgestellt, sie lassen ihn hochleben, er dankt! Ein Storch schwebt um das Haus – gutes Zeichen. Abends hat R. Probe (Arrangier-Probe, 2te Scene von Rheingold); Ballettmeister Fricke soll Außerordentliches geleistet haben, mit den hiesigen Turnern als Nibelungen. Nur ist R. furchtbar angestrengt, und der Rückstand von vielem, vor allem der Dekorationen von Gebrüder Brückner, welche inzwischen 14 Dekorationen für den Herzog von Meiningen gemalt, regt ihn auf.

Mittwoch 7ten R. hatte eine erträgliche Nacht, doch greifen ihn die Proben und alles, was damit zusammenhängt, sehr an. Ich besuche heute auch die Probe, Erstaunliches wird geleistet, namentlich seitens Brandt. Heimgekehrt finde ich einen sentimentalen Brief des Kmeisters Wüllner aus München, mir erklärend, warum er früher nicht Wagnerianer war! Er will gern die Direktion von Rheingold und Walküre behalten, und Kmeister Levi hat eine Bedingung seines Bleibens in München daraus gemacht, daß er die 4 Werke dirigiert.

Donnerstag 8ten Immer für R. vor- (Orchester) und nachmittags Proben (4 bis 8½), ich bin in Sorge. Dazu viel häusliche Unruhe, alle zwei Tage Diners.

Freitag 9ten Arrangier-Probe vom Schluß des Rheingoldes, macht schon jetzt den gewaltigsten Eindruck! Richter erzählt mir Sonnabend den 10ten, daß, wie die letzte Separat-Orchester-Probe stattgefunden, das ganze Orchester in einem Jubel ausgebrochen sei. Alle haben strahlende Augen, heitere Gesichter, seien hier, wie sie behaupten, ganz andere Menschen, lebten förmlich auf. R. kommt von der Probe vom Rheingold-Schluß mit Klavier sehr früh zurück, es sei alles so gut gegangen!

Sonntag 11ten R. erhält einen Brief von Hofrat Düfflipp, daß der König verstimmt sei darüber, daß in seinem Telegramm R. nicht für das Geburtstags-Telegramm des Königs gedankt habe! ... Schlußprobe von Rheingold, die Kinder zugegen. Es geht wundervoll. Frau Materna und Herr Niemann angekommen. – Besuch des Oberhofmeisters Graf Castell; es ist mir eine gewisse Genugtuung, daß Richter, der in München Verpönte, dem Grafen den Eintritt zum Theater zu verschaffen hat.

Montag 12ten R. sehr leidend! Kopfreißen, Zahngeschwür, er legt Blutegel an und besteht darauf, nachher in die Probe zu fahren. (Auch schrieb er inmitten von wütenden Zahnschmerzen an den König). Nach der Probe sehr unwohl. Erster Akt Walküre; Niemann, Scheffsky, Eilers – R. wiederum alles einstudiert, jede Bewegung, jedes Wort, alles.

Dienstag 13ten R. hatte eine schreckliche Nacht, und ein Abszeß bildet sich am Zahn. Er muß die Probe absagen, welche nun Niemann, Fricke und Richter zu halten haben. – Beifolgenden Bericht schickt Herr Feustel, eine Mahnung! Memento mori und daß Göttliches keine Götter macht. Ich bringe Herrn F. einen Brief von Hofrat D., welcher die Vorschläge erbittet wegen Gestundung.

Mittwoch 14ten R. sehr leidend, hatte eine schlechte Nacht; es ist keine Rede davon, daß er heute die Probe halten kann; ich besuche sie und kann ihm gute Nachricht davon mitbringen. Trotz seiner Schmerzen scherzt er und sagt, daß es sein Schicksal zu sein scheine, daß die Walküre hinter seinem Rükken aufgeführt würde! – Für mich Gouvernanten-Sorge.

Donnerstag 15ten R. immer leidender! Wiederum keine Möglichkeit, die Probe zu leiten. Heute 2ter Akt! Doch wenn er nicht da ist, ist nichts zu tun, guter Wille, Fleiß etc. helfen nicht. Wie ich hinauffuhr, rief mich Herr Feustel in sein Geschäft, um mich zu fragen, ob ich immer [noch] gewillt sei, mit meinem zu erwartenden Vermögen für die Sache einzutreten, es stünde schlimm; ich sage: *Ja* und schreibe sofort an Claire, wann ich wohl im Besitz meiner 40000 frcs sein könnte, um diese zuerst auszuliefern, dann will ich den Vater um meine Mitgift angehen – – in Gottes Namen! Feustel scheint nicht zu glauben, daß alle Scheine verkauft werden.

Freitag 16ten Durch Hülfe des Chlorals hatte R. eine erträgliche Nacht, »schwillt wie ein Nilpferd an«, wie er sagt. Doch kann er der Probe nicht beiwohnen, welche denn auch eine »Tapperei«, mit Richter zu sprechen, wird. Abends teile ich R. Feustel's Sorgen mit, er sagt: Die Hauptsache ist, die Sache zu Stande bringen, nachher, ist ein Defizit, kann er sich an den Reichstag wenden und auch an die Fürsten. Er entschließt sich, Bismarck zum Ehrenpatron [vorzuschlagen] und zwei der Reichstagsabgeordneten, welche am willigsten seine Sache vertreten wollten.

Sonnabend 17ten Da R. gut geschlafen hat (immer mit Chloral), entschließt er sich, die Probe zu halten; Orchester und Sänger allerdings dann ein anderes Ding! Eckerts aus Berlin angekommen und Nichte Johanna. R. entschließt sich, das Pferd von der Scene zwischen Brünnhilde und Siegmund auszulassen, weil es zerstreue. Mächtigster Eindruck des Ganzen. – Feustel: Kronprinz mit Gemahlin haben abgeschlagen, den Aufführungen beizuwohnen.

Sonntag 18ten Ruhetag für alle, für mich manches Hin und Her. – Ich hatte einen guten Brief von Gräfin Vitzthum über Lulu – sie habe Fortschritte zum Guten gemacht! . . . (Hübscher Brief eines Russen aus Podolien, bittend um einen Patronatsschein.)

Montag 19ten Nachricht vom Tode August Röckel's. Trauriger Eindruck davon, welcher sich mehr auf die Trennung durch das Leben bezieht als durch den Tod.

Dienstag 20ten R. geht es nicht schlimmer, doch immer nicht gut, er fährt mit mir in die Orchesterprobe und hat hier auch alles zu sagen! Nachmittag zweite Probe des dritten Akts (Walküre). Gestern war die erste, zur Erschütterung aller Mitwirkenden und Zuschauenden. Wie R. Frl. Scheffsky die Gebärde vormachte, mit welcher sie von starrer Verzweiflung zu freudigem Schreck und entzücktem Jauchzen übergeht, rannten uns allen die Tränen von den Augen. Sehr hübsch sagte mir

Pr. Doepler, daß sie jeden Abend in Wagner schwärmten, die Künstler alle, und die armen Patrone bedauerten, welche nur einigen Vorstellungen beiwohnen würden und eigentlich gar nichts von der Sache wissen. Wir wollen die 300 Thaler bezahlen, meint er, wir genießen diese Zeit. Die Gruppierung der Walküren herrlich. Wie ein Walküren-Nest sieht der Felsen aus. Pr. D. sagt, er wisse, R. würde sehr alt, und zwar bloß, weil er sich es vorgenommen habe! – R. aber doch sehr müde am Schluß solcher Proben. – Heute Geschäftsbriefe für ihn: an Dr. Simson in Berlin (Fürstner), dann an Herrn Voltz wegen Herrn Batz, der in seiner Unverschämtheit nicht nachläßt. Es ist mir fürchterlich zu denken, daß Fidi mit diesem Menschen nach unserem Tode noch wird zu schaffen haben.

Mittwoch 21ten Dritte Walküren-Probe, viel Ärger. Unrichtige Tempi des Orchesters, und Frl. Scheffsky beinahe unmöglich! Wir bleiben oben, R. und ich, das Gespräch erheitert ihn etwas. Pläne wegen Frl. Scheffsky ...

Donnerstag 22ten Erste Siegfriedsprobe mit Klavier – Herr Unger erfreut R. sehr, er sagt, er sei der einzige, der etwas von ihm gelernt. Erste Zugvögel – Gräfin Usedom mit Tochter. Wir bleiben abends in der Restauration, R. und ich.

Freitag 23ten R. doch immer sehr angegriffen, beklagt sich, daß er gänzlich das Namens-Gedächtnis verloren, neulich habe er Wilhelmj nennen wollen, und der Name sei ihm ganz entfallen. Er geht in die zweite Probe von Siegfried mit Klavier, nachdem er am Morgen die Orchesterprobe überwacht (die Tempi sehr wenig noch von Richter gekannt), »malt zu viele vier Viertel« – sagt R., ich empfange die Gräfinnen Usedom abends; R. gesellt sich spät zu uns, ärgert sich, daß die Kapellmeister (Ekkert, Levi) so wenig hübsch über Unger sich aussprechen.

Sonnabend 24ten R. sehr angegriffen, das Geschwülst noch immer da, fährt aber in die Orchesterprobe. Pr. Doepler gekränkt durch R.'s Heftigkeit (alles fehlt noch, von den Requisiten etc). Abends versöhnt ihn R. in seiner eigenen schönen Weise. Abends mit Usedoms, Eckerts, Richters in der Restauration. Dr. Strecker bringt den amerikanischen Marsch; R. frägt die Orchestermitglieder, ob sie ihn aufführen wollen, morgen Sonntag, sie haben aber eine Partie nach Berneck vor.

Sonntag 25ten Herr Kögel soll endlich heute R. den Hagen vorsingen. – Den Kindern hat der erste Akt von Siegfried am besten gefallen – was R. freut, da es für die Popularität desselben zeugt, während sonst die Künstler vor diesem ersten Akt bis jetzt wie vor etwas Unbegreiflichem Stehen. Einige Personen zu Tisch, abends Empfang.

Montag 26ten Erste Probe von Siegfried's 2tem Akt, Herr Unger heiser, was wirklich betrübend, beinahe bedenklich ist. Nichtsdestoweniger aber wirkt der Akt wundervoll. Die Dekoration ist ausgezeichnet schön, und Herr Brandt hat wieder gezaubert. Um die Mittagszeit kam R. sehr traurig heim, die Dekoration war gar nicht, wie er sie sich wünschte, im Verlauf von einigen Stunden hatte Meister Brandt alles in Ordnung gebracht. Sehr heitere Stimmung darüber am Abend.

Dienstag 27ten Wiederum 2ten Akt von S., wiederum Herr Unger heiser! Große Lähmung dadurch für den Eindruck. R. und ich abends müde. Not mit Herrn Kögel (Hagen!), für Donner ist Gura gewählt. – Es heißt, in der Türkei stünde es schlimm.

Mittwoch 28ten Immer [noch] keine Gouvernante, worüber wir, da die Kinder sich sehr artig benehmen, lachen und sie unsere Pestalozzis nennen, weil sie sich selbst erziehen. R. Probe mit Herrn Kögel am Morgen; sehr angreifend für ihn, abends 2ten Akt Siegfried mit Orchester. Herrlich; Herr Unger aber immer heiser!! – – R. hatte beängstigende Träume von mir.

Donnerstag 29ten Dritter Akt Siegfried, R. richtet ein, sehr angreifend für ihn; am Morgen Herr Kögel wenig erfreulich als Hagen, nachher Orchester, abends Einrichtung. Herr Unger dazu immer heiser; Herr Brandt in Verzweiflung, weil ihn die Maler Brückner im Stich gelassen, der Mechaniker aus London mit *nichts* fertig, dazu Kriegsnachrichten!!! Herr Feustel bedenklich; jeder Tag kostet 2000 und einige Mark! R. vergleicht sich mit B. Cellini beim Guß des Perseus. – Große Freude an der Schrift des Herrn v. Hagen über die erste Scene des Rheingoldes.

Freitag 30ten Brief vom Hofrat Düfflipp, Gestundung bis zum 800sten Patronatschein versprechend. R. außer sich. – Ankunft der englischen Gouvernante. Mir sehr lieb, da die deutschen Wesen bis jetzt sehr unerquicklich. Abends Siegfried, Herr Unger immer heiser, nichtsdestoweniger großartiger Eindruck! Unvergleichlicher. Reflexionen über den Abstand des Werkes und der Darsteller und dem Publikum! ... R. sehr müde.

Sonnabend 1ten bis 12ten Die ganze Götterdämmerung!!! Unger wieder wohl; dafür Not mit Hagen, Herr Kögel, nervös, reist ab, Verhandlungen mit Scaria, dessen Gemeinheit sich treu bleibt. Große Not in der Kasse, jeder Tag kostet 2000 Mark, es kommt wenig ein, Herr Feustel meldet, daß wir in 3 Wochen nichts mehr haben. Ich suche mein Kapital aus Paris herauszubekommen, ohne Erfolg! Endlich am 10ten die gute Nachricht, daß 6600 Mark eingegangen und die politische Lage ruhiger. Malwida Meysenbug angekommen und eine herrliche Schrift von Nietzsche: »R. Wagner in Bayreuth«. – Einzig ergreifend, hinreißend die Götterdämmerung. Bestürzende Nachricht von dem plötzlichen Tod eines unsrer Orchestermitglieder! Ein Herr Richter aus Berlin! – – – Wilhelmj von einer Roheit der Menschen ganz in Anspruch genommen, das unsinnige Steuergesetz über Hunde bringt die gräßlichsten Scenen hervor; seine Teilnahme, von den Leuten erkannt, erweckt die Habgier; der Schinder tötet die Hunde nicht mehr, will ein Geschäft mit ihnen machen und ernährt sie mit dem Fleisch der toten Hunde, wovon sie erblinden! ... Ganz wohlhabende Leute entledigen sich der treuen Tiere, um nicht die Steuer zu zahlen – grauenhaft. Wir bilden einen Verein zur Rettung der armen Wesen!

Mittwoch 12ten R. hält am Vormittag Probe mit Frau Materna, nachmittags 3ter Akt Götterdämmerung mit Orchester, unbeschreiblicher Eindruck! Abends in der Restauration, wo R. sehr heftig wird gegen Brückners, die sehr ungeschickt sich ausgedrückt (sie hätten nicht ihren ältesten *»Kunden«*, Herzog Meiningen, vernachlässigen können!). Das Wort Kunden bringt R. außer sich. Er bereut es aber und versöhnt B.'s herzlich. Beschließt dann aber, nicht mehr die Restauration zu besuchen, und ist über dieses Excedieren seines Wesens tief betrübt.

Donnerstag 13ten Keine Probe; wir fahren aber doch in das Theater, R. will mit Herrn Brandt das letzte Bild (Erscheinung von Wotan) besprechen und die Doepler'schen Figurinen ansehen. Ich bin sehr betrübt über dieselben, der spielerische Trieb des Archäologen drückt sich darin aus, zum Schaden des Tragischen und Mythischen. Ich möchte alles viel einfacher, primitiver haben. So bleibt denn alles Simulakrum. Abends einige Freunde. Besprechung von der neuen Biographie R.'s durch Glasenapp, worin manches Ungenaue, aber erstaunliche Quellenaufsuchungen. – Die Klavierproben endigten mit vollständiger Entlassung von Herrn Rubinstein, welcher die traurigsten Eigenschaften seines Stammes hier wiederum bewährt.

Freitag 14ten Mancherlei Ärgernis; das Herzogliche Palais benutzt die Frage der Unterbringung von Frau von Schl., um uns eine Grobheit anzutun! ... Nachmittags Probe von »Rheingold« – Herr Niemann zugegen, »gnädig«, wie ich ihm scherzend sage. Wir bleiben doch in der Restauration, weil R. mit Brandt etwas »erfinden« will, damit der Schein des Orchesters nicht die Effekte in Rheingold verderbe.

Sonnabend 15ten Herr Siehr zur Probe! R. mit ihm zufrieden, nimmt ihn zum Hagen! Abends Schluß-Probe vom Rheingold; R. viel Ärger dabei, die Regenbogenbrücke verfehlt (bis jetzt), die Dämpfe mißglücken, weil Herr Brandt, an Ökonomie von dem Verwaltungsrat gemahnt, nicht die rechten Dämpfe legen konnte! Die Maler Brückner haben eilig gemalt, so daß unverwischbare Fehler in der Dekoration sind! ...

Sonntag 16ten Brief vom König, er meldet seine Ankunft, verbietet jede Ovation – möchte niemanden sehen. Ankunft von Mimi, große Freude darüber, wir verbringen den Tag zusammen. Es ist zweifelhaft, ob der deutsche Kaiser kommt.

Montag 17ten Erster Akt Walküre, Frl. Scheffsky furchtbar! Herr Niemann *macht* es gut. Mimi installiert, auch den Tag mit ihr zugebracht. R. sehr müde, wenig Anmeldungen zu Plätzen.

Dienstag 18ten Zweiter Akt Walküre, Frl. Scheffsky noch gräßlicher; vorher zu Tisch, ein Exzeß von Plumpheit und Anmutslosigkeit! Konferenz, ob man sie um jeden Preis entfernt?

Man fürchtet, daß eine andere nicht mehr Zeit hat, sie zu lernen. (Auch Scaria'sche Unruhen.)

Mittwoch 19ten Die meiste Zeit mit Mimi zugebracht. Abends 3ter Akt von Walküre, herrlicher Eindruck. Der Feuerzauber von Herrn Brandt prachtvoll, die Bilder von den Walküren von Herrn Doepler noch nicht gut.

Donnerstag 20ten Erster Akt Siegfried, Herr Unger recht gut, trotz Personals, welches ihn nicht aufkommen lassen mag. Herr Schlosser hat leider vieles von Mime vergessen, dadurch daß er in München alles mögliche singen mußte.

Freitag 21ten Ein guter Tag für die Kasse heute, 5200 Mark kommen ein, das ist für 2 Tage leben. Not wegen den Kandelabern des Zuschauerraumes. Das Schlußbild der Götterdämmerung wird festgesetzt; mit menschlichen Gestalten, keine Transparente. Schöne Depesche vom König, dankend für die Nietzsche'sche Broschüre. 2ter Akt Siegfried, Herr Unger sehr gut bei Stimme! Herr Niemann hatte abends vorher erklärt, er würde nicht einen Ton in der Kehle für den 2ten Akt haben! ... R. sehr ermüdet. Schläft jetzt nur bis 3 Uhr 4 Uhr morgens!

Sonnabend 22ten Ein unbestimmtes Gerücht bringt die Nachricht, daß möglicherweise Hans hierher käme! ... Probe vom 3ten Akt Siegfried zum allgemeinen Jubel. R. müde. Abends 11,20 hole ich Lusch ab. Sie ist gewachsen und sieht gut aus, auffallend ihrem Vater ähnlich! R. wacht auf, wie ich heimkehre, geht an das Fenster, begrüßt das Gestirn »der Wagen«, welches schönstens erglänzt! »Beschütze mein Weib und meine Kinder, guter Stern, mit mir mache, was du willst.« Er habe an seinen Tod gedacht, sagt er mir. Innig umarmt er mich, sagend, keiner wisse, was man mir alles verdanke. Er freut sich über Lusch.

Sonntag 23ten Freude über Lusch, welche recht groß geworden ist. Einige Besuche mit ihr vorgenommen. Abends mehrere Gäste. Dazwischen große Ärgerlichkeit. Ohne R. davon Meldung zu machen, kündigt der Verwaltungsrat eine gegen 3 Mark öffentliche Probe an. R. außer sich.

Montag 24ten In einer halben Stunde sollen alle Plätze vergriffen gewesen sein, was Freund Feustel erfreut! R. kommt auf den guten Einfall, Feustel, Groß etc. zu Tisch einzuladen.

Pr. Nietzsche ist auch angekommen, und Dannreuthers, mehrere andre noch. Erster Akt Götterdämmerung; Fürstin Barjatinsky, Mimi und ich in der Fürstengalerie, die Kinder mit uns. Abends mit den Kindern das Abendbrot.

Dienstag 25ten Diner mit Fürstin B., Mimi, Graf Wallis, welcher bei uns aus Enthusiasmus die Orgel spielt, Wilhelmj. Darauf 2ter Akt öffentlich; Herr Siehr als Hagen sehr gut. Wie das Publikum sich entfernt hat, zweite Probe. Darauf Herr Brandt gekränkt, wollte abreisen, weil auf einem Programm des Herrn Gießel er bloß als Maschinist aufgeführt ist!! Ich suche ihn zu beruhigen und zu beweisen, daß R. von alledem nichts weiß. Mit Mühe gelingt es halb!

Mittwoch 26ten R. eröffnet einen gestern geschriebenen Brief von Herrn Feustel, dieser kündigt Austritt aus dem Verwaltungsrat [an], weil – – R. die Feuerwehr unentgeltlich in die Probe eingelassen hat! R. schreibt scherzhaft darauf, und Heckel vermittelt! Abends 3ter Akt, wir bleiben im Restaurant mit Mimi und Fürstin B. – Immer tiefere Einsicht in die Unvollkommenheit der Darstellung!! So weit wird die Ausführung vom Werk zurück bleiben, wie das Werk von unsrer Zeit fern ist!

Donnerstag 27ten Heute Nachricht, daß Herr von Baligand mit dem Verwaltungsrat uneinig geworden und abgereist ist!! Wer wird nun für die Fürstlichkeiten das Schloß einräumen? So nun Tag für Tag Unsinnigkeiten! Diner Niemanns, Wilhelmj, Richters. Nachmittags Kostüm-Probe, wenig Freude daran, viel Konventionelles, Unschönes, wenig Erfindung bei großer Überladung! R. wieder herrlich von Geduld und Güte! – Zu allem übrigen im Hause Dienstboten-Unruhe! ...

Freitag 28ten R. hatte eine schlimme Nacht. Er bleibt aber guter freundlicher Laune. Kleines Diner mit Wilhelmjs, die Frau sehr angenehm. Abends Kostüm-Probe, auf meine Bitte an Professor Doepler, Siegfried's Gewand etwas weniger eng anschließend zu machen und die Frauen der Gutrune weniger bunt, wird der arme Mann so heftig und grob, daß ich erst daran inne werde, mit welchem Stümper man es hier zu tun hat! Die Kostüme erinnern durchweg an Indianer-Häuptlinge und haben neben dem ethnographischen Unsinn noch den

Stempel der Kleinen-Theater-Geschmacklosigkeit! Ich bin darüber trostlos und auch ein wenig erschrocken über die Art des Herrn Professors. R. hat mit dem Wotans-Hut viel Not; es ist ein vollständiger Musketier-Hut!

Sonnabend 29ten R. geht auf das Theater; Probe mit Pr. Doepler, dieser benimmt sich wie ein »Schuljunge«. Abends 1te Rheingold-Probe in Kostüm, R. sehr traurig danach, weil hier Brandt selbst in Fehler. Die Sänger sehr gut, namentlich Herr Vogl als Loge. Nach der Probe R. und ich zu Hause allein für uns, R. tief bekümmert -- der König frägt an, ob R. mit den Dekorationen zufrieden sei!

Sonntag 30ten R. gleich in der Frühe zum Theater hinauf, ich allerlei Besuche zu machen. Diner mit Herrn und Frau v. Schl. Darauf Gartenfest bei Feustels; einige Bayreuther und unsere Künstler alle.

Montag 31ten Fürstin Barjatinsky an der Eisenbahn abgeholt, dann die kleine Niemann. Erfahre flüchtig, welche Fluten von häßlichen Reden und Gesinnungen hier immer über einander rauschen. Die Falschheit und Lügenhaftigkeit ist dabei, was mich am meisten erschreckt, und ich möchte wohl wie der gute Falstaff [wünschen]: Es wäre Schlafenszeit und alles vorbei. – Abends Walküre, Probe der Zwischenakte.

April 1879

Freitag 25ten R. erzählt mir, daß er viertel auf sechs hinuntergegangen sei und eine Stelle in seiner Skizze verändert habe, »die dummen Synkopen habe ich fort«, er zeigt mir die Stelle und erzählt, wie ein Vögelchen dabei am Fenster gepickt habe und Einlaß gefordert. Kaum hat er dies gesprochen, so meldet Georg den plötzlichen Tod H. v. Staff's im Wald auf der Jagd. Ich trenne mich von R., sehe nach Fidi, der immer angegriffen ist, und wandre dann zu der Armseligen. Um die Mittagszeit heimgekehrt, begrüßt mich R. mit der Nachricht, der Parsifal sei vollendet, er hat auf das angestrengteste gearbeitet! Das Tisch-Gespräch handelt zwar von dem ernsten Vorfall in unsrer Nähe, doch hemmt es nicht die Stimmung, welche aus dem Ereignis quillt. Und als nach Tisch R. mir Amfortas' letzte Klage, Parsifal's Worte singt und am Schluß spielt, da empfinde ich es wieder, daß der Schmerz, die Trauer, den Boden der Seele nur empfänglicher für die Musik machen – in vollen Zügen atme ich den Segen ein, und auf die Tränen des Mitleides, die ich am Morgen geweint, folgen sanft wie verklärte Schwestern die Tränen des Entzückens! Sei gesegnet, Himmel! – Den Nachmittag bringe ich bei der armen Freundin zu. Abends kommt Freund Wolzogen und Herr Rubinstein. R. liest die Studie über Dr. Francia zu allseitigem Vergnügen aus. – Noch niemals habe er so ohne Unterbrechungen arbeiten dürfen – sagt R. Ich: »Daß ich das noch erleben durfte!« – – –

Sonnabend 26ten R. hat eine etwas unruhige Nacht, ob überarbeitet? Und er fühlt Brustbeklemmungen, doch wird bestimmt, daß heute erst die Vollendung des Parsifal gefeiert würde, weil er heute erst die Blätter sondern und ordnen kann, um sie mir zu geben, ich lege meine gar schlichte Gegengabe ihm zu Füßen, und der Laternen-Träger wird in den Tisch gesteckt. Bei Tisch wird auf den 26ten angestoßen. Dazwischen bin ich bei der Trauernden und begleite die Ärmste zum Bahnhof, zur traurigsten Fahrt von ihr Abschied nehmend. Doch alles Tiefe ist sich verwandt, ich kann heute weinen und mich freuen, alles im einstimmigen Wohllaut des Herzens; Mißton erzeugt nur die Zerstreutheit, diese ist die Zerstörerin von Liebe und Kunst. Der Frühling ist da mit Parsifal, und R. scheint froh! Die Übermacht der Empfindung betäubt mich etwas, und beim Kaffee schlafe ich ein, ohne es zu merken, ich erwache von einem leisen Geräusch und finde R.'s Segen! Und alle Müdigkeit ist dahin, und ich nehme die teuren Skizzen und ordne sie, an die Kinder denkend, welche dereinst sie finden werden. – Plauder-Abend, etwas aus Rienzi; Freude an dem Adel der Melodie, der durch keine Italianismen verhüllt zu verkennen ist. Mir ist es eine liebe Beschäftigung, in dieser noch so umwickelten Knospe die göttliche Blume zu erkennen, welche daraus sich entfalten sollte. –

Sonntag 27ten R. hat gut geschlafen. Ich sage ihm: Er wisse nun wohl gar nicht, was er mit seiner Zeit beginnen würde! ... Ich schreibe in mein Tagebuch und lese in dem eben angekommenen Buch von Malwida. Stille, kein Tönen mehr in Wahnfried – dafür häßliche Militär-Musik. R. liest die B. Bl., freut sich über die drei: Glase., Wolz., Schemann, ärgert sich über den Druckfehler aus der alten Ausgabe vom »Kunstwerk der Zukunft«: himmlische Schönheit für *sinnliche* (er meint, abends darauf zurückkommend, daß Glasenapp ihn beibehalten, könnte einen an allem irre machen). Nur der Musiker fehle noch in unserem Bund, um die Kritik der modernen Musik zu schreiben. R. ärgert sich, daß M. sich gegen die religiösen Akte ausspricht; mit der Trauung habe die Kirche nichts zu tun, das gibt er zu, denn sie ist eigentlich gegen ihren Geist, sie läßt sie zu, aber die Geburt und der Tod, die gingen sie an, das begriffe er nicht, wie man sich gegen die Taufe wehre, wenn man in dieser Gemeinsamkeit geboren wäre, wenn er auch zugebe, daß, außerhalb dieser Gemeinsamkeit geboren, es keinen Sinn habe, jetzt sich darin aufnehmen zu lassen, weil es zu schlimm mit den Kirchen stünde. Ihm sei ein Pfaff das Unausstehlichste, was er kenne, aber das habe mit dem Akt der Taufe und mit dem Symbol der Erlösung nichts zu tun. – Nach Tisch kamen wir auf den Schauspieler Jefferson zu sprechen, und er gedenkt der gespenstischen Scene auf den Bergen und der wunderbaren Macht der Musik, die dürftige, ja erbärmliche Begleitung verklärte und steigerte den Eindruck des Ganzen. – Abends lassen wir Wol. herüberkommen, um ihm »Komplimente« über sein Blatt zu machen. Die Aufführungen in Köln (sehr zahlreich) haben neue Mitglieder gewonnen, zumeist Holländer. Parsifal wird vorgenommen, vom 2ten Einzug in die Burg bis zum Schluß; R. sagte schon gestern und früher, daß die Instrumentation eine ganz verschiedenartige werden würde wie die des Ring, keine solchen Figurationen; wie Wolkenschichten, die sich teilen und wieder bilden, würde es sein. Die Naivität aber, welche in dem Waldweben die Sentimentalität entfernt habe, entferne sie auch vom Parsifal, dort Naivität der Natur, hier der Heiligkeit, welche ›von den Schlacken der Sentimentalität rein sei‹. Er spielt uns gewisse Intervalle und sagt: »Das ist in Parsifal rein unmöglich.« »Und damit Sie sehen, was ich für ein närrischer Kerl bin«, sagt er zu Wolzogen, »will ich Ihnen zeigen, was ich im ersten Akt ändern will.« Er sucht den Akkord im ersten Akt, findet ihn nicht: »Richtig, das ist im Vorspiel; wie ich es gehört habe, habe ich mir gesagt: Alles schön und gut, aber dieser Akkord bleibt nicht«, – er ist ihm schon zu sentimental. Besprechung der letzten stummen Scene, R. sagt: Er würde etwas von der Musik streichen, wenn es oben nicht ausreichte, er sei aber froh gewesen, zu zeigen, daß er nicht ermüdet wäre. Von Amfortas, seiner Weichheit, seinem Fertigsein; und nur der eine furchtbare Moment, wo er sie zwingen will, ihn zu töten. Vielleicht das Wunderbarste des Werkes die göttliche, mit den Evangelien vergleichbare Einfachheit – »der reine Tor«, er beherrscht alles! ... R. sagte selbst: »Alles ist *direkt*«! ...

Cosima Wagner
Zu den »Parsifal«-Proben 1884

I. (Akt)

Vor allem die gerührte Anerkennung der gütigen Beachtung jeder Bemerkung und den innigsten Dank für diese große Rücksicht. Durch sie ermutigt werden folgende Vorschläge und Bemerkungen noch beigefügt mit der ausdrücklichen Voraussetzung, daß die Orchesterleistung eine überaus schöne und ergreifende war. Im Vorspiel (Seite 5 von Takt 12 an) noch etwas zarter, damit die Saiteninstrumente nicht dagegen abfallen und die Stetigkeit der Steigerung unterbrochen werde. Das erste Gespräch zwischen Gurnemanz und den beiden Rittern etwas zu gedehnt. Die Figur von Kundrys Eintritt noch etwas schärfer und das Crescendo eindringlicher. Bei »ohn' Urlaub« war das Orchester etwas zu stark. Desgleichen bei »übt sie nun Buß in solchen Taten«, man verstand da den Sänger nicht. Sehr, sehr schön war das Orchester nach »dem verlornen Speer«, aber etwas zu stark in der Begleitung von »Eine Wunde«. Die Begleitung zu: »die Wüste schuf er sich zum Wonnegarten« etwas zu stark und das Ganze vielleicht um ein weniges zu schnell. Die Bläser vor: »ihm neigten sich in heiligster Nacht« wenn möglich zarter und die Pauken nicht so schwer. Das Orchester vortrefflich bei »zu höchsten Rettungswerken« usw. Aber das Diminuendo und der Abschluß etwas unbedeutend. »Ist nun in Klingsors Hand, kann er selbst Heilige usw.«, die Begleitung nicht ganz deutlich. Die Pauke, S. 61 Takt 1–2, um etwas zu langsam. Das Tempo in der Begleitung der Ritter und Knappen (Seite 61) ein wenig anders, wenn das Orchester allein spielte und wenn die Sänger mitsangen, letzteres erschien das Richtigere. Das Eintreten der Begleitung des Chores »Wein und Brot des letzten Mahles« erschien etwas schwankend, es fehlte diesem Chore überhaupt an zartem Fluß, er soll wie eine Engelserzählung (Legende) klingen, nur die Worte »durch des Mitleids« müssen besonders akzentuiert sein, aber auch nicht grell. Die Glocken leider immer durchweg schlimm, ob sie nicht wie im Jahre 1882 eingerichtet werden können. Seite 91 die Begleitung der Knappen etwas marschartiger und bestimmter (namentlich der erste Akkord), wenn auch piano. Die Triolen zarter, feiner im Vortrag, namentlich Takt 20 und 21.

II. (Akt)

Das Vorspiel ging sehr schön. Die Bratschen mit Dämpfern etwas unpräzis. Bei der Orchesterbegleitung des bläulichen Dampfes möchten die letzten Noten des Crescendo eindringlicher, intensiver sein. Der Eintritt und die allererste Szene der Blumenmädchen war nicht geradewegs zu schnell, aber nahe daran. »Wes war ich je noch eingedenk«, die Violinen darauf etwas eindruckslos. Die Begleitung von: »die Leib und Leben dir gegeben« vielleicht nicht geheimnisvoll genug, etwas platt. Der Eintritt der Flöten bei der Entrücktheit von Parsifal nach »sündigem Verlangen« zarter. Das »schnell belebend«, Seite 185, erschien nicht ausdrucksvoll genug, das mit »sehr leidenschaftlich« Bezeichnete etwas unklar. »In höchster Not« etwas eindruckslos. Die Triolenbegleitung bei »sehend in Todesschmachten« nicht sehr rein. Sehr schön der Schluß des zweiten Aktes, wie überhaupt das Ganze.

III. (Akt)

Auch im Vorspiel Achtel und Sechzehntel durchweg melodisch behandeln. Die Hörner bei »Verzweiflung fassend das Heiltum« (Seite 217) etwas unbedeutend, die Violinen darauf nicht scharf genug, namentlich das letzte Sechzehntel des Crescendo. Die Begleitung zu »die heilige Speisung« nicht ganz fein genug. Desgleichen die Begleitung von »so sei er fleckenrein«. »Die Taufe nimm« war zu gedehnt, woran wahrscheinlich die Bemerkung über die vorgestrige Probe schuld war. Die Aue ganz wunderschön namentlich im Beginn. Im Verlauf wurde seitens der Streichinstrumente der Vortrag nicht ganz festgehalten. Vielleicht könnten auch Oboe und Hörner noch zarter sein bei »es dankt dann alle Kreatur«. Die Verwandlungsmusik wunderschön, dürfte aber ja nicht gedehnter genommen werden. Die Bässe im Piano etwas unbedeutend. Der Eintritt des Chores »Geleiten wir« nicht fest genug. Das erste

Achtel nicht bestimmt. Es herrscht immer ein kleines Schwanken zwischen Tempo der Chöre und des Orchesters, sie finden sich zurecht, aber die Chöre erscheinen nicht gestützt, zum Beispiel »wir geleiten ihn heut weil heut noch einmal«. Der Vortrag des Diminuendo nach Eröffnung des Sarges war nicht sehr fein und wie verwischt. Orchester und Chor bei dem »Walte des Amtes!« – »du mußt, du mußt!« wenn möglich viel energischer und bis zum letzten Ton erschreckend. Die Musik bei der Besteigung des Weihetisches seitens Parsifals (Seite 255 Takt 4) möchte verklärter klingen, man möchte dabei die Empfindung haben, als ob die Instrumente kaum von Menschen berührt würden und bei stetem Fluß des Tempos wir ein zartes Zagen dabei wahrnehmen können. Der erste Eintritt 6/4 des Pianos, wie aus einer anderen Welt, Engelsflügelrauschen. Der letzte Chor wohl noch einzustudieren. Übergangsnoten und Übergänge überhaupt, das vermittelnde Element vielleicht noch mehr zu beachten.

»Und lachte«: hier zum Schluß die Bitte, wenn der Sänger etwas pathetisch Angreifendes zu singen hat, es ihn des Orchesters wegen nicht wiederholen zu lassen, sondern das Orchester allein.

Wenn es gestattet sein darf, einige Bemerkungen über die ergreifende Orchesterleistung zu machen, die namentlich im dritten Akte (vor allem Vorspiel und Musik zur Verwandlung) übermächtig wirkte, so gingen diese Bemerkungen dahin, daß einzelne Themen mit größerer Bestimmtheit (Plastik) aufgestellt werden möchten. So zum Beispiel das Thema des Vorspieles des zweiten Aufzuges. Die Bezeichnung »ausdrucksvoll«, welche auf Takt 5 dieses Vorspieles steht, schien nicht vom Orchester beachtet zu werden, und das blieb bestimmend für dieses Thema durchweg. Desgleichen Seite 111 des Klavierauszuges, Takt 6, trat das Thema nicht bestimmt und scharf genug auf. Vor allem aber schien die Begleitung von Klingsors Beschreibung des Kampfes Parsifals mit den Rittern undeutlich; die Steigerung (nicht etwa im Tempo) bis zum Eintritt von Parsifals Thema matt und vor allem Parsifals Motiv ohne Glanz, ohne Schärfe, die Triolen darin bedeutungslos.

Seite 113, Takt 6, erschien das »sehr kräftig« nicht anhaltend und gespannt genug, das darauf folgende nicht scharf und klar genug und endlich das zweite, siegreiche Eintreten von Parsifals Thema nicht mächtig genug.

Ob den Hörnern nicht dieses so entscheidend wichtige Thema noch besonders einstudiert werden könnte, um namentlich die Triolen und Sechzehntel darin durchweg bedeutender zu geben. Es tat wirklich dem ganzen schönen Eindrucke rechten Abbruch, daß gerade dieses Thema so unbedeutend musikalisch vorgetragen wurde, worunter nicht etwa der Wunsch nach einer Tempoveränderung gemeint ist, sondern eine feinere, schärfere Akzentuierung der Noten, vornehmlich der Sechzehntel.

Vielleicht wird es gütig verstanden werden, wenn wiederholt gebeten wird, daß Tempi und Themen von vorneherein bestimmter aufgestellt würden; es *wurde* alles immer richtig, aber eben es *wurde* es; das erste Eintreten besonders im zweiten Akt schien nicht sprechend und entscheidend. Außerordentlich ist dagegen die zartfühlende Diskretion des Orchesters in Begleitung der Sänger zu rühmen, und deshalb übersieht man gern, was ihm an Feinheit in dem Mordente abgeht. Der Schluß des zweiten Aktes war sehr schön, dagegen die Begleitung von Klingsors letztem Auftreten nicht scharf und nicht deutlich genug. Noch einmal möchte das Parsifalthema in all seinen Bestandteilen sehr empfohlen werden, zum Beispiel auch namentlich wenn es piano auftritt, wie beim Beginn der Blumenmädchenszene, sogleich nach der Verwandlung. Die geringfügigen Bemerkungen über den dritten Akt sind wohl schon übermittelt worden.

August Everding
»Parsifal« – ein Bühnenweihfestspiel?

Warum ein Fragezeichen, wo Wagner es doch fraglos so wollte? Warum Aufführungen in München, Stuttgart, Berlin, Hamburg, wo Wagner ohne Zweifel nur Bayreuth wollte? Warum nur Bayreuth? Zitat von 1880:

»... weil die geweihtesten Mysterien nicht neben dem üblichen Vergnügungsrepertoire gezeigt werden sollten vor einem Publikum, das nur von Trivialität angezogen wird und von Kritikern, die inqualifikabel sind. Der Parsifal ist nirgends anders aufzuführen als in Bayreuth. Nie darf und kann ich ihn auf anderen Theatern aufführen lassen – es sei denn, daß sich ein wirkliches Wagner-Theater ausbilde, ein Bühnenweihtheater, welches das über die Welt verbreite, was ich bis dahin rein und voll auf mein Theater in Bayreuth festgelegt habe.«

Erfüllen unsere Theater diesen Anspruch?

Bevor die dreißigjährige Schutzfrist abgelaufen war, empörte sich 1913 der Kritiker Max Koch: »Parsifal paßt so wenig auf die gewöhnlichen Theater, wie die Oberammergauer Spiele in den geschäftlichen Theaterbetrieb gehören.« Als Privataufführungen illegal in New York und Amsterdam stattfanden, protestierten Strauss, Nikisch, Muck und Mottl. 1914 war das Werk frei und in Frankfurt und Hamburg zu sehen, und wenn man eine Kritik über eine Aufführung in London 1937 liest, fragt man sich, ob die Sorge um den frei gewordenen »Parsifal« nicht berechtigt war.

»Dieser Tage fand eine festliche Aufführung in Covent Garden statt ... das ausverkaufte Haus bereitete der ausgezeichneten Aufführung einen überaus herzlichen Erfolg. Es war nicht nur ein künstlerisches, sondern auch ein gesellschaftliches Ereignis ersten Ranges. Es blitzte in dem riesigen Haus nur so von Brillanten, Diademen sowie Halsketten, und die Auffahrt war eine Schau, die ganze Reihen von bewundernden Zuschauern auf den Straßen entstehen ließ.«

Was läßt manche bei dem Wort Bühnenweihfestspiel mokant lächeln und andere so erhaben strahlen? Ist es, weil wir erkannt zu haben glauben, daß Bühne durchaus auch entweihen kann, enttabuisieren muß? Daß ein Sakrileg und eine Provokation Bühnenspiele ohne Weihrauch sind?

Wenn man einem Theologen sagt, die Karfreitagsliturgie sei wieder ein echtes Weihefestspiel gewesen, wird er sich nicht nur an dem Wort »echt« stoßen. Für ihn ist das Weihefestspiel weniger als die geglaubte Wirklichkeit eines liturgischen Vollzugs. Für Wagner war der »Parsifal« die jährliche große Messe einer neuen Religion. »Parsifal« ist kein christliches Stück, es entlehnt christliche Formen, es ist schon gar kein katholisches Stück, es bietet eine Kunstreligion im Hegelschen Sinne, die nur in Bayreuth zelebriert werden sollte. Es ist ein eminentes Bühnenstück. Für die Zuschauer muß in der Wirkung Weihe im Spiel sein, sonst würde man Applaudierende nicht auszischen; man erträgt scheinbar endlose Passagen Musik. Ein Fest ist es nach wie vor, nicht nur, daß es bei uns fälschlich zu den Festen gegeben wird. Viele pilgern noch nach Bayreuth, vor allem Franzosen, man bereitet sich ernsthaft vor und bezahlt höchste Preise, um beim gespielten Liebesmahl zusehen und -hören zu können.

Natürlich hat Wagner diese Oper auch so genannt, um zu zeigen, daß sie keine Oper mehr ist. »Parsifal« ist der Endpunkt eines Weges, der bei Schütz und Monteverdi begann. Obwohl die durchkomponierte Form bei Wagner etwas Neues ist, erkennt man besonders im ersten Akt die alten Formen von Rezitativ, Arioso und Choral. Eine szenische Passion ...

Strawinsky sah in »Parsifal« die Apotheose eines Eigenkults mit den Elementen einer Pseudoreligion, die ihm verhaßt waren wegen des darin offenbar werdenden Hochmuts. Wagner hat länger an »Parsifal« gearbeitet, als Mozart lebte. Er schrieb zuerst den Text, den er fast nicht änderte, auch aus dem Glauben, daß er es »bei der Dichtung allein bewenden lassen könnte« (an Frau von Wesendonck). Boulez weist mit Recht darauf hin, welcher Abgrund zwischen dem zur selben Zeit entstandenen Rimbaudschen »Saison en enfer« und dem »Parsifal« besteht. Das Thema des »Parsifal«, Erlösung durch die göttliche Liebe, hat alle Romantiker seit Goethe bewegt. Berlioz und Schumann haben es vertont.

Für den Regisseur gibt es viele Wege zum »Parsifal«. Die Mythologie ist ein Ansatzpunkt, die Tiefenpsychologie spielt im zweiten Akt eine große Rolle, die theologische Haltung will bedacht sein. Das entscheidende Agens aber sollte die Musik sein. Musikalisch und szenisch haben wir es mit einer Welt der sich überkreuzenden Bezüge zu tun, das Transitorische in seiner Musik, die Wiederkehr der gleichen Themen ist kein Einfallsmangel, sondern Methode und ein beständiges Oszillieren zwischen Erkennen und Illusion. Bruno Walter schreibt in einem Aufsatz über Mozart: »... in der ›Zauberflöte‹ zeigt sich eine ausgesprochene Vereinfachung der orchestralen Sprache im Vergleich mit früheren Werken. Es ist die Einfachheit höchster Reife, wie sie auch zum Beispiel Wagners ›Parsifal‹ im Vergleich zu seinen früheren Musikdramen aufweist.« Der Regisseur sollte also von der Musik ausgehen und von den Wagnerschen Regieanweisungen, ob er sie nun befolgt oder nicht. Musik und das Ernstnehmen der Regieanweisungen haben mich auch bewogen, das Bühnenbildgespräch mit Fuchs zu beginnen. Wir wollten das Werk wieder in den Zusammenhang mit seiner Entstehungszeit stellen. Wir wollten eine musikadäquate Aufführung versuchen, und die Bilder Moreaus tauchten auf, die von Odilon Redon, von Böcklin und Makart. An die Texte von Verlaine und Baudelaire sei erinnert.

Ich stellte dem Bühnenbildner die Aufgabe:

1. Akt: Ein heiler Wald, in dem Tiere gemalt und nicht geschossen werden. Ein Gralstempel nicht nur für heilige und wehrhafte Kreuzritter, sondern anfällige Brüderschaften in mystischen Rotunden. Ein Raum für weiße Magie.

2. Akt: Ein Turm für schwarze Magie, ein Lustgarten, in dem schöne Frauen wachsen, der so verlockend ist, daß eine Mauer gezogen werden muß, damit die Ritter nicht alle gralsflüchtig werden. Dieser Garten wird zur Öde.

3. Akt: Der heile Wald ist alt geworden. Die Gralsburg öffnet sich zur neuen Religion.

Uns schien es notwendig, die durchkomponierten Übergänge zwischen den Bildern nicht hinter einem Vorhang zu verbergen, sondern zu zeigen. Dazu gehört auch, daß Montsalvat und Klingsors Schloß auftauchen und verschwinden aufgrund magischer Vorgänge, die zu dem gehören, was Adorno Phantasmagorie nennt. Wenn Wagner am 29. November 1878 schreibt: »Du hast recht, etwas wie die Tiziansche Farbe ist es wohl, was gesucht wird« – dann suchte ich einen Maler, der Bildern ermöglicht, Räume zu werden. In diesen Räumen sollen Menschen agieren und nicht einem Weihefestspiel entstiegene Figuren. Die Bezüge der Menschen untereinander und ihre Haltungen versuchte ich zu zeigen. In einem Bühnenweihfestspiel *schreitet man,* mir genügt *gehen*. Die Regie versuchte, Situationen deutlich zu machen.

Der »Parsifal« ist voll von verschiedenen Formen der Liturgie, manchmal im strengen Sinn der lateinischen Kirche als gottesdienstliches Geschehen in der Kirche, manchmal im Sinne der Reformationskirche als geordneter Ablauf einer Versammlung im Namen Jesu. Die erste Szene beginnt mit einem Morgengebet. Wenn zu den Liturgieformen noch Riten, Symbole und magische Zeichen in diesem Stück aufgezeigt werden, ist der dramaturgische Ablauf des Stückes und seiner Personen durchschaubar.

1. *Das Ritual des Bades*. Gleich nach dem Frühgebet beginnt das Stück mit einer Überraschung. Früher als sonst erklingt die Musik, die anzeigt, daß Amfortas von Schmerzen gepeinigt sich zum heilenden See tragen läßt. Er hofft, daß ihn die Quelle labt, er weiß aber, daß es zwecklos ist, zu viele Arzneien waren schon wirkungslos. Gleich in der ersten Szene wird Amfortas vorgestellt. Nicht nur als der passive Leidende, der Schönsinger, der die Waldesmorgenpracht preist, nein, er ist ein aufbrausender Mann – auch jetzt noch –, der aufbegehrt, als er erfährt, daß einer ohne Urlaub sich von der Truppe entfernt hat. Die Regie vernachlässigte die Christuszüge, die diese Figur dem äußeren Muster nach hat. Viel mehr als Christus ist er Prometheus, Faust, ein protestierender Selbsterlöser. Er ist der »Allzukühne«, der im Alleingang mit der heiligen Lanze Klingsors Reich stürmen wollte. Seine Wunde ist nur äußerlich Christi Wunde. Es ist Prometheus' Wunde, der so gegen Zeus aufbegehrt wie Amfortas gegen Titurel, der immer wieder for-

dert, daß der Gral enthüllt werde. Der enthüllte Gral erinnert an den verlorenen Speer, an alte Schuld, reißt alte Wunden auf, so wie die Adler des Zeus täglich an Prometheus' Wunde fressen. Sein solistischer Erlösungsversuch scheiterte, der heilige Speer ging verloren, und jetzt sieht er seine einzige Erlösung im Tod. Er zeigt uns eine Sterbenssehnsucht, die zu einer Sterbenssucht wird. Wagner schreibt 1859: »Genau betrachtet ist Amfortas . . . mein Tristan des dritten Aktes mit einer undenklichen Steigerung.« Er reißt sich wie Tristan seine Wunde auf, er provoziert die Ritter, wie Tristan den Melot provoziert. Auch Kundry sieht im Tod den einzigen Ausweg aus diesem Jammertal der Lüste. Für beide ist das Sterben eine Wollust. Beide werden immer wieder von Magiern in Dienst genommen, Amfortas von Titurel, Kundry von Klingsor, dem eigentlichen Gegenspieler des Amfortas.

2. *Zum Raum wird hier die Zeit.* Früher, als im Stück verzeichnet, lasse ich Gurnemanz, diese Mischung aus Gralslehrer und Evangelist, ahnen, wähnen, vermuten, daß dieser Tollpatsch, der seine eigene Biographie nicht kennt, der verheißende, rettende, reine Tor sein könne. Sonst wäre er gar nicht an diesen »locus sacre« gelangt; vor ihm weicht der Wald zurück, wird Unbegehbares begehbar, öffnen sich verschlossene Tore, und Berge werden versetzt. Der heile Wald verwandelt sich zum Kultraum. Die Zeiten verlieren ihre Konturen. Immer mehr Vergangenheit, und zwar die vor dem Sündenfall, dringt ein. Die Gegenwart wird besetzt von der Vergangenheit. Die Personen bleiben oft stehen und erzählen langatmig ihre Herkunft, die Vergangenheit ist. Gegenwart schließt Vergangenheit ein, die Vergangenheit bedingt die Gegenwart, die Zukunft ist die Erlösung. Zum Raum wird auch die Zeit bei der magischen Verwandlung des Klingsor-Gartens, in der Kundry-Beschwörung, in der Erzählung von Parsifals Irrfahrt, die nach einer Tagebuchnotiz Wagners auch an Tristans Siechbett vorbeiführen sollte. Die Vergangenheit ist Titurel, Amfortas die Gegenwart und Parsifal die Zukunft. Mit Mitteln des Theaters will Wagner räumliche Entfernung und zeitliche Distanz überbrücken. Der Gedanke der Vierdimensionalität ist Wagners Anstrengung, sein »Theater der Zukunft« zu erreichen.

3. *Die Gralsliturgie*. Titurel, diese lebende Mumie erstarrter und unlebendiger Ordnungen, verlangt eine Liturgie, deren die Ritter zwar noch bedürfen, die aber keine Leiturgia mehr ist. Im Mittelalter war der Gral ein Stein aus Luzifers Krone, und Klingsor brauchte ihn der Macht wegen. In einer anderen Deutung ist der Gral ein Stein im Feuer des Vogels Phönix, der diesem zur Wiedergeburt verhilft. Im »Parsifal« ist der Gral Christi Abendmahlkelch, der zusammengeschmolzen wurde mit der Schale des Josef von Arimatäa, mit der dieser das Blut Christi unter dem Kreuz auffing. Rituale, deren Sinngebung nicht mehr gewußt und gelebt wird, erstarrte, entleerte Form. Gurnemanz, dieser gute Lehrer, der etwas von Wotans hoffnungslos-ohnmächtigem Weltwissen hat, glaubt den Retter von Krankheit und Erstarrung gebracht zu haben. Weil aber das erhoffte Wunder nicht gleich eintrifft, wirft er Parsifal aus dem Tempel heraus. Da ertönt die Stimme aus der Höhe, die vom reinen Tor singt, und Gurnemanz überfällt die quälende Frage, ob er den Falschen respektive den Richtigen vor die Tür gesetzt habe.

4. Der *weißen Magie* des Titurel und des Amfortas steht die *schwarze Magie* des Klingsor entgegen. Auch er ruft wie Titurel zum Amt: Kundry. Er beschwört, wo die anderen beten. Er ist nicht der Bösewicht. Auch er wollte Selbsterlösung, glaubte durch Entmannung seines Triebs Herr zu werden und erhoffte danach Aufnahme in die Rittergemeinschaft. Der selbstgerechte Titurel weist ihn ab. Daraufhin schafft er sich einen verführerischen Zaubergarten und kämpft um Speer und Gral als Machtinstrument. Klingsor ist der enttäuschte und egoistische Mensch, der deshalb zu allen Mitteln greift. Schwarze und weiße Magie sind keine endgültigen Lösungsangebote; darum meint Adorno, was an »Parsifal« überdauert, ist der Ausdruck der Hinfälligkeit von Beschwörung selber.

5. *Drei magische Zeichen* bestimmen die Szene mit Kundry und Parsifal.

a) *Der Ruf seines Namens,* der, wie Gottes Adam-Ruf, Parsifal dazu bringt, sich an sich zu erinnern und sich seiner bewußt zu werden. Der Mann ohne Eigenschaften bekommt ein Ich.

b) *Der Kuß Kundrys,* der ihn welthellsichtig macht. Der

Jüngling ohne Ziel und Auftrag sieht seine Bestimmung. Wieland Wagner stellt den Kuß in den Schnittpunkt des »Parsifal«-Kreuzes, das ein psychologisches Schema der Grundideen und Beziehungen der Personen untereinander darstellt. Parsifal, der durch Mitleid Wissende, hat kein Mitleid mit Amfortas, er leidet mit Amfortas. Mitleiden statt Mitleid. Der Kuß läßt ihn die Dinge durchschauen, er wird der höchsten Reflexion mächtig. Er weiß jetzt, wie der Welt zu helfen ist, die liturgisch in ihrer Formelhaftigkeit erstarrt oder sich in ihrer Zügellosigkeit verliert. Er weiß jetzt, daß er Kundry widerstehen muß und warum. Nur durch sein Widerstehen kann er sie von ihrer Triebfixierung lösen, wie er von seiner Mutterfixierung befreit wurde. Nach dem Kuß sieht Parsifal plötzlich den ihm vorher verborgenen Anfang des Dramas. Er sieht aber auch das mögliche Ende.

c) *Die magische Kraft des Speeres*, die Klingsors Reich der Blumenmädchen verdorren läßt. Ich darf anekdotisch daran erinnern, daß Wagner während der Arbeit am Amerika-Festmarsch die Kosemelodie der Blumenmädchen aufzeichnete mit dem erklärten Ziele »amerikanisch sein wollend«. Interessant ist, daß Wagner die Schreibform Parzival in Parsifal änderte, als Görres feststellte, daß der Name aus dem Arabischen herzuleiten sei: Parsi = pur und fal = fou.

6. *Liturgie der Taufe und Salbung und Fußwaschung*. Der schwarze Ritter hat in das Gralsgebiet zurückgefunden, Kundry salbt ihm die Füße, trocknet sie mit ihrem Haar. Plötzlich sagt unerwartet Parsifal ein Kodewort: »... das Haupt nun salbe Titurels Genoß, daß heute noch als König er mich grüße.« Er sagt das selbstbewußt, wie eine Losung; Gurnemanz erkennt sie auch gleich und salbt ihn. Denn: »So ward es uns verheißen.« Und dann vollführt Parsifal sein erstes Amt, und das ist nicht Kampf gegen Klingsor, nicht dogmatische Neubestimmung. Als erstes tauft er Kundry.

7. *Das Symbol des Lachens und Weinens*. Das Lachenmüssen ist die Dramaturgie von Kundrys Rolle. Weil sie gelacht hat, als sie Christus am Kreuz sah, und weil sein Blick sie traf, ist sie zum Lachen verflucht. Sie ist dazu verdammt, in immer neuen Gestalten in stets wechselnder Wiedergeburt die Män-

ner zu verführen. Erlösung, die ein gänzliches Verlöschen sein soll, wie wir es von Elsa und Isolde kennen, ist ihr nur verheißen, wenn ihr ein reiner Mann widersteht. Sie muß alle Männer wollen und haßt jeden, den sie will. Nach jeder Verführung verfällt sie in ein Rasen, flüchtet in die Wildnis, als Büßerin zu den Gralsrittern, denen sie in leidenschaftlicher Aufopferung dient. Zwischendurch wird sie von Klingsor zitiert und als Verführerin angesetzt. Sie lacht das Lachen der Verdammten, der Verführerin, der Trotzigen, das Lachen der Angst und das Lachen der Todeswollust. Sie würde sich gern zu Tode lachen. Aber erst nach der Taufe, als der Karfreitagszauber die erstarrte Natur, die wie Kundry in trostlosem Winterschlaf gelegen hat, wieder lächeln läßt, erst jetzt kann Kundry endlich weinen und das schreckliche Lachen verlieren. Ein ungeheurer Spannungsbogen: Ein Mensch, der das Weinen verlernt, weil er einmal falsch lachte, und lachen muß, bis er das Weinen wieder lernt durch die Natur, die ihm richtiges Lachen vorzeigt. Kundry ist Mutter und Geliebte, die Frau der Frauen, die im dritten Akt nur zwei Worte zu singen hat: dienen, dienen.

8. *Die alte Magie und die neue Liturgie*. Die Totenliturgie der führungs- und beschäftigungslosen Ritterschaft für Titurel bleibt Reliquienverehrung. Erst Parsifal läßt den Schrein für immer öffnen. Er lehnt die Formelhaftigkeit leerer Bräuche ab und gibt dem Verkrusteten wieder Sinn und neue Form. Er bringt den Speer an den alten, leeren Platz zurück. Gral und Speer sind wieder beisammen. Die Restitutio ist herbeigeführt, die Synthese vom Vater-Mutter-Reich ist erreicht. Das Reich des Geistes, der Utopie, wo die Gegensätze ineinanderfallen, steht bevor. Parsifal läßt Reliquien und Zaubergerät beiseite. Er führt seine Religio auf das Einfache zurück. Er lädt seine Gefährten Kundry, Gurnemanz und Amfortas zur Konzelebration ein. Die liturgischen Gewänder, mit denen Amfortas beschwert wurde, lehnt er ab. Die Kommunionsfeier fehlt im letzten Bild, der Bruderkuß findet nicht mehr statt. Nach dem Erleuchten des Grals erscheint bei Wagner die Taube. Wir haben versucht, optisch dieses neue Jerusalem darzustellen: Der alte Tempel öffnet sich und gibt den Blick frei auf eine mögliche Transzendenz.

In diesen acht Ritualen versuchten wir, Inhalt und Charakterisierung der Figuren darzustellen.

In der Vorrede zu seiner Bayreuther Aufführung schreibt Boulez: »Für den Gläubigen gibt es etwas Schöneres als den ›Parsifal‹: irgendeine stille Messe in irgendeiner Kirche; für den Ungläubigen gehören alle diese Dogmen und Rituale zu einer Art Vorgeschichte des menschlichen Geistes.« So einfach und aufgeklärt dieser Satz klingt, er stimmt nicht – weder für den »Parsifal« und schon gar nicht für die Liturgie. Weder die Oper noch die Liturgie braucht sich des äußeren Gewandes zu schämen. Aber sowohl der Liturgie als auch den Opernreformern geht es darum, daß der Sinn nicht zugedeckt und verschüttet wird durch leere Formen. Die Oper hat den Vorteil, nicht nur durch Darsteller ausgedrückt werden zu müssen, sie hat die komponierte Musik, die fast alles ausdrückt, was das Bewegende einer Szene ist. Weil aber Wagner alles durchkomponiert hat, laufen gerade Dirigent und Regisseur bei »Parsifal« Gefahr, alles gleich wichtig zu nehmen. Der Gurnemanz hat so viel Richtiges und Wichtiges zu sagen – Claudel nennt diese Wagnersche Vorliebe für das Rezitativ ein »fortwährendes Inbeschlagnehmen der Gegenwart durch Vergangenheit« –, daß er leicht langweilig wirkt, wenn er fortwährend den Mund zu voll nimmt. Eine große Arbeit des Dirigenten Stein bestand darin, die Reihenfolge der Wichtigkeiten auch in der Intensität des Ausdrucks zu beachten und die Körner von der Spreu zu scheiden. Boulez bemerkt, daß »Parsifal« von Wagner komponiert sei und nicht von Wilhelm II.

Diese Oper fordert ein Bekenntnis – weniger ein Bekenntnis zum jeweiligen Bekenntnis der Produzierenden, sondern eines zur Form des Theaters. Ich halte es für ein Zeichen der Vielfalt dieser Oper »Parsifal« und unserer Theater, daß sie in München im Jugendstil-Gewand erscheint, in Wuppertal konzertant dargeboten wird mit unterstreichender Lichtregie, in Berlin mit der Betonung auf Projektionen, daß sie in Stuttgart skelettiert und abstrahiert dennoch ihren Kern sichtbar macht. Unserer Aufführung wird man vorwerfen, daß sie hinter Wieland Wagner zurückgeht, weil sie sich für das Bild, die Farbe, das Licht, Kostüm und Maske entscheidet. Kein Staub verflossener Aufführungspraktiken darf auf einem neuen Versuch liegen, jeder Ansatz ist neu, sosehr auch das geschichtliche Vorwissen mitwirkt.

Natürlich verstehe ich Wagners Zitat in Cosimas Tagebuch vom 23. September 1878: ».. ach! es graut mir vor allem Kostüm- und Schmink-Wesen ... und nachdem ich das unsichtbare Orchester geschaffen, möchte ich auch das unsichtbare Theater erfinden!« Aber ich widerspreche: Unsichtbares Theater ist eine Contradictio in adjecto, und gerade Wagner hat im Gesamtkunstwerk Oper das Gegenteil bewiesen. Die 100-Jahr-Feier in Bayreuth läßt alte Diskussionen neu aufleben. Aber schon Shaw mokierte sich darüber, daß es »Menschen gibt, die es nicht ertragen können zu erfahren, daß ihr Held während eines Aufstandes mit einem berüchtigten Anarchisten im Bunde war, daß er von der Polizei steckbrieflich gesucht wurde, daß er revolutionäre Pamphlete schrieb und dennoch den ›Parsifal‹ komponieren konnte«.

Heute verstehen viele junge Zeitgenossen nicht, daß Wagner, obwohl er Bakunin kannte und politische Pamphlete schrieb, dennoch den »Parsifal« komponieren konnte.

Rudolf Hartmann
Zusammenarbeit mit Carl Orff

Aus dem Spielplan greife ich die Neuinszenierung der *Bernauerin* von Carl Orff heraus. Mit ihr knüpfte ich an die Ebenhausener Tage an und wertete die in Nürnberg gemachten Erfahrungen bei der Wiedergabe des gleichen Stückes aus. Orff, der immer Bewegliche, hatte wieder neue Gedanken, vor allem für den Schluß. Wir arbeiteten mit großer Intensität, und die ausgewählte Besetzung erfüllte unsere künstlerischen Wünsche restlos – bis zur nächsten Neuinszenierung! Es war vor allem der Schluß, der Orff immer weiter beschäftigte. Die Erscheinung der Agnes am Himmel, in Wolken eingebettet wie eine kostbare Tapisserie, die Bilder überhaupt, wobei die alte Idee der Hinterglasmalerei wiederauftauchte – es gab eine Fülle von Gedanken und Versuchen. Mit den Wochen der Proben wurde für die Musikbühne Neuland gewonnen.

Wie sehr Orff sich gerade für die Aufführungen der *Bernauerin* interessierte, geht aus seinen Briefen hervor, in denen er sich mehrfach mit Inszenierungserfahrungen und weiteren zukünftigen Plänen für dieses Stück und für den *Mond* befaßt. Die *Carmina burana* und die *Kluge* – das waren seine »todsicheren Pferde«, die auch unter schwierigen Bedingungen ihre Siege erzielten. Über die Nürnberger Erstaufführung der *Bernauerin* schrieb Orff am 7. Februar 1950 (aus seinem damaligen Domizil in Gräfelfing bei München) unter anderem: » ... Ihre Nürnberger *Bernauerin* hat mächtig hingehaut, das Stück liegt Ihnen großartig, das wußten wir beide ja schon in Ebenhausen, und ich hoffe, daß Sie's noch recht oft so überzeugend den Menschen beibringen können ...« In der Nachschrift des gleichen Briefes teilte er eine ihm zuteil gewordene Ehrung mit: »Die Dresdener Oper hat mich anläßlich der 1. Aufführung der ›wegweisenden‹ Antigonae zum Ehrenmitglied ernannt. In Nachfolge Meister Strauss'! Es hat mich *sehr* gefreut.«

Carl Orff nahm am Zustandekommen meines Münchner

Vertrages lebhaften Anteil und bemühte sich selbst, vor allem bei dem Staatssekretär für die schönen Künste, Dieter Sattler, um beschleunigte Behandlung der mit mir begonnenen Verbindung. Er wußte, daß ich im Dezember 1950 nach Neapel gehen würde, und wollte vorher eine Entscheidung herbeiführen. In einem Brief vom 4. Dezember 1950 hieß es: »Lieber Herr Hartmann, eigentlich wollte ich längst schreiben. Täglich rief ich Diess [Generaldirektor der Staatstheater] an, jedes Mal wurde mir gesagt: ›morgen entscheidet sich's‹. Diese ›Entscheidung‹ hätte ich Ihnen gern mitgeteilt. Jetzt muß ich aber doch so schreiben und werde Ihnen im eingetretenen Falle ein Telegramm senden, das Sie gleich in Kenntnis setzt ...«

Im gleichen Schreiben befaßt sich Orff noch mit der Inszenierung seines Stückes *Der Mond*, die ich kurz vorher in Nürnberg gemacht hatte. »Der Abend war, das hat sich auch hier herumgesprochen, ein ganz großer Erfolg für Sie. Zugleich haben Sie meinem Schmerzenskind neuen Lebensatem eingehaucht ... Sie haben jedenfalls mal wieder ein Meisterstück geliefert ... Die Aufführung ging mir lange nach, auch bin ich durch Ihre Szene zu allerhand Erkenntnissen gekommen. Die Proportionen stimmten von mir aus noch nicht ganz. Ihr ausgezeichneter Regieeinfall des ›maßlosen stil. [stilisierten] Saufens‹ zum Baßtubasolo wird mit Ihrem Einverständnis in die Partitur übernommen. So kommt die Musik großartig heraus ...«

Er schließt dann weitere beabsichtigte Änderungen an und meint: »Ich verdanke diese Erkenntnisse nur Ihrer Aufführung, da für den Mond oft meine eigene Bühnenphantasie nicht ganz ausreicht. Hoffentlich können wir so den Mond + Kluge (diese goldrichtige Zusammenstellung müßte bindend bleiben) auch in absehbarer Zeit in München machen. Die Kluge kann man natürlich auch allein spielen, den Mond *nicht*, der erhält seine Abrundung und *notwendige* Ergänzung erst durch das 2. Stück ...«

Für diese besprochene *Mond*-Aufführung in Nürnberg entwarf der Münchner Bühnenbildner Kurt Hallegger, der auch durch manche gelungene Arbeit im Residenztheater in Erinnerung ist, die Szene und die Kostüme.

In einem 1952 für ›Atlantis‹, Zürich, verfaßten Artikel schrieb ich in »Begegnungen und Begebenheiten«:

»Orff und seine Bernauerin
Isartal, Frühjahr 1945. Wenig Erfreuliches geschieht. Die Theater sind geschlossen, tot, nur der Krieg ringsum ist sehr lebendig und täglich mehr fühlbar.
Carl Orff tritt an einem schönen, sonnigen Vormittag durch die Gartentüre ein. Er arbeitet an einem neuen Werk und kommt öfter, um mir einige Szenen vorzulesen. Wir gehen zu seinem Lieblingsplatz, dem abseits gelegenen ›Bankerl‹ unter den großen Tannen. Dort setzen wir uns hin, reden wenig und schauen durch den warmen Sonnenschein auf das im Dunst blau schimmernde Gebirge. Ich weiß, daß ich nicht drängen darf. Das hat Orff nicht gerne. Zudem müssen wir uns beide im geruhsamen Vorsichhindenken loslösen aus der so schwer gewordenen Alltäglichkeit. Plötzlich greift er rasch in die Tasche, bringt einige Blätter hervor. Schon erklärt er kurz und plastisch die Szene, wie sie ihm vorschwebt, dann liest er aus der *Bernauerin*: ›'s Amixl hat g'sunga ...‹ Ich lausche dem Klang der altbayrischen Worte, die mich mehr und mehr gefangennehmen, und forme in Gedanken die Szene auf einer imaginären Bühne mit. Orff redet, wir sprechen angeregt weiter. Er skizziert die weitere Planung des Werkes, fragt mich um meine Meinung zu einem von ihm gedachten Bühnengrundriß, zu seinen Vorstellungen von den Bildern. Unter dem Eindruck des ersten Hörens und Aufnehmens antworte ich, daß die Bühne etwas vom herben Charakter und von der eindringlichen Farbigkeit alter bäuerlicher Glasmalereien haben könne. Orff blickt mich nachdenklich an, sagt jedoch nichts dazu. Erst viele Jahre später, als das Werk schon mehrere Aufführungen erlebt hatte, erinnerte er sich dieser Bemerkung.
Im gleichen Augenblick werden wir jäh gestört. Jagdflieger kommen vom Starnberger See herüber, die Bordwaffen knattern. Orff steht auf, mit resigniertem, verbittertem Gesicht: ›Geh'n wir, ich komme morgen wieder vorbei‹.

Wir gehen dem Haus zu, bedrückt und schweigend, wie die Bürger in der *Bernauerin*: 's wird kalt ...«

Bezeichnend für Orff ist, daß es lange dauert, bis eines seiner Bühnenwerke für ihn als abgeschlossen und »fertig« gilt. Sein eminenter Theatersinn ist immer hellwach, immer bereit, neue Impulse zu verwerten, gewonnene Erkenntnisse einzugliedern. Es braucht Zeit, bis er sich ganz von einem Werk lösen kann, bis sich ihm aus dem Kaleidoskop vieler verschiedener Aufführungseindrücke ein befriedigendes und – vorläufig – engültiges Bild geformt hat. Bis zu diesem Augenblick aber arbeitet er immer weiter, will dies und jenes ändern, anders gestalten und ist selten mit sich selbst zufrieden. »Da hab' *ich* einen Fehler gemacht«, sagt er dann halb ernst, halb scherzend, und schon spricht er in wenigen treffenden Worten von einer neuen Idee.

Im Frühjahr 1952 wurden im Rahmen einer festlichen Woche in Nürnberg drei Orffsche Bühnenwerke aufgeführt: *Der Mond, Die Kluge* und die *Bernauerin*. Meine Inszenierung des letzten Stückes kannte Orff schon von früherer Gelegenheit her. Wiederum freute er sich der starken Wirkung. Die Aufführung blieb im Dekorativen streng auf das Nötigste beschränkt, die handelnden Personen bewegten sich, unterstützt von wenigen konzentrierten Lichtwirkungen, vor dunklem Hintergrund. Als wir uns später über den empfundenen Eindruck unterhielten, erinnerte er sich plötzlich des Gespräches im Frühjahr 1945: »Ob man einmal mehr Dekoratives verwenden soll ... Farbe?« Es scheint manchmal, als ob es ihn triebe, die Kraft des Geschaffenen nach allen Richtungen hin zu erproben. So ist er nie kleinlich und pedantisch streng auf Befolgung seiner Anweisungen bedacht. Ihm geht es um die überzeugende Bühnenwirkung. Mit großem Vergnügen und ehrlicher Bewunderung erzählte er von einer Aufführung der *Klugen* in Rom, bei welcher die komödiantische Begabung der italienischen Sänger-Schauspieler Triumphe feierte.

Das ist Orff: jeder mitreißend improvisierte szenische Einfall wird dankbar aufgenommen. Das Theater ist ihm ein lebendiges Wesen mit Launen, die er gerne akzeptiert, wenn sie Geist und Witz haben.

Mit der ständigen Pflege seiner Werke an der Bayerischen Staatsoper konnte ich die mir so wertvolle Verbindung mit Carl Orff forsetzen und manche seiner Wünsche zur Tat werden lassen.

VI. ZUR MUSIK UNSERER ZEIT

Karl Linke
Schönberg als Lehrer

Was das Musikstudium bei Schönberg so faszinierend macht, ist diese ungeheure Ansammlung von Energie, die in jedem Worte liegt, das er spricht. Nie wird etwas Schablone, formelhaft oder starr. Es ist bezeichnend, daß Schönberg immer auf und ab geht, wenn er etwas entwickelt; weil alles in ihm Aufruhr und Bewegung ist. Vortragen heißt bei ihm immer entwikkeln, ableiten, flüssig machen. Schönberg sagt nicht das, was er weiß, sondern was er denkt, was er jedesmal neu denkt. Das bloße Wissen ist etwas Gestorbenes. Es ist einmal eingenommen worden, hat sich im Gedächtnis festgesetzt und verwest dort langsam. Vom Wissen leben die Denkschwachen. Ihre Erneuerungsprozesse haben aufgehört; sie haben sich eingekapselt wie eine Schnecke, die ihr Ende fühlt. Nur mit dem Unterschied, daß die Schnecke ein so feines Tier ist und ihr Ende *fühlt*; jene Menschen aber, deren Entwicklung hauptsächlich körperlich vor sich geht, gedankenlos weiterleben und sich von Kenntnissen nähren bis ins höchste Alter. Haben sie nun unglücklicherweise mit der künftigen Generation zu tun, etwa als Lehrer, dann kommt jene Sorte von Menschen zustande, die immer wissen, wo sich etwas »befindet«, wo »derselbe« ist und die »diejenigen kennen, welche«. Über die sich Wustmann schon vor zwanzig Jahren lustig gemacht hat; jene Dutzendmenschen, die überall eine »Meinung« haben, weil sie überall etwas gelernt haben. Das Lernen ist es ja. Auf das Gelernte sind die meisten stolz, nämlich auf das, was ein anderer in sie hineingebohrt, -gepreßt und -gestampft hat. Was ja doch eigentlich gar kein Lernen ist, sondern ein bloßes Addieren. Tatsachen werden neben Tatsachen gestellt; ihre Tätigkeiten und Eigenschaften kommen in andere Fächer, wie es eine richtige Sprachlehre vorschreibt. O, so ein Hirn ist groß. Was aber Lernen eigentlich bedeutete, wäre nicht das Nebeneinanderstellen, sondern das Ineinanderfließen der Dinge, die Verwandlungsfähigkeit und die Fähigkeit, neue Dinge zu gebären. Das Lernen ist dann keine Addition, sondern eine Multiplikation.

Wenn man nun bei Schönberg multiplizieren lernt, so ist das viel mehr, als man sonst von einem Musikstudium erwartet. Denn hier zeigt sich unentrinnbar, was einer künstlerisch taugt. Es ist jede Möglichkeit ausgeschlossen, eine Musik vorzutäuschen, die nicht multiplikativ entstanden, also in den Tiefen ineinandergeflossen und Kristall geworden ist. Im Anfange schlagen die Studierenden gerne aus; sie machen alles schwieriger, als es das Material verlangte; sie verbarrikadieren eine einfache Melodie mit künstlichen Schranken, damit sie wenigstens interessant aussieht. Sie tun dies zwar nicht bewußt und absichtlich, sondern einfach deshalb, weil sie sich über vieles noch nicht klar sind. Schönberg hört es aber, wenn eine Melodie absichtlich ausweicht. Da ist ihm die ehrliche Banalität lieber.

Ich habe einmal in eine Stunde ein Lied gebracht, das ich hauptsächlich deshalb so liebte, weil es so schwer war. Als es Schönberg durchgelesen hatte, sagte er:

»Haben Sie sich das wirklich so kompliziert gedacht?«

Eine solche Frage bejaht ein Schüler immer. Denn sie schmeichelt. Aber Schönberg gab nicht nach:

»Ich meine: trug Ihr erster Einfall unzweideutig jene Komplizität der Begleitungsform in sich?«

Eine solche Frage bejaht ein Schüler nicht immer. Denn er fühlt, wie sie ihm an den Leib geht. Ich suchte mich auf den ersten Einfall zu besinnen. Aber Schönberg, durch meine Unsicherheit gestärkt, sprach weiter:

»Haben Sie nicht diese Figur nachträglich darübergelegt, um ein harmonisches Skelett zu bekleiden? Etwa so, wie man Fassaden an Häuser klebt?«

Jetzt hatte er's auch. Es stellte sich heraus, daß der Einfall bloß harmonisch und nicht zwingend bewegungszeugend gewesen war.

»Sehen Sie, dann begleiten Sie das Lied einfach harmonisch. Es wird primitiv aussehen, aber es wird echter sein als so. Denn was Sie hier haben, ist Schmuck. Das sind dreistimmige Inventionen, geschmückt mit einer Singstimme. Die Musik soll aber nicht schmücken, sie soll bloß wahr sein. Warten Sie ruhig auf einen Einfall, der Ihnen sofort rhythmisch, in der Horizontale ins Bewußtsein kommt. Sie werden staunen, was für eine Triebkraft ein solcher Einfall hat. Sehen Sie sich Schuberts Lied ›Auf dem Flusse‹ an, wie da eine Bewegung die andere zeugt. Und dann: Schwer darf Ihnen gar nichts vorkommen. Was Sie komponieren, muß Ihnen so selbstverständlich sein wie Ihre Hände und Ihre Kleider. Früher dürfen Sie es nicht aufschreiben. Je einfacher Ihnen Ihre Sachen scheinen, desto besser werden sie sein. Bringen Sie mir einmal jene Arbeiten, die Sie nicht herzeigen wollen, weil sie Ihnen zu einfach und kunstlos scheinen. Ich werde Ihnen beweisen, daß sie wahrer sind als diese. Denn nur von solchen Dingen kann ich ausgehen, die Ihnen organisch, also selbstverständlich sind. Wenn Sie etwas, was Sie geschrieben haben, sehr kompliziert finden, dann zweifeln Sie am besten sofort an seiner Echtheit.«

Einige solcher Entlarvungen und der Schüler ist fanatisch streng gegen seine Einfälle. Er hört seine Kompositionen genau aus, worauf es ja eigentlich ankommt. Und manchmal, das ist das wunderbarste in diesen Stunden, fühlt Schönberg bei irgendeiner Stelle der Kompositionsarbeit plötzlich, daß ihn etwas wegdrängt vom Satze, daß der Weg des Klanges anders weitergeht, um weiter unten wieder einzumünden. Was ist das? Eine Weile horcht er:

»Haben Sie diese Stelle nicht *so* gehört?« und spielt anders weiter, natürlich das, was der Schüler gesucht, aber nicht gefunden hatte; jene Takte, in denen die logische Folge des Einfalles verloren gegangen war und nicht mehr aufgefunden werden konnte.

»Jetzt denken wir aber nach, warum es so weitergehen muß!«

Nun beginnt die Forscherarbeit des Theoretikers. Hier wird ein b entdeckt, das den Klang in eine andere Richtung drängt. Dieses b muß Folgen haben, denen nicht nachgegeben wurde. Jetzt gilt es auszuhorchen, wohin sich der Satz gerne wenden möchte, wie lange er das Bedürfnis hat, zu fallen, und wo der Punkt ist, in dem er sich aufrafft, um zum Schlusse emporzusteigen. Da spricht Schönberg von einem Triebleben der

Klänge. Oder es ist eine kleine Taktverschiebung. Ergab sie sich notwendig, dann wird sie öfter als einmal vorkommen müssen. Denn sie ist dann organisch und in jedem Ton muß ihre Möglichkeit verborgen liegen. In allem Folgenden müssen die Ereignisse von vorher nachzittern.

Das wird seinen Schülern bewußt. Dieses Wissen ist aber eines, das nur scheinbar von einem andern gekommen ist. Das Wissen stak embryonisch in ihnen und es bedurfte nur des einen, der es wachrief. Schönbergs Art zu lehren ist darauf gebaut: Er läßt den Schüler finden. Und erst was einer selbst gefunden hat, gehört ganz ihm. Was er der Musik abgerungen hat in ernsthafter Arbeit, das geht nicht verloren, auch wenn die Komposition mißlungen ist. Die Kraft ist gewachsen, und wenn sie auch erst im zehnten oder im zwanzigsten Sturme siegen wird.

Kompositionsschüler wachsen am besten an ihren Arbeiten. Dirigententalente, deren Kraft im Reproduktiven liegen wird, erkennt Schönberg bald an der Art, wie sie etwas anfassen. Er behandelt sie dann anders. Da gibt er die Entwicklung der Musik durch die Werke der Großen selbst: die Analysen. Das ist der zweite Teil seines Lehrens. Jene, die selbst produzieren, führt er nur gelegentlich zur Analyse, um ihnen zu zeigen, wie z. B. Brahms ein harmonisches Problem behandelt oder wie es Beethoven im Quartett löst. Nie sagt Schönberg zweimal dasselbe, aber er kommt zehnmal von verschiedenen Seiten auf denselben Punkt. Die Erklärungsmöglichkeiten sind unendlich. Einmal sagte ihm jemand, daß er heute jene Beethoven-Sonate ganz anders erkläre als das letztemal, worauf Schönberg antwortete:

»Ich bin auch heute ein anderer Mensch und habe nicht die Verpflichtung, konsequent zu sein, sondern nur die, lebendig zu bleiben.«

Eine Erklärung, wie: Hier Hauptsatz, hier Seitensatz und darin diese Modulationen, ist ihm zu langweilig. Er sucht das Triebhafte im Kunstwerke; er zeigt, wie alles von einem Kern ausgeht und nach allen Richtungen ausstrahlt, wie die feinsten Verästelungen des thematischen Gewebes noch Beziehungen haben zum Kern, von dem sie gezeugt sind. Oder er zeigt, wie an einem scheinbaren Endpunkt ein winziges Gebilde hervorwächst, fast unsichtbar noch und ohne Bedeutung, wie es aber Freunde wirbt und stark wird und mächtig und endlich den Kampf aufnimmt mit dem Alten. Nie habe ich noch solche Ehrfurcht vor Beethoven gehabt, als nach jener Stunde, in der Schönberg in dieser Art eine Sonate analysiert hatte. Diese Analysen sind keine Konstatierungen der Verhältnisse; sie sind ein Durchleuchten von innen heraus, ein vollständiges Nachschaffen des Kunstwerkes.

Es ist mir oft gesagt worden, es sei die fabelhafte Kenntnis der Musikliteratur, die Schönberg befähige, so viel von diesen Dingen zu wissen. Ich kenne aber manche, deren Literaturkenntnisse vielleicht nicht geringer sind, und doch verstehen sie es nicht, mit ihren Kenntnissen jemand zu erwärmen. Es kann also nicht in den Kenntnissen liegen, sondern im Menschen, in der Art die Ereignisse anzuschauen, zu vergleichen und zu gruppieren, in der Fähigkeit, in verschiedenen Dingen gleich das ähnliche zu entdecken und in ähnlichen Dingen gleich das verschiedene. Nur so wird das Wissen flüssig und fruchtbar, und wenn es im Anfange schien, als wäre es verachtenswert, etwas zu wissen, so wird es jetzt klar, daß damit nur der Verwesungsgeruch gemeint war, der von dem toten Wissen aufstieg. Im produktiven Menschen wird alles fruchtbar, auch die Historie; denn er wird sie in die Gegenwart einbeziehen.

Merkwürdig ist, daß Schönbergs Art, zu lehren, sich mit dem deckt, was Scharrelmann und andere Schulmänner für die Schule überhaupt fordern: Den Unterricht loszulösen von den starren Formeln und abzuleiten aus dem Menschen, den man vor sich hat; weil er nur so organisch ist und fruchtbar werden kann. Die Kenntnisse sind ja eine schöne Sache, aber man sollte ebensowenig darauf stolz sein wie auf ein hübsches Gesicht, für das man nichts kann. Denn man hat sie bloß erlernt, sie gehören also höchstens unserem Gehirn und werden wieder verloren gehen. Erkenntnisse dagegen, die aus uns selbst hervorgegangen sind, sitzen auch im Blut und in den Nerven und sind durchaus unser Besitztum. Und gingen sie während der weiteren Entwicklung scheinbar verloren, so haben sie doch eine Stufe gebildet, über die wir hinwegschreiten mußten. Die

Stufe war aber notwendig. Das Ziel eines Unterrichtes können nur Erkenntnisse sein, zu denen der Schüler irgendwie kommen muß. Jedem seinen Weg dahin zu weisen und jene Hemmnisse, die nur aufhalten und nicht fördern würden, wegzuräumen, das nur kann die Aufgabe des Lehrers sein.

H. H. Stuckenschmidt

Daumenabdruck auf einem Jahrhundert – Arnold Schönberg

»Das schon Gesagte ist nicht mehr sagenswert«, lautete die Formel, mit der Arnold Schönberg das Gebot der unablässigen Abwandlung musikalischer Substanz begründete. Sie ist der Schlüssel nicht nur zu seiner Musik, sondern zu allem, was er hervorgebracht hat: zu dem systemlosen System der Harmonielehre, den Texten dramatischer, didaktischer, analytischer und polemischer Art, mit denen er seine Umwelt herausforderte, den Bildern, die er seit 1907 malte oder aquarellierte, den Erfindungen von der Notenschreibmaschine, die er 1909 patentieren ließ, über die Umsteigekarte, die er 1927 der Berliner Straßenbahn-Betriebs-Gesellschaft (vergebens) anbot, bis zum »Überschach« für vier Spieler.

Wandlungsbereit bis zum Selbstwiderspruch, wies er den Vorwurf, eine Durchführung bei Mozart vor vier Wochen anders gedeutet zu haben, zurück: »Ich war ja auch vor vier Wochen ein anderer Mensch!« Wandlung aber war ihm nicht Selbstzweck, sondern Mittel, einen gegebenen Zustand zu verbessern, zu bereichern, zu vervollkommnen. Bis in seine späten Jahre blieb er fähig, zu lernen und Erkenntnisse oder Urteile zu revidieren.

Schönbergs Vater war aus dem Ungarisch-Slowakischen nach Wien gekommen, die Mutter Pauline Nachod aus Prag, wo ihre Vorfahren als jüdische Kantoren Ansehen genossen. Er ein Freidenker, der sich von den mosaischen Traditionen löste; sie konservativ und fromm, mit Thorarolle und Chanukkaleuchter. Der kleine Schuhladen, später das Commissions- und Incasso-Geschäft im zweiten Bezirk, hielten gerade eben die Armut fern.

Auf der Leopoldstädter Insel, nahe dem Donaukanal, kam Arnold 1874 zur Welt, am 13. September, den er gern festlich und in großem Freundeskreis begangen hat, obwohl die Dreizehn ihm zur gefürchteten Schicksalszahl wurde. Hier besuchte er Volks- und Realschule, geigte er mit der Schwester Ottilie, verliebte er sich in die Cousine Malva, spielte er Quartett auf einem selbstgebastelten Cello, hörte er im Prater Freiluftkonzerte, diskutierte er mit den Freunden Oscar Adler und David J. Bach über Gott und Karl Marx, von dessen Lehre er sich bald als stolzer und bewußter Bourgeois abwandte.

Neujahr 1891 starb der Vater. Kurz danach verließ Arnold die Schule und arbeitete vier Jahre in der Bank von Werner & Co. »Polyhymnia« hieß der Orchesterverein, wo er unter Alexander von Zemlinsky Cello spielte. Der drei Jahre ältere brillante Musiker sah seine Kompositionen und gab ihm Unterricht in Satz- und Setzkunst. Schönbergs Entwicklung überstürzte sich. Als er 1901 des Lehrers und nunmehrigen Freundes Schwester Mathilde von Zemlinsky heiratete, war das brahmsische D-Dur-Streichquartett von 1897 schon aufgeführt, die tristansüchtigen Richard-Dehmel-Lieder und das Sextett »Verklärte Nacht« fertig, das gigantische Chorwerk nach Jens Peter Jacobsens »Gurreliedern« bis auf die Orchestrierung fast beendet.

Oscar Straus empfahl ihn dem Überbrettl-Leiter Ernst von Wolzogen. Als Angestellter des »Bunten Theaters« in August Endells luxuriösem Jugendstilbau kam der Jungverheiratete kurz vor Weihnachten 1901 nach Berlin. Hier begegnete er dem bewunderten Richard Strauss und dem Komponisten und Kritiker Max Marschalk, der die ersten Werke in seinen soeben gegründeten Dreililienverlag aufnahm, darunter die auf Strauss' Anregung geschriebene symphonische Dichtung »Pelleas und Melisande« nach Maeterlinck.

Wien, Herbst 1903. Schönberg ist mit Mathilde und dem anderthalbjährigen Töchterchen Trudi heimgekehrt. Die junge Universal Edition hat Arbeit für ihn und wird bald sein Hauptverleger. In den Schulen der genialen Pädagogin Eugenie Schwarzwald findet er eine Lehrtätigkeit. Gustav Mahler wird sein Gönner; dessen Freund Guido Adler, Musikwissenschaftler der Wiener Universität, schickt ihm einige Studenten. So werden Anton von Webern und Heinrich Jalowetz seine Schüler, etwas später Alban Berg und Egon Wellesz.

Wiens Geistesleben ist in Aufruhr. Die Sezessionisten um

Gustav Klimt, die Wiener Werkstätten und ihr ornamentfeindlicher Gegenpapst Adolf Loos suchen und finden neue Formen. Hermann Bahr ist ihrer aller Prophet; sein leidenschaftlicher Widersacher Karl Kraus schreibt in der »Fackel« Pamphlete gegen Presse und Modeliteratur.

In Schönbergs Musik leben alle Spannungen der Zeit. Jedes neue Werk eine Kampfansage. 1906 die erste Kammersymphonie mit dem auf 15 Solisten reduzierten Orchester, den Akkorden, in denen Quarten den Terzaufbau verdrängen. 1908 das fis-Moll-Streichquartett mit Gesang. 1909 die Stefan-George-Lieder, in denen eine tonartlose Musikprosa aller Tradition zu widersprechen scheint. Unmittelbar danach die Klavierstücke op. 11, die Orchesterstücke op. 16 und das Monodram »Erwartung«. Expressionistische Musik mit riesigen Intervallen und »emanzipierter Dissonanz«.

Skandale, Pfiffe, Gelächter bei den Uraufführungen, obwohl Künstler wie Arnold Rosé und Marie Gutheil-Schoder für die Stücke eintreten, Mahler die Ruhestörer abkanzelt. Schönberg wird eine Legende. Um den Vielgehaßten steht die Jüngerschar der Schüler. Die Großmacht der Universal Edition unter Emil Hertzka schützt ihn, kann aber die Not, in der die (durch den Sohn Georg vierköpfig gewordene) Familie lebt, kaum lindern.

Alles, was damals von Schönberg kommt, steht im Zeichen der Befreiung. Doch sie wird dem konservativen Grundgefühl mühsam abgerungen, wie unter höherem Befehl. Denn dieser scheinbare Aufrührer ist nach bewegter Jugend auf dem Weg zu strenger Gläubigkeit. Sein Unterricht bezeugt es so klar wie die 1911 beendete Harmonielehre, nach Thomas Manns Formel von 1943 »seltsamste Mischung von Traditionsfrömmigkeit und Revolution«.

Berlin, Herbst 1911. Man ruft Schönberg, der gerade begonnen hatte, Vorlesungen an der Wiener Musikakademie zu halten. Busoni, Schnabel, der junge Edward Clark werben für den schon berühmten Komponisten und Lehrer. Im »Pan«, der intellektuell führenden Zeitschrift des Verlegers Paul Cassirer, hebt Alfred Kerr seine gewichtige Stimme für ihn. Max Reinhardt interessiert sich. Mäzene stellen Geld zur Verfügung. So wagt Schönberg den Sprung ins Ungewisse. In der luxuriösen Zehlendorfer Villa Lepcke kommt die Familie unter. Das Sternsche Konservatorium richtet einen Zyklus von Vorträgen ein. Die allmächtige Konzertagentin Louise Wolff protegiert ihn. Aber die Schüler bleiben aus. Schönberg muß dirigieren, um nicht in Not zu kommen. Zemlinsky in Prag, dann Siloti in St. Petersburg und Mengelberg in Amsterdam engagieren ihn.

Anfang 1912 lernt er Albertine Zehme kennen, die reiche Leipziger Schauspielerin und Rezitatorin. Für sie schreibt er die 21 »Pierrot Lunaire«-Melodramen, deren Uraufführung und anschließende Tournee (mit Eduard Steuermann und Hermann Scherchen) im Herbst 1912 neuen Staub aufwirbeln. Das Problem der rhythmisch fixierten, durch Noten angedeuteten Sprechstimme, vorher in den »Gurreliedern« berührt, später in Amerika mit dem »Kol Nidre« wiederaufgenommen, bleibt ungelöst.

In Wien bringt Franz Schreker Anfang 1913 die »Gurrelieder« zur Uraufführung. Der überwältigende Erfolg wiederholt sich 1914 unter Schönbergs eigener Leitung bei der Leipziger Ostermesse. Nun scheint das Eis gebrochen, die internationale Anerkennung gesichert. Im Sommer fahren die Schönbergs nach Murnau zu Wassily Kandinsky, der 1911 den Kontakt hergestellt und im »Blauen Reiter« Schönbergsche Bilder und das Lied »Herzgewächse« veröffentlicht hatte. Da bricht der Krieg aus.

Man kehrt in die neue Wohnung, Berlin-Südende, zurück. Schönberg ist wehrpflichtig, übersiedelt 1915 nach Wien, wird vorübergehend Soldat. Metaphysische Gedanken beunruhigen ihn. Durch Strindbergs »Jakob ringt« und Balzacs »Seraphita« war 1912 ein gigantischer Chorsymphonie-Plan angeregt worden, über den er mit Richard Dehmel korrespondierte. Text und Musik der »Jakobsleiter« waren das Resultat. Das große, unvollendete Oratorium zeugt von neu erwachtem religiösen Bewußtsein. 1898 war Schönberg vom mosaischen Glauben zum evangelischen Christentum übergetreten. Nur kurze Zeit hatten freidenkerische Ideen ihn gefesselt, spürbar im Zusammenhang mit der Befreiung seiner Tonsprache.

1917 aus dem Wehrdienst entlassen, sammelte Schönberg

einen großen Hörerkreis in Kursen bei Eugenie Schwarzwald. Aus der Idee der zehn öffentlichen Proben zur Kammersymphonie ging der »Verein für musikalische Privataufführungen« hervor, in dem eine Elite von Spielern und Sängern Hunderte von Werken zeitgenössischer Musik zu optimaler Wiedergabe brachte.

In Mödling, wohin Schönberg Anfang 1918 zog, bildete sich eine neue Schülergemeinde, darunter Hanns Eisler, Josef Rufer, Erwin Ratz, Karl Rankl, Josef Trauneck, Hans Swarowsky, Max Deutsch. Ihnen erläutert er 1923 die neue Technik der Komposition mit zwölf nur aufeinander bezogenen Tönen, deren erste Resultate 1921 in Traunkirchen entstanden waren. Mathilde stirbt. 1924 heiratet Schönberg Gertrud, die Schwester des Geigers Rudolf Kolisch. Ein Jahr darauf kommt die Berufung an die Preußische Akademie der Künste in Berlin, wo Erich Schmid und Winfried Zillig seine Schüler werden.

Der Konsolidierung des äußeren Lebens entspricht die neue Ordnung der Satztechnik. Alte Formen, namentlich die der Suite, des Sonatensatzes und des Rondos, beherrschen die Werke dieser Jahre. Ein Zug von Heiterkeit erhellt die Serenade, die Klarinettensuite op. 29, die 1928 geschriebene, 1930 in Frankfurt uraufgeführte Oper »Von heute auf morgen« nach Gertrud Schönbergs (Pseudonym: Max Blonda) operettenhaftem Buch. Doch daneben steht die Arbeit an religiösen Texten und ihrer Vertonung mit dem Gipfel der zwei 1932 in Barcelona beendeten Akte von »Moses und Aron«. Die Schönbergs leben viel im Süden; er leidet an Asthma und muß nordisches Klima meiden.

Furtwängler bringt in der Philharmonie die Orchestervariationen zu umstrittener Uraufführung, Klemperer und Zemlinsky leiten in der Krolloper die beiden Einakter »Glückliche Hand« und »Erwartung«, die 1924 in Wien und Prag uraufgeführt worden waren. Man respektiert die Musik, aber man liebt sie nicht. Die Angriffe der konservativen Presse werden massiver. 1933 verläßt Schönberg eine Akademie-Sitzung, wo antisemitische Äußerungen fallen. Am 17. Mai reist er mit Gertrud und der einjährigen Tochter Nuria nach Frankreich, mittellos und in Berlin »beurlaubt«.

New York, Herbst 1933. Josef Malkin hat Schönberg an sein kleines Konservatorium in Boston engagiert. Man feiert den illustren Mann. Aber Schüler hat er kaum, bis Malkin ihm auch in New York einen Kurs einrichtet. Klima und Reisestrapazen bringen lebensgefährliche Erkrankungen. In Chautauqua erholt er sich. Doch erst in Los Angeles, wohin er 1934 übersiedelt, wird er relativ gesund. Man findet ein schönes Haus in Brentwood Park. Die University of Southern California, dann die University of Los Angeles geben ihm Kurse und einen Lehrstuhl. Der Zustrom ist groß, und ein neuer Studententyp mit meist geringen Kenntnissen stellt den aus Europa verwöhnten Lehrer vor bescheidene Aufgaben. Zu den Hörern zählt John Cage, zu den wahren Schülern gehören Dika Newlin, Gerald Strang, Leonard Stein und Richard Hoffmann.

Alte und neue Freunde kommen ins Haus: Franz und Alma Werfel, Thomas Mann, Bertolt Brecht, Hanns Eisler, William und Charlotte Dieterle. Zwei Söhne werden geboren, Ronald und Lawrence. Mit George Gershwin entsteht eine Tennisfreundschaft.

Neue Werke verblüffen die Welt, einige tonal wie die Streichersuite, die Orgel- und die Bläservariationen, andere zwölftönig wie das vierte Quartett, die Konzerte für Violine und Klavier. Politische darunter, wie die »Ode an Napoleon« und der »Survivor from Warsaw«. Das Judenproblem gewinnt für Schönberg immer größere Bedeutung, seit er sich 1933 in Paris, mit Marc Chagall als Zeugen, wieder zum mosaischen Glauben bekennt. Entwürfe zu einer jüdischen Einheitspartei werden in Amerika erweitert und ergänzt.

Oft ist der überanstrengte Körper nah am Zusammenbruch. Doch immer wieder rafft der übermenschlich willensstarke Geist ihn auf: man muß fortsetzen, wozu man berufen ist. Die letzten Jahre sind metaphysischen und religiösen Gedanken gewidmet. Von eigenen Gedichten, die er »Psalmen, Gebete und andere Gespräche mit und über Gott« nennt, wird eines für Sprecher, Chor und Orchester nicht zu Ende vertont. Am 13. Juli 1951 stirbt Schönberg 76jährig.

Der Nachlaß, kaum geordnet, ist überwältigend. Rufer, der ihn 1956 als erster katalogisiert, findet Kompositionen, Texte,

Entwürfe, die zum Teil noch unveröffentlicht sind. Jahrelang versucht Gertrud Schönberg, versuchen nach ihrem Tod die drei Kinder, das riesige Erbe in einem würdigen Rahmen unterzubringen. Erst Anfang 1974 fällt die Entscheidung: Die University of Southern California übernimmt alle Manuskripte und verpflichtet sich, rasch ein Institut zu bauen, das fortan der Schönberg-Forschung dienen wird. Anderthalb Millionen Dollar werden dafür aufgebracht. Die Erben stiften den Nachlaß ohne finanzielle Gegenleistung.

Doch alle Forschung, alle Philologie bleibt ohnmächtig vor der Erscheinung des erstaunlichen Mannes. Er, der gleichermaßen Musikologen wie Soziologen verabscheute (Männer mit eigenen Gedanken, wie Guido Adler und Heinrich Schenker, ausgenommen) und den »finsteren Glauben an die Wissenschaft« als überwunden bezeichnete, kümmerte sich wenig darum, wie ein Kunstwerk *gemacht* ist; man müsse erkennen, was es *ist*. Sein Monogramm, die Noten A-Es (Dis) nebst ihrer rückläufigen Form, herrscht in den tonalen, den frei-atonalen und den zwölftönigen Themen und Akkorden. Nach der Heirat mit Gertrud, der zweiten Frau, verbindet es sich mit den Noten G und E, so in der Reihe des dritten Quartetts und in den Anfängen der Reihenhälften der Oper »Von heute auf morgen«. Aber der Vierton-Komplex D-Es-As-A, in dem sich Monogramm, Anfangs- und Endbuchstaben von Arnold und die Abkürzung A-S verflechten, geistert schon durch die Frühwerke, vergleichbar dem Daumenabdruck, mit dem Schönberg mitunter Schriftstücke signierte.

Sein Werk kennt nur, wer ihn kennt, wer ihn kannte. Mit einem Minimum an Volkstümlichkeit verbindet es ein Maximum an sprachbereichernder Wirkung, auch auf diejenigen, die es heute, im Jahr von Schönbergs 100. Geburtstag, noch immer fürchten und ablehnen.

H. H. Stuckenschmidt
Alban Berg

Ein hochgewachsener schöner Jüngling mit einem ausdrucksvollen Gesicht, dessen Züge an Goethe und Oscar Wilde erinnerten, wurde im Herbst 1904 Privatschüler bei Arnold Schönberg in Wien. Er hieß Alban Maria Johannes Berg und war am 9. Februar 1885 als Sohn eines wohlhabenden Nürnberger Kaufmanns und seiner österreichischen Frau in Wien geboren. Die Mutter war eine Tochter des Hofjuweliers Franz Braun, aus der Ehe waren zwei ältere Brüder hervorgegangen, und auf Alban folgte eine jüngere Schwester. Die Bergs führten ein großes geselliges Haus, liebten Musik und Literatur und besaßen in Kärnten einen Hof, wo oft die Sommermonate verbracht wurden.

Alban Berg war von hoher Intelligenz und ein ausgezeichneter Schüler, schien aber zunächst musikalisch weniger begabt als der Bruder Charley und die Schwester Smaragda, eine vorzügliche Pianistin, später Mitarbeiterin von Sängern wie Frida Leider. Durch diese Geschwister wurde Albans Musiksinn in den wichtigen Pubertätsjahren geweckt. Er begann um die Jahrhundertwende ohne jede Vorbildung zu komponieren und schrieb vor allem Lieder in der Tradition zwischen Schubert und Hugo Wolf.

Damals starb sein Vater. Der Wohlstand hörte auf, obwohl die Mutter bemüht war, die Devotionalienhandlung nahe dem Stefansdom weiter zu führen. Nur die Hilfe der Familie gab Alban die Möglichkeit, seine Schulstudien fortzusetzen. Damals wuchs gleichzeitig mit der Leidenschaft für Musik sein Interesse für Literatur, von dem die Briefe an einige Jugendfreunde lebhaftes Zeugnis geben.

Durch die künstlerischen Liebhabereien wurde Berg von den Schulstudien so völlig abgelenkt, daß er 1903 beim Abiturientenexamen durchfiel. Er holte es ein Jahr später nach. Sein Bruder Charley wurde damals durch eine Zeitungsannonce auf die Kompositionskurse Schönbergs aufmerksam. Er suchte den Komponisten heimlich auf, zeigte ihm die Lieder seines Bruders und erreichte, daß dieser sein Schüler wurde.

Berg war trotz seiner stattlichen und sieghaften Erscheinung ein körperlich und seelisch sehr labiler Mensch. Das Begräbnis des von ihm hochverehrten Hugo Wolf erschütterte ihn 1902 so, daß er in hohes Fieber fiel. Früh zeigten sich bei ihm asthmatische Beschwerden, an denen er sein Leben lang schwer zu leiden hatte. Obendrein quälte ihn allsommerlich ein gräßlicher Heuschnupfen. Sein Versagen beim Abitur, verbunden mit einer unglücklichen Liebe, brachte ihn 1903 zu einem Selbstmordversuch. Das Gleichgewicht fand Berg immer wieder in der Natur und in der schöpferischen Arbeit.

Um einen Brotberuf zu haben, war er als Rechnungspraktikant in die Statthalterei eingetreten. Doch quittierte er die Beamtenlaufbahn schon 1906, um ganz Musiker zu werden. Durch eine Erbschaft war er finanziell unabhängig geworden.

Schönberg nahm den damals mittellosen 19jährigen, dessen überragende Begabung ihm auffiel, an, ohne ein Honorar zu verlangen. 1949 schrieb er über den erfolgreichsten seiner einstigen Schüler: »Als Alban Berg im Jahre 1904 zu mir kam, war er ein äußerst schüchterner Junge. Doch als ich seine Kompositionen durchsah ... erkannte ich sofort, daß er eine echte Begabung hatte. Darum nahm ich ihn als Schüler an, obwohl er damals außerstande war, das Stundenhonorar zu zahlen. Später machte seine Mutter eine große Erbschaft und erklärte Alban, daß er ... das Konservatorium besuchen könne. Man hat mir erzählt, daß er in Tränen ausbrach und sich erst beruhigen wollte, als seine Mutter ihm gestattete, seine Studien bei mir fortzusetzen.« Wie alle jungen Musiker, die damals Schönberg begegneten, war Berg fasziniert von dessen Lehre. Er konzentrierte sich mit seinem ganzen Willen auf diesen Unterricht und machte rasche Fortschritte, von denen die Kompositionen der Jahre 1905–1908 beredtes Zeugnis geben. Damals entstanden die Sieben frühen Lieder nach Texten von Nikolaus Lenau, Theodor Storm, Rainer Maria Rilke und anderen modernen Dichtern sowie die Zwölf Klaviervariationen über ein eigenes Thema. Um Ostern 1907 lernte Berg die junge Sängerin Helene Nahowski kennen und lieben. In einem der frühesten von den zahllosen Briefen, die er ihr schrieb, heißt es: »Ist es Dir, Helene, wirklich nicht genug, wenn *ein* Mensch, der, wenn schon nicht körperlich und geistig, so doch sicher seelisch, das heißt in Bezug auf das Empfindungsleben auf der Höhe steht, sich Dir *ganz* zu Füßen legt? ... Kann ich Dir nicht alles werden?« Die Äußerung ist kennzeichnend für den Anspruch auf Totalität, der zu Bergs wichtigsten Zügen gehört. Alles oder nichts – das war auch das Credo seiner künstlerischen Arbeit. Es erklärt die Vollendung und minuziöse Ausarbeitung seiner reifen Werke ebenso wie die exzessive Selbstkritik, die seinen Schaffensstrom so auffallend drosselte.

Alban Bergs Freundeskreis war bunt und groß. Mit Musikern außerhalb der Schönbergschen Klasse, zu der auch Anton von Webern gehörte, verkehrte er wenig. Aber Oskar Kokoschka und der skurrile Dichter Peter Altenberg standen ihm nahe, und durch sie lernte er auch den großen Publizisten und Gesellschaftskritiker Karl Kraus kennen. Seine schwärmerische Verehrung galt Gustav Mahler, dem er mit vielen der besten Wiener Künstler und Intellektuellen das Geleit gab, als dieser 1907 Wien verließ.

Ein Zug von Exaltation gehört zu Bergs Charakter. Er war in der Bewunderung so maßlos wie in der Ablehnung, und seine geistige Treue siegte über alle Meinungsverschiedenheiten und Zerwürfnisse, denen selbst seine Freundschaft mit Schönberg bisweilen ausgesetzt war. An den neuen Bewegungen in der Malerei und Literatur nahm er lebhaften Anteil. Er saß in den Premieren des Schauspiels wie in denen der Oper; schon 1906 hatte er mit vielen anderen Wiener Musikern die Grazer Premiere der »Salome« von Richard Strauss gehört, die Mahler in Wien gegen den Widerstand der Hofkreise nicht durchsetzen konnte. 1908 faszinierte ihn Frank Wedekinds »Frühlingserwachen« im Wiener Deutschen Volkstheater.

Die Briefe an Helene Nahowski zeigen aber auch die Kehrseite solcher Exaltation. Berg neigte dazu, seine asthmatischen Anfälle mit Medikamenten zu bekämpfen, deren Dosen er unvernünftig steigerte. Er litt infolge dieser Medikamente an Schlaflosigkeit, die wiederum mit Tabletten bekämpft wurde.

Persönliche Erlebnisse erregten ihn aufs tiefste, und künstlerische Probleme wurden oft zu persönlichen. Die Freundschaft mit Schönberg, dessen Schüler er bis 1910 blieb, war Anlaß zu tausend Sorgen, aber auch zu sublimen Freuden, wenn er Stücke des Meisters in guten Aufführungen hörte.

Die ersten drei Kompositionen, die Berg selbst als reif betrachtete und mit Opuszahlen versah, sind die Sonate für Klavier, die Vier Lieder nach Gedichten von Friedrich Hebbel und Alfred Mombert sowie das Streichquartett. Sie entstanden zwischen 1907 und 1910. Dann endete die Lehrzeit, begann um so intensiver die Freundschaft.

1911 war ein ereignisreiches Jahr für Berg. Am 24. April wurden Sonate und Quartett im »Verein für Kultur und Kunst« uraufgeführt; die Presse glaubte, Spuren von Talent zu bemerken. Bald danach heiratete er Helene Nahowski. Er hatte um die geliebte Frau kämpfen müssen, deren Familie ihn aller möglichen Mängel verdächtigte und seine Angehörigen, namentlich die Schwester Smaragda, verleumdete. Trotz aller düsteren Prophezeiungen wurde die Ehe ungemein glücklich. Wie innig Berg seiner Frau verbunden war und blieb, das geht aus dem täglichen Briefwechsel hervor, den er mit ihr pflegte, wann immer er von ihr getrennt war. Das junge Eheglück wurde nur durch zwei Ereignisse getrübt: den Tod des ehrfürchtig geliebten Gustav Mahler und, im Herbst, Schönbergs zweite Übersiedlung nach Berlin. Berg suchte jede Gelegenheit, mit Schönberg zusammenzutreffen und dann auch meist den ebenfalls in Deutschland tätigen Anton von Webern zu sehen. In seinen Freundeskreis trat damals auch der große Architekt Adolf Loos. Zu den starken literarischen Erlebnissen der folgenden Jahre gehörten die Dramen »Advent« und »Rausch« von dem schon lange bewunderten, auch von Schönberg verehrten August Strindberg.

Berg war im Schönberg-Kreis der literarisch Anspruchsvollste. Keiner der Texte, die er zu Liedern gemacht hat, ist literarisch unbedeutend. Dabei reicht ihr geistiger Radius von der deutschen Romantik Nikolaus Lenaus und Theodor Storms bis in die modernste Literatur seiner Epoche. Nicht nur Rainer Maria Rilke und der mystische Expressionist Alfred Mombert waren seine Lyriker; 1912 komponierte er fünf der umstrittenen Prosagedichte von Peter Altenberg. Es sind Miniaturen einer philosophischen Betrachtung alltäglicher Dinge. Der Dichter schrieb sie auf Ansichtspostkarten an seine Freunde. Einer der aphoristisch kurzen Texte lautet:

»Sahst du nach dem Gewitterregen den Wald?!?!
Alles rastet, blinkt und ist schöner als zuvor ...
Siehe, Fraue, auch du brauchst Gewitterregen!«

Berg komponierte diese Miniaturen für hohe Stimme und ein stark besetztes Orchester mit drei- bis vierfachen Bläsern, Harmonium, Celesta, Klavier, Harfe, reichem Schlagzeug und Streichern. In einem Konzert des akademischen Verbandes für Kunst und Literatur, das Schönberg dirigierte, wurden die Altenberg-Lieder am 31. März 1913 im Wiener Großen Musikvereinssaal uraufgeführt. Sie standen an vierter Stelle eines Programms, das vorher Orchesterstücke opus 6 von Anton von Webern, Schönbergs Kammersymphonie und Orchesterlieder von Alexander von Zemlinsky enthielt. Das Publikum war von Anfang an unruhig. Bei Bergs zweitem Lied, dem »Gewitterregen«, kam es zum Skandal. Das Konzert mußte abgebrochen werden. Bei der folgenden Gerichtsverhandlung äußerte ein psychiatrischer Gutachter, solche Musik sei schädlich für die Hörer. Wenige Wochen später fand übrigens in Paris ein ähnlich turbulenter Skandal bei der Aufführung von Igor Strawinskys »Sacre du Printemps« statt.

Berg arbeitete weiter. Im Frühjahr 1913 entstanden seine Vier Stücke für Klarinette und Klavier; als er sie bei einem sommerlichen Besuch in Berlin Schönberg zeigte, war dieser enttäuscht. Es gab eine Auseinandersetzung, die sich Berg tief zu Herzen nahm, die ihn aber auch zu intensivierter Arbeit anregte. Im Laufe der nächsten zwölf Monate entstanden Drei Orchesterstücke opus 6, die er Schönberg zum vierzigsten Geburtstag widmete: »Meinem Lehrer und Freunde in unermeßlicher Dankbarkeit und Liebe«. Alle drei, vor allem aber das letzte, das nach Ausbruch des ersten Weltkrieges beendet wurde, zeigen eine dramatische Ausdruckssprache von wahrhaft dämonischer Phantasie. In dem rücksichtslosen Seelenprotokoll geht Berg über alles hinaus, was sich an neuen harmonischen und klanglichen Mitteln in Schönbergs »Erwartung« und dessen Fünf Orchesterstücken opus 16 ereignet hatte. Mit diesem Werk, das prophetisch das Grauen der kommenden Kriegsjahre vorwegnahm, ist Bergs Bestimmung zum Musikdramatiker ganz deutlich geworden.

Während dieser Arbeit sah er Aufführungen des »Woyzeck« von Georg Büchner mit Albert Steinrück in der Titelrolle. Sofort stand bei ihm der Plan fest, aus dem Stück eine Oper zu machen. Zunächst beschäftigte ihn lange Zeit die dramaturgische Einrichtung des Stoffes, den er in dreimal fünf Szenen zusammendrängte. Berg wurde im August 1915 Soldat, kam in eine Offiziersschule und litt körperlich unendlich unter den Strapazen der Ausbildung, die im November zu schwerer Erkrankung führten. Erst im Mai 1916 versetzte man ihn nach Wien in eine Kanzlei des Kriegsministeriums. Die Erlebnisse der Soldatenzeit hinterließen bei dem verwöhnten und sensitiven Mann unauslöschliche Eindrücke. Ohne sie sind viele Szenen des »Wozzeck« nicht denkbar.

Mit der Komposition war Berg vom Sommer 1917 bis zum Ende des Jahres 1920, mit der Orchestrierung bis 1921 beschäftigt. Die Kriegsjahre brachten vielfache Sorgen, nicht allein privatester Art, sondern auch wegen Schönberg, der ebenfalls dienen mußte und obendrein in schwerer materieller Bedrängnis lebte.

Im September 1917 nahm Berg an der Eröffnung des Schönbergschen Seminars für Komposition in der Reformschule Eugenie Schwarzwalds teil. In diesen Jahren vertiefte sich Bergs Freundschaft mit Alma Maria, der Witwe Gustav Mahlers, und deren Mann, dem Dichter Franz Werfel. Beide nahmen an der »Wozzeck«-Arbeit beratend und helfend teil. Alma Mahler war es, die später den Druck des Klavierauszuges ermöglichte. Sie gehörte auch zu den Förderern von Schönbergs Seminar, aus dem 1918 der »Verein für musikalische Privataufführungen« hervorging. Die Statuten entwarf Berg, der dem Verein dann bis zu seiner Auflösung 1922 als Vortragsmeister und unermüdlicher Mitarbeiter angehörte. Aus dieser Arbeit ging auch eine Analyse von Schönbergs »Pelleas und Melisande« hervor, der schon seit 1913 ähnliche Arbeiten über die

»Guerre-Lieder« und die Kammersymphonie opus 9 vorangegangen waren.

Der Zusammenbruch der Donaumonarchie und Österreichs wirtschaftliche Misere nach 1919 warfen auch auf Bergs Privatleben ihre Schatten. Er mußte sich im Auftrag der Familie mit der Verwaltung des Kärntner Berghofes befassen, bis dieser Anfang 1920 verkauft wurde. Damals trug er sich mit literarischen Plänen. Er wollte eine Schönberg-Monographie schreiben, überhaupt Musikschriftsteller, eventuell Kritiker werden. Eine Zeitlang arbeitete er für die Redaktion des »Anbruch«, der Monatsschrift, mit der die Wiener Universal Edition sich für moderne Musik einsetzte. Doch gab er diese Tätigkeit bald auf, um sich wieder ganz der »Wozzeck«-Musik zu widmen.

In diesen Jahren wurden Bergs Kompositionen bei den Musikfesten der Avantgarde viel beachtet. Hermann Scherchen setzte sich als Dirigent mehrfach für ihn ein. Er schlug Berg vor, Bruchstücke der »Wozzeck«-Musik zum Konzertgebrauch einzurichten, und dirigierte die drei Stücke mit großem Erfolg 1924 in Frankfurt. Damit war das Eis gebrochen für die Uraufführung, die Erich Kleiber an der Berliner Staatsoper Unter den Linden durchsetzte.

In die Jahre 1924/25 fiel die Arbeit an dem Kammerkonzert für Klavier, Geige und 13 Bläser, das Arnold Schönberg zum fünfzigsten Geburtstag gewidmet wurde. Durch die Berliner Uraufführung des »Wozzeck« im Dezember 1925 wurde Berg ebenso berühmt wie berüchtigt. Die konservative Presse griff ihn in gehässiger Weise an. Ein Kritiker sprach von Irrenhaus und Verbrechen. Man behauptete auch, die Aufführung des Stücks bedeute den Ruin des Repertoirebetriebs für jedes Opernhaus. Andere Kritiker allerdings sagten dem genialen Werk die Laufbahn voraus, die ihm beschieden war.

Berg hat in der »Wozzeck«-Musik eine Synthese von Nummernoper und durchkomponiertem Musikdrama, von absoluten musikalischen Formen wie Fuge, Passacaglia, Suite und Symphonie sowie Arie, Lied und Melodram, von tonalen, polytonalen und atonalen Mitteln erreicht. »Wozzeck« gehört zu den entscheidenden Stationen auf dem Weg der Oper im 20. Jahrhundert. Trotz des Prager Skandals 1926, trotz der immer wieder erhobenen Angriffe in der Presse hat sich das Werk international durchgesetzt.

Das Kammerkonzert für Schönberg führt gewisse Techniken fort, die im »Wozzeck« entwickelt worden waren. Berg verwendet rhythmische Gestalten für Konstruktionen, die den Geist der seriellen Komposition um 25 Jahre vorausnehmen. Hohe Künste der Variation und der Polyphonie werden auf neue Weise verbunden. Das Werk steht an der Schwelle zu Schönbergs Zwölftontechnik. Obendrein enthält es Reflexe aus Bergs privatester Gedankenwelt. Die drei Motto-Themen sind aus den Buchstaben der drei Namen Arnold Schönberg, Anton Webern und Alban Berg abgeleitet. Allerlei Zahlenspielereien, zu denen der Bergsche Zahlenmystizismus neigte, sind in die Partitur eingegangen. Die Anzahl der Instrumente, fünfzehn, geht auf Schönbergs Kammersymphonie zurück. Die Geigen- und Klavierstimmen waren den Freunden aus dem Schönberg-Kreis, Rudolf Kolisch und Eduard Steuermann, zugedacht.

Kolisch hatte 1922 ein Streichquartett gegründet und mit diesem authentische Aufführungen moderner und klassischer Musik gemacht, darunter Bergs opus 3. Für dieses Ensemble entstand 1925–1926 die »Lyrische Suite«. Ihre Uraufführung im Januar 1927 fand sogar in Wien enthusiastischen Beifall, der sich bei rund hundert späteren Aufführungen durch das Kolisch-Quartett und andere Ensembles wiederholte. Trotz der strengen Konstruktion aus einer Zwölftonreihe sind die sechs Sätze Ausdrucksmusik von romantischer, oft zart lyrischer Haltung. An Farbigkeit und Verfeinerung des Klangs gehen sie über alles hinaus, was bis dahin für Streichquartett komponiert worden ist. Bergs Tendenz zur Vollkommenheit erreicht hier einen Gipfel. Kennzeichnend für ihn ist das Zitat des »Tristan«-Anfangs im letzten Satz, dem Largo desolato.

Berg reiste nun viel zu Aufführungen eigener Werke und zu Sitzungen der Jurys, in die man ihn gewählt hatte. Er lernte Leningrad kennen, besuchte London und Cambridge, benutzte jede Gelegenheit, um Schönberg in Berlin zu sehen, und knüpfte vielerlei Verbindungen mit Musikern an. Sein äußeres Leben war sorglos geworden. Er hatte sich einen kleinen Ford-

Wagen angeschafft und verbrachte mit Helene die Sommermonate gern in Kärnten, wo er 1932 ein Landhaus am Wörther See kaufte.

Schon 1930 machte sich Berg schwere Sorgen um die politische Entwicklung in Deutschland. Neben der kompositorischen Arbeit fand er, wie schon in früheren Jahren, Zeit für den Unterricht eines kleinen, aber sorgfältig ausgewählten Schülerkreises. Die Preußische Akademie der Künste in Berlin ernannte ihn 1930 zum Mitglied. Einem Ruf als Kompositionslehrer an die Berliner Musikhochschule, deren Direktor sein alter Freund Franz Schreker war, folgte Berg hingegen nicht. Die zunehmende Politisierung des deutschen Kulturlebens verringerte allmählich die Aufführungen moderner Musik. Berg bekam das wirtschaftlich stark zu spüren. Aber die Arbeit ging weiter. Sie galt seit 1929 vor allem der Oper »Lulu«, die in der Kompositionsskizze 1934 beendet war. Die Instrumentierung beschäftigte Berg bis in die letzten Wochen seines Lebens. Das Werk, dessen Hauptfigur eine panerotische femme fatale ist, geht auf Frank Wedekinds Schauspiele »Erdgeist« und »Die Büchse der Pandora« zurück.

Seine materielle Situation war durch die nationalsozialistische Machtergreifung in Deutschland äußerst schwierig geworden. Schönbergs Auswanderung nach Amerika bedeutete für ihn einen schweren Verlust. Immer mehr zog er sich in die Stille des Kärntner Waldhauses zurück. Erich Kleiber hatte noch im März 1934 um den »Lulu«-Text gebeten und wollte an der Berliner Staatsoper die Uraufführung des Werkes durchsetzen. Von diesem kühnen Plan kam nur die Aufführung der drei konzertanten Sätze einer »Lulu«-Symphonie im November 1934 zustande.

Im Frühjahr 1935 unterbrach Berg die »Lulu«-Arbeit vorübergehend, um einen Kompositionsauftrag zu erfüllen. Unversehens wurde das Violinkonzert, das der Geiger Louis Krasner bei ihm bestellte, zum Requiem für die achtzehnjährig gestorbene Manon Gropius. Das schöne junge Mädchen, Tochter aus Alma Marias Ehe mit dem Architekten Walter Gropius, starb an spinaler Kinderlähmung. Unter dem Eindruck des Todes arbeitete Berg vier Monate lang wie in einem schöpferischen Fieber und beendete das Werk am 11. August 1935. Die Partitur ist ein genialer und erschütternder Ausdruck eigener Todesahnung, kompositorisch besonders eindrucksvoll durch die Verwendung eines österreichischen Volksliedes und des Bachschen Chorals »Vor deinen Thron tret' ich hiermit« aus der Kantate »O Ewigkeit du Donnerwort«. Berg hat die Uraufführung unter Scherchen in Barcelona nicht mehr erleben können.

Anfang September 1935 zeigte sich bei ihm ein Abszeß am Rücken, vielleicht als Folge eines Insektenstichs. Nach chirurgischer Behandlung schien das Übel beseitigt. Aber Berg fieberte, als er im November nach Wien kam, um Proben der »Lulu«-Symphonie zu hören. Er half sich nach seiner Gewohnheit mit großen Mengen von Aspirin. Mitte Dezember zeigten sich Symptome einer allgemeinen Sepsis, die auch durch eine Bluttransfusion nicht behoben werden konnte. In einem Wiener Krankenhaus starb Alban Berg am Heiligen Abend des Jahres 1935, knapp ein Jahr nach seinem fünfzigsten Geburtstag, den nur wenige getreue Freunde mit ihm gefeiert hatten. »Mir scheint, das Wetter wird schlecht«, so endet der letzte Brief, den er an die geliebte Frau Helene schrieb.

Ernest Ansermet / J.-Claude Piguet
Gespräch über Igor Strawinsky

PIGUET: In unserem letzten Gespräch sollten Sie uns eigentlich schon von Debussy und Strawinsky erzählen, aber durch unsere lange Abschweifung über das Chanson und die Volksmusik mußten wir den Fall Strawinsky auf heute verschieben. Sie müssen uns jetzt unbedingt in allen Einzelheiten Ihre Begegnung und Ihre Zusammenarbeit mit Strawinsky schildern. Wir möchten gern wissen, wie er als Gast unseres Landes lebte, was für Geräusche er den verschiedenen merkwürdigen Instrumenten entlockte, die er in seinem Haus in Morges zusammengetragen hatte, wie Ramuz so reizend erzählt. Und auch, was für fremdartige Klänge er aus einem einfachen Klavier herausholen konnte, wie mir Ihr Freund Georges Rosset berichtet hat. Wir möchten wissen, ob Sie zum Beispiel mit ihm vierhändig gespielt haben und wie das gewesen ist. Wir möchten sogar erfahren – Sie sehen, wie weit unsere Indiskretion geht –, wie Sie in Nizza zusammen geturnt haben – schwedische Gymnastik, wenn ich nicht irre –: mit Hanteln, keuchend, mit Muskelzerrungen und in einem gesunden, aber harten sportlichen Wettbewerb. Bitte, erzählen Sie!

ANSERMET: Wenn das dazu beitragen kann, unseren Hörern ein anschauliches Bild von Strawinskys außergewöhnlicher Persönlichkeit zu vermitteln, will ich das gern tun.

In den Nachmittagskonzerten, die ich im Kursaal von Montreux dirigierte, habe ich viel russische Musik aufgeführt: Rimski-Korssakow, Borodin, Glinka, Dargomyschsky, Glasunow, Ljadow, Tschaikowski. Nach einem solchen Konzert im Jahre 1912 stellte sich mir ein kleiner Mann vor: Strawinsky, den ich bisher nur dem Namen nach kannte. Er teilte mir mit, er habe in Clarens ganz in meiner Nähe gewohnt, im Hause »Les Tilleuls«, und sei nun mit seiner Familie und der Familie seiner Schwägerin in das »Hôtel du Châtelard« unterhalb des

Bahnhofs von Clarens gezogen. Von diesem Tage an sahen wir uns öfter. Ich ließ seine *Erste Symphonie* (in Es) aus Rußland kommen, setzte sie auf mein Programm und lud ihn ein, in einem der nächsten Konzerte das Scherzo daraus, ein reizendes Stück, selbst zu dirigieren. Das war das erste Mal, daß Strawinsky ein Orchester leitete. Seine ganze Familie saß im Saal. Als er nach dem Konzert seinen Sohn Swjatoslaw fragte, wie ihm seine Musik gefallen hätte – es war das erste Konzert, das der damals Fünfjährige besuchte –, bekam er zur Antwort: »Ich mag Wagner lieber, der macht mehr Lärm!« (Ich hatte das Programm mit dem *Walkürenritt* beschlossen.) Wir waren gerade gemeinsam in Salvan, als wir durch Maueranschläge vom Ausbruch des Ersten Weltkrieges erfuhren. Das war ein entsetzlicher Schlag für ihn: Er verlor sein Haus in Ustilug voll wertvoller Dokumente und Dinge, die ihm ans Herz gewachsen waren, und bis auf den heutigen Tag sollte er sein Vaterland nie wiedersehen. Der Krieg brachte die Auflösung des Orchesters mit sich, und so wurde ich vorläufig wieder Lehrer in Lausanne, allerdings nur aushilfsweise, und Strawinsky richtete sich in dem Haus in Clarens ein, das ich aufgegeben hatte; es hieß »La Pervenche«. Er wollte aber uns, dem Kreis um die *Cahiers Vaudois*, in den ich ihn eingeführt hatte, näher sein. Deshalb hätte er sich um ein Haar im Schloß Vennes bei Lausanne einquartiert, bezog aber schließlich eine Wohnung in Morges, zunächst in der Villa Rogivue und später im dritten Stock des Hauses Bornand.

In jeder neuen Wohnung nahm er zunächst große Veränderungen vor, ließ Wände in lebhaften Farben anstreichen und stellte altmodische Möbel auf, die er hatte aufarbeiten lassen. In Morges plünderte er buchstäblich ein Geschäft mit Puppen und altem Hausrat, das ihm von Morax empfohlen worden war, und als er mich später in Genf besuchte, lief er von einem Antiquitätengeschäft zum andern. Er feilschte, handelte, bettelte und erhielt zum Schluß immer alles, was er haben wollte, und zu dem Preis, den er zahlen wollte. Nichts und niemand hat je seinen Wünschen und seinem eisernen Willen widerstehen können. Seine Wohnung war ein kleines Museum, seine Frau eine bemerkenswerte Aquarellmalerin, die aber niemals ausstellte. Seine Kinder beschäftigten sich von früh an mit dekorativen Arbeiten, sie machten Papierklebearbeiten, malten und zeichneten, vom Vater angeleitet und überwacht. In unserer freien Zeit sprachen wir über Musik, und tatsächlich spielten wir auch vierhändig: seine Werke und die Symphonien von Haydn und Schubert, oder wir studierten die *Brandenburgischen Konzerte.* Er arbeitete viel am Klavier und suchte dort, wie Ihnen Georges Rosset erzählt hat, Orchesterklangfarben zusammen, die er übrigens auch – darin hatte er ein besonderes Talent – mit der Stimme imitieren konnte. Musik war für ihn etwas Konkretes, Faßbares, das er mit dem ganzen Körper erleben mußte. So suchte er auch seine Rhythmen auf Trommeln und einem ganzen Schlaginstrumentarium zusammen, das er nach und nach erworben hatte. Zu der Zeit, als ich schon in Genf tätig war, kaufte er dem berühmten Zigeuner Aladar Racz, den wir in einer Bar entdeckt hatten, ein Cimbalom ab, und auf diesem Instrument komponierte er dann den Cimbal-Part für den *Renard.* Auf unseren gemeinsamen Reisen, bei denen wir oft in einem Hotelzimmer zusammen wohnten, und während meiner Besuche bei ihm in Morges, Nizza und anderswo machten wir es uns zur Gewohnheit, unsere Morgengymnastik ebenfalls gemeinsam zu betreiben. Als er sich eines Morgens nach unseren Übungen zurückgezogen hatte, um Toilette zu machen, entdeckte ich, daß er in einem anderen Raum seine Übungen wieder aufnahm, nur um mir gegenüber im Vorteil zu sein. Manchmal beendeten wir unsere Gymnastik mit einem Ringkampf, bei dem ich, da er muskulöser und beweglicher war als ich, nur auf mein Gewicht zählen konnte. Es war wie ein Kampf zwischen einem Füllen und einem jungen Stier.

PIGUET: Was Sie uns da erzählen, deckt sich genau mit dem Bild, das Ramuz in seinen *Erinnerungen an Igor Strawinsky* zeichnet. Ich habe mir sagen lassen (oder haben Sie es mir sogar selbst erzählt?), daß Strawinsky die Veröffentlichung dieser Erinnerungen sehr übelgenommen habe und daß daran die Freundschaft mit Ramuz zerbrochen sei. Stimmt das?

ANSERMET: Nein, das glaube ich nicht. Strawinsky hat jedenfalls niemals etwas darüber geäußert und war mit Ramuz bis an dessen Lebensende befreundet. Aber die Freundschaft war lockerer geworden, sie trafen sich nur noch selten, denn ihre Entwicklung hatte in ganz verschiedene Richtungen geführt.

PIGUET: Könnten Sie uns in zwei Worten etwas über diese unterschiedliche Entwicklung sagen? Könnte man behaupten, Ramuz habe sich bemüht, immer waadtländischer zu werden, während Strawinsky gewissermaßen immer weniger russisch werden wollte, immer internationaler?

ANSERMET: Ich würde eher sagen: entschieden kosmopolitisch. Der Kosmopolitismus ist wie der Turm zu Babel, in dem die Menschen zwar ihre nationalen Eigenheiten bewahren, aber auf einer Ebene miteinander leben, auf der diese nationalen Unterschiedlichkeiten nicht mehr spürbar sind. Verhängnisvollerweise gerät damit das eigentlich Menschliche im Menschen etwas in den Hintergrund. Dagegen bedeutete für Ramuz das Beharren im Heimatlichen keinesfalls eine Verarmung, sondern ein Gewinn an Tiefe. In seiner Person und in seiner Umgebung manifestierte sich eine Menschlichkeit, die für unsere Landsleute bezeichnend ist.

PIGUET: Aber Sie haben Strawinsky doch weiterhin ziemlich regelmäßig gesehen. Welches Zusammentreffen mit ihm, nach dieser großen Zeit, die Sie soeben geschildert haben, hat Ihnen die meisten Erinnerungen hinterlassen?

ANSERMET: Das könnte ich nicht sagen. Bei jedem Zusammentreffen stellte sich sogleich die alte Vertrautheit wieder ein. Aber ich wußte, daß er nicht zufrieden war mit meiner Einstellung zu der Wendung, die seine Musik genommen hat, und zur Dodekaphonie, die er – übrigens auf seine besondere Weise – verwendet hat. Wir haben über dieses Thema eine recht komische Unterhaltung gehabt, aber das würde zu weit führen, wenn ich davon berichten wollte. Das war vor drei Jahren in New York, als ich ihn das letzte Mal sah.

PIGUET: Ich glaube, Sie haben schon zu viel über dieses Gespräch angedeutet, als daß Sie es uns nicht doch noch, wenigstens in groben Zügen, schildern sollten.

ANSERMET: Strawinsky versuchte mich zu überreden, mich doch mit der seriellen Musik zu beschäftigen, besonders mit den Werken von Webern. »Das sind Perlen«, sagte er. – »Aber, mein lieber Igor, ich bin dabei, ein Buch zu schreiben, das zeigt, daß diese Musik den Hörgesetzen zuwiderläuft.« Das machte ihn ängstlich: »Wieso?« – »Das kann ich Ihnen nicht in ein paar Worten erklären; aber zum Beispiel sind doch die Töne in der Dodekaphonie in der Gleichzeitigkeit ebenso organisiert wie im Nacheinander. Stellen Sie sich vor, ein dramatischer Dichter ließe auf der Bühne einen Satz sprechen, indem mehrere Schauspieler gleichzeitig auf ein Zeichen des Regisseurs je eine Silbe aussprächen. Könnte man das verstehen?« – »Gewiß nicht«, antwortete er. »Aber – das wäre ein Effekt!« – »Zugestanden«, sagte ich, »aber in der Musik müssen die Effekte eine klare Bedeutung haben.« Er gab das zu und sagte mit leiser Stimme: »Sie wissen, ich gebe auf die Klänge acht. Im Horizontalen kann man die Fäden ziehen, wie man will; aber die simultanen Klänge, das ist ganz etwas anderes. Die müssen sich vor Gott verantworten!«

PIGUET: Das ist ja köstlich! – Ich möchte Ihnen noch zwei Fragen über Strawinsky stellen, die mehr technischer Art sind. Sie haben mir einmal erzählt, Sie besäßen die Originalpartitur von *Le Sacre du Printemps*, und Strawinsky habe Sie damals über die Zerlegung von zusammengesetzten Takten beim Finaltanz, »Danse Sacrale«, um Rat gefragt. Könnten Sie mir sagen, wie das vor sich ging? Handelte es sich dabei bloß um eine graphische Änderung in der Notation, die dem Dirigenten die Ausführung erleichtern sollte, oder ging es um eine tiefere musikalische Wirklichkeit, um den Sinn dieser Stellen, die im Hören so schwierig zu erfassen sind?

ANSERMET: In der Originalpartitur war diese Stelle in längeren Takten notiert, besonders in zahlreichen $5/16$-Takten, die in der jetzigen Ausgabe durch $^2/_{16}$- und $^3/_{16}$-Takte ersetzt sind. Wir müssen aber begreifen, um was es hier geht. Viele Musiker haben behauptet, Strawinsky hätte diese rhythmischen Schwierigkeiten umgehen können, wenn er das ganze Stück auf einen gemeinsamen Nenner gebracht hätte, zum Beispiel auf einen $^3/_{16}$-Takt. In bestimmten Fällen geht das auch. Wenn aber die Metren ungleichmäßig sind – ein Fünfer oder ein Siebener –, so ist das unmöglich. Denn dann würde die rhythmische Struktur vernichtet und beim Lesen mißverständlich. Der Fünfertakt ist nämlich doppeldeutig; er kann 3 + 2 sein oder 2 + 3 und zeigt nicht immer an, wo die Zäsur liegt. Das war der Fall bei mehreren Stellen im *Sacre*, besonders in diesem Tanz. Monteux, der vor mir dieses Werk interpretiert hatte, hatte auf eine gewissermaßen konventionelle Weise diese Fünfer und Siebener geschlagen, und das erforderte eine sehr harte Probenarbeit. Die *Geschichte vom Soldaten* und auch die folgenden Werke Strawinskys, deren Entstehen ich miterlebte, hatten mich der Schlagtechnik nähergebracht, die man zur Ausführung dieser ungleichmäßigen Metren braucht. Im Falle des Tanzes aus dem *Sacre* überredete ich Strawinsky, alle $^5/_{16}$-Takte durch paarweise $^2/_{16}$-$^3/_{16}$- oder $^3/_{16}$-$^2/_{16}$-Takte zu ersetzen. Das hatte zunächst einen praktischen Grund: das Lesen wird erleichtert und die Gestik deutlicher. Es hatte aber vor allem einen musikalischen Grund: die Kadenz tritt deutlicher hervor. Strawinsky hatte die gleichen Beobachtungen gemacht wie ich, schloß sich deshalb meiner Ansicht an und beauftragte mich, diese Takte umzuschreiben. Ich schickte ihm dann meinen Text, und er gab ihn mit seinen Bemerkungen zurück. In einigen Fällen aber diskutierten wir lange: zum Beispiel, ob ein $^7/_{16}$-Takt sich 4 + 3 oder 3 + 4 gliedern sollte. Denn er entwarf seine Rhythmen immer in einem Zuge, ohne sich fragen zu müssen, wie sie nun jeweils strukturiert seien. Gerade weil der Komponist, seinem Instinkt gehorchend, seine Strukturen im ganzen entwirft, ohne sie analysieren zu müssen, kann es passieren, daß der Interpret, der analysieren muß, um zu verstehen, den Komponisten auf Dinge aufmerksam machen kann, die diesem gar nicht aufgefallen sind.

PIGUET: Das andere technische Problem, das ich gern erörtert hätte, ist das der »Neufassungen«, die Strawinsky einigen seiner frühen Werke gegeben hat, besonders *Petruschka*. Diese Neufassungen scheinen doch auf den Wunsch des Komponisten nach Vereinfachung und deutlicher Logik des musikalischen Textes zurückzugehen. Andererseits scheinen sie der Musik viel von ihrer Substanz zu nehmen. Man könnte im großen und ganzen sagen: was diese Neufassungen an formaler Strenge gewinnen, verlieren sie an Substanz.

ANSERMET: Besonders die Neufassungen von *Petruschka* und *Feuervogel* weichen stark von der Originalfassung ab, und hier hat Strawinsky seiner Vergangenheit wirklich den Rücken gekehrt. Er hatte allerdings guten Grund, seine Werke neu herauszugeben und sie einem auch in Amerika vertretenen Verleger anzuvertrauen; denn, so unwahrscheinlich das auch klingen mag, bis dahin waren ihm seine Autorenrechte in Amerika gestohlen worden. Ein Herr X. hatte eine Ausgabe des *Petruschka* nach einer in Europa erworbenen Partitur gemacht und sich die Rechte gesichert. Jetzt genießen Strawinskys neue Ausgaben das Copyright-Schutzrecht. Auf der anderen Seite verfolgte er mit diesen Neufassungen auch noch einen praktischen Zweck. In der Originalfassung verlangt der *Feuervogel* ein großes Orchester mit drei Harfen. *Petruschka* ist mit vierfachem Holz und vier Trompeten besetzt, und so weiter. Aber viele Theater- und sogar auch Symphonieorchester – besonders die amerikanischen Universitäts-Orchester – verfügen gar nicht über einen solchen Apparat. Es ging ihm also darum, seinen Orchestersatz zu vereinfachen oder zu reduzieren. Das ist natürlich eine äußerst heikle Sache; denn die Rolle des Schlagzeugs in seinen Partituren ist so vorrangig und der Orchestersatz derartig eng mit der musikalischen Vorstellung verknüpft, daß eine Veränderung des Satzes eine Veränderung der ganzen Musik bedeutet. Ich hatte also zunächst geglaubt, daß er diese Neufassungen sozusagen als einen Notbehelf betrachte und die Originalfassung beibehalten würde; aber es sah doch so aus, als ob er diese Neufassungen an die Stelle der Originale treten lassen wollte und daß sie in seinen Augen die endgültige Fassung seiner frühen Werke darstellten.

Piguet: Vielleicht entsprachen diese Neufassungen seiner damaligen Ästhetik?

Ansermet: Wenn er diesen Neufassungen solchen Wert beimaß, dann sicherlich deshalb, weil er sie an den Maßstäben seiner neuen Ästhetik maß und um die Ästhetik seiner Jugend zu verdammen. Er hat diese Neufassungen so geschrieben, als wären sie heute geschrieben worden. Heute aber wäre diese Musik niemals entstanden – was bedeutet, daß der neue Orchestersatz nicht dem Geist des Werks entspricht, wie er es damals konzipiert hat. Beweis dafür sind Korrekturen, die nicht notwendig waren und zu denen ihn die Vereinfachung der Instrumentation keineswegs zwang. Alles ist schematisiert, und was früher geschmeidig und gebunden war, ist jetzt trocken und hart, die rhythmische Kadenzierung wird von einer rigorosen Metrik beherrscht. Für mich sind diese Veränderungen, an denen er so unerbittlich festhielt, wahre Verbrechen gegen sich selbst. Deshalb bleibe ich auch bei *Petruschka* zum Beispiel der Originalfassung treu.

Piguet: Vielleicht können wir bei *Petruschka* auf eine Einzelheit näher eingehen. In Ihrem Buch spielen Sie auf den berühmten »Danse des Nounous« (den Ammentanz) an, der musikalisch die Bewegung wogender Brüste fühlen läßt. Was wird nun daraus in der Neufassung? Könnten Sie uns die Hauptunterschiede erklären?

Ansermet: In der ursprünglichen Fassung schwebt die Melodie über einem orchestralen Hintergrund, der beinahe teigartig auf- und abschwillt, wodurch sich ein sehr anschauliches Bild von diesen »Ammen« aufdrängt, wie sie mit zuckenden Schultern und wiegendem Körper tanzen. In der Neufassung dagegen wird die Bewegung der gebundenen Achtel im Hintergrund ersetzt durch abgestoßene Achtel, und es kommen noch Trompeten hinzu. Man könnte meinen, Strawinsky habe den Vorwurf zu dieser Musik, eben die »Ammen«, absichtlich beseitigen wollen, um aus diesem Stück »reine Musik« ohne jede außermusikalische Beziehung zu machen, als wollte er der

Musik ihr Vermögen, Vorstellungen zu beschwören, nehmen. Mit scheint, daß er auf diese Weise gerade das preisgab, was den Wert seiner frühen Werke ausmacht.

PIGUET: Zum Abschluß möchte ich Sie noch eines fragen: In Ihrem Buch, und zwar in Ihrem »Exkurs über Strawinsky«, sagen Sie in einem Absatz, den ich ausgezeichnet finde, worin der wahre Wert Strawinskys liegt und welche Aussage er nicht nur für uns Menschen hatte, sondern für die ganze Musik. Sie sagen das mit außerordentlicher Genauigkeit, aber auch, wie ich gestehen muß, so knapp wie nur möglich. Ich fürchte deshalb ein wenig, Ihre Leser könnten zu schnell über diese Seite hinweglesen. Könnten Sie uns Ihre Gedanken hier nicht etwas weiter ausführen?

ANSERMET: Ich habe das ja bereits betont: Die Tonstrukturen, wie sie sich im Laufe der Geschichte herausgebildet haben, entstehen aus dem schöpferischen Musikbewußtsein, das heißt aus dem affektiven Selbstbewußtsein, das vor den Tönen zum Musikbewußtsein wird. Man muß sich das ein für allemal klarmachen: Die affektive Subjektivität sowohl des Komponisten als des Hörers ist der Ursprung der Musik. So moduliert zum Beispiel diese Subjektivität und nicht etwa die Tonfolge. Die Töne reihen sich erst in *eine* bestimmte Tonperspektive ein und dann in eine andere. Der Übergang von der ersten zur zweiten gewinnt ausschließlich im Hörer oder Komponisten den Sinn einer Modulation. Man glaubt zwar und sagt das auch, die Musik moduliere, weil das Gefühl der Modulation auf dem Wechsel der Tonperspektive in den Tönen beruht; aber dieser Wechsel findet doch einzig und allein im Hörbewußtsein und folglich im seelischen Bewußtsein des Hörers statt, weil es das Bewußtsein ist, das die melodischen Motive miteinander verknüpft. Da nun Strawinsky in der Musik keine Ausdruckskunst sehen wollte, verkannte er den zutiefst subjektiven Charakter dieser Signifikation. Er verkannte sogar die Tatsache, daß die Musik als unmittelbarer Ausdruck der menschlichen Subjektivität Sprache ist, und sah nur ihren Bildcharakter. Mit anderen Worten, er betrachtete sie von außen. Weil er aber doch einräumte, daß dieses Bild spricht, ließ er es durch die Entwicklung seiner Motive sprechen, und da es nicht von ihm spricht, muß es von etwas anderem sprechen, von Petruschka, vom Soldaten, von Ödipus und so weiter. Folglich ist seine Kunst *a priori* ungeeignet, das zu schaffen, was man reine Musik nennt, deren Wert allein im Ausdruck der menschlichen Subjektivität besteht.

PIGUET: Der Unterschied zwischen Strawinskys Musik und der Musik vor ihm ist also viel größer, als man gemeinhin glaubt?

ANSERMET: Er ist so groß und so grundsätzlich, daß man Strawinsky geradezu einen Einzelfall nennen könnte. Aus der Musik, die ganz durchsetzt ist von subjektiven Signifikationen, eine objektive Kunst, ja eine Kunst darstellender Bilder machen zu wollen, war eine heikle Sache, und damit hat Strawinsky der Musik einen Ausdrucksbereich eröffnet, in dem er mehr als jeder andere erfolgreich sein konnte, aber doch nur mit dem Teil seines Werkes, der dieser, seiner so besonderen Anschauung von der Musik entspricht. Eine Bildkunst jedoch läßt im Hörer nicht dieselben Erlebnisse entstehen wie eine unmittelbare Ausdruckskunst; denn vor einem Bild wird der Hörer zum Betrachter, das heißt auch er betrachtet das Bild von außen. Wogegen er, wenn er subjektive Ausdrucksmusik hört, für sich, in seiner eigenen Subjektivität, den Ausdrucksakt des Komponisten nachvollzieht. Der Unterschied zwischen diesen beiden Erlebnissen läßt sich nur schwer beschreiben, aber man könnte ihn ungefähr so formulieren: Was »Bildmusik« sagt, kann den Hörer faszinieren, hinreißen und tief bewegen; was aber Musik als Sprache sagt, ist ein Erlebnis, etwas, was der Hörer in sich selbst und für sich selbst empfindet und das folglich in ihm wirkt und arbeitet.

PIGUET: Ich glaube, besser hätte man diese vier Gespräche über die zeitgenössische Musik nicht beschließen können als mit Ihrer großartigen Formulierung dessen, was den eigentlichen Wert Strawinskys ausmacht.

Karl Heinz Ruppel
Der Sinfoniker Karl Amadeus Hartmann

Karl Amadeus Hartmann wurde ein Sinfoniker, als viele der Meinung waren, die Zeit der Sinfonie sei zu Ende gegangen. Er wagte es, das Erbe der großen deutschen Sinfoniker des 19. Jahrhunderts zu erneuern, von dem behauptet wurde, daß es als musikalische Großform keine Lebenskraft mehr entwikkeln könne. Hartmann aber glaubte an diese Lebenskraft und an die Beständigkeit eines Formtyps, dem Strawinsky und Hindemith, Milhaud und Honegger nur zeitweilig ihre Aufmerksamkeit zugewandt hatten, und entwickelte in ihm vor allem seinen Individualstil, der ihn, um noch einmal Winfried Zillig zu zitieren, »als legitimen Erben und höchst originellen Erneuerer der großen deutschen sinfonischen Tradition zeigt«. In der Sinfonie fand er die Weiträumigkeit, die seine Klangvisionen aufzunehmen vermochte – die gewaltigen, tosenden Blech- und Schlagzeuggewitter, die weitgesponnene Thematik mit ihren eminent kunstreichen Durchführungen, die expansive Polyphonie, die enormen melodischen und dynamischen Spannungen seiner langsamen Sätze, die fast immer Keimzelle und Zentrum seiner sinfonischen Konzeption bildeten. Einer Konzeption, die nicht an die traditionelle Viersätzigkeit des klassischen Sinfonietyps gebunden bleibt, für die Hartmann den Begriff »sinfonisch« aber auch dann in Anspruch nahm, wenn sie sich nur auf einen einzigen Satz erstreckte wie in jenem großangelegten Adagio, das er 1946 als Zweite Sinfonie veröffentlichte. Zwei Themen oder Themengruppen, fast wie improvisierend entwickelt und ständig variiert, tragen diesen Satz, der klanglich zuweilen noch an Debussy erinnert – einen Musiker, den Hartmann liebte und bewunderte und von dem er sagte, daß er jeden schöpferischen Geist der nachfolgenden Generation gezwungen habe, sich mit ihm auseinanderzusetzen. Aber etwas anderes ist wichtiger – in der Zweiten trat Hartmanns im Umkreis der gegenwärtigen Musik fast einzigartiges Vermögen, ein großdimensioniertes Adagio zu schreiben, zum ersten Mal ganz klar zutage, und alle dann folgenden Werke bestätigten dieses Vermögen immer wieder aufs neue. Er selbst hat auf die zentrale Stellung und Bedeutung der langsamen Sätze in seinen Sinfonien hingewiesen; in einem Gespräch mit dem Kritiker Wolf-Eberhard von Lewinski, das nur wenige Wochen vor seinem Tode in München stattfand, hat er mit Bezug auf das Adagio mesto seiner Siebten Sinfonie gesagt:

»Der langsame Satz, der mein ganzes Lebensgefühl widerspiegelt, ist ... wie immer in meinen acht Sinfonien, der persönlichste und bedingt mit seinem breiten Singen und seiner beschwörenden apokalyptischen Gestik als Gegentypus die raschen Ecksätze, die konstruktiv gehalten sind.«

In dieser Bemerkung fallen zwei Worte auf, die Aufschluß geben über den Schaffensprozeß Karl Amadeus Hartmanns. Das erste – »Lebensgefühl« – visiert die subjektive imaginative Komponente des Vorgangs an, das zweite – »konstruktiv« – die objektive, technische. Man kann zur Verdeutlichung des exakt kaum zu definierenden Begriffs »Lebensgefühl« noch eine andere Äußerung des Komponisten aus jenem Gespräch heranziehen, die lautet:

»Während der Arbeit bewegt mich auch sehr stark der Gedanke an die Wirkung des fertigen Werkes. Das Ganze soll ein Stück absoluten Lebens darstellen, Wahrheit, die Freude bereitet und mit Trauer verbunden ist. Ich will keine leidenschaftlose Gehirnarbeit, sondern ein durchlebtes Kunstwerk mit einer Aussage. Es braucht nicht verstanden zu werden in seinem Sinngehalt. Das Werk soll etwas Unaussprechliches aussagen.«

Zwei Affekte werden hier angesprochen – Freude und Trauer, zur Erscheinung gebracht als künstlerische Wahrheit. Sie waren hervorstechende Lebensäußerungen des Menschen Karl Amadeus Hartmann, denen, die ihm nahestanden, impulsiv und stürmisch dargeboten mit allen Nachbareffekten sozusagen, also Ausbrüchen grandiosen Zorns und heller Empörung, tiefer Niedergeschlagenheit und verdüsterter Skepsis auf der einen Seite, stürmischer Begeisterung und unbändigen Vergnügens, explosiver Vitalität und fast eigensinniger Zuversicht auf der anderen. Sie traten bei Hartmann in einer Spannung und Mischung auf, für die sich immer wieder das Wort »barock« aufdrängt, und er selber war sich dieser Spannungen in seiner Natur wohl bewußt. Was immer er an Lebensbereichen durchmaß, an Lebensphänomenen ergriff – er tat es mit Leidenschaft und mit dem ganzen Elan seines Temperaments. Sehr schön hat das Ulrich Dibelius, der ihm in Freundschaft verbunden war, in einem Nachruf im Januarheft 1964 der Musikzeitschrift »Melos« ausgedrückt:

»Er lebte in den Dingen und träumte sie auf seine Weise zu Ende. Ergriffenheit und Ergreifen, die naive Verwunderung eines Menschen, der sich durchs Dasein beschenkt fühlt, und das vitale Bedürfnis, dieses Dasein zu formen und zu verändern – bei Hartmann gehörten sie als komplementäre Lebensimpulse eng zusammen ... Nichts geschah nur nebenbei, nichts mit halber Kraft. Immer war er bereit, für das, was er in die Hand nahm, ganz einzustehen, immer war er ganz beteiligt.«

Erinnern wir uns nun des anderen Wortes, das Hartmann in jenem letzten Gespräch mit Wolf-Eberhard von Lewinski gebraucht hatte: konstruktiv. Ich sagte, daß es dem objektiv-technischen Bereich seines Schaffens angehöre – es bezeichnet die Machart, mit der er die Inspiration seines Lebensgefühls zur tönenden Gestalt verdichtete. Er wußte genau, daß das, was sich ihm in seiner musikalischen Phantasie gewaltig, ja gewaltsam aufdrang, besonders strenger Formgesetze bedurfte, um sich nicht im Gestaltlosen zu verlieren. Darum gehörte für ihn zum Begriff der Imagination untrennbar der komplementäre der Konstruktion, darum lernte er bei Anton Webern, der wie kein zweiter seiner Generation alle musikalischen Formelemente differenziert und subtilisiert hatte. Die Kenntnis der Mikrostrukturen, die Hartmann bei Webern erwarb, erwies sich als höchst hilfreich bei der Organisation seiner Partituren, auch wenn diese in ihrer sinfonischen Monumentalität einen extremen Gegentyp zu den komprimierten Klanggebilden des Wiener Komponisten darstellen. Die stärksten inneren Beziehungen verbinden aber Hartmanns Schaffen nicht mit Webern, sondern, wie schon gesagt, mit dessen Freund und Mitschüler bei Arnold Schönberg, mit Alban Berg. Es wäre einer eigenen

Untersuchung wert, Hartmanns Tonsprache und die Alban Bergs, zumal in seinen Spätwerken, einmal einander gegenüberzustellen – die Fähigkeit, große menschliche Bedrängnisse in tönenden Visionen zu erleben, würde im Bereich des Imaginativen als beiden gemeinsam ebenso hervortreten wie in ihrer künstlerischen Arbeitsweise die Betonung des Melodischen als des wesentlichsten Trägers der durch die Visionen ausgelösten Affekte.

Die dritte Sinfonie, 1949 entstanden, stellt in Umkehrung der traditionellen Satzfolge ein rasches Mittelstück zwischen zwei langsame Sätze, eine im »Allegro con fuoco« hinstürmende Fuge, die ausdrücklich als »virtuos« bezeichnet ist. Nun, es ist selbstverständlich, daß die Fuge als die höchstentwickelte Form des mehrstimmigen Satzes eine gewisse kontrapunktische Virtuosität überhaupt von vornherein voraussetzt; wenn ein so souveräner Kontrapunktiker, wie der glühende Bach-Bewunderer Hartmann es gewesen ist, eine Fuge betont als »virtuos« charakterisiert, so muß das etwas zu bedeuten haben. Und in der Tat bedeutet die durch die abwärts springende große Septime thematisch sehr markant akzentuierte Fuge nicht Geringeres als die Hinwendung des Ausdrucksmusikers zum Geist der konzertanten Musik und die erste Anwendung von Hartmanns Personalstil im Bereich der völlig objektivierenden Form. Das geschah in dem Augenblick, in dem er gemerkt hatte, daß dem Zug zum Rhapsodischen, der seiner Musik eigen war, gewissermaßen eine konstruktive Schranke vorgelegt werden müsse, sollte das rhapsodische Element sich nicht als letztlich formgefährdend auswirken. Auch spürte Hartmann, daß sein Pathos, obwohl es niemals zu bloßer Pathetik verflachte, eines lösenden, lockernden Komplements bedurfte – eben des Konzertanten, das er bei anderen, wie etwa Ravel, Strawinsky, Hindemith oder Blacher, von Mozart nicht zu reden, so sehr bewunderte. Das ergab eine neue Perspektive, die fortan für sein weiteres Schaffen von der Fünften Sinfonie an – die als Vierte numerierte ist vor der Dritten entstanden – mitbestimmend wurde.

Die 1950 komponierte »Fünfte« trägt den Titel »Konzertante Sinfonie« und zeigt damit die neue Perspektive an. Also – keine

Bekenntnismusik mehr, sondern Spielmusik, Vertauschung des subjektiven Persönlichkeitsbereichs mit der Formenwelt der Vorklassik, Zurückdrängung des expressiven Elements zugunsten des bravourös-musikantischen. In summa, keine appellierende Musik mehr, sondern eine divertierende im Sinne Strawinskys, dessen geistige Erscheinung in diesem neuen Aspekt neben diejenige Alban Bergs tritt. Die – wenn man so sagen darf – besonders »gefühlsgebundenen« Instrumentalgruppen, also die Hörner und die hohen Streicher, sind aus der härteren, helleren Klangsphäre der Sinfonie eliminiert, die in ihren drei Sätzen Toccata, Melodie und Rondo eine im Finale in burlesken Witz umschlagende gelöste Heiterkeit, ja sogar Vergnügtheit verrät.

> »In meiner Musik gibt es keine Zufälle. Alles Geschehen wird auf das Melodische, Harmonische und Rhythmische hin immer wieder genauestens überprüft. Ich darf behaupten, niemals eine Note geschrieben zu haben, die ich nicht in ihrem klanglich-rhythmischen Bezug zum horizontalen und vertikalen Verlauf abgewogen habe.«

Mit diesen Worten weist Karl Amadeus Hartmann auf die Sorgfalt, die Penibilität des Metiers hin, die er bei der Ausarbeitung seiner Partituren hat walten lassen, in denen Expression und Konstruktion, Spannung und Bau sich fortan gegenseitig bedingen. Die sechste, siebente und achte Sinfonie, die zusammen mit einem Klavier- und einem Bratschenkonzert in den nun noch folgenden dreizehn Schaffensjahren entstehen, gewinnen aus dieser Wechselwirkung ihr Leben, wobei die Schwerpunkte einmal auf der gedanklichen, expressiven, das andere Mal auf der spielerischen, konzertanten Komponente liegen. Der Rhythmus, früher rhapsodisch freizügig, tritt nun immer stärker auch als konstruktives Bauelement in Erscheinung, die dynamischen Entwicklungen vollziehen sich je nach der Innenspannung des melodisch-thematischen Materials in großangelegten Steigerungen oder sie brechen mit jäher Abruptheit herein, im polyphonen Gewebe zeichnen sich imitatorische und fugierte Komplexe immer deutlicher als dominierende Muster ab, und das Spiegelprinzip, das in der Vierten Sinfonie zum ersten Mal konsequent angewandt wurde, erweist sich als ein kompositionstechnischer Kunstgriff, den Hartmann immer wieder gern zur Verwirklichung seiner Formideen anwendet. Es beruht, kurz gesagt, darauf, daß Oberstimme und Unterstimme, von einem gemeinsamen Ton ausgehend, sich in gleichen Intervallen, aber entgegengesetzter Richtung wieder zu diesem Ton hinbewegen, wobei auch die Mittelstimmen spiegelartig auseinandergehen. Winfried Zillig hat, fein beobachtend, darauf aufmerksam gemacht, daß Hartmanns Vorliebe für den »Spiegel« aus seinem engen Verhältnis zur bildenden Kunst resultiert: Auge und Ohr korrespondieren im Aufnehmen und Ausarbeiten besonders strenger und sublimer Formen. Die eruptive Kraft der Phantasie bleibt dem Komponisten bis zu seinem letzten vollendeten Werk, der Achten Sinfonie, erhalten, der geistige Vorgang ihrer Bändigung, Ordnung und Bindung in weiträumigen Klanggestalten aber wird von Werk zu Werk verfeinert. Eine Beobachtung, die Hartmann einmal in einem Programmheft seiner Münchner »Musica Viva« ausgesprochen hat, gilt auch für sein eignes Schaffen;

> »Wenn man die musikalische Produktion der letzten zehn Jahre überblickt, so erkennt man viele Anzeichen dafür, daß in dem Sichbescheiden mit dem Konstruktiven erst recht wieder die Inspiration wirksam wird.«

Ulrich Dibelius

Über Pierre Boulez

»Über die neue Hierarchie, die von drei großen Wienern illustren Namens errichtet wurde, wird seit langem diskutiert«, so schreibt Pierre Boulez. »Doch möchten wir gern aus diesem spezialisierten Bereich herauskommen und die Schule schwänzen, selbst wenn man es uns zum Vorwurf machen sollte. Wir wollen daran denken, daß wir immerhin Musiker sind. Unsere Kunst hat (wie man allgemein zu bemerken beginnt) einen technischen Umsturz erlebt, aus dem augenblicklich nur einige wenige Konsequenzen gezogen werden. Man muß gestehen, daß der Beruf des Komponisten keineswegs zum Ausruhen da ist: alle Probleme stellen sich gleichzeitig und in einer Weise, die keinen Aufschub mehr duldet.« Am Grunde solcher Sätze schwelt Polemik. Sie greifen an, suchen sich zur Wehr zu setzen, suchen Halbheiten der Meinung oder des Tuns wegzuschieben – man weiß nur nie ganz genau, gegen wen sie sich wenden, wem sie am Zeug flicken und was sie eigentlich propagieren wollen. Einzig daß etwas mit Bestimmtheit geäußert wird und mit Bestimmtheit etwas geändert werden muß, das ist klar und weckt Aufmerksamkeit. Andererseits scheint aber das Appellieren an ein gefügtes Wertungssystem deutlich genug hervorzugehen – »immerhin sind wir Musiker« und »der Beruf ist nicht zum Ausruhen da«. Da gibt es also Berufsethos und ästhetische Ideale, die zur Rastlosigkeit anhalten; es gibt Provokation und einen Common sense.

Dies alles betrifft natürlich nicht nur den Schreiber, sondern auch den Komponisten, nicht nur die Rede über Musik, sondern auch die Musik selber. Die Kompositionen von Pierre Boulez besitzen Härte und Entschiedenheit, doch nicht jene nichtachtend selbstgewisse Konstruktivität wie bei Stockhausen; sie sind immer von einer Idee des Poetischen getragen, die ihre Aggressivität einhüllt und verwandelt, den technischen Plan in Klang und musikalischen Sinn umsetzt. Stockhausen hat einmal versucht, den Unterschied zwischen Boulez und sich zu fassen: »Ich bewundere an Boulez durchaus, was ich nicht habe und nicht haben kann. Boulez ist ein Komponist mit dem unbedingten Streben nach Vervollständigung des Metiers, eines Metiers, das ihm zur Ausbildung eines unverwechselbaren Personalstils dient. Sein Ziel ist das Werk, mein Ziel eher das Wirken. Für sein Ziel hat Boulez bis heute immer wieder neue Methoden aufgegriffen, die zur Individualisierung des Werkes dienen, und damit eine Welt aufgebaut, die seine eigene Sprachwelt ist. Mit seinem Streben verbindet sich die ständig gepflegte Auseinandersetzung mit der Tradition. In seinem Werk gelingt noch einmal ein Resümee der abendländischen Tradition – und das gerade zu einem Zeitpunkt, zu dem dieser Begriff fragwürdig geworden ist. Boulez hat eine ganz bestimmte Vorstellung, daß er die französische Tradition fortzusetzen hat und wie sie durch ihn fortzusetzen ist. Er hat einen ausgeprägten Willen, in seinen Werken fortzuleben; darum strebt er die Autonomie seiner Werke an, darum tendiert er immer nach ›großen Werken‹ als dem Ausbau von Erfahrung und Können, während mir immer der Modellcharakter von Arbeiten vorschwebt ohne Interesse für die weitere Ausnutzung solcher Modelle. Boulez ist ein synthetischer Geist, er studiert alles, er integriert alles in sein System, und in seinem Willen zur Synthese gelingt ihm sogar die Vereinigung von so gegensätzlich erscheinenden Phänomenen wie denen der Wiener Schule und des französischen Impressionismus.«

Was sollte für Boulez denn daran so gegensätzlich sein? Er zählte eben nicht, wie das Anfang der fünfziger Jahre üblich wurde, Reihen aus; vermaß nicht die Werke Weberns, zumal die späten von opus 21 an, mit Zollstock und Elle nach Intervallproportionen, Tonanzahlen, Gruppenformen, Pausenwerten, Einsatzabständen, Artikulationsarten und was sich sonst noch anbot, um dieser Musik mit Tabellen und Analyseschemata ihr Geheimnis abzujagen. Und er verstand Debussy auch weder durch die gängigen Mittel labyrinthischer Begriffe wie Sensualismus, Klangzauber, Natursymbolik und Décadence noch durch die fortgeschrittenen einer einkreisenden Morphologie, wie sie sich Ende der fünfziger Jahre im Zeichen des wachsenden Interesses für die kompositorische Funktion der Klangfarbe durchsetzte. Webern und Debussy – und sie vor allem sind ja mit ›Wiener Schule‹ und ›französischem Impressionismus‹ gemeint – besaßen für Boulez vielmehr manche aufschlußreiche Übereinstimmung und manche wegweisende Gemeinsamkeit: Beide entziehen sich nämlich den vorgegebenen Plänen der formalen Organisation, beide gehen zurück zu jener materialen Schicht, aus der sich Gestalt und Klang entwickeln, zu der »Schönheit des Tons an sich«, und beide entbinden aus der Konstellation solcher neu verstandenen Einzelelemente, jenseits aller traditionellen Muster, eine in sich lebendige, aus sich selbst begreifbare Sprachlichkeit. Doch Boulez meint eben mehr die neu entwickelten musiksprachlichen Organismen, mehr die neu bezeugten ästhetischen Verhaltensweisen, aus denen zu lernen wäre, als das analytische Herausbuchstabieren erkennbarer technischer Modelle, die im Weiterdenken wiederum zu einem »Modellcharakter« der eigenen Arbeiten führen. Er sagt dies ziemlich bündig in einem einzigen Satz: »Man muß seine Revolution nicht nur konstruieren, sondern auch träumen.«

Das mag etwas literarisch und sehr französisch wirken. Allein, es kommt ja darauf an, welche Präzision man seinen Träumen zu entlocken weiß und welche Überzeugungskraft gerade daraus ihr künstlerisches Gegenbild gewinnt. Mit anderen Worten: Bilder, Träume, Phantasmagorien darf sich nur der erlauben, der nicht darin wie in einem Rausch steckenbleibt, sondern sie durchdringt, aufschlüsselt, bewältigt, ihrem verführerischen Reiz denkerische Schärfe entgegensetzt. Daran hat es bei Boulez offensichtlich von allem Anfang an nicht gefehlt. Seine intellektuelle Begabung zeichnete sich frühzeitig ab. Vor allem die Leichtigkeit, mit der er sich den Lehrstoff der Mathematik auf dem katholischen Collège in Saint-Etienne (Loire) aneignete, war so auffallend, daß man ihn zur weiteren Ausbildung in einen Spezialkurs für Mathematik und technische Wissenschaften nach Lyon schickte. Dies entsprach auch dem Wunsch des Vaters, der – als Ingenieur in der Stahlindustrie tätig – seinen Sohn zu dem machen wollte, was er selber war. Und wenn Boulez auch nebenher Musikunterricht, im wesentlichen Klavierstunden, erhielt, fühlte er sich darin doch als Amateur. Mathematik war die Hauptsache, und er widmete sich ihr mit Neigung. Erst als er mit 18 Jahren nach Paris kam, änderte sich dieses Verhältnis: Er machte sich von den Eltern unabhängig, löste sich nicht nur geographisch, sondern auch innerlich aus dem Umkreis seiner provinziellen Herkunft – dem Département Loire, wo er am 26. März 1925 in Montbrison zur Welt gekommen war – und begann sein eigenes, betont selbständiges und manchmal sogar fast einsiedlerisches Leben.

Boulez wurde Schüler von Olivier Messiaen. Er besuchte dessen Analysekurs am Conservatoire und, trotz gelegentlichem Hader oder auch nur mangelndem Einverständnis mit dem Komponisten wegen einiger Unentschiedenheiten in seinen Werken, wurde er doch ganz und gar durch Messiaen, den überragenden Künstler wie den gelehrten Theoretiker, geprägt. Er lernte auf Messiaens Weise ›in Musik zu denken‹ – und das ist natürlich etwas ganz anderes, als über Musik zu denken. Er lernte aus kleinen Bauelementen, aus Intervallen oder einzelnen Rhythmen Größeres abzuleiten und dazwischen eine organische Beziehung herzustellen, schließlich daß sich eine gegenwärtige Musik von Konventionen frei machen und sich dennoch als geformtes Gebilde behaupten müsse. Das deutlichste Zeugnis dieses intensiven Lernkontakts sind die Trois Psalmodies für Klavier (1945), die, als erste Talentprobe von Boulez, durch den Französischen Rundfunk übertragen wurden; gewiß eine Schülerarbeit, mit der atmosphärischen Intensität und der Vorliebe für dunkle Register wie bei Messiaen, dazu aber erfüllt vom Geist einer gleichsam rhapsodischen Atonalität, ähnlich wie in den Schönbergschen Klavierstücken op. 11. Tatsächlich waren diese Klavierstücke und der Pierrot lunaire das einzige, was Boulez damals von Schönberg kannte. Es mag deshalb für ihn ein seltsam überraschendes Ereignis gewesen sein, als er noch im selben Jahr 1945 die ersten dodekaphonischen Stücke hörte, Schönbergs Quintett für Bläser und Weberns Symphonie, beide aufgeführt durch René Leibowitz. Überraschend, weil hier eine ungewisse eigene Ahnung von zukünftigen Möglichkeiten plötzlich als bereits etablierte

Realität auftrat. Boulez selber spricht von einer »Erleuchtung«.

Er tat nun das Naheliegende: Er ging mit einigen anderen, gleichgesinnten Messiaen-Schülern zu Leibowitz, um sich in die Zwölftonmethode einführen zu lassen. Mehr als eine solche methodische Unterweisung scheint sich dabei nicht entwickelt zu haben. Denn Leibowitz (geboren 1913 in Warschau) betrieb – etwas esoterisch, aber gewissenhaft und gesetzestreu – eine Art von Zwölfton-Akademismus, der sich nicht viel von jenem offiziell gepflegten neoklassizistischen Akademismus unterschied, wie er den jungen französischen Musikern zutiefst verhaßt war. Sie wollten ja nicht mit einem technischen Skelett umgehen müssen, sondern suchten ein lebensvolles, bildbares Material, das fähig wäre, ihren Ausdruck und ihre Visionen zu tragen. Methoden, die man dabei anwenden könnte, sollten nur eine Handhabe, eine Hilfe beim Formulieren, sein. Wie Boulez in den nun folgenden Jahren – ausgerüstet mit dem für ihn erreichbaren Wissen – seine Probleme anfaßte und Stück um Stück abtrug, wie er sich allmählich vortastete und seine eigene Sprache ausbildete, dies alles vollzog sich im stillen, ohne daß einzelne Aufführungen den Werdegang hätten verfolgen lassen. Boulez hatte 1946 das Conservatoire verlassen und war auf Empfehlung Arthur Honeggers als ›directeur musical‹ ans Théâtre Marigny gekommen, zur Schauspiel-Compagnie Madeleine Renaud–Jean-Louis Barrault. Er arrangierte, dirigierte und – allerdings erst nach Jahren – komponierte die Musik für die Truppe und bereiste mit ihr viele Länder. Barrault half ihm durch Verständnis und Vertrauen: ». . . von der ersten Begegnung an errieten wir wohl, welches schöne und seltene Drama des Werdens sich in Boulez vollzog. Er war ganz davon durchdrungen und darin befangen. Seine Angriffe, häufig scharf und schneidend, waren Verteidigungen. Wir fühlten es und liebten ihn deshalb nur um so mehr . . .«, so schrieb Barrault im ersten Programmheft des ›Domaine musical‹.

Diese Konzertreihe, in der Saison 1953/54 von Boulez ins Leben gerufen, verdankt ihre Existenz auch der Unterstützung und Förderung durch Barrault. Dieser räumte seinem Musikdirektor gewissermaßen einen ehrenvollen Platz am eigenen

Theater ein, damit er sich selbständig zeigen und entfalten könne. Boulez machte sich daran, die gebotene Chance mit der ihm eigenen Zielsicherheit im Sinne einer umfassenden Orientierung über neue und auch wahlverwandte ältere Musik zu nützen. Freilich, er selbst war damals schon nicht mehr gänzlich unbekannt, wenn auch nicht so prominent, daß er sich den weitgehenden Verzicht auf eigene Aufführungen im ›Domaine musical‹ wirklich hätte leisten können. Immerhin, der erste Kontakt zwischen dem Komponisten Boulez und dem Pariser Publikum hatte bereits drei Jahre zuvor stattgefunden. 1950 war vom Orchestre National eins der sechs Stücke, die Boulez seit seinem Abgang vom Conservatoire, also zwischen 1946 und 1949, geschrieben hatte, aufgeführt worden: Le Soleil des Eaux nach Gedichten von René Char (1948). Wichtiger als die vereinzelte Aufführung und ihr Erfolg in Paris wurde aber ihre indirekte Resonanz, vor allem jenseits des Rheins. Im folgenden Jahr schon stand nämlich der Name Boulez auf dem Programm der Donaueschinger Musiktage mit Polyphonie X für 17 Soloinstrumente (1951); in Wirklichkeit jedoch waren es 18 Instrumente, weil zu dem Ensemble aus Piccoloflöte, Flöte, Oboe, Englischhorn, Es-Klarinette, Baßklarinette, Fagott, D-Trompete, Horn, Posaune, Streichsextett und Kontrabaß während der Arbeit noch ein Saxophon hinzugekommen war. Abermals ein Jahr später wurde in Darmstadt die Zweite Klaviersonate gespielt, die nun aber – was die Sache einigermaßen verwirrt – bereits 1948 geschrieben worden war. Überhaupt greift die Erscheinungsweise neuerer und älterer Stücke von Boulez seit dieser Zeit so bunt durcheinander, daß die Chronologie der Kompositionen wie die Meinung der Hörer über den Komponisten permanentem Irrtum ausgeliefert waren. Solange nämlich Stücke aus den Jahren 1948 und 1949 noch vierzehn Jahre später, also Anfang der sechziger Jahre, uraufgeführt werden, kann sich natürlich ein geschlossenes und einheitliches Bild kaum entwickeln.

Vielleicht wären schon die Donaueschinger Hörer von 1951 weniger schockiert und im Urteil sachlicher gewesen, wenn sie die Vorstufen zur Polyphonie X gekannt hätten. So wurden sie gleich mit dem extremsten Fall der seriellen Organisation konfrontiert, einer Organisation der Tonhöhen, Dauern, Lautstärken und Klangfarben, die Boulez später nicht allein »total«, sondern geradezu »totalitär« genannt hat. Das X ist übrigens weder Buchstabe noch Zahl, es ist ein graphisches Symbol und besagt etwas ähnliches wie bei Stockhausen der Titel ›Kreuzspiel‹. Auch die Polyphonie X enthält Strukturen, die sich kreuzen, im Sinn von gleichzeitiger Vergrößerung und Verkleinerung in entgegengesetzter Richtung, im Sinn von gleichzeitigem Steigen und Fallen der Tonhöhen oder einer Überlagerung von Originalgestalt und Umkehrung derselben rhythmischen Formel. Und gerade diese rhythmischen Zellen, aus denen sich die Gesamtstruktur zusammensetzt und entfaltet, sind ausschlaggebend bei diesem Stück. Das Geplante überwiegt, es bleibt im ganzen eine kunstvolle Sublimierung, die selbst vor der Verfremdung durch absichtlich ›falsche‹ Register der Instrumentation nicht zurückschreckt, punktuell, puristisch, streng – oder, wie Boulez nachträglich meinte, »in der totalen Organisation des Klangraumes allzu starr und manchmal sogar verfehlt«. Der Skandal bei der Uraufführung war entsprechend groß. Aber nicht seinetwegen, sondern aus prinzipiellen Gründen plante Boulez später eine Revision und Umarbeitung. Die Gelegenheiten zum Hören der eigenen Stücke nahmen jetzt zu und damit ebenfalls die Erfahrungen, die daraus abzuleiten waren. Vielleicht strebt Boulez ja wirklich, wie Stockhausen gesagt hat und wie es seine zahlreichen Neubearbeitungen beweisen, nach »der Autonomie seiner Werke«, allerdings weniger aus dem hineininterpretierten Willen, »in seinen Werken fortzuleben«, als ganz simpel aus Respekt vor dem unguten Gefühl, etwas Halbfertiges aus der Hand gegeben zu haben. Nicht ewiger Lorbeer scheint das Ziel, sondern lediglich das gute Auskommen mit sich selber. Musik lebt und wirkt ja – auch wenn sich heute durchaus fragen läßt, ob das in jedem Einzelfall noch sinnvoll ist – durch ihre möglichst häufige Darbietung. Steigende Aufführungszahlen sind für alle Beteiligten, für Verleger, Konzertveranstalter, Impresario, Hörer, Kritiker und nicht zuletzt für den Komponisten, die einzigen verläßlichen Gradmesser des Erfolgs.

So gesehen, befand sich Boulez seit dem nationalen Debut in

Paris und dem internationalen Debut in Donaueschingen in einer Erfolgskurve. 1952 spielten er selber und – was als besondere Auszeichnung aufgefaßt wurde – sein einstiger Lehrer Messiaen in Paris die Structures I für zwei Klaviere (1952); in Darmstadt wurden als neuere Beispiele der Musique concrete seine Etudes I und II (1951) vorgeführt, dazu die Zweite Klaviersonate (1948). Diese Stücke begannen nun zu kursieren, sie wurden da und dort – sehr vereinzelt freilich – wiederaufgeführt und bezeichneten somit Stadien einer Entwicklung von der klassischen Dodekaphonie zur seriellen Kompositionsweise, also von einer thematischen Anwendung der Zwölftonreihe zur athematischen Zerstäubung der Musik in eine Struktur aus Tonpunkten, die durch reihenmäßige Materialdisposition in allen Parametern bestimmt und gesteuert wird. Diese Entwicklungsstadien waren damals typisch für die Folgerichtigkeit, mit der sich die junge Generation mit ihren musikalischen Problemen auseinandersetzte. Nimmt man noch die anderen Instrumentalwerke von Boulez dazu, die, obgleich erst später aufgeführt, der Komposition der Structures I vorangingen, so läßt sich in der Arbeit dieses Komponisten wirklich ein Paradigma der ganzen musikalischen Nachkriegssituation erkennen. In der Sonatine für Flöte und Klavier (1946) hält sich Boulez nicht nur an Schönbergs Reihengebrauch zur Ausbildung thematischer Charaktere, sondern auch an Schönbergs Formprinzip aus der Kammersymphonie, das vier Satztypen in einen einzigen Sonatensatz zusammendrängt; daneben spielen unabhängige rhythmische Strukturen schon eine begrenzte eigene Rolle. Die Erste Klaviersonate (1946) löst dann in ihren zwei Sätzen, die sich im wesentlichen als Kontrast Langsam–Schnell darstellen, das aufgetauchte Problem des ungleichen Verhaltens von Tonhöhen- und Dauernordnung, indem sie die Vorherrschaft und die formbildende Funktion von Thema oder Motiv weitgehend beseitigt.

Damit ist der Abbau herkömmlicher Kategorien bis zu einem Punkt vorgetrieben, wo sich zwangsläufig die Frage stellt, wie die freigesetzten Energien zu binden wären, ohne ihnen im gleichen Moment ihre Freiheit wieder zu entziehen. Diesen Schwebezustand zwischen Diktat und Selbstbestimmung zeigen am besten die Zweite Klaviersonate (1948) und das sechsteilige Livre pour Quatuor (Streichquartett-Buch; 1948/49). Noch gibt es variable Ausdruckswerte, vor allem Klangfarben und Intensitäten, die sich wie Zutaten verhalten. Ihre Differenzierung ist so lange ein Widerspruch, als sie unmotiviert bleibt. Die folgenden Stücke suchen nach einem Ausweg und entdecken noch über die Organisation von Messiaens Klavieretüde Mode de valeurs et d'intensités hinaus neue Möglichkeiten. Was in der Polyphonie X (1951) eher Vorsatz als Resultat war, was in den beiden konkreten Etudes (1951) durch die Art der Herstellung – die erste ausgehend von einem Einzelklang, die zweite von sechs kontrapunktierenden Klangfamilien – mehr zur technischen als zur musikalischen Aufgabe geriet, wurde in den Structures I (1952) als faszinierender Eigenwert des kompositorischen Verfahrens faßbar: die spielerische Komplexität des total Gebundenen, die musikalische Offenheit einer strikten, mehrdimensionalen Organisation. Der ›Ton an sich‹ wurde in seiner Individualität freigesetzt und dazu befähigt, sich in einem mehr oder weniger dichten Verband anderer Töne nach eigenem Vermögen zu bewegen und sein Verhalten selber zu bestimmen.

»Die ›Schönheit‹ einer solchen Komposition«, schreibt György Ligeti als Resümee einer Analyse, »ist ganz anderswo zu suchen als bei den bisherigen. Weberns Intervall-Objekte hatten noch einen Rest diskreter Expressivität, und obwohl die Schönheit jener Musik schon längst nicht mehr im ›Ausdruck‹ lag, gab die in Spuren vorhandene Expressivität doch streckenweise dem strauchelnden Hörer Krücken. Im Beispiel der Structures von Boulez fehlt all das; es wird bloßgestellt, was eigentlich schon bei Webern den Kern ausmachte: Schönheit im Auftun von reinen Strukturen. Da das in der Musik nur zeitlich geschehen kann, wird aus dem Komponieren auf dem Niveau des Seriellen ein Arbeiten mit der Zeit. Damit verliert die Komposition ihr Wesen als ›Kunstwerk‹: Das Komponieren wird zugleich ein Erforschen der neugeahnten Zusammenhänge des Materials. Diese Attitüde mag manch einem als eine negative, ›unkünstlerische‹ erscheinen – doch hat der heutige Komponist keinen anderen Weg, wenn er wirklich weiterkommen will. Ein so grundsätzliches Experimentieren bedeutete für Boulez die Structure Ia. In Ib wird die nüchterne Strenge gelöster und in Ic wieder gebundener. Aus dieser asketischen, fast zwangsneurotischen Haltung – allerdings ist es eine selbstgewählte Gebundenheit: Der Komponist spaziert daher als ein Wesen, das sich selber an der Leine führt – mußte dann Boulez ausbrechen, um in etwas ganz Gegensätzliches (doch innerlich Verwandtes) zu stürzen. Und so schuf er die bunt-sinnliche Katzenwelt des ›Marteau‹.«

Tatsächlich erscheint Le Marteau sans Maître für Alt und sechs Instrumente (1952–54) als jenes überraschende Gegenbild, zu dem man nicht auf direktem Weg, nicht durch konsequentes Fortschreiten in einer Richtung gelangt, sondern nur auf einem Umweg, durch die unvermittelte Wendung des Blicks mitten im Anstieg und durch die freiere Aussicht auf die zurückgelegte Etappe. Man wird sich der eigenen Position bewußt und lernt umzudenken, vielleicht sogar Voraussetzungen und Folgerungen von einst gegeneinander auszutauschen. Boulez hatte sich – um im Bild Ligetis zu bleiben – in den Structures I an eine sehr kurze Leine genommen, einen strengen Kompositionsplan entworfen, der den Bereich freier Entscheidungen durch einen komplizierten, mehrschichtigen Überbau von Vorentscheidungen auf ein Minimum einengte. Doch der selbstauferlegte Zwang hatte eine Reinigung des musikalischen Materials von allen Spuren seines traditionellen Gebrauchs bewirkt; es war nun fähig, aus sich selbst eine neue, erstaunliche ›Schönheit‹ zu entbinden und seine interne Dynamik gemäß dem Organisationsplan als eigenen Faktor des Musikalischen auszukosten. Im Marteau sans Maître sind die Erfahrungen des Seriellen integriert, aber die Struktur ist nicht mehr Selbstzweck; vielmehr steht das entschlackte Tonmaterial wieder unmittelbarer – in einer zurückgewonnenen Unmittelbarkeit – zur kompositorischen Verfügung. Die musikalische Diktion gewinnt Gelenkigkeit, Flexibilität, Frische, Charme und Farbigkeit, denen jedoch allen noch der überstandene Schock der rigorosen Teufelsaustreibung in den Knochen zu stecken scheint. Das neue Terrain wird also nicht gleich wieder zugebaut, sondern Boulez inszeniert ein bizarres Spiel der Intervalle, Rhythmen, Tonwerte, Zeitmaße und Farben, das genügend Leichtigkeit besitzt, um seinen Sinn weder zu propagieren noch geheimnisvoll zu verschleiern. Das ordnende Bewußtsein des Komponisten durchdringt alles, verknüpft, begrenzt, strafft und formt, so daß in den neun Sätzen ein Feld wechselnder Beziehungen und Proportionen entsteht. Es ist reich an blinkenden Reflexen, geschärfter Lineatur und surrealem Zauberwerk.

Dies genau entspricht der Sprachgeste René Chars, der harten Schönheit seiner surrealistischen Verse, der Kühnheit seiner Bilder. Dichtung und Musik sind eins in dem Willen nach lyrischer Präzision; sie sind darauf bedacht, das Besondere ihrer Metaphorik nicht überhandnehmen zu lassen, es zu beherrschen und ihm durch Aussparung Struktur zu geben. Andererseits wird aber die Farbwirkung, dort von Worten, hier von Instrumenten (Flöte, Xylorimba, Vibraphon, Schlagzeug, Gitarre, Viola), benützt, um Atmosphäre zu schaffen, ein herbes, süßes oder berauschendes Parfüm zu verbreiten.

Milko Kelemen

Anmerkungen zu »Passionato«, »Olifant« und »Mirabilia«

Als man in einer bestimmten Entwicklungsphase der Neuen Musik andere Schichten des musikalischen Bewußtseins unter kurzschlüssiger Berufung auf die Ratio allein in den Hintergrund drängte, entstand bei einigen sich als Außenseiter verstehenden Komponisten neues Interesse für die Traumdeutung und das Traumpotential des Menschen.

Gewiß kann der Traum als eines der stärksten Motive des Komponisten verstanden werden. Das gilt besonders in einer Zeit, in der das rationale musikalische Denkschema zuerst fortschrittliche neue Entwicklungen ermöglichte, dann aber regressiv zum sturen Akademismus wurde. In der Zwischenzeit gab es aber auch noch den hybriden Zustand, den man »postserielle Phase« nannte, von dem aber niemand genau sagen konnte, was er eigentlich bedeutet. Es erschien immer anziehender, die kreative Imagination in die Richtung des Traumes wandern zu lassen, weil hier eine neue Chance für die musikalische Artikulation entstand. Die serielle Musik ermöglichte eine klare und logische Kontinuität ihres rationalen Ablaufs – »traumhafte Elemente« gaben der Form und dem Inhalt der Musik neue Impulse durch Diskontinuität, Phantastik und eine Assoziationsart, die musikalische Zusammenhänge, die der bisherigen »wirklichen« Musik ganz fremd waren, entstehen läßt.

Wie kann nun ein Komponist, der ja in wachem Zustand komponiert, »traumhafte Elemente« in seine Musik miteinbeziehen? Schon Friedrich Hebbel hat gemeint, daß Traum und Dichtung identisch sind; Jean Paul nannte den Traum eine »unwillkürliche Dichtung«. Die phantastische Traumkunst der Surrealisten wurde schon in den frühen zwanziger Jahren durch die Kunst Odilon Redons, Giorgio de Chiricos, Max Ernsts und Salvador Dalís geprägt. André Breton, der Wortführer des Surrealismus, brachte zum Ausdruck, daß der Automatismus die einzig gültige künstlerische Gestaltung sei, weil in ihm das Bewußte fast keine Bedeutung mehr hat. Warum sollte dann nicht auch dem Komponisten die Möglichkeit gegeben sein, in einer Art »Tagtraum« durch musikalische Medien und Symbole sich selbst zu realisieren?

Nach der Meinung der Psychologen sind Tagträume gesteuerte Phantasiebilder, die oft erlebt, aber nur ganz selten berichtet werden. Es sind Wunschphantasien, die einer Vorform der Einschlafbilder sehr ähnlich sind. Wenn wir nun den Prozeß des Komponierens analysieren, dann müssen wir feststellen, daß »musikalische Tagträume« – abgesehen von den stilistischen Tendenzen des betreffenden Komponisten – mehr oder weniger jede reale Aktion im kompositorischen Bereich vorbereiten. Der Komponist hat also die Möglichkeit, »musikalische Tagträume« in ihrem Urzustand intuitiv zu verknüpfen und sich dabei einer universellen Traumsprache oder Menschheitssprache zu nähern. Dabei liegt es auf der Hand, daß die Realisation dieser »musikalischen Tagträume« vom technischen Können und von der musikalischen Erfahrung des Komponisten abhängig ist, denn die Intuition und die Vielschichtigkeit der Imagination müssen breit aufgefächert und wach bleiben, weil die kleinste »Lüge« uns aus der Verzauberung des Traums in die Realität des »Unechten« zurückversetzen könnte.

Die Komposition *Passionato* ist in mehreren Schichten konzipiert. In jeder dieser Schichten werden traumähnliche, schweifende Strukturen entfaltet, und alle Schichten zusammen ergeben ein traumartiges Tableau, komponiert für einen Flötisten – große Flöte, Piccoloflöte, Flöte in G, Baßflöte und Lotosflöte – und drei Chorgruppen.

Erste Schicht: Die Textcollagen sind dem Buch *Rotor* von Ferdinand Kriwet entnommen. Hier wird nichts erzählt, keinerlei Ereignisse irgendwelcher Art präsentieren sich. Es gibt keine abgeschlossenen Sätze, keine großen Anfangsbuchstaben, weder Komma noch Schlußpunkt. Kriwet wollte mit diesem Werk etwas wahrhaft Neues schaffen und dabei die Variation des Urprinzips vermeiden. Ich habe das Buch einige Male gelesen und fand bald heraus, daß es einige Themen gibt, die sich in Varianten wiederholen. Vor allem fand ich ein erotisches Thema, das hier und da versteckt auftaucht. Beim Lesen weiß man nie, ob das Thema wieder auftauchen wird oder nicht, aber man wartet immer darauf. Am Ende wußte ich diese Textstellen auswendig, der Rest des Buches aber blieb mir, umrahmt von langen, dunklen und unverständlichen Wortkombinationen, sonderbar fremd.

Die Texte aus Kriwets *Rotor*, die als Textcollagen in deutscher, chinesischer, englischer, russischer, serbokroatischer und französischer Sprache in die Komposition *Passionato* einbezogen wurden, sind beispielsweise:

»... das himmlische kind legt sich zurück nun mann atmet und regen und segensworte regensameehrstraßenarbeiterbahnpostkartengrußliebfeindeinherzlichfreureufernherheimatfreundlieblichgrußkind spielschlafprinzschönvaterhütdiesschafmutteristinpommerlandistabgebranntrugittereinmütterleinfein ... day ra san tien nei i dig da jeschy fan dschang dang dschakan kan jeschy hwei tschu ... in three more days of course yes for sure maybe or jet it will be seen and maybe the sun will shine oh! and for sure maybe for sure and the sky ah! blue the sky loose the sun and light the earth ... mi mogli bi soglasovat mesto vstretschi mi mogli bi peregovorit drug s drugom ... da li je ona sama da li će je netko dočekati ... si elle savait déjâ où dormir si elle dormait déjà ...«

Zweite Schicht: Zu den Textcollagen kommt eine Art Beschwörungsformel hinzu, die in den entferntesten Regionen der Chorgruppen vorkommt und formale Verbundenheit markieren soll: tsch-tsch-k-r, r-k-r-k, dsch-dsch-dsch-dsch, k-k-r-k. Am Schluß von *Passionato* schreit der Flötist diese Beschwörungsformel durch die Flöte und verbindet damit das Ende der Komposition mit dem Anfang.

Dritte Schicht: Der extrem virtuose Solopart der verschiedenen Flöten enthält teilweise spieltechnische Innovationen, die bisher unbekannt waren und die der Flötist Karl-Bernhard Sebon besonders für dieses Stück entwickelt hat. Besonders in den beiden Kadenzen kommen Explosivlaute vor, dann sogenannte Sebontriller (schnelle harmonische dreistimmige Tremoli), weiterhin Singen und Flötespielen zugleich, kleiner Löwe (Frulato und Singen) und Multifonictöne bis zur Vierstimmigkeit (wobei der vierte Ton gesungen wird). Die Spieltechnik und der Klang der Flöten bekommen neue Dimensionen, indem sich die Klänge und Geräusche der Chorgruppen im Flötenklang spiegeln und weiterentwickeln. Die Soloflöte übernimmt außerdem virtuell die Rolle eines Schauspielers oder Mimen – Vorstellungen aus dem Gestischen werden in das Klanglich-Spielerische transponiert. Auf diese Weise wird die Flöte zugleich zum Symbol des ichbewußten Menschen, der sich manchmal vom Kollektiv entfernt, dann aber mit ihm wieder zu einer Ganzheit wird.

Vierte Schicht: Die erste Chorgruppe ist mit sechs Solisten besetzt, die den Individuationsprozeß der Soloflöte unterstützen. Die übrigen beiden Chorgruppen sind im musikalischen Ausdruck weniger differenziert konzipiert worden, da sie das Kollektive darstellen sollen.

Die verschiedenen technologischen und geistigen Voraussetzungen der genannten Schichten sind, wie auch die musikalischen Dimensionen von Harmonik, Dynamik, Zeitstrukturen, Klangfarbe und räumlicher Bewegung, in *Passionato* intuitiv zu einer definitiven Gesamtheit gebracht. Alle Formen bestehen nebeneinander, sind miteinander verzahnt oder in Entfernungen verloren und dann doch wieder erkennbar. Es kommt in diesem Werk, projiziert auf Archetypisches und Allgemeingültiges, zu einer Integration bewußter und unbewußter, traumähnlicher musikalischer Prozesse.

Wahrscheinlich gibt es keinen Komponisten, der nicht die Erfahrung gemacht hat, wie nach tiefen Schwankungen und Unsicherheiten im Anfangsstadium des Konzipierens einer Komposition allmählich eine neue Einstellung entsteht und nach und nach vollkommene Sicherheit und Stabilität der Gedankengänge erreicht werden. Je größer die Spannung der Gegensätze am Anfang war, desto größer wird die daraus entstehende Energie sein. Im Prozeß des Komponierens ist das Entropieprinzip ebenso vorhanden, wie es auch dem Endprodukt, der fertigen Komposition, immanent ist, da es sich in beiden Fällen um das geschlossene energetische System unserer Psyche handelt. Im ersten Fall entsteht eine kreative Aktion, im zweiten das abstrakte Resultat dieser Aktion, das sich beim

Hören kontinuierlich in ein nachempfundenes Erlebnis umwandelt; in beiden Fällen jedoch bleibt die »eingefangene« Energie erhalten. Die Komposition entwickelt sich durch die Energieumsetzung im Schaffensprozeß in ein reales Gebilde, dessen eigene energetische Kraft eine Resultante vieler einzelner Teilvorgänge darstellt, die auf dem Prinzip der Ausschließung des Nichtpassenden aufgebaut ist. Je stärker die Abschließung eines musikalischen Systems ist, desto mehr gelangt das Entropieprinzip zur Wirkung.

Dieses Phänomen ist in der Komposition *Olifant* für Trombita (polnisches Kuhhorn), Bali-Flöten (Insel Bali), Zurla (türkische Oboenart), Alphorn (Schweiz), Büchel (Holzhorn aus der Schweiz), Posaune (ein Spieler) und Kammerorchester besonders stark betont. Es ist ein Konzert für exotische Instrumente, in dem die Klangfarbenaufstellung in einem breiten Spektrum erscheint und durch überraschende rhythmische Interventionen mehrmals überdeckt wird. Ein Solo der Trombita wird mit dem Singen des Spielers konfrontiert, und differenziert kommt eine geräuschhafte Entwicklung mit der Zurla zur Geltung, aus der sich Posaunenfloskeln lösen. Der zweite Teil beginnt mit einem Flötenecho, aus dem ein längeres, variiertes Zurufen von Trompete, Horn und Posaune, das von zwei Bekken allmählich übertönt wird, sich entwickelt. Im dritten Teil dominieren eindringliche Melodien der Bali-Flöten und ein heroisches Büchelthema. Bisher ging die Entwicklung in eine Richtung, nämlich in die des immer neuen Aufreißens des musikalischen Bewußtseins. Der Höhepunkt dieser Entwicklung ist am Anfang des vierten Teils, wo in einer Solokadenz der Posaune verschiedene menschliche Laute wie keuchen, schnarchen, grunzen, heulen und stöhnen in Verbindung mit dem Spiel auf dem Instrument realisiert werden. Es ist eine Kadenz, die unkontrolliert animalisch und brutal ihre eigene Unmöglichkeit auf die Spitze treibt und eine Spannung hervorruft, die nur noch nach dem Entropieprinzip in den totalen Gegensatz, nämlich in einen von der Posaune ständig wiederholten Ton, ein eingestrichenes »es«, münden kann. Informationstheoretisch ist hier in der Kommunikation nach vielen entsandten Signalen ein Kontrast durch ganz wenige Signale entstanden –

nach dem völligen »nicht Verstehen« kommt es zu akkumulierter Redundanz des »zu guten Verstehens« eines grotesken musikalischen Gemeinplatzes. Es ist – mit anderen Worten gesagt – eine Erfahrung der betonten Wirklichkeit nach der Erfahrung der nicht zu begreifenden Phantasmagorie. Der letzte Teil bringt ganz tiefe Töne des Alphorns, die mit Glissandofloskeln der Holzbläser und Streicher vermischt sind. Mit einer Schlußeskapade in der Aliquotentonreihe des Alphorns endet *Olifant*.

Was bedeutet eigentlich das Wort Olifant? Es ist ein mit kunstvollen Schnitzereien versehenes Hifthorn aus Elfenbein, das von den Helden und Rittern des frühen Mittelalters geblasen wurde. Hier aber steht es als pars pro toto für die ganze Reihe der Blasinstrumente, die es vertritt, und hat außerdem noch eine symbolische Bedeutung: So wie nach der Sage Roland mit dem Olifant um Hilfe blies, so werden in der Komposition *Olifant* Signale laut, die auf die musikalische Energetik der Seele aufmerksam machen.

Zur Aufführung der Komposition *Mirabilia* für Klavier und zwei Orchester benötigt man einen Ringmodulator mit der Angabe der Frequenzen in Hertz (Produktmodulator – Trägerunterdrückung 70 Dezibel, Symmetrieverstärker Ausgang 1,5 Volt = 6 Dezibel symmetrisch), der die Klangfarbe des Klaviers durch die sogenannte Live-Elektronik verändert. Der Ringmodulator ist ein auf dem Prinzip der Gegentaktmodulation beruhendes Gerät, das die »multiplikative Mischung« von Tönen oder Klangvorgängen herstellt. Weiterhin werden zwei Mikrophonverstärker im Klavier für tiefes und hohes Register, zwei Kompressorbegrenzer für die Regelung der Dynamikeinengung, eine Tonblende für die Höhen- und Tiefenanhebung und -absenkung sowie Endverstärker und Lautsprecher nach Wunsch gebraucht.

Dieses Klavierkonzert ist 1973 entstanden und wurde von dem Dirigenten Mario di Bonaventura aus New York angeregt. Mirabilia bedeutet in freier Übersetzung: wunderbare, unglaubliche Sachen oder Erscheinungen, die durch neue technologische Bearbeitung des Klaviers sowie durch eine besondere klangliche Artikulation der beiden Orchester ermöglicht worden sind. Der Klavierklang wird mit dem jeweiligen Sinuston (von zehn Hertz bis zehn Kilohertz) vermischt, so daß die Summe und die Differenz des Ausgangsverhältnisses entstehen. Es sind alle Varianten der Klangfarben auf dem Klavier möglich – von den fast unmerklichen bis zu den brutalsten Veränderungen, die den Klavierklang gar nicht mehr erkennen lassen.

Mirabilia beinhaltet drei wichtige formale Elemente: einen frei improvisierten, einen gelenkt improvisierten und einen strengen Bereich. Alle diese Elemente vermischen sich und bilden Kontrastwirkungen und Spannungsabläufe sowie immer neue Varianten der Grundprämissen. Die Energetik der musikalischen Struktur dieser Komposition hat ihren Ausgangspunkt in der Idee, daß jedes Element der Gemeinsamkeit eine bestimmte Funktion hat, auch wenn es sich um Beziehungen verschiedenartigster Gestalt handelt. Die Gesamtstruktur von *Mirabilia* befindet sich in einer unaufhörlichen Bewegung und lebt von innerem Widerspruch, der sich im Auftauchen einer ausgedehnten Tremolofigur und einer Oktavenstruktur (der verbotenen Intervallstruktur der Zwölfton- und seriellen Technik) im Klavier widerspiegelt. Im Dreieck der beiden Orchester und des live-elektronisch verarbeiteten Klaviers sind die Klangaktionen des letzteren von entscheidender Wichtigkeit, da es die musikalische Vision der Zerstörung der Identifikation durch totale Chromatik und die Entfremdung durch die Neuartikulation der Oktave ermöglicht.

Quellenverzeichnis

(Alle genannten Bücher sind – wenn nicht ausdrücklich anders angegeben – im Piper Verlag erschienen.)

I. Musik und Zeit

Ernest Ansermet: Die harmonische Ära, in: Die Grundlagen der Musik im menschlichen Bewußtsein. Aus dem Französischen von Horst Leuchtmann und Erik Maschat. München 1965, S. 418–423

Kurt Blaukopf: Zum Verhältnis ..., in: Musik im Wandel der Gesellschaft – Grundzüge der Musiksoziologie. München 1982, S. 98–106

Ernst Bloch: Verständnis und Verständlichkeit, in: Theaterarbeit an Wagners Ring. Hrsg. von Dietrich Mack, München 1978, S. 14–17 (von Ernst Bloch autorisierter Text, geschrieben nach einem Gespräch mit Dietrich Mack)

Carl Dahlhaus: Zum musikalischen Realismus ..., in: Musikalischer Realismus – Zur Musikgeschichte des 19. Jahrhunderts. München 1982, S. 82–92

Reinhard Piper: Musik in meiner Zeit, in: Mein Leben als Verleger – Vormittag, Nachmittag. München 1964, S. 675–677

Arthur Schopenhauer: Musik als allgemeine Sprache, in: Parerga und Paralipomena – Kleine philosophische Schriften, 2. Band. München 1913, S. 469–471 (§ 218/219)

II. Über Komponisten und Kompositionen

Reinhard Raffalt: Palestrina ..., in: Musica Eterna – Aus fünf Jahrhunderten abendländischer Musik. München 1978, S. 17–32

Martin Gregor-Dellin: Der »Schwanengesang« ..., in: Heinrich Schütz – Sein Leben, sein Werk, seine Zeit. Hier gedruckt nach dem Manuskript. Das Buch erscheint im September 1984.

Hans Heinrich Eggebrecht: Ein Choral ..., in: Bachs Kunst der Fuge – Erscheinung und Deutung. Hier gedruckt nach dem Manuskript. Das Buch erscheint im Dezember 1984.

Romain Rolland: Händel in England, in: Händel. Aus dem Französischen von A. Langnese-Hug. Hier gedruckt nach der Ausgabe des Rotapfel Verlages, Zürich 1925, S. 92–98. Die Taschenbuchausgabe erscheint im Januar 1985.

Luigi Magnani: Die Neunte Symphonie ..., in: Beethovens Konversationshefte. Aus dem Italienischen von Ragni Maria Gschwend. München 1967, S. 148–155

W. A. Thomas-San-Galli: Beethovens Streichquartette ..., in: Ludwig van Beethoven. München 1912. S. 410–417

Martin Gregor-Dellin: Wagner und die »Rheingold«-Musik, in: Richard Wagner – Sein Leben, sein Werk, sein Jahrhundert. München 1980, S. 378–381

–: Die Uraufführung ..., in: ebenda, S.543–547

Franz Graeflinger: Anton Bruckners frühe Jahre, in: Anton Bruckner – Bausteine zu seiner Lebensgeschichte. München 1911, S. 6–10

W. A. Thomas-San-Galli: Die erste Symphonie ..., in: Johannes Brahms. München 1912, S. 180–185

Max Hehemann: Zu Max Regers Orgelwerken, in: Max Reger. München ^{2}1917, S. 16–27

Hans Heinrich Eggebrecht: Das Problem der Usurpation ..., in: Die Musik Gustav Mahlers. München 1982, S. 114–118

Paul Stefan: Mahlers letzte Zeit, in: Gustav Mahler – Eine Studie über Persönlichkeit und Werk. München ^{4}1912, S. 132–136

–: Mahler als Symphoniker ..., in: ebenda, S. 105–112

Herta Blaukopf: Gustav Mahler und Richard Strauss ..., in: Gustav Mahler / Richard Strauss – Briefwechsel 1888–1911. Hrsg. und mit einem musikhistorischen Essay versehen von Herta Blaukopf. München 1980, S. 131–137

Walter Panofsky: Richard Strauss und die Verleger ..., in: Richard Strauss – Partitur eines Lebens. München 1965, S. 224–228

Sigfried Schibli: Skrjabin verläßt ..., in: Alexander Skrjabin und seine Musik – Grenzüberschreitungen eines prometheischen Geistes. München 1983, S. 227–230

Frederick Goldbeck: Manuel de Falla, in: Die großen Komponisten unseres Jahrhunderts. Frederick Goldbeck: Frankreich, Italien, Spanien. München 1978, S. 94–99

III. Komponisten in Selbstzeugnissen

Ludwig van Beethoven: Zwei Briefe ..., in: Der heitere Beethoven – Eine Briefauswahl von Marie-Louise Kupelwieser de Brioni. München 1969, S. 36–42 und 44–46

–: Worte zur Musik, in: Beethovens Denkmal im Wort – Hrsg. von Richard Benz. München 1946, S. 45–67

Felix Mendelssohn-Bartholdy: Drei Briefe ..., in: Reisebriefe – Hrsg. von Albrecht Knaus. München 1947, S. 38–39, 79–80 und 83–84

Robert Schumann: Musikalische Haus- und Lebensregeln, in: Hermann Unger, Musikgeschichte in Selbstzeugnissen. München 1928, S. 328–330

Richard Wagner: Zwei Briefe, in: Briefe. Ausgewählt, eingeleitet und kommentiert von Hanjo Kesting. München 1983, S. 430–437 und 125–128

–: Der Virtuos und der Künstler, in: Mein Denken – Eine Auswahl der Schriften. Hrsg. und eingeleitet von Martin Gregor-Dellin. München 1982, S. 33–46

Gustav Mahler/Richard Strauss: Aus dem Briefwechsel, in: Briefwechsel 1888–1911. Hrsg. und mit einem musikhistorischen Essay versehen von Herta Blaukopf. München 1980, S. 52–55, 63–66 und 226–228

Sergej Prokowjew: Meine erste Komposition, in: Prokowjew über Prokowjew – Aus der Jugend eines Komponisten. Hrsg. von David H. Appel. Aus dem Amerikanischen von Hans-Horst Henschen. München 1981, S. 30–33

Arnold Schönberg: Das Verhältnis zum Text, in: Der Blaue Reiter. Hrsg. von Wassily Kandinsky und Franz Marc. Dokumentarische Neuausgabe von Klaus Lankheit. München 1965, S. 60–75

IV. Interpreten und Interpretation

Alfred Brendel: Der mißverstandene Liszt, in: Nachdenken über Musik. München 1977, S. 113–120

–: Wie instrumentiert man ..., in: ebenda, S. 132–139

Hans Heinrich Eggebrecht: Gustav Mahler als Dirigent, in: Die Musik Gustav Mahlers. München 1982, S. 118–122

Dietrich Fischer-Dieskau: Vom Sänger als Interpreten. Hier gedruckt aus einem Manuskript zum Thema »Gesang und Sprache«, das als Buch im Frühjahr 1985 in den Verlagen Deutsche Verlagsanstalt und R. Piper erscheinen wird.

Friedrich Gulda: Wir sind nicht klassisch-ausgewogen, in: Worte zur Musik. München 1971, S. 100–103

Joachim Kaiser: Glenn Gould, in: Große Pianisten in unserer Zeit. München ⁵1982, S. 172–184

Yehudi Menuhin: Berlin 1929 ..., in: Unvollendete Reise – Lebenserinnerungen. Aus dem Englischen von Isabella Nadolny und Albrecht Roeseler. München 1976, S. 105–109

–: Warum spiele ich ..., in: ebenda, S. 145–151

–/Robin Daniels: Dirigenten, in: Ich bin fasziniert von allem Menschlichen – Gespräche mit Robin Daniels. Aus dem Englischen von Hans-Jürgen Baron von Koskull. München 1982, S.84–91

Max Rostal: Dynamik und Agogik ..., in: Ludwig van Beethoven: Die Sonaten für Klavier und Violine – Gedanken zu ihrer Interpretation. München 1981, S.17–22

Harvey Sachs: Toscaninis Debüt, in: Toscanini – Eine Biographie. Aus dem Amerikanischen von Hans-Horst Henschen. München 1980, S.33–38

Konrad Wolff: Klavierstunden bei Artur Schnabel, in: Interpretation auf dem Klavier – Was wir von Artur Schnabel lernen. Aus dem Englischen von Tamara Trykar-Lu. München 1979, S.209–211

V. Zum Musiktheater

Winfried Zillig: Zu Mozarts »Idomeneos«, in: Wolfgang Amadeus Mozart – Idomeneo 1781–1981. Hrsg. von der Bayerischen Staatsbibliothek München und der Internationalen Stiftung Mozarteum Salzburg. München 1981, S.206–210

Joachim Kaiser: Mozarts Gestalten ..., in: Mein Name ist Sarastro – Die Gestalten in Mozarts Meisteropern von Alfonso bis Zerlina. Hier gedruckt nach dem Manuskript. Das Buch erscheint im September 1984.

Norbert Miller: »Die Regimentstochter«..., in: Pipers Handbuch des Musiktheaters – Oper, Operette, Musical, Ballett. Hrsg. vom Forschungsinstitut für Musiktheater der Universität Bayreuth und Carl Dahlhaus. Hier gedruckt nach den Fahnen zu Band 1, der im Herbst 1985 erscheinen wird.

Cosima Wagner: Aus den Tagebüchern, in: Die Tagebücher 1 – 1869–1877, Die Tagebücher 2 – 1878–1883. Ediert und kommentiert von Martin Gregor-Dellin und Dietrich Mack. München 1976 und 1977, S.477–482, 988–997 (Bd.1) und 336–338 (Bd.2)

–: Zu den »Parsifal«-Proben 1884, in: Das zweite Leben – Briefe und Aufzeichnungen 1883–1930. Hrsg. von Dietrich Mack. München 1980, S.37–40

August Everding: »Parsifal« ..., Vortrag vor der Katholischen Akademie in München am 28.4.1976. Hier gedruckt nach dem Manuskript. Der Text wird enthalten sein in einem geplanten Band mit Texten von August Everding, der im Herbst 1985 erscheinen wird.

Rudolf Hartmann: Zusammenarbeit mit Carl Orff, in: Das geliebte Haus – Mein Leben mit der Oper. München 1975, S.268–271

VI. Zur Musik unserer Zeit

Karl Linke: Schönberg als Lehrer, in: Arnold Schönberg. München 1912, S. 75–81

H. H. Stuckenschmidt: Daumenabdruck ..., in: Die Musik eines halben Jahrhunderts – 1925–1975. Essay und Kritik. München 1976, S. 306–311

–: Alban Berg, in: Die großen Komponisten unseres Jahrhunderts. H. H. Stukkenschmidt: Deutschland/Mitteleuropa. München 1971, S. 48–56

Ernest Ansermet/J.-Claude Piguet: Gespräch über Strawinsky, in: Gespräche über Musik. Aus dem Französischen und mit einem Vorwort von Horst Leuchtmann. München 1973, S. 37–46

Karl Heinz Ruppel: Der Sinfoniker ..., in: Karl Amadeus Hartmann und die Musica Viva – Essays, bisher unveröffentlichte Briefe an Hartmann, Katalog. Hrsg. von der Bayerischen Staatsbibliothek München. München (R.Piper) und Mainz (B. Schott's Söhne) 1980, S. 34–38

Ulrich Dibelius: Über Pierre Boulez, in: Moderne Musik 1945–1965 – Voraussetzungen, Verlauf, Material. München 1966, S. 112–122

Milko Kelemen: Anmerkungen zu ..., in: Klanglabyrinthe – Reflexionen eines Komponisten über die Neue Musik. Mit einem Interview von Joachim Kaiser. München 1981, S. 90–96

Musikliteratur bei Piper (Auswahl)

Serie Piper

Fritz René Allemann 26mal die Schweiz. SP 5106
Franz Alt Frieden ist möglich. SP 284
Altes Testament Hrsg. von Hanns-Martin Lutz/Hermann Timm/ Eike Christian Hirsch. SP 347
Jürg Amann Die Baumschule. SP 342
Jürg Amann Franz Kafka. SP 260
Stefan Andres Positano. SP 315
Stefan Andres Wir sind Utopia. SP 95
Hannah Arendt Macht und Gewalt. SP 1
Hannah Arendt Rahel Varnhagen. SP 230
Hannah Arendt Über die Revolution. SP 76
Hannah Arendt Vita activa oder Vom tätigen Leben. SP 217
Hannah Arendt Walter Benjamin – Bertolt Brecht. SP 12
Birgitta Arens Katzengold. SP 276
Ernest Ansermet Die Grundlagen der Musik. SP 388
Ernest Ansermet/J.-Claude Piquet Gespräche über Musik. SP 74
Atomkraft – ein Weg der Vernunft? Hrsg. v. Philipp Kreuzer/ Peter Koslowski/Reinhard Löw. SP 238
Ingeborg Bachmann Anrufung des Großen Bären. SP 307
Ingeborg Bachmann Frankfurter Vorlesungen: Probleme zeitgenössischer Dichtung. SP 205
Ingeborg Bachmann Die gestundete Zeit. SP 306
Ingeborg Bachmann Die Hörspiele. SP 139
Ingeborg Bachmann Das Honditschkreuz. SP 295
Ingeborg Bachmann Liebe: Dunkler Erdteil. SP 330
Ingeborg Bachmann Die Wahrheit ist dem Menschen zumutbar. SP 218
Ernst Barlach Drei Dramen. SP 163
Giorgio Bassani Die Gärten der Finzi-Contini. SP 314
Wolf Graf von Baudissin Nie wieder Sieg. Hrsg. von Cornelia Bührle/Claus von Rosen. SP 242
Werner Becker Der Streit um den Frieden. SP 354
Max Beckmann Briefe im Kriege. SP 286
Max Beckmann Leben in Berlin. SP 325
Hans Bender Telepathie, Hellsehen und Psychokinese. SP 31
Hans Bender Zukunftsvisionen, Kriegsprophezeiungen, Sterbeerlebnisse. SP 246
Bruno Bettelheim Gespräche mit Müttern. SP 155
Bruno Bettelheim/Daniel Karlin Liebe als Therapie. SP 257
Klaus von Beyme Interessengruppen in der Demokratie. SP 202
Klaus von Beyme Parteien in westlichen Demokratien. SP 245
Klaus von Beyme Das politische System der Bundesrepublik Deutschland. SP 186
Der Blaue Reiter Hrsg. von Wassily Kandinsky und Franz Marc. SP 300

Serie Piper

Harald Bilger 111mal Südafrika. SP 5102
Norbert Blüm Die Arbeit geht weiter. SP 327
Jurij Bondarew Die Zwei. SP 334
Tadeusz Borowski Bei uns in Auschwitz. SP 258
Karl Dietrich Bracher Zeitgeschichtliche Kontroversen. SP 353
Alfred Brendel Nachdenken über Musik. SP 265
Raymond Cartier 50mal Amerika. SP 5101
Raymond Cartier Der Zweite Weltkrieg. Band I SP 281, Band II SP 282, Band III SP 283
Horst Cotta Der Mensch ist so jung wie seine Gelenke. SP 275
Carl Dahlhaus Musikalischer Realismus. SP 239
Gerhard Dambmann 25mal Japan. SP 5104
Denkanstöße '85. SP 371
Georg Denzler Widerstand oder Anpassung? SP 294
Dhammapadam – Der Wahrheitpfad. SP 317
Ulrich Dibelius Moderne Musik I 1945–1965. SP 363
Hilde Domin Von der Natur nicht vorgesehen. SP 90
Hilde Domin Wozu Lyrik heute. SP 65
Fjodor M. Dostojewski Der Idiot. SP 400
Fjodor M. Dostojewski Rodio Raskolnikoff. SP 401
Fjodor M. Dostojewski Sämtliche Erzählungen. SP 338
Hans Heinrich Eggebrecht Bachs Kunst der Fuge. SP 367
Hans Eggers Deutsche Sprache im 20. Jahrhundert. SP 61
Irenäus Eibl-Eibesfeldt Liebe und Haß. SP 113
Irenäus Eibl-Eibesfeldt Krieg und Frieden. SP 329
Einführung in pädagogisches Sehen und Denken Hrsg. von Andreas Flitner/Hans Scheuerl. SP 222
Theodor Eschenberg Die Republik von Weimar. SP 356
Jürg Federspiel Museum des Hasses. SP 220
Joachim C. Fest Das Gesicht des Dritten Reiches. SP 199
Iring Fetscher Herrschaft und Emanzipation. SP 146
Iring Fetscher Karl Marx und der Marxismus. SP 374
Iring Fetscher Der Marxismus. SP 296
Andreas Flitner Spielen – Lernen. SP 22
Fortschritt ohne Maß? Hrsg. Reinhard Löw/Peter Koslowski/ Philipp Kreuzer. SP 235
Viktor E. Frankl Die Sinnfrage in der Psychotherapie. SP 214
Richard Friedenthal Diderot. SP 316
Richard Friedenthal Goethe. SP 248
Richard Friedenthal Jan Hus. SP 331
Richard Friedenthal Leonardo. SP 299
Richard Friedenthal Luther. SP 259
Harald Fritzsch Quarks. SP 332

SERIE PIPER

Carlo Emilio Gadda   Die Erkenntnis des Schmerzes. SP 376
Walther Gerlach/Martha List   Johannes Kepler. SP 201
Jewgenia Ginsburg   Gratwanderung. SP 293
Albert Görres   Kennt die Religion den Menschen? SP 318
Goethe – ein Denkmal wird lebendig.   Hrsg. von Harald Eggebrecht. SP 247
Erving Goffman   Wir alle spielen Theater. SP 312
Helmut Gollwitzer   Was ist Religion? SP 197
Tony Gray   5mal Irland. SP 5105
Martin Greiffenhagen   Das Dilemma des Konservatismus in Deutschland. SP 162
Norbert Greinacher   Die Kirche der Armen. SP 196
Grundelemente der Weltpolitik   Hrsg. von Gottfried-Karl Kindermann. SP 224
Albert Paris Gütersloh   Der Lügner unter Bürgern. SP 335
Albert Paris Gütersloh   Eine sagenhafte Figur. SP 372
Albert Paris Gütersloh   Sonne und Mond. SP 305
Olaf Gulbransson   Es war einmal. SP 266
Olaf Gulbransson   Und so weiter. SP 267
Hildegard Hamm-Brücher   Gerechtigkeit erhöht ein Volk. SP 346
Hildegard Hamm-Brücher   Der Politiker und sein Gewissen. SP 269
Wolfram Hanrieder   Fragmente der Macht. SP 231
Bernhard Hassenstein   Instinkt Lernen Spielen Einsicht. SP 193
Bernhard und Helma Hassenstein   Was Kindern zusteht. SP 169
Elisabeth Heisenberg   Das politische Leben eines Unpolitischen. SP 279
Werner Heisenberg   Schritte über Grenzen. SP 336
Werner Heisenberg   Tradition in der Wissenschaft. SP 154
Jeanne Hersch   Karl Jaspers. SP 195
Werner Hilgemann   Atlas zur deutschen Zeitgeschichte. SP 328
Elfriede Höhn   Der schlechte Schüler. SP 206
Peter Hoffmann   Widerstand gegen Hitler. SP 190
Peter Huchel   Die Sternenreuse. SP 221
Aldous Huxley   Affe und Wesen. SP 337
Aldous Huxley   Eiland. SP 358
Aldous Huxley   Die Kunst des Sehens. SP 216
Aldous Huxley   Moksha. SP 287
Aldous Huxley   Narrenreigen. SP 310
Aldous Huxley   Die Pforten der Wahrnehmung – Himmel und Hölle. SP 6
Joachim Illies   Kulturbiologie des Menschen. SP 182
François Jacob   Das Spiel der Möglichkeiten. SP 249
Karl Jaspers   Die Atombombe und die Zukunft des Menschen. SP 237
Karl Jaspers   Augustin. SP 143
Karl Jaspers   Chiffren der Transzendenz. SP 7
Karl Jaspers   Einführung in die Philosophie. SP 13
Karl Jaspers   Kant. SP 124

Serie Piper

Karl Jaspers Kleine Schule des philosophischen Denkens. SP 54
Karl Jaspers Die maßgebenden Menschen. SP 126
Karl Jaspers Nietzsche und das Christentum. SP 378
Karl Jaspers Philosophische Autobiographie. SP 150
Karl Jaspers Der philosophische Glaube. SP 69
Karl Jaspers Plato. SP 147
Karl Jaspers Die Schuldfrage – Für Völkermord gibt es keine Verjährung. SP 191
Karl Jaspers Spinoza. SP 172
Karl Jaspers Strindberg und van Gogh. SP 167
Karl Jaspers Vernunft und Existenz. SP 57
Karl Jaspers Vom Ursprung und Ziel der Geschichte. SP 298
Karl Jaspers Wahrheit und Bewährung. SP 268
Karl Jaspers/Rudolf Bultmann Die Frage der Entmythologisierung. SP 207
Tilman Jens »Für wenn ich tot bin«. SP 390
Walter Jens Fernsehen – Themen und Tabus. SP 51
Walter Jens Momos am Bildschirm 1973–1983. SP 304
Walter Jens Die Verschwörung – Der tödliche Schlag. SP 111
Walter Jens Von deutscher Rede. SP 277
Louise J. Kaplan Die zweite Geburt. SP 324
Friedrich Kassebeer Die Tränen der Hoffnung. SP 392
Wilhelm Kempf Was ich hörte, was ich sah. SP 391
Rudolf Kippenhahn Hundert Milliarden Sonnen. SP 343
Michael Köhlmeier Der Peverl Toni. SP 381
Leszek Kolakowski Die Gegenwärtigkeit des Mythos. SP 149
Leszek Kolakowski Der Himmelsschlüssel. SP 232
Leszek Kolakowski Der Mensch ohne Alternative. SP 140
Christian Graf von Krockow Gewalt für den Frieden? SP 323
Hans Küng Ewiges Leben? SP 364
Hans Küng Die Kirche. SP 161
Hans Küng 24 Thesen zur Gottesfrage. SP 171
Hans Küng 20 Thesen zum Christsein. SP 100
Konrad Lorenz Die acht Todsünden der zivilisierten Menschheit. SP 50
Konrad Lorenz Das Wirkungsgefüge der Natur und das Schicksal des Menschen. SP 309
Konrad Lorenz Über tierisches und menschliches Verhalten. Bd. I SP 360
Konrad Lorenz Über tierisches und menschliches Verhalten. Bd. II SP 361
Konrad Lorenz/Franz Kreuzer Leben ist Lernen. SP 223
Lust am Denken Hrsg. von Klaus Piper. SP 250
Lust an der Musik Hrsg. von Klaus Stadler. SP 350
Franz Marc Briefe aus dem Feld. Neu hrsg. von Klaus Lankheit/Uwe Steffen. SP 233
Yehudi Menuhin Ich bin fasziniert von allem Menschlichen. SP 263
Yehudi Menuhin Variationen. SP 369

Serie Piper

Christa Meves Verhaltensstörungen bei Kindern. SP 20
Alexander Mitscherlich Auf dem Weg zur vaterlosen Gesellschaft. SP 45
Alexander Mitscherlich Der Kampf um die Erinnerung. SP 303
Alexander und Margarete Mitscherlich Eine deutsche Art zu lieben. SP 2
Alexander und Margarete Mitscherlich Die Unfähigkeit zu trauern. SP 168
Margarete Mitscherlich Das Ende der Vorbilder. SP 183
Christian Morgenstern Galgenlieder. SP 291
Christian Morgenstern Palmström. SP 375
Christian Morgenstern Werke in vier Bänden. Band I SP 271, Band II SP 272, Band III SP 273, Band IV SP 274
Neues Testament Hrsg. von Gerhard Iber. SP 348
Ernst Nolte Der Faschismus in seiner Epoche. SP 365
Ernst Nolte Der Weltkonflikt in Deutschland. SP 222
Pier Paolo Pasolini Accattone. SP 344
Pier Paolo Pasolini Gramsci's Asche. SP 313
Pier Paolo Pasolini Mamma Roma. SP 302
Pier Paolo Pasolini Teorema oder Die nackten Füße. SP 200
Pier Paolo Pasolini Vita Violenta. SP 240
P.E.N.-Schriftstellerlexikon Hrsg. von Martin Gregor-Dellin/ Elisabeth Endres. SP 243
Karl R. Popper/Konrad Lorenz Die Zukunft ist offen. SP 340
Ludwig Rausch Strahlenrisiko!? SP 194
Fritz Redl/David Wineman Kinder, die hassen. SP 333
Fritz Redl/David Wineman Steuerung des aggressiven Verhaltens beim Kind. SP 129
Rupert Riedl Evolution und Erkenntnis. SP 378
Rupert Riedl Die Strategie der Genesis. SP 290
Romain Rolland Georg Friedrich Händel. SP 359
Jörg Kaspar Roth Hilfe für Helfer: Balint-Gruppen. SP 389
Erasmus von Rotterdam Die Klage des Friedens. SP 380
Ivan D. Rožanskij Geschichte der antiken Wissenschaft. SP 292
Hans Schaefer Plädoyer für eine neue Medizin. SP 225
Wolfgang Schmidbauer Heilungschancen durch Psychotherapie. SP 127
Wolfgang Schmidbauer Sensitivitätstraining und analytische Gruppendynamik. SP 56
Robert F. Schmidt/Albrecht Struppler Der Schmerz. SP 241
Arthur Schopenhauer Metaphysik der Natur. SP 362
Schwabing Hrsg. von Oda Schaefer. SP 366
Hannes Schwenger Im Jahr des Großen Bruders. SP 326
Gerd Seitz Erklär mir den Fußball. SP 5002
Kurt Sontheimer Grundzüge des politischen Systems der Bundesrepublik Deutschland. SP 351
Robert Spaemann Rousseau – Bürger ohne Vaterland. SP 203

Serie Piper

Die Stimme des Menschen   Hrsg. von Hans Walter Bähr. SP 234
Hans Peter Thiel   Erklär mir die Erde. SP 5003
Hans Peter Thiel   Erklär mir die Tiere. SP 5005
Hans Peter Thiel/Ferdinand Anton   Erklär mir die Entdecker. SP 5001
Ludwig Thoma   Heilige Nacht. SP 262
Ludwig Thoma   Moral. SP 297
Ludwig Thoma   Münchnerinnen. SP 339
Ludwig Thoma   Tante Frieda. SP 379
Ludwig Thoma   Der Wilderer. SP 321
Giuseppe Tomasi di Lampedusa   Der Leopard. SP 320
Franz Tumler   Das Land Südtirol. SP 352
Das Valentin Buch   Hrsg. von Michael Schulte. SP 370
Karl Valentin   Die Friedenspfeife. SP 311
Vor uns die goldenen neunziger Jahre   Hrsg. von Martin Jänicke. SP 377
Cosima Wagner   Die Tagebücher. Bd. 1 SP 251, Bd. 2 SP 252, Bd. 3 SP 253, Bd. 4 SP 254
Richard Wagner   Mein Denken. Hrsg. von Martin Gregor-Dellin. SP 264
Paul Watzlawick   Die erfundene Wirklichkeit. SP 373
Paul Watzlawick   Wie wirklich ist die Wirklichkeit? SP 174
Der Weg ins Dritte Reich. SP 261
Wege zum Sinn   Hrsg. von Alfried Längle. SP 387
Johannes Wickert   Isaac Newton. SP 215
Wolfgang Wickler   Die Biologie der Zehn Gebote. SP 236
Wolfgang Wickler/Uta Seibt   männlich weiblich. SP 285
Wolfgang Wieser   Konrad Lorenz und seine Kritiker. SP 134
Sighard Wilhelm   Geschichte der Bundesrepublik Deutschland. SP 256
Wilhelm Worringer   Abstraktion und Einfühlung. SP 122
Wörterbuch der Erziehung   Hrsg. von Christoph Wulf. SP 345
Heinz Zahrnt   Aufklärung durch Religion. SP 210
Dieter E. Zimmer   Die Vernunft der Gefühle. SP 227